Rechtlos, aber nicht ohne Stimme

Helen Schwenken (Dr. rer. pol.) ist wissenschaftliche Mitarbeiterin am Fachgebiet »Globalisierung und Politik« an der Universität Kassel. Ihre Arbeitsschwerpunkte sind (Arbeits-)Migration, Europäische Union, internationale Geschlechterforschung und soziale Bewegungen.

HELEN SCHWENKEN
Rechtlos, aber nicht ohne Stimme
Politische Mobilisierungen um irreguläre Migration
in die Europäische Union

[transcript]

Bibliografische Information der Deutschen Bibliothek
Die Deutsche Bibliothek verzeichnet diese Publikation in der Deutschen Nationalbibliografie; detaillierte bibliografische Daten sind im Internet über http://dnb.ddb.de abrufbar.

© 2006 transcript Verlag, Bielefeld
Zugl. Dissertation an der Universität Kassel, Fachbereich Gesellschaftswissenschaften, Helen Schwenken; Ort und Datum der Disputation: Kassel, 28. April 2005

Die Verwertung der Texte und Bilder ist ohne Zustimmung des Verlages urheberrechtswidrig und strafbar. Das gilt auch für Vervielfältigungen, Übersetzungen, Mikroverfilmungen und für die Verarbeitung mit elektronischen Systemen.

Umschlaggestaltung: Kordula Röckenhaus, Bielefeld
Umschlagabbildung: Demonstration von Sans-Papiers in Paris, Place de la République am 5. März 2005, Fotograf: Patrice Leclerc, Gennevilliers/ Frankreich. Mit bestem Dank an die Photothèque du mouvement social, www.phototheque.org.
Lektorat & Satz: Helen Schwenken, Olaf Berg und Nicola Sekler
Druck: Majuskel Medienproduktion GmbH, Wetzlar
ISBN 3-89942-516-2

Gedruckt auf alterungsbeständigem Papier mit chlorfrei gebleichtem Zellstoff.

Besuchen Sie uns im Internet: *http://www.transcript-verlag.de*

Bitte fordern Sie unser Gesamtverzeichnis und andere Broschüren an unter: *info@transcript-verlag.de*

Inhaltsverzeichnis

Einleitung	13
Die Verknüpfung von transnationaler Bewegungs- und Migrationsforschung	23
Stand der Forschung	23
Die Analyse politischer Mobilisierungen	38
Verknüpfende Elemente	45
Soziale Netzwerke und soziales Kapital	57
Fazit: Politische Mobilisierungen im Konfliktfeld irregulärer Migration	64
Methoden und Forschungsdesign	65
Methodische Verfahren	67
Framing-Prozesse analysieren	76
Migration und Migrationspolitik in der Europäischen Union	83
Migration in Europa	83
Grenzregime und Migrationspolitik	95
Die Partizipation von Drittstaatsangehörigen	108
Migrantinnen in der Europäischen Frauenpolitik	111
Integration ja, Einreise nein: Das Konfliktfeld Migration	118
Fazit: Gleichzeitigkeit von Öffnung und Schließung	119
Gibt es ein *Advocacy*-Netzwerk für illegalisierte MigrantInnen?	121
Migrationspolitische NGOs in der EU	122
Die Selbstorganisierung von MigrantInnen	130
Lobbypolitische Elitenmobilisierung	135
Ausklammerung der Zugangsfrage	138

Selbstorganisation und Repräsentation: MigrantInnen als politisch Handelnde 143

    Handlungsfähig werden 144
    Repräsentationskonflikte 156
    Fazit: Praktische und strategische Interessen bündeln 170

Sangatte: Umkämpfte Grenzen 173

    Das Rote-Kreuz-Zentrum in Sangatte 175
    Mobilisierungen der MigrantInnen in Sangatte 179
    Britische und französische Migrationspolitiken als ambivalente Mobilisierungsbedingungen 192
    Begrenzte Bündnisoptionen 207
    Fazit: Migrationsmanagement versus Eigensinnigkeit der Migration 229

Mehr Rechte für illegalisierte Migrantinnen? 235

    Ambivalenzen einer Kampagne von Haushaltsarbeiterinnen 236
    Öffnungen und Grenzen des *Framing* in der EU 260
    Gewerkschaften als Bündnispartner für irreguläre MigrantInnen? 279
    Fazit: *Empowerment* und frauenpolitische Thematisierungen als Strategie 305

»Schwache Interessen« organisieren 307

    Mobilisierungstypen: »Recht auf Rechte« – »Re-Regulierung« – »repressives Migrationsmanagement« 308
    Resonanz und Erfolg: *Empowerment*, Sichtbarkeit und Legitimität 316
    Das unwegsame Terrain der Europäischen Union 318
    Die Vertretung und Organisierung »schwacher Interessen« 320

Anhang 325

Literatur- und Quellenverzeichnis 339

Abbildungsverzeichnis

Abbildung 1: Typen transstaatlicher Räume   56

Abbildung 2: ExpertInneninterviews   72

Abbildung 3: Der *Framing*-Ansatz   78

Abbildung 4: Möglichkeitsraum der *Frames*   80

Abbildung 5: Themenspezifische Differenzierung im Politikfeld Migration   119

Abbildung 6: Migrationspolitische Hilfekulturen   162

Abbildung 7: Aktionsformen der MigrantInnen aus Sangatte   182

Abbildung 8: Festnahmen irregulärer MigrantInnen (Region Pas-de-Calais)   194

Abbildung 9: *Impacts* der britischen Kampagne   243

Abbildung 10: Vergleich des *Framing*   278

Abbildung 11: Mobilisierungstypologie im Konfliktfeld irregulärer Migration   313

Abbildung 12: Migrations- und Asylgesetzreformen in Großbritannien   327

Abbildung 13: Migrations- und Asylgesetzreformen in Frankreich   328

Abbildung 14: Chronik der Auseinandersetzungen um Sangatte (1999-2003)   329

Abbildung 15: Ausgewertete Dokumente der Fallstudie Sangatte   333

Abbildung 16: Mitgliedsstruktur *European Union Migrants Forum*   335

Abbildung 17: Mitgliedsstruktur *European Council for Refugees and Exiles*   335

Abbildung 18: Mitgliedsstruktur *European Network Against Racism*   336

Abbildung 19: Mitgliedsstruktur *UNITED for Intercultural Action*   337

Abbildung 20: RESPECT-Netzwerk: Eine Rechtscharta für ausländische Hausangestellte in Europa   338

Abkürzungsverzeichnis

AP	Associated Press
ARC	Asylum Rights Campaign (Großbritannien)
BBC	British Broadcasting Corporation
C'Sur/CSUR	Collectif de soutien d'urgence aux réfugiés (Frankreich)
CCFD	Comité Catholique Contre la Faim et pour le Développement (Frankreich)
CCME	Churches Commission for Migrants in Europe (Sitz: Brüssel)
CFMW	Commission for Filipino Migrant Workers (international, Sitz: u.a. Amsterdam)
CGIL	Confederazione Generale Italiana del Lavaro
CGT	Confédération General du Travail (Frankreich)
CIMADE	Service œcuménique d'entraide (Frankreich)
CNSP	Coordination Nationale des Sans Papiers (Frankreich)
CSP	Comité des Sans-Papiers (Frankreich)
DGB	Deutscher Gewerkschaftsbund
EC	Commission of the European Communities
ECRE	European Council for Refugees and Exiles (Sitz: London/Brüssel)
EG	Europäische Gemeinschaft(en)
ENAR	Europen Network Against Racism (Europa, Sitz: Brüssel)
EP	Europäisches Parlament
ETUC	European Trade Union Confederation (im Deutschen: Europäischer Gewerkschaftsbund, EGB, Sitz: Brüssel)
EU	Europäische Union
EUMC	European Monitoring Centre on Racism and Xenophobia (Sitz: Wien)
EUMF	European Union Migrants Forum
EWL	European Women's Lobby/Europäische Frauenlobby (Sitz: Brüssel)
FN	Front National (Frankreich)
FR	Frankfurter Rundschau (BRD)
GD	Generaldirektion (im Englischen: General Direction)
HCR	Haut Commissariat des Nations Unies pour les réfugiés, siehe UNHCR
ICFTU	International Confederation of Free Trade Unions (international)
ICMPD	International Centre for Migration Policy Development (Wien)

IG BAU	Industriegewerkschaft Bauen – Agrar – Umwelt (BRD)
ILO	International Labour Organization/Office (Sitz: Genf)
IOM	International Organization for Migration (Sitz: Genf)
IRU	International Road Transport Union (Sitz: Genf)
KASAPI-Hellas	Unity of Filipino Migrant Workers in Greece
Le Gisti	Groupe d'information et de soutien des immigrés (Frankreich)
MdEP, MEP	Mitglied des Europäischen Parlaments
MNS	Migration News Sheet
NGO	Non-governmental organization/Nichtregierungsorganisation
PCF	Parti communiste français
PESC-KSP	Philippine-European Solidarity Centre (Europa, Sitz: Utrecht)
picum	Platform for International Cooperation on Undocumented Migrants (Europa, Sitz: Brüssel)
PS	Parti Socialiste (Frankreich)
RESPECT	Rights, Equality, Solidarity, Power, Europe, Co-operation, Today – European network of migrant domestic workers
RPR	Rassemblement pour la République, Partei (Frankreich)
S.N.C.F	Société Nationale des Chemins de fer Français, staatl. Eisenbahn
TGWU, T&G	Transport and General Workers' Union (Großbritannien)
UN	United Nations (im Deutschen: Vereinte Nationen)
UNHCHR	United Nations High Commissioner for Human Rights
UNHCR	United Nations High Commissioner for Refugees
UNITED	UNITED for Intercultural Action (Europa, Sitz: Amsterdam)
UWA	United Workers Association (Großbritannien)
Ver.di	Vereinigte Dienstleistungsgewerkschaft (BRD)
WCAR	United Nations World Conference Against Racism, Xenophobia and Related Intolerance

Dank

Die Arbeit ist das Ergebnis von wissenschaftlichen und politischen Diskussionen in unterschiedlichen Kontexten. Ganz herzlich danke ich meinen BetreuerInnen Ilse Lenz und Christoph Scherrer für das Vertrauen, die unterstützende Begleitung der Dissertation sowie für die längst nicht selbstverständlichen institutionellen Freiräume und Perspektiven. Das Promotionskolleg »Geschlechterdemokratie und Organisationsreform im globalen Kontext« an den Universitäten Bochum und Bielefeld war ein steter Ort des Austausches und der Reflexion. Dafür danke ich Yin-Zu Chen, Karin Gabbert, Mihee Hong, Sabine Marx, Kristina Schulz, Susanne Schultz, Hiromi Tanaka sowie Ilse Lenz und Ursula Müller.

(Im-)materiell förderten die Dissertation die Heinrich Böll Stiftung und die Graduiertenförderung NRW. Beenden konnte ich die Arbeit mit einem Stipendium des DAAD am *Center for Comparative Immigration Studies* an der *University of California San Diego*. Für Zugänge zum Forschungsfeld danke ich Nicole Magura, ACTRAV/ILO, den Blättern des iz3w und Freia Schwenken. Denise & Johan Devroe ermöglichten mir einen ruhigen Schreibsommer in Haasrode.

Ein großer Dank für Kommentare und Diskussionen zu früheren Textfassungen geht an Ulrich Brand, Olaf Kaltmeier, Verena Schmidt, Christiane Schwenken, Charlotte Ullrich und ganz besonders Olaf Berg. Die AG feministische Theorie und Praxis, Gülay Çağlar, Barbara Dickhaus, Andres Friedrichsmeier, Martin Krämer, Caren Kunze, Mirjana Morokvasic, Sylvia Saldarriaga, Michael Schulte, Susanne Zwingel sowie meine WGs haben auf jeweils ihre Weise zur Arbeit und zur Ablenkung von ebendieser beigetragen. Nicola Sekler danke ich für das gründliche Korrekturlesen, Fehler verantwortet selbstverständlich die Autorin.

In ganz besonderer Weise bin ich meinen InterviewpartnerInnen verbunden, die sich die Zeit nahmen, um von ihrem Engagement für MigrantInnen mit und ohne legalem Aufenthaltsstatus zu berichten.

Einleitung

Irreguläre Migration ist weltweit zum politischen Konfliktthema geworden. Die Spannbreite der politischen Positionen reicht von der Befürwortung einer Verschärfung der Grenzkontrollen und dem Ausschluss irregulärer MigrantInnen von jeglichen sozialen Leistungen bis hin zu Forderungen nach Regularisierungsprogrammen und einem Recht auf Migration. Da die Anwesenheit irregulärer MigrantInnen und die hohe Zahl von Einreisen eine soziale Tatsache ist, kann das »*Age of Migration*«, so der Titel des breit rezipierten Buches von Stephen Castles und Mark Miller (2003 [1993]), auch als Zeitalter der *irregulären* Migration bezeichnet werden. Vor der Osterweiterung der Europäischen Union (EU) lebten schätzungsweise 3,3 Millionen MigrantInnen ohne gültigen Aufenthaltsstatus in den fünfzehn Mitgliedsstaaten (ILO 2004). Das bedeutet, fünfzehn Prozent der rund 22 Millionen Drittstaatsangehörigen in der EU sind weitgehend rechtlos. Der Großteil hat nie illegal eine Grenze übertreten, sondern aus unterschiedlichen Gründen den Aufenthaltstitel verloren. Nur fünfzehn bis dreißig Prozent nehmen die Dienste von Schleusern in Anspruch (Stalker 2000: 124). Der gefährlichste Weg nach Europa ist der Seeweg, bis zu einem Drittel aller »*boat people*« verlieren bei der Überfahrt über das Mittelmeer ihr Leben (Fekete 2006: 2, Pugh 2004). Eine Studie für das UN-Flüchtlingshilfswerk schätzt, dass ein bis zwei Drittel aller nach Europa geschmuggelten Personen Flüchtlinge sind, von denen die meisten aufgrund der Aussichtslosigkeit keinen Asylantrag stellen (Morrison/Crosland 2001: 80).

Die US-amerikanischen Migrationsforscher Wayne Cornelius, Philip Martin und James Hollifield prägten Mitte der 1990er Jahre den Begriff der »*gap hypothesis*« (Cornelius/Martin/Hollifield 1994a). Sie wiesen auf ein Dilemma aus staatlicher Perspektive hin: Das Ergebnis staatlicher Migrationskontrollpolitik entspricht nur selten dem formulierten Ziel.

Daher existiert ein »significant and persistent gap between official immigration policies and actual policy outcomes« (Cornelius/Tsuda 2004: 4). *Policy gaps* sind entweder unintendierte Folgen der Politiken, durch eine unzureichende Implementierung von Maßnahmen entstanden oder auf die allgemein schlechte Kontrollierbarkeit von Migrationsbewegungen zurückzuführen. Zuweilen ist die Differenz zwischen erklärten und verfolgten Zielen auch beabsichtigt. Trotz stetig intensivierter Bemühungen, irreguläre Migration zu verhindern, ist auch zehn Jahre nach der Formulierung der *gap*-Hypothese in den meisten Staaten ein Auseinanderklaffen von Zielen und Ergebnissen der Migrationskontrollpolitiken zu verzeichnen (Cornelius et al. 2004).

Diese migrationspolitische Ausgangsposition ist für die Frage politischer Mobilisierungen insofern interessant, als dass sich aus dem staatlichen Dilemma heraus eine Spannbreite von Argumentations- und Mobilisierungsmöglichkeiten ergibt. Grenzen und Rechte sind dabei zentrale und umstrittene Begriffe. Ich konzentriere mich in dieser Arbeit auf die Analyse der Mobilisierungen von MigrantInnenorganisationen und von Zusammenschlüssen, die sich für irreguläre MigrantInnen einsetzen, also relativ »schwache Interessen« (Willems/von Winter 2000). Diese Perspektive wird in der Forschung selten eingenommen, sie ermöglicht aber im Unterschied zum Blick auf etabliertere Akteure oder MigrantInnen mit legalem Aufenthaltsstatus eine veränderte Perspektive auf die Konstitution des Konflikt- und Akteursfeldes. Wie also handeln irreguläre MigrantInnen und *pro-migrant*-Organisationen in der EU, obgleich die Anwesenheit irregulärer MigrantInnen als staatliches Versagen der Migrationskontrollpolitik gilt und bekämpft wird? Wo erschließen sich Handlungsspielräume und welche politischen Resonanzen, aber auch unintendierten Folgen werden erzeugt? Das Interesse gilt damit den Thematisierungsstrategien und der Legitimation. Ferner wird analysiert, welchen Stellenwert die EU für MigrantInnen- und *pro-migrant*-Organisationen als politisch-institutionelles Terrain für Auseinandersetzungen um irreguläre Migration hat.

Die Analyse politischer Mobilisierungen im Konfliktfeld irregulärer Migration verspricht aus drei Gründen besonders interessant zu sein: Im Hinblick auf die Neukonfiguration des politischen Feldes Migration stellt die soziale Tatsache irregulärer Einwanderung erstens die nationalstaatliche Souveränität in Frage. Zweitens verändert sich aufgrund der Europäischen Integration das politisch-institutionelle Terrain, so dass sich gegenüber nationalstaatlichen Mobilisierungen möglicherweise andere Artikulationsbedingungen ergeben. Drittens stellt die gesellschaftliche Position und Mobilisierungsfähigkeit derjenigen, die sich illegal in einem Staat aufhalten oder in ihn einreisen, den Test dafür dar, wie weit universelle und andere Rechte tatsächlich reichen.

Diese Fragestellung werde ich für den politisch-geografischen Raum der (alten) Europäischen Union analysieren und dabei den Blick auf die Ränder und das Zentrum richten, das heißt auf politische Mobilisierungen an den Grenzen der EU und auf den Brüsseler Raum des Lobbyings. Thematisch werde ich eine Untergliederung des Konfliktfeldes der irregulären Migration erstens in Zugangsfragen und zweitens in irregulären Aufenthalt und Beschäftigung vornehmen. Der erste Problemkomplex wird anhand einer Fallstudie zu politischen Auseinandersetzungen um das Rote-Kreuz-Zentrum in Sangatte an der französischen Küste des Ärmelkanals in der Nähe des Eurotunnels vertieft. Im Laufe der drei Jahre des Bestehens des Zentrums nutzten dies rund 80.000 Flüchtlinge und MigrantInnen als Sprungbrett für die irreguläre Weiterreise nach Großbritannien. Sangatte wurde dadurch zum politischen Konfliktfall zwischen der französischen und der britischen Regierung. Der zweite Problemkomplex wird anhand politischer Mobilisierungen des RESPECT-Netzwerks für Migrantinnen, die ohne gültigen Arbeits- und Aufenthaltsstatus in Privathaushalten Haushaltsarbeiten[1] verrichten, analysiert. In beiden Fällen sind selbstorganisierte MigrantInnen an den politischen Mobilisierungen zentral beteiligt. Am Ende der Arbeit werden beide Stränge zusammen geführt und eine Typologie entwickelt, die dazu geeignet ist, über die Fallstudien hinausgehend, politische Mobilisierungen unterschiedlicher Akteure im Konfliktfeld irregulärer Migration zu charakterisieren.

Der Fokus auf Grenzen und irreguläre Migration

Der Durchlässigkeitsgrad von Grenzen ist nicht gegeben, sondern von den beteiligten Akteuren auszuhandeln. MigrantInnen als GrenzgängerInnen sind dabei aufgrund ihrer Körperlichkeit in einer Position besonderer Verletzlichkeit, wenn sie illegal Grenzen übertreten, da die staatliche Macht legitimiert ist, sie daran mit (fast) allen Mitteln zu hindern. Zugleich kommt irregulären MigrantInnen als GrenzverletzterInnen eine politische Bedeutung zu, da sie die Regeln von territorialem und gesellschaftlichem Ein- und Ausschluss nicht akzeptieren. Die für Staaten

---

1 Haushaltsbezogene Dienstleistungen – dies umfasst Hausarbeit (putzen, kochen, einkaufen etc.), Pflege und Erziehungsarbeit – bezeichne ich als Haushaltsarbeit. Dies trägt dem Aspekt der Sorge *(care)* wie auch dem instrumentellen Charakter der Arbeit Rechnung (vgl. Geissler 2002: 31).

existentiell wichtige und in ihren Grundzügen unhinterfragte Bedeutung von Grenzen erschwert es MigrantInnen und *pro-migrant*-Organisationen, politisch zu mobilisieren und sie zum Gegenstand von Auseinandersetzungen zu machen. Zugleich kann es für Staaten interessant sein, Organisationen zu fördern, die mit Illegalisierten arbeiten. Soziale Probleme können entschärft und auf die Zivilgesellschaft verschoben werden. Zudem werden Informationen und Daten über Wesen und Ausmaß irregulärer Migration leichter zugänglich.

Das Konfliktfeld irregulärer Migration und die Aktivitäten von und für MigrantInnen ohne gültige Aufenthaltspapiere fanden bislang in der Analyse europäischer Migrationspolitik kaum Berücksichtigung. Diese thematische Fokussierung stellt ein Korrektiv sowohl zur Eliten- als auch zur Brüsselfixierung sowie der Konzentration auf bestimmte Themen (z.B. Antirassismus, Integration) der meisten Arbeiten dar.

Politische Mobilisierungen in der EU

Ein weiterer Ausgangspunkt der Arbeit ist die Annahme, dass Europäisierung Auswirkungen auf die Formen politischer Aktionen, Strategien und Organisierungen von Bewegungen und Nichtregierungsorganisationen (NGOs) hat. Dabei erschließen sich neue Handlungsspielräume für MigrantInnen- und *pro-migrant*-Organisationen und zugleich reduzieren sich vormals auf nationalstaatlicher Ebene vorhandene Interventionsmöglichkeiten. Wie diese Chancen und Grenzen aussehen, ist ebenso Gegenstand der Arbeit wie die Frage, inwiefern die Anstrengungen von EU-Lobbyorganisationen und Bewegungen dahingehend wirken, der Mehrebenenpolitik mit einer Mehrebenenmobilisierung zu begegnen.

Mit der Arbeit versuche ich, einen Überblick über das Akteursfeld zu ermöglichen, der auch die Fragen der Repräsentation von MigrantInnen und Illegalisierten sowie der Bearbeitung entsprechender Themen durch Organisationen berücksichtigt. Das migrationspolitische bzw. -lobbyistische Feld auf EU-Ebene ist geprägt vom Monopol weniger Personen bzw. Organisationen. Getragen wird die Lobbypolitik von europäischen Eliten, die vor allem in Brüssel in NGOs tätig sind und in der Regel nicht über einen Migrationshintergrund verfügen. Darüber hinaus lenke ich meine Aufmerksamkeit auf vermeintlich periphere Orte an Grenzverläufen, die nicht weniger relevant für eine europäische Asyl- und Migrationspolitik sind. Gerade weil an europäischen Außen- und Binnengrenzen europäische Politiken vollzogen werden und eine direkte Wirkung zeigen, bieten sie die Möglichkeit der Analyse von Konflikten und politischen Mobilisierungen. In der Forschung zur Analyse der EU-Migrationspolitiken und politischen Mobilisierungen wurden diese Orte bislang bis auf wenige Ausnahmen ausgespart.

Neben diesem Blick auf die Akteure und ihre Verortung stellt sich die Frage nach der Rolle der EU aus Sicht der MigrantInnen- und *promigrant*-Organisationen. Sie hatten bis vor Kurzem die »Festung Europa« vor Augen und kritisierten diese grundlegend. Diesbezüglich ist in relevanten Teilen ein Wandel zu verzeichnen hin zu einer Position, die jene Chancen benennt, die eine europäische Vereinheitlichung von Standards und Regelungen bewirken soll. Wie positionieren sich also die verschiedenen Organisationen, wie verlaufen in ausgesuchten Themenfeldern Deutungskämpfe innerhalb der Organisationen?

Artikulationen und Anliegen von Migrantinnen

Mein Augenmerk ist besonders auf politische Mobilisierungsprozesse von Migrantinnen und die Formulierung geschlechtsspezifischer Forderungen gerichtet. Nur in wenigen Arbeiten zur EU – organisationssoziologische und politologische Arbeiten zu z.b. *Gender Mainstreaming* – wird Geschlecht zum Thema gemacht, obwohl gerade auf europäischer Ebene dafür vergleichsweise offene politische Gelegenheitsstrukturen bestehen. Die Analyse wird sich auf zwei Bereiche konzentrieren: die Akteurinnen und die geschlechtsspezifischen politischen Inhalte.

Es gibt zwischen Aktivitäten für MigrantInnenrechte und Frauenrechte thematische und strategische (Lobbying-)Allianzen. Durch solche Bündnisse sowie durch frauenpolitische Koalitionen inner- und außerhalb der europäischen Institutionen sind einige Migrantinnenorganisationen in der Lage, Erfolge zu erzielen. Die Präsenz von Migrantinnen und ihren Anliegen auf europäischer Ebene konnte – wie ich zeigen werde – vor allem aufgrund des Einflusses von Frauenbewegungsorganisationen zunehmen, nicht aufgrund einer stärkeren Repräsentanz in gemischtgeschlechtlichen MigrantInnenorganisationen.

Theoretisch-konzeptioneller Rahmen

Das methodische und theoretische Instrumentarium der sozialen Bewegungsforschung ermöglicht, auch wenig machtvolle Akteure in politischen Auseinandersetzungen wahrzunehmen. Die politischen Mobilisierungen im Konfliktfeld irregulärer Migration werde ich mit den Methoden des *framing*-Ansatzes² und des Ansatzes gesellschaftlicher Kontextstrukturen *(political opportunity structures)* analysieren. Mit dem *framing*-Ansatz lassen sich Strategien von MigrantInnen- und *pro-migrant*-Organisationen zur Durchsetzung ihrer Forderungen und Interessen herausarbeiten. Deren *frames* konkurrieren mit denen anderer Akteure und die Umsetzung der Strategien erfolgt mithilfe eines breiten Sets an Taktiken und Politikformen außer- und innerhalb von Institutionen. Beispiele sind symbolische Politik, das Schließen wirkungsmächtiger Allianzen, aber auch widerständige und subversive Praktiken der im traditionellen Sinn »Machtlosen«. Welche dieser Deutungsangebote und Aktivitäten letztendlich erfolgreich sind, ist nicht zuletzt von den politischen Kontextstrukturen abhängig. Dabei lassen sich Einfluss und Erfolg nicht absolut messen, sondern sind je nach Ziel und Perspektive relational und ambivalent. Sie restrukturieren das Feld für künftige Handlungsspielräume von MigrantInnen und *pro-migrant*-Organisationen. Eine prozessorientierte Analyse ist daher gegenüber statischen Analysen überlegen. Insofern eignet sich die Kombination von *framing*- und *political opportunity*-Ansatz. Partiell betrachte ich auch die im Ansatz der Ressourcenmobilisierung behandelten Aspekte, das heißt, über welche Ressourcen die unterschiedlichen Akteure verfügen beziehungsweise welche sie sich zu erschließen im Stande sind.

Thesen

Ausgehend von der Fragestellung und der Auseinandersetzung mit dem im Anschluss skizzierten Stand der Forschung bilden vier Thesen den Ausgangspunkt der empirischen Untersuchung:

These 1: Grenzen und konfrontativ ausgerichtete politische Mobilisierungen in territorialen Grenzräumen sind für die Analyse der europäischen Migrationspolitik von Relevanz. Erst durch diesen Fokus werden zentrale Konfliktlinien und Akteure berücksichtigt, die beim Blick auf Brüssel und die etablierten NGOs aufgrund der konsensorientierten Strukturiertheit des Brüsseler Terrains verschwinden.

---

2 Aufgrund von Übersetzungsschwierigkeiten übernehme ich in der Regel die Begriffe *framing* und *frame* ins Deutsche. Weder die Übersetzungsversuche Rahmung, Interpretationsschema, Deutungsmuster noch kollektives Bedeutungsmuster treffen den Bedeutungsinhalt (vgl. König 2003: 3f.).

These 2: Der irreguläre Grenzübertritt und die Gewährung von Rechten für irreguläre MigrantInnen sind die zentralen politischen Konfliktfelder. Insbesondere die De- bzw. Thematisierung von Zugangsfragen ist innerhalb von *pro-migrant*-Organisationen umstritten.

These 3: Durch die Diskursverschränkung von Sicherheit und illegaler Migration schließen sich die politischen Kontextstrukturen.

These 4: Über Frauennetzwerke kann in der EU aufgrund der politisch-institutionellen Konstellation trotz des politischen Konsenses der Bekämpfung irregulärer Migration eine Thematisierung der Anliegen von irregulären Migrantinnen, das heißt eine Öffnung der politischen Gelegenheitsstruktur, erfolgen. Dies ist insbesondere der Fall, wenn die Forderungen sowohl mit feministischen als auch traditionellen Vorstellungen kompatibel sind.

Begrifflichkeiten und Forschungsethik

Arbeiten zu irregulärer Migration berühren zwangsläufig Fragen der Begrifflichkeiten sowie der Forschungsethik.

Es ist schwierig, Begriffe für die MigrantInnen und den Migrationstypus zu finden, die gemeinhin als ›illegale MigrantInnen‹ und ›illegale Migration‹ bezeichnet werden. Ich verwende für die Bezeichnung der MigrantInnen den vergleichsweise neutralen Begriff der ›irregulären‹ bzw. ›illegalisierten‹ MigrantInnen und für den Migrationstypus den der ›irregulären‹ Migration, wie sie sich in der Forschung weitestgehend durchgesetzt haben. Ich vermeide den Begriff der Illegalen, da dieser eine pejorative Konnotation hat und suggeriert, dass Menschen illegal sein können, obwohl sie erst durch staatliche Politiken und Praktiken dazu gemacht werden, das heißt sie werden illegalisiert. Der Grenzübertritt, die Beschäftigung oder der Aufenthalt einer Person können illegal sein, nicht aber die Person selbst. Die Kritik am Begriff des Illegalen geht zurück auf das überlieferte Zitat des Auschwitz-Überlebenden und Friedensnobelpreisträgers Elie Wiesel: »Ihr sollt wissen, dass kein Mensch illegal ist. Das ist ein Widerspruch in sich. Menschen können schön sein oder noch schöner. Sie können gerecht sein oder ungerecht. Aber illegal? Wie kann ein Mensch illegal sein?« (Elie Wiesel, ohne Quellennachweis). Der in anderen Sprachen und zum Teil auch im Deutschen vielfach verwendete Begriff der undokumentierten MigrantInnen *(Sans-Papiers, undocumented migrants, sin papeles, indocumentados)* ist nicht ganz zutreffend, da die meisten über Dokumente verfügen, diese jedoch nicht (mehr) zum Aufenthalt berechtigen. Der Begriff der Irregularität verweist demgegenüber darauf, dass sich die MigrantInnen abseits der regulären Migrationspfade befinden, auch wenn die besondere Verletzlichkeit der MigrantInnen, die aufgrund ihres illegalen Status entsteht, damit nicht adäquat eingefangen werden kann.

Ein weiterer Begriff, für den es keine treffende deutsche Übersetzung gibt, ist der der *pro-migrant*-Organisationen. Darunter fasse ich organisatorische Zusammenschlüsse aus verschiedenen politischen Spektren zusammen, die nicht als eine soziale Bewegung zu bezeichnen sind, die aber der Einsatz für (irreguläre) MigrantInnen und Flüchtlinge eint: humanitär und christlich orientierte Gruppen und Personen, antirassistische und feministische Gruppen, Menschen- und Asylrechtsorganisationen sowie einzelne Partei- und Gewerkschaftsgliederungen.

MigrantInnenorganisationen sind demgegenüber Gruppen und Organisationen, in denen sich ausschließlich – oder zum überwiegenden Teil – MigrantInnen und Flüchtlinge selbst organisieren. Das Spektrum ist auch hier breit und reicht von zum Teil hierarchisch strukturierten und weltweit agierenden (Exil-)Organisationen und Parteien einer Nationalität über lokale Selbsthilfeinitiativen bis hin zu losen Netzwerken von irregulären MigrantInnen verschiedener Nationalität.

Mit Fragen der Forschungsethik sind alle konfrontiert, die zu irregulärer Migration publizieren. Dies möchte ich verdeutlichen an den Arbeiten von Jörg Alt, Jesuitenpater und in Deutschland ausgewiesenster Forscher zu irregulärer Migration. Er hat die Lebenssituation irregulärer MigrantInnen im Städtevergleich erforscht. Seine Arbeit zu Leipzig (Alt 1999) enthält ein hohes Maß an Insiderwissen, in seiner Münchener Studie (Alt 2003) reflektiert er dies:

»Diese Studie [enthält] weniger Details […] zu Mechanismen und Wegen, wie man trotz der zunehmenden Zahl an Kontrollen illegale Migrationsprojekte durchführen kann. Ich möchte so verhindern, dass dieses Buch die Entwicklung und Implementierung von noch mehr repressiven Maßnahmen fördert. Das Wachsen einer Einsicht in die Grenzen und Nebenwirkung von Repression wiederum ist eine wichtige Voraussetzung, um endlich eine […] wissenschaftlich fundierte, alle relevanten gesellschaftlichen Gruppen umfassende, […] lösungsorientierte Diskussion« beginnen zu können (Alt 2003: 6).

In dieser Arbeit stellen sich die von Alt skizzierten Probleme nur sehr vermittelt, da es sich nicht um eine lokale Fallstudie zu Einreise und Leben illegalisierter MigrantInnen handelt, in der Akteure über ihre Strategien Auskunft geben. Vielmehr befasse ich mich mit den politischen Mobilisierungen im Konfliktfeld irregulärer Migration. Ausgewertet werden veröffentlichte Quellen und anonymisierte Interviews mit SchlüsselakteurInnen. Das Flüchtlingslager in Sangatte besteht zudem seit Ende 2002 nicht mehr. Einzig hinsichtlich der Analyse von politischen Strategien könnte es die Möglichkeit eines politischen Interesses geben. Dieses ist jedoch vernachlässigenswert, da es sich in der Regel nicht um strafrechtsrelevante Aktivitäten handelte und sie in der Öffentlichkeit stattfanden. Falls die Arbeit für die Strategieentwicklung von Gruppen illegalisierter MigrantInnen und von unterstützenden Organisationen von Nutzen ist, so ist dies durchaus im Sinne der Autorin.

Aufbau

Das erste Kapitel resümiert den Forschungsstand bevor der analytisch-theoretische Rahmen entwickelt wird. Dabei verknüpfe ich die weitestgehend parallel laufenden Transnationalisierungsdiskussionen in der sozialen Bewegungs- und in der Migrationsforschung. Durch die Verbindung beider Diskussionsstränge lassen sich wesentliche Aspekte der politischen Mobilisierung von MigrantInnen- und *pro-migrant*-Organisationen analysieren: die transnationale Verortung der AkteurInnen, der Konflikt- und Problemlagen und der Mobilisierungsformen.

Im darauf folgenden Methodenkapitel werden die Fallauswahl und die methodischen Verfahren erläutert. Im Zuge eines Methodenmixes wurden Dokumentenanalysen, Ereignisdatenanalysen, ExpertInneninterviews und teilnehmende Beobachtungen durchgeführt. Da ich in beiden Fallstudien mit dem *framing*-Ansatz arbeite, werden im letzten Teil dessen Stärken und Schwächen beleuchtet.

Das Kapitel »Migration und Migrationspolitik in der Europäischen Union« beschreibt die gesellschaftliche Kontextstruktur politischer Mobilisierungen im Konfliktfeld irregulärer Migration. Die Feminisierung und Illegalisierung von Migration in Europa sind zwei Migrationstrends, die auch für die in dieser Arbeit analysierten Fallstudien kennzeichnend sind. Die Grenz- und Migrationspolitiken der EU stellen einen weiteren Teil der Rahmenbedingungen dar und sind gleichzeitig Gegenstand der Mobilisierung. Daher findet sich an dieser Stelle ein Abriss der europäischen Harmonisierung von Asyl- und Migrationspolitiken sowie des Wandels des Grenzregimes hin zu einem Grenz- und Migrationsmanagement. Die die aktuelle Politik charakterisierende Gleichzeitigkeit von Öffnung und Schließung wird auch in den darauf folgenden Aspekten der politischen Partizipation von Drittstaatsangehörigen sowie Frauenpolitiken in der EU deutlich.

Im Mittelpunkt des Kapitels »Gibt es ein Advocacy-Netzwerk für illegalisierte MigrantInnen?« steht das Akteursfeld. Es wird analysiert, inwieweit irreguläre MigrantInnen in europäischen Dachverbänden und

Netzwerken repräsentiert sind und welche inhaltliche Ausrichtung gegenüber irregulärer Migration eingenommen wird.

Das Kapitel »Selbstorganisation und Repräsentation: MigrantInnen als politisch Handelnde« beleuchtet zunächst individuelle und kollektive Strategien der Herstellung von Handlungsfähigkeit von irregulären MigrantInnen. Daran schließt eine Auseinandersetzung um die Probleme an, die sich aus einer nationalitätsbezogenen Repräsentation heraus ergeben können. Gegenstand dieses Kapitels sind somit komplexe Organisierungs- und Mobilisierungsprozesse.

Das Kapitel »Sangatte: Umkämpfte Grenzen« umfasst die Studie zum Rote-Kreuz-Zentrum in Sangatte, mit deren Hilfe beantwortet werden soll, inwiefern sich durch die Diskrepanz zwischen den erklärten politischen Zielen der Migrationskontrolle und der sozialen Realität irregulärer Migration in Grenzräumen Ansatzpunkte für das Agieren von irregulären MigrantInnen und *pro-migrant*-Organisationen ergeben.

Im Kapitel »Mehr Rechte für illegalisierte MigrantInnen« wird die gleiche Frage für den irregulären Aufenthalt und die irreguläre Beschäftigung von Migrantinnen gestellt. Anhand einer Kampagne von Organisationen in Großbritannien werden die Möglichkeiten und Grenzen bestimmter Thematisierungsformen analysiert. Inwiefern sich auf europäischer Ebene neue und andere Ansatzpunkte ergeben haben, steht bei der anschließenden Analyse der politischen Mobilisierungen des europäischen RESPECT-Netzwerks im Zentrum. Da fast alle irregulären MigrantInnen erwerbstätig sind und das Verhältnis von Gewerkschaften und Migration lange ein spannungsreiches war, wird im letzten Teil des Kapitels gefragt, inwieweit Gewerkschaften als Bündnispartner für die Anliegen irregulärer MigrantInnen in Frage kommen.

Die Ergebnisse der Fallstudien werden im Schlusskapitel auf die zentrale Frage der Organisierung »schwacher Interessen« hin diskutiert. Dazu schlage ich eine Typologie von Mobilisierungen im Konfliktfeld irregulärer Migration vor. Folgende drei Typen vermögen die zentralen Argumentations- und Mobilisierungslinien zu erfassen: Erstens ein Ansatz, bei dem MigrantInnen »Recht auf Rechte« einfordern, zweitens eine Position der »Re-Regulierung« und drittens die »repressive Variante des Grenz- und Migrationsmanagements«.

Die Verknüpfung von transnationaler Bewegungs- und Migrationsforschung

Da AkteurInnen, Problemlagen und ein Teil der politischen Mobilisierungen durch transnationale Aspekte gekennzeichnet sind, bewegt sich die vorliegende Arbeit in der bewegungs- und migrationsbezogenen Transnationalisierungsforschung. Seit Beginn der 1990er Jahre hat die Erforschung transnationaler Prozesse deutlich zugenommen. Unter transnationalen Prozessen werden ökonomische, politische und soziale grenzüberschreitende Verbindungen, insbesondere von nicht-staatlichen Akteuren, gefasst (vgl. Portes 2001). Dementsprechend finden die Diskussionen in verschiedenen sozialwissenschaftlichen Disziplinen und Forschungsbereichen wie der Politikwissenschaft, Soziologie, Ökonomie, Ethnologie, Kulturforschung, Migrationsforschung oder der Bewegungsforschung statt. Überraschenderweise verläuft die Theoriebildung weitestgehend getrennt, gegenseitige konzeptionelle Anleihen sind die Ausnahme. Ich rekapituliere den Forschungsstand zur politischen Mobilisierung von MigrantInnen, bevor ich Verbindungslinien aufzeige.

Stand der Forschung

Aus der Fragestellung heraus ergeben sich drei relevante Forschungsfelder: erstens Forschungen zu sozialen Bewegungen und Nichtregierungsorganisationen, zweitens die europäische Integrationsforschung sowie drittens die Ethnizitäts- und Migrationsforschung. Dazu beziehe ich quer zu allen Fragen die Geschlechterdimension ein, da geschlechterpolitische Thematisierungs- und Mobilisierungsstrategien eine wichtige Dimension darstellen.

Die Forschung zu neuen sozialen Bewegungen

Die Forschung zu neuen sozialen Bewegungen ist in dreierlei Hinsicht ein wichtiger Bezugsrahmen: Sie liefert erstens ein adäquates Set an Methoden, mit dem sich die Handlungsbedingungen und Aktivitäten wenig institutionalisierter Akteure analysieren lässt. Die Arbeiten zur Europäisierung und Transnationalisierung sozialer Bewegungen weisen zweitens auf neuere Entwicklungen hin, die eine Brücke zwischen der eher auf den Nationalstaat bezogenen Bewegungsforschung und der europäischen Integrationsforschung darstellen. Drittens erlauben es vorliegende Arbeiten zur Selbstorganisierung von MigrantInnen meine Analysen gegenzuspiegeln.

Für einige Länder und Bewegungssegmente liegen sozialgeschichtliche Arbeiten vor, die Widerstandsbewegungen von MigrantInnen mit dem Ziel der Sichtbarmachung rekonstruieren (Abdallah 2002, Bojadžijev 2002, Düvell 2002b). Ein Anliegen ist die Korrektur der Geschichtsschreibung über Einwanderung, die bislang die Subjektivität von MigrantInnen und die Auseinandersetzungen zwischen EinwandererInnen und staatlichen Institutionen ausklammerte. Viele Darstellungen zur Selbstorganisierung von MigrantInnen wurden von AutorInnen und Gruppen verfasst, die sowohl dem akademischen wie dem antirassistischen und feministischen Bewegungssektor zuzurechnen sind (bspw. Bibal 1999, EWL 1999, FeMigra 1994, Hardillo-Werning 2000, Joo-Schauen/Najafi 2002, Yurtsever-Kneer 1998, Bratic 2000, Kaynar/Suda 2002, Gutiérrez Rodríguez 2000, Terkessidis 2000). Eine Reihe weiterer Studien geht in der Tradition der Bewegungsforschung die Frage der Partizipation von MigrantInnen an. Es werden auf lokaler und nationalstaatlicher Ebene die Partizipationsmuster von Einwanderungsbevölkerungen erhoben (Fennema/Tillie 2001, Jacobs 2000, Leal 2002). Dabei wird sowohl das Vertrauen in und die Teilnahme an traditionellen Partizipationswegen ermittelt wie auch Formen ethnischer Interessenselbstorganisierung in lokalen Selbsthilfegruppen oder Ausländerbeiräten. In eine ähnliche Richtung gehen Studien, die die Relevanz von Identität für eine auf Ethnie basierende Organisierung erörtern (Marquez 2001, Sudbury 2001). Einige Arbeiten analysieren die Geschlechtsspezifik politischer Mobilisierung und Repräsentation (Burlet/Reid 1998, Jones-Correa 1998, Karsten 1986, Sudbury 2001) und kommen zum Ergebnis, dass Geschlecht und Ethnizität zu Ressourcen werden können, auf welchen die Organisierung fußt.

Im engen Sinne bewegungstheoretisch sind Arbeiten, die im Politikfeld Einwanderung, Rassismus und Migration für verschiedene Länder und Zeiträume Dokumente und Ereignisdatenbanken auswerten, um die politischen Gelegenheitsstrukturen zu ermitteln (Koopmans/Statham 1998, Lloyd 2000, Martiniello/Statham 1999, Statham 1998, 2001). Dabei finden MigrantInnen- und *pro-migrant*-Organisationen als eine Akteursgruppe Berücksichtigung. Weiterhin gibt es Studien, die am Beispiel der Antirassismus-, Asyl- und Migrationspolitik themenspezifische Öffentlichkeiten und Gelegenheitsstrukturen in der Europäischen Union analysieren (Eder 2000, Eder/Hellmann/Trenz 1998, Trenz 2001b). Es findet nach Hans-Jörg Trenz eine Angleichung des europäischen Lobbyings an transnationales Netzwerkregieren statt, wobei oft allerdings die Durchsetzungsfähigkeit von Protest fehlt.

Die wenigen empirischen bewegungstheoretischen Untersuchungen zu MigrantInnen, die sich unter den Bedingungen einer weitgehenden Rechtlosigkeit politisch organisieren, analysieren die Bewegungen der *Sans-Papiers* in Frankreich bzw. Spanien (Lindemann 2001, Laubenthal 2006). Veröffentlichungen zur Selbstorganisierung illegalisierter MigrantInnen oder deren Unterstützung durch antirassistische Gruppen kommen ebenfalls fast ausschließlich aus politischen Bewegungskontexten und konzentrieren sich auf die nationalstaatliche Ebene (bspw. Abdallah 2000, ASW 2000, AutorInnenkollektiv 2000, Bojadžijev/Karakayali/Tsianos 2003, CFMW 2000, Cissé 2002, Karawane 2000a, kein mensch ist illegal 2000, Moulier Boutang 2002). Die nationalstaatliche Fokussierung ist insofern zu erklären, als dass sich Legalisierungskampagnen bislang auf nationale Regierungen bezogen. Es gibt Ansätze des europaweiten Vergleichs der Situation von Illegalisierten und des Austauschs über Unterstützungsmöglichkeiten (Jurado Guerrero 2000, picum 2002, 2003a, 2003b). Allerdings sind diese Studien keine theoriegeleiteten Arbeiten, sondern für den Zweck der politischen Intervention und sozialen Arbeit bestimmt.

Die Europäische Integrationsforschung

Da ich ein breites Spektrum von Protest und Lobbyarbeit von politischen Akteuren inner- wie außerhalb der europäischen Institutionen analysiere, ist es fruchtbar, in Kombination mit der Bewegungsforschung auf Arbeiten der EU-Integrationsforschung zurückzugreifen. So lassen sich die Arenen, Ebenen und Verhandlungsoptionen europäischer Lobbypolitik von *pro-migrant*-Organisationen und NGOs bestimmen und die Entwicklungen in der europäischen Asyl- und Migrationspolitik kontextualisieren. Ein Großteil der europäischen Integrationsforschung ist in Bezug auf meinen Fokus allerdings von zwei zentralen Defiziten gekennzeichnet: Erstens werden Demokratiedefizite ohne die spezifische

Rolle von Nicht-UnionsbürgerInnen gedacht, zweitens liegt eine Institutionen- und Elitenfixierung vor.

Die Frage der politischen Partizipation von Drittstaatsangehörigen in der EU ist überraschenderweise kaum ein Thema der umfangreichen Literatur zum demokratischen Defizit, zu Partizipation und Bürgerschaft in der EU (bspw. Heinelt 1998, Kleger 2001, Klein et al. 2003, Lahusen/Jauß 2001). Der Partizipationsbegriff ist auf die Teilnahme am Willensbildungsprozess durch Wahlen und formale Verfahren verengt und die Herangehensweise oft funktionalistisch inspiriert, demzufolge es ein demokratisches Dilemma von »system effectiveness versus citizen participation« (Dahl 1994) gibt. Zudem fallen Drittstaatsangehörige und geschlechtsspezifische Aspekte aus den Betrachtungen heraus. Eine von Michael Nentwich entworfene Typologie der Partizipationsmöglichkeiten von BürgerInnen in der EU berücksichtigt beispielsweise nur UnionsbürgerInnen (Nentwich 1996).

Betrachtet man die wichtigsten Ansätze der Integrationsforschung[1] daraufhin, wo das Handeln sozialer Bewegungen einen Ort finden könnte, so ist das Ergebnis unbefriedigend. Selbst prozessbezogene Ansätze, die nicht-staatliche Akteure und mehrere Ebenen in den Blick nehmen – wie der des Netzwerkregierens oder der Mehrebenenanalyse (bspw. Eising/Kohler-Koch 1999, Kohler-Koch 1998) –, sind auf problemlösende Verhandlungen zwischen Eliten konzentriert. Akteure außerhalb bestimmter Netzwerke und Verhandlungsarenen werden nicht wahrgenommen. Aufgrund der Problemlösungsorientierung stehen das Fortbestehen und die strukturellen Ursachen von Konflikten nicht im Mittelpunkt der Analyse. Der Vorwurf der Eliten- und Brüsselfixierung trifft nicht nur die klassische Integrationsforschung, auch europabezogene politikfeldspezifische Forschungen zu neuen sozialen Bewegungen und Nichtregierungsorganisationen berücksichtigen bis auf wenige Ausnahmen (bspw. Imig/Tarrow 2001a, Trenz 2001a) vor allem prozedurale und lobbypolitische Einflussversuche von hoch spezialisierten Nichtregierungsorganisationen in Brüssel und europäischen Netzwerken (bspw. Helfferich/Kolb 2001, Hoskyns 1996, Geddes 2000, Guiraudon 2001). Meines Erachtens liegen die Ursachen für die Elitenfixierung daran, dass diese Akteure in Kontakt zu den europäischen Institutionen und staatli-

---

1 Zu wichtigen politologischen Integrationstheorien gehören der Neo-Realismus, Neo-Funktionalismus, Neo-Institutionalismus, Konstruktivismus, Regimetheorie, Netzwerkansätze, Governancetheorien, neo-gramscianische und polit-ökonomische Theorien, vgl. Loth/Wessels 2001, Rosamond 2000, Bieling/Lerch 2005; vgl. Bach 2001 für die Soziologie.

chen Akteuren stehen und daher anschlussfähig sind, wie auch im leichteren empirischen Zugang für WissenschaftlerInnen.

Die Europäische Union hat bislang nicht zu den zentralen Mobilisierungsfeldern von Frauenbewegungen gehört (Holland-Cunz/Ruf/Sauer 1994: 11, Reinalda 1997). Dennoch wird die EU von vielen Autorinnen als wichtige Arena für die Artikulation und Durchsetzung frauenpolitischer Interessen betrachtet. Für einzelne Politikfelder werden frauen- und gleichstellungspolitische Spielräume ausgelotet und Wechselverhältnisse zwischen Frauenorganisationen und EU-Politik analysiert (Hoskyns 1996, Rossilli 2000, Schmidt 2000). Dabei wird gefragt, ob Frauen ausreichend Organisations- und Konfliktfähigkeit besitzen, ob sie in Besitz von Machtressourcen (z.B. Geld, einflussreiche personelle Netzwerke, Bündnispartner) sind und wie es um die institutionellen Gelegenheitsstrukturen bestellt ist, die notwendig sind, um politische Veränderungen herbeizuführen. Eine der forschungsleitenden Fragen ist, ob es einen Zusammenhang gibt zwischen der Repräsentation von Frauen und geschlechtersensiblen EU-Politiken. Diese Fragen sind für die Teilhabe und Interessenvertretung von Migrantinnen ebenso zu stellen. Es wird sich auch kritisch mit der Kooperation von Frauenbewegungen und EU- ›Femokratinnen‹ und den teils unintendierten, aber strukturell angelegten Folgen des Einbezugs in den Apparat und die Politikprozesse der EU auseinandergesetzt (Woodward 2001, Hoskyns 1999).

Die Auswirkung der Europäischen Integration auf Frauen, die nicht die Unionsbürgerschaft besitzen, ist ein weiterer Bereich, der von der Geschlechterforschung bearbeitet wird (bspw. Kofman/Sales 2000, Lwanga 1994, Wijers 2000). Zwei Studien der Europäischen Frauenlobby sind der Situationsanalyse und politischen Repräsentation von Migrantinnen in der EU gewidmet (EWL 1995, 1999). Insbesondere die erste Studie mit dem Titel »Confronting the Fortress. Black and Migrant Women in the European Union« bedeutete einen wichtigen Schritt bei der Sichtbarmachung von Migrantinnen in der EU. Das Standardwerk »Integrating Gender« von Catherine Hoskyns (1996) bietet eine ausführliche Darstellung der Situation von Nicht-Unionsbürgerinnen, den Aktivitäten von NGOs und Selbstorganisierungen von Migrantinnen seit Beginn des europäischen Einigungsprozesses.

Arbeiten aus der Integrationsforschung sind somit im Hinblick auf die Analyse des Lobbyings und auf die europäische Frauenpolitik für meine Fragestellung weiterführend.

Die Ethnizitäts- und Migrationsforschung

Die Migrations- und Ethnizitätsforschung ist der dritte relevante Forschungsbereich für diese Arbeit. Aufgrund des Materialreichtums an empirischen Fallstudien zur Organisierung von MigrantInnen ist sie eine gute Basis, um Kriterien zu entwickeln, die den Spezifika der Mobilisierung von MigrantInnen gerecht werden. Als hilfreiches Konzept erachte ich insbesondere das Modell transstaatlicher sozialer Räume, mit dem sich wichtige Ressourcen und Handlungsräume der transnationalen Mobilisierung von MigrantInnen erfassen lassen.

Wenn Selbstorganisierungen von MigrantInnen in der Migrationsforschung betrachtet werden (vgl. die Bibliografie von Kolb/Lamontain 2000), so sind die AutorInnen vor allem daran interessiert, ob diese der Integration von MigrantInnen förderlich sind oder ob sie zu einer weiteren Segregation führen. In einer vereinfachenden Darstellung lassen sich in der Migrationsforschung vier Modelle der Integration und ihrer Perspektive auf die Selbstorganisierung von MigrantInnen beschreiben (vgl. Faist 2000b: 348-357): Selbstorganisationen werden im Modell der Assimilation als nicht gelungene Akkulturation betrachtet, da die Verschmelzung mit der Mehrheitsgesellschaft angestrebt wird. Anerkennung finden Selbstorganisationen hingegen im Modell des ethnischen Pluralismus bzw. der Multikulturalität, da die Diversität ethnischer Gruppen der Ausgangspunkt ist. Im postnationalen Modell sind auf nationaler Ebene Selbstorganisierungen nicht mehr notwendig, da die Hybridisierung als grundlegendes Kulturmuster Anerkennung findet und die Integration von MigrantInnen von supra- und zwischenstaatlichen Regelungen bestimmt ist. Die Organisationen, Netzwerke und Bindestrichidentitäten (z.B. Deutsch-Türken) von MigrantInnen sind im Modell der grenzübergreifenden Expansion sozialer Räume fester Bestandteil transnationaler sozialer Räume. In allen vier Integrationsmodellen werden Selbstorganisierungen wahrgenommen und politisch bewertet. Neuere Arbeiten betonen die Integrationsleistungen der in Selbstorganisationen engagierten MigrantInnen, berücksichtigen aber auch widersprüchliche Entwicklungen (vgl. Thränhardt/Hunger 2000).

Das Hauptinteresse an der Integration von MigrantInnen hat bezogen auf die Selbstorganisierung von MigrantInnen vor allem drei Auswirkungen: Zum einen ist eine Verengung auf die Wahrnehmung bestimmter Gruppen zu konstatieren. Die politischen Organisierungen und Mobilisierungen durch Flüchtlinge und illegalisierte MigrantInnen werden nur sehr selten betrachtet, da sie über keine dauerhafte Aufenthalts- und Integrationsperspektive verfügen. Zum zweiten führt der »Integrationsimperativ« (Bojadžijev 2002: 143) zu einer Perspektive, in der die Präsenz von MigrantInnen als Problem betrachtet wird und die für den Rassismus zum Teil selbst verantwortlich gemacht werden (ebd.: 125-137). Drittens ist auf einer gesellschaftspolitischen Ebene die Integrationsfixierung Ausdruck einer herrschaftlichen Perspektive, einer Politik über MigrantInnen und nicht von MigrantInnen selbst. In anderen Arbeiten aus der Migrationsforschung werden länderspezifische Partizipationsmuster von MigrantInnen festgestellt. Sie unterscheiden sich beispielsweise darin, ob die ethnische Herkunft und Gemeinschaft betont wird, welche Rolle die gesellschaftliche Position und Klassenzugehörigkeit spielt, ob die Organisierung vor allem über soziale Arbeit oder als Antidiskriminierungsarbeit läuft oder ob die Ausweitung von sozialen, politischen und kulturellen Rechten auf MigrantInnen der Ansatzpunkt ist. Zur *Erklärung* der unterschiedlichen Formen politischer Mobilisierung und Partizipation von Migrationsbevölkerungen lassen sich idealtypisch drei Ansätze unterscheiden (vgl. Ireland 2000): Klassentheoretische Arbeiten, die vor allem in den 1970er Jahren einflussreich waren, betonen die ethnische Unterschichtung und Segregation von MigrantInnen, die zu einem ethnisch gekennzeichneten Subproletariat und Widerstand führt. Es wird davon ausgegangen, dass die Art der Partizipation von der gemeinsamen Klassenzugehörigkeit der GastarbeiterInnen, Schwarzen und postkolonialen EinwandererInnen als ArbeiterInnen bzw. als Armutsbevölkerungen geprägt ist (bspw. Castles 1985 [1973], Miles 1982, Piven/Cloward 1986 [1977]). Diese Herangehensweise ist kompatibel zu strikt strukturorientierten Konzepten in der sozialen Bewegungsforschung, deren Wurzeln ebenfalls in der neomarxistischen Tradition liegen. Ethnische und religiöse Zugehörigkeiten werden von einer zweiten Gruppe von Arbeiten als erklärende Variable für die Art und Weise der Organisierung von MigrantInnen begriffen (bspw. Balibar/Wallerstein 1988, Miller 1981). Es wird davon ausgegangen, dass Ethnizität und Religionszugehörigkeit relativ stabil sind und MigrantInnen ihre politischen Interessen im Rückgriff auf religiöse, kulturelle, regionale, ethnische und nationale Elemente und in Reaktion auf Diskriminierungserfahrungen organisieren und artikulieren. Bei MigrantInnen derselben Herkunft müssten somit in verschiedenen Ländern ähnliche Partizipationsmuster zu entdecken sein. Auf länderspezifische institutionelle Unterschiede beruft sich schließlich die dritte Gruppe von Arbeiten institutionalistischer Provenienz (bspw. Geddes 2000, Ireland 2000, Soysal 1994). Demnach besteht ein Zusammenhang zwischen juristischen und politischen Institutionen und Partizipationsformen. Länderspezifische Ausprägungen von Partizipationsmustern sind auf institutionelle Variablen – z.B. Integrationspolitik, Staatsbürgerschaftsrecht und institutionelle Torwächter wie Gewerkschaften, politische Parteien, religiöse und humanitäre Organisationen – zurückzuführen, wenn Merkmale wie Klassenzugehörigkeit und Herkunft konstant bleiben. Ethnischen und kulturellen Differenzen wird somit weniger Relevanz beigemessen als Institutionen. Dies unterscheidet institutionalistische Ansätze in der Migrationsforschung von kulturalistischen und differenzorientierten Ansätzen. Daher weisen institutionalistische Ansätze eine relative Nähe zu *political opportunity structure*-Ansätzen auf.

Unabhängig von den zuvor skizzierten Erklärungen politischer Partizipationsmuster wird seit etwa Mitte der 1990er Jahre die transnationale Dimension von Migrationsbewegungen und auch von politischen Mobilisierungsprozessen von MigrantInnen entdeckt und in die Theorieentwicklung aufgenommen (vgl. Pries 1997, Faist 2000c, Kivisto 2001). Die Theoretisierung von Transmigration hat den Blick geschärft für die transnationalen politischen Praxen von MigrantInnen, auch wenn diese Dimension bei den Urheberinnen des Konzeptes, Basch et al. (Basch/Glick Schiller/Blanc 1994), noch keine Rolle spielte. Ein wichtiger Vorreiter der Transnationalisierungsdiskussion ist die Diaspora- und Exilforschung (vgl. Cohen 1997). Sie bearbeitet nur am Rande die politische Praxis der in der Diaspora und im Exil Lebenden, vor allem in Form von hierarchisch strukturierten Exilparteien und Bewegungen. In jüngster Zeit zeichnet sich eine Verbindung zwischen Diaspora-/Exilforschung und der Transnationalisierungsdiskussion ab. Von einigen AutorInnen wird die politische Praxis von KurdInnen unter dem Blickwinkel vielfältiger transnationaler Praxen und Netze analysiert (Bruinessen 2000, Lyon/Uçarer 2001, Mertens 2000, Østergaard-Nielsen 2002), andere nehmen die transnationale Praxis von Flüchtlingen in den Blick (Al-Ali 2002, Koser 2002) oder untersuchen die transnationalen religiösen und politisch-religiösen Praxen von islamischen Organisationen (Mandaville 2001, Trautner 2000). Diese Arbeiten sind Bestandteil der wachsenden Literatur zu *transnational communities* (bspw. Al-Ali/Koser 2002, Mandaville 2001, Rex 1998, Blom 1999, Kennedy/Roudometof 2002, Koser 2002).

Implizit besteht bei einigen Arbeiten die Tendenz, transnationale Aktivitäten von MigrantInnen als quasi-natürlich anzusehen. Durch migrationsbezogene Netzwerke im transnationalen sozialen Raum scheinen MigrantInnen qua Definition transnational zu agieren. Zu gering fällt meines Erachtens dabei die Analyse der finanziellen, organisatorischen und kommunikativen Anstrengungen aus, die MigrantInnen unternehmen müssen, um transnationale Mobilisierungen tatsächlich zu realisieren. Die Schwierigkeiten erhöhen sich, wenn Gruppen verschiedener Herkunft und Nationalität ihre Aktionen koordinieren, gemeinsame Forderungen entwickeln wollen und eine gemeinsame Sprache finden müssen. Die Sichtbarmachung multinationaler und frauenspezifischer Organisierungen werden zudem erschwert durch die implizite Annahme, dass die Loyalität zu und Organisierung über nationalstaatliche und ethnische Kollektive gegeben sei. Die Brüchigkeit und die Konstruiertheit nationaler Kollektive müssten meiner Meinung nach mehr beachtet werden, wie ich an verschiedenen Beispielen ausführen werde.

Auch die politische Einflussnahme von MigrantInnen in den Herkunftsstaaten, etwa durch die Gewährung des Wahlrechtes für die migrierten Teile der Bevölkerung, ist Gegenstand einiger Arbeiten. Diese Entwicklungen sind eine Reaktion von Staaten bzw. von politischen Eliten auf die transnationale Migration, die zur Erhaltung ihrer Macht mit den MigrantInnen WählerInnen oder finanzielle Ressourcen erschließen wollen. Länder wie die Philippinen, Mexiko, die Dominikanische Republik, Haiti oder Ekuador haben Anstrengungen unternommen, MigrantInnen in die politische Gemeinschaft zu integrieren (vgl. Smith, R. 2001). Dabei geht es um die Verhinderung des vollständigen *exits* von MigrantInnen und die Steigerung der Attraktivität der Aufrechterhaltung von Bindungen zum Herkunftsland. Dies ist ein zentraler Unterschied zu Diaspora und Exil, wo die offiziellen Verbindungen zumeist (zwangsweise) abgerissen sind. Auch für die Analyse politischer Mobilisierungen in den Zielländern ist es wichtig, diese Dimension wahrzunehmen. Hieraus wird einerseits ersichtlich, dass MigrantInnen in soziales und politisches Engagement an verschiedenen Orten eingebunden sind, und andererseits erklärt sich so, warum politisches Engagement in den Zielländern nicht immer Priorität hat.

In der frauenorientierten Migrationsforschung hat sich bezüglich des Migrantinnenbildes seit den 1970er Jahren ein Wandel vollzogen, der für die Wahrnehmung von Migrantinnen als politische Akteurinnen relevant ist. Dabei ist bis in die 1990er Jahre eine ähnliche Schieflage zu konstatieren wie in der auf Integrationseffekte abzielenden Bewertung von Selbstorganisierungen von MigrantInnen. Migrantinnen, damals noch ›Ausländerinnen‹, wurden in den 1970er und 1980er Jahren vor allem über Defizite definiert und galten als »rückständig, isoliert und hilfsbedürftig« (Hebenstreit 1984). Später gerieten die Frauen in den Blick, als es zu Integrationsproblemen der migrierten Familien kam. Plötzlich wurde ihre soziale Integrationskompetenz entdeckt, die diese aufgrund ihrer Alltagsorientierung, etwa über den Schulbesuch ihrer Kinder, entwickelt hatten. Sie galten mithin als »Schlüsselfigur einer auf Modernisierung der Migrantenfamilien ausgerichteten Integrationspolitik« (Huth-Hildebrand 2002: 196).

Die Existenz von Migrantinnengruppen wurde lange zwischen Separatismus und Integration diskutiert. Das funktionalistisch auf Integration gerichtete Bild der Migrantin wurde zunehmend um eines erweitert, in dem Subjektivität und eigene Handlungsfähigkeit relevanter wurden. Eine wichtige Rolle spielten dabei sowohl Selbstorganisationsprojekte von Migrantinnen, die in ihrer parteilichen Arbeit mit Migrantinnen und Flüchtlingsfrauen den Aspekt der Handlungsfähigkeit betonten, als auch Wissenschaftlerinnen und »intellektuelle Migrantinnen« (Gutiérrez Rodríguez 1999). Intellektuelle Migrantinnen »tragen zur Kohäsion ihrer Gruppe, zur Synthetisierung und zur Artikulation kollektiver Interessen« (Gutiérrez Rodríguez 2000) bei. Migrantinnen wurden so zunehmend als Akteurinnen in Migrationsprozessen wahrgenommen. Diese Perspektive, die die politische und soziale Handlungsfähigkeit von Migrantinnen als wichtigen Aspekt ihres Lebens begreift, zugleich aber strukturelle gesellschaftliche Ungleichheiten – auch zwischen Frauen – thematisiert, stellt einen zentralen Ausgangspunkt dieser Arbeit dar.

Thesen und Ergebnisse ausgewählter Arbeiten

Ich gehe nun auf einige Arbeiten zur Selbstorganisierung von MigrantInnen und zum Lobbying von *pro-migrant*-Organisationen in der EU näher ein, die ein ähnliches Erkenntnisinteresse aufweisen.

Klaus Eder, Kai-Uwe Hellmann und Hans-Jörg Trenz nennen in ihren Überlegungen zum Strukturwandel europäischer Öffentlichkeit drei Organisationsvorteile von MigrantInnen gegenüber »der oft schwerfälligen Interessenkoordinierung nationaler Verbände« (Eder et al. 1998: 331): Erstens kann die Existenz transnationaler Gemeinschaften innerhalb familiärer und beruflicher Netzwerke Gefühle von Gemeinschaftlichkeit und gemeinsamer Betroffenheit vermitteln. Zweitens besteht die Möglichkeit, an einem europäischen Vokabular der Inklusion anzusetzen. Drittens können sich die politischen EntscheidungsträgerInnen der Macht transnationaler und öffentlicher Diskurse (z.B. Menschenrechte) nicht entziehen. Diese These ist plausibel, allerdings ist, wie in den Fallstudien deutlich wird, der Bezug auf Menschenrechte zwar eine Ressource, aber gegenüber einer repressiv ausgerichteten Politik im Nachteil. Bezüglich der beiden ersten Thesen möchte ich weitergehende Einwände geltend machen. Zwar existieren in vielen Fällen transnationale Gemeinschaften mit familiären und beruflichen Netzwerken, jedoch kann nicht davon ausgegangen werden, dass diese quasi-automatisch ein Gefühl von Gemeinschaftlichkeit vermitteln können. Es bedarf spezifischer Voraussetzungen und Aktivitäten, um soziale Netzwerke in politische Organisationszusammenhänge zu transformieren. Zudem können ethnische Netzwerke exklusiv, regions- oder statusabhängig sein, wohingegen eine europäische Mobilisierung einer gewissen Verallgemeinerung von Interessen bedarf, um gehört zu werden. Eder et al. heben als zweite Stärke die Möglichkeit der Anknüpfung an ein europäisches Vokabular der Inklusion hervor. Dies ist meiner Einschätzung nach zu kurz gegriffen, da komplementär zum Inklusionsvokabular ein Exklusionsdiskurs existiert. Deutlich wird dieses an der Grenzsicherungs-, Asyl- und Migrationspolitik der EU. So wurden der Freizügigkeit im Augenblick ihrer Einführung ausgleichende Kontrollmaßnahmen zur Seite gestellt, sie wurde zudem aus einer ökonomischen Motivation heraus eingeführt (vgl. Favell/Geddes 1999: 15). Diese Gleichzeitigkeit von Ein- und Ausschluss charakterisiert die Migrationspolitik der EU.

Die Arbeiten der französischen Migrationsforscherin Riva Kastoryano sind für meine Fragestellung ebenfalls interessant. Ihren Ansatz greife ich stellvertretend für post-nationale Arbeiten auf. Sie argumentiert ähnlich wie Eder et al., dass die EU neue Möglichkeiten für die Mobilisierung von MigrantInnen bereitstellt. Deren transnationale Organisierung überziehe das grenzenlose Europa wie ein Spinnennetz. Die EU ermöglicht MigrantInnen, der begrenzten nationalen Politik zu entkommen und neue Räume zu erschließen, die auf Partizipation und Mitgliedschaft in Herkunfts- und Aufnahmegesellschaft beruhen (Kastoryano 2000: 307). Aufgrund der transnationalen Verortung hinterfragen MigrantInnen »inevitably [...] the link between territory and nation-state« (ebd.: 307). Daraus leitet Kastoryano Mitgliedschaftlichkeit auf zwei Ebenen ab: Zum einen fühlen sich MigrantInnen aufgrund ihrer durch Partizipation erworbenen Identität mit der politischen Gemeinschaft als »non-European Europeans« (Kastoryano 1998: 10). Zum zweiten räumt sie vor allem indirekten Partizipationsmöglichkeiten von Nicht-UnionsbürgerInnen eine starke Position ein (ebd.: 11): Zivilbürgerschaft *(civil citizenship),* durch die Aktivität in Organisationen begründet, könne eine Kompensation für Staatsbürgerschaft *(civic citizenship)* sein. Insbesondere in Staaten wie Deutschland, die für EinwanderInnen wenig Integrationschancen in die Nation bieten, sei diese Strategie zu empfehlen.

Kastoryanos Ansatz scheint mir in einer Reihe von Aspekten kritikwürdig. Problematisch ist erstens die Einschätzung europäischer Identität als unabgeschlossen und somit noch offen für multikulturelle Deutungen. Damit blendet sie zweierlei aus: zum einen die historische Genese einer europäischen Identität, die auf der Betonung der Differenz zum und Exklusion des ›Anderen‹ beruht (vgl. Lutz 1997; Stolcke 1999) sowie zum anderen der auch in Zeiten von Hybridität und Globalisierung fortbestehende Erfindungsreichtum von immer neuen – und weiterhin abwertenden – Konstruktionen des Anderen oder, wie Nora

Räthzel es nennt, den postmodernen »hybrid racism« (Räthzel 2002: 22). Auch Virginie Guiraudon hat herausgearbeitet, dass die EU weder einen kohärenten diskursiven Rahmen für die Rechte von MigrantInnen bereitstellt, auf den sich *pro-migrant*-Organisationen beziehen könnten, noch die lokalen Organisationen die europäischen politischen Gelegenheitsstrukturen ausreichend nutzen (Guiraudon 2001: 179). Wenn es zu Transnationalisierungen kommt, so sind sie das *top-down*-Resultat von EU-Initiativen (ebd.: 166). Zweitens fordert Kastoryanos Partizipationsverständnis sowie die Bedeutung von Staatsbürgerschaft und *citizenship* zu einer Überprüfung ihrer materiellen Fundierung heraus. Schließlich entspricht staatliches Verhalten allzu oft nicht den menschenrechtlichen Normen, insofern darf eine progressive Normsetzung nicht mit der Realität verwechselt werden. Dazu bedarf es der Um- und Übersetzung formal garantierter Rechte in substantielle Rechte. Auch sind sozialer Status und die Zuweisung und Ausübung politischer Rechte miteinander vermittelt. Die Dimension *economcic/social citizenship* ist eine Bedingung zur Ausübung politischer Partizipation, die einen Großteil von MigrantInnen aufgrund strukturell prekärer ökonomischer und sozialer Verhältnisse in eine für sie ungünstige Ausgangsposition bringt. Auch die – widersprüchliche – geschlechterpolitische Strukturierung von Gesellschaft und Staat setzt Rahmenbedingungen für den Zugang zu sozialen und politischen BürgerInnenrechten. Drittens blenden Kastoryano und andere post-nationale AutorInnen große Gruppen von MigrantInnen aus. Die theoretischen Überlegungen treffen nur für Drittstaatsangehörige mit einem verfestigten Aufenthaltsstatus zu, nicht aber für Illegalisierte oder Personengruppen mit prekärem Aufenthaltsstatus. Nicht eingebürgerte Personen oder Personen ohne verfestigten Aufenthaltsstatus sind in kritischen Situationen immer wieder mit dem (Ausländer-)Recht und einer möglichen Aufenthaltsbeendigung konfrontiert. Diese Bedrohung beeinflusst die Möglichkeiten des politischen Handelns (vgl. Bojadžijev 2002: 137). Eine rechtliche Sicherheit ist meiner Auffassung nach nicht mit zivilgesellschaftlicher Verankerung zu kompensieren. Damit geht – als vierter Einwand – einher, dass in post-nationalen Ansätzen die »Bedeutung staatlicher Grenzen vorschnell minimier[t]« (Faist 2000b: 340) wird. Schließlich bleiben »der öffentliche Raum und damit die Arena, in der Bürger gemeinsam politisch Handeln, durch Grenzen [markiert]« (Dittgen 1999: 6), vor allem durch die Institution der Staatsbürgerschaft, die die individuellen Rechtssubjekte mit der rechtschützenden und mit Zwangsmitteln ausgestatteten Organisation des Staates verbindet.

Andrew Geddes hat eine ausführliche Darstellung der europäischen Migrationspolitik seit ihren Anfängen vorgelegt (Geddes 2000). Er analysiert, wie durch europäische Institutionen und eine europäische Migrations-Agenda die Chancen der Inklusion von MigrantInnen strukturiert werden (ebd.: 41). Eine These lautet, dass die Norm der Freizügigkeit für UnionsbürgerInnen institutionelle Dynamiken freigesetzt hat und ein wichtiger Bezugspunkt für die Argumentation von MigrantInnen und *pro-migrant*-Organisationen ist, diese Freizügigkeit auf andere Gruppen auszuweiten. Aus einer institutionalistischen Perspektive argumentiert er, dass nicht MigrantInnenorganisationen Einfluss auf die Politik nehmen, sondern administrative Praxen und Migrationspolitiken die Aktivitäten der NGOs sowie derjenigen in den Institutionen bestimmten, die *pro-migrant*-Ansichten vertreten (Geddes 2000: 39). Ethnizität wird bei Geddes dezidiert nicht als Ressource betrachtet (ebd.: 133). Er kommt zu folgenden Ergebnissen, die zur Einschätzung der politischen Mobilisierung von MigrantInnen in der EU beitragen:

- Politische Prozesse und direkte Partizipationsmöglichkeiten in der EU sind für MigrantInnen weitgehend geschlossen (ebd.: 135) und Erfolge – gemessen an den Zielen – bescheiden (ebd.: 150).
- Es besteht die Gefahr, dass die Argumente von *pro-migrant*-Organisationen für die Inklusion von MigrantInnen sich gegen diese wenden, da der Integrationsdiskurs eher den Interessen der Inkludierten denn denen der Exkludierten nachkommt (ebd.: 136).
- Viele Akteure reiten zwei Pferde gleichzeitig: sie üben eine recht fundamentale Kritik an der Politik der EU und sind an ihr beteiligt (ebd.).
- Eine europäische Harmonisierung wird von *pro-migrant*-Gruppen als Teil der Lösung und nicht des Problems gesehen (ebd.: 174), die EU-Kommission wurde daher zu einem der Hauptverbündeten (ebd.: 136).
- Der politische Erfolg von *pro-migrant*-Organisationen ist davon abhängig, ob es eine kohärente Agenda der Interessen von MigrantInnen, gekoppelt an Repräsentativität und Autorisierung durch diese gibt (ebd.: 137).
- Es gibt vier Wege der Repräsentation von MigrantInneninteressen: 1. den technokratischen über die EU-Kommission, 2. den demokratischen über das Europäische Parlament, 3. den interessensbasierten über Lobbygruppen und 4. einen juristischen Weg über den Europäischen Gerichtshof. Hinzu kommen nationale und subnationale Aktivitäten (ebd.: 137-150).

Ich teile Geddes' Analysen in den meisten Punkten, jedoch lässt er einige Aspekte unbeachtet. Geddes ist ausschließlich auf professionell arbeitende NGOs fixiert. Er geht von *top-down*-Prozessen aus, so dass die Tendenz besteht, *bottom-up*-Prozessen (z.B. dem Einfluss von sozialen Bewegungen und NGOs auf das *agenda-setting*) nicht ausreichend Bedeutung zuzumessen. Die strukturationstheoretische (Giddens) Kritik am Institutionalismus, dass die Wechselwirkungen zwischen Struktur und Handlung ins Auge gefasst werden müssten, führt Geddes zwar selber an (Geddes 2000: 40), berücksichtigt sie jedoch in seiner Analyse der Aktivitäten von *pro-migrant*-Organisationen zu wenig (vgl. ebd.: 131-151). Das Verhältnis von NGOs und Mitgliederbasis, z.b. Legitimation und Protestmobilisierung, wird meines Erachtens nicht angemessen problematisiert. Ebenso wenig erwähnt er, ob und wie MigrantInnen in den genannten NGOs und Initiativen beteiligt sind, oder ob MigrantInnen in EU-Organen arbeiten, die sich für MigrantInnen einsetzen. Aufgrund der Relevanz von personellen Netzwerken in der EU, wie sie für den Bereich der Frauenpolitik beispielsweise nachgewiesen wurden, sind diese Fragen jedoch zu stellen. Geddes führt wiederholt eine auf drei Themen beruhende »Agenda der MigrantInneninteressen« an: 1. Freizügigkeit, 2. transferierbare soziale Rechte, 3. Antidiskriminierung (ebd.: 173). Welche Themen haben jedoch keinen Eingang gefunden in diese Agenda? Worin liegen die Ursachen? Auch geschlechtsspezifische Aspekte finden keine Berücksichtigung. Diese Ausblendung ist insofern verwunderlich, da aus institutionalistischer Perspektive interessant ist, dass die EU gerade für frauenspezifische Belange eine vergleichsweise offene politische Gelegenheitsstruktur bereitstellt und sich Allianzen zwischen MigrantInnen- und Frauenorganisationen bilden.

Resümee des Forschungsstandes

Zur Strukturierung des lobbypolitischen Terrains in der EU liegen einige Arbeiten vor, insbesondere aus der europäischen Integrationsforschung und der Migrationsforschung. Alle Forschungsrichtungen weisen allerdings Schwierigkeiten auf, politische Mobilisierungen von Personen zu erklären, denen wesentliche Rechte und Möglichkeiten der Repräsentation und Artikulation genommen sind. Am ehesten lässt sich hier erstens an Arbeiten aus der Bewegungsforschung anknüpfen, die die Mobilisierungspotenziale von Armen und Unterprivilegierten untersuchen, und zweitens an Arbeiten aus der Migrationsforschung, die sich mit sozialen Netzwerken und transnationalen sozialen Räumen befassen. In diesen Arbeiten werden Ressourcen und Handlungszusammenhänge von MigrantInnen aufgezeigt, die nicht zwangsläufig an einen legalen Aufenthaltsstatus geknüpft sind. Des Weiteren ist es wichtig, Geschlechterverhältnisse zu berücksichtigen, sie aber nicht als additive, sondern als integrierte Perspektive zu betrachten, die systematisch bei der Problem- und Fragestellung, der Gegenstandsbestimmung und Kategorienbildung einzubeziehen ist. In diesem Sinne begreife ich Geschlecht als soziale Konstruktion und als Strukturkategorie (Ursula Beer 1990). Demnach sind Frauen und Männer dreifach und widersprüchlich industriekapitalistisch, patriarchal sowie in den Nationalstaat der Moderne vergesellschaftet (Becker-Schmidt 1985, Lenz 1995). Diese Perspektive ist geeignet, die Kategorien Geschlecht, Klasse und Ethnizität zu erfassen. Arbeiten aus der migrationsbezogenen Frauen- und Geschlechterforschung tragen dazu bei, Migrantinnen sichtbar zu machen sowie Hierarchien, soziale Konstruktionen und die Vielschichtigkeit von Macht wahrzunehmen und zu analysieren. Zugleich machen sie darauf aufmerksam, dass ein Migrationshintergrund oder die Zugehörigkeit zur Geschlechterkategorie Frau nicht per se als Defizit, sondern auch als Ressource denkbar ist.

Im Folgenden werden schrittweise Verknüpfungen zwischen den verschiedenen Forschungstraditionen und Ansätzen vorgenommen. Erst der Blick auf die unterschiedlichen und sich oft überlappenden Dimensionen ermöglicht die Analyse politischer Mobilisierungen von MigrantInnen. Ein Beispiel dafür sind in Privathaushalten arbeitende Migrantinnen: Ihr Beschäftigungssektor ist durch transnationale Entwicklungen strukturiert, sie bewegen sich in transnationalen Netzwerken und sind etwa durch Rücküberweisungen Teil transnationaler ökonomischer Netzwerke, praktizieren transnationale Formen von Mutterschaft und versuchen ihre Lebens- und Arbeitsbedingungen durch informelle und organisierte transnationale Netzwerke zu verbessern. Die aus der Bewegungsforschung kommende Analyse betrachtet ausschließlich die politischen Artikulationen von Haushaltsarbeiterinnen, wodurch ihre spezifischen transnationalen Netzwerke und sozialen Eingebundenheiten verloren gehen. Umgekehrt finden in der transnational orientierten Migrationsforschung politische Aktivitäten häufig nur eine kurze Erwähnung als eine unter vielen transnationalen Praktiken. Die Kooperation mit anderen politischen Akteuren oder die Bezugnahme auf internationale Normen finden so kaum Berücksichtigung.

An diesem Beispiel wird deutlich, dass zwei verknüpfende Elemente zwischen den Transnationalisierungsdiskussionen in der Migrationsforschung und der Bewegungsforschung die soziologischen Termini der sozialen Netzwerke und des sozialen Kapitals sind. Sie bilden einen wichtigen Schlüssel zum Verständnis der Mobilisierungen und ihren sozialstrukturellen Voraussetzungen. Es ist die Stärke transnationaler Ansätze, Faktoren auf der Mesoebene wie Netzwerke und Gruppen in den Mittelpunkt der Analyse zu stellen. Dennoch ist es für die Analyse politischer Mobilisierungen unabdingbar, auch die Makroebene gesellschaftlicher Strukturen sowie Mikromobilisierungsprozesse auf der Ebene der Individuen zu berücksichtigen. Hier lässt sich gewinnbringend auf weitere Ansätze der Bewegungsforschung zurückgreifen. Die Ansätze müssen zudem auf verschiedenen institutionellen Ebenen greifen: Zum einen sollen sie erklären, wie Individuen und Gruppen aus einer Position relativer Machtlosigkeit und in der Regel außerhalb von Institutionen –

klassische »schwache Interessen« – Handlungsfähigkeit entwickeln können. Zum anderen sollen auch advokatorische Aktivitäten in oder am Rande von (internationalen) Organisationen und Institutionen erfasst werden. Das heißt das Spektrum der Aktivitäten ist recht breit und umfasst sowohl sehr prekäre politische Mobilisierungen als auch professionelle Lobbypolitik. Die Bewegungsforschung wird vor allem Ersterem gerecht, in der europäischen Integrationsforschung finden sich Ansätze, die geeignet sind, Lobbypolitik zu analysieren.

Die Analyse politischer Mobilisierungen

Der Forschungsüberblick hat den Nutzen einer Kombination der Ansätze *framing*, Ressourcenmobilisierung und gesellschaftlicher Kontextstrukturen aufgezeigt.[2] Politische Interaktionsdynamiken können so unter Berücksichtigung materieller Voraussetzungen und institutioneller Rahmenbedingungen analysiert werden.

Die Bedingungen politischer Mobilisierung

Die Grundidee des Konzeptes gesellschaftlicher oder politischer Kontextsstrukturen ist, dass soziale Bewegungen in einer Umwelt entstehen und agieren, welche ihre eigenen Handlungsmöglichkeiten begünstigt oder einschränkt und auf welche die Bewegungen nur begrenzt Einfluss haben (Rucht 1994: 93, 295). Das Augenmerk der ForscherInnen gilt nicht primär den sozialen Bewegungen selbst und ihren internen Strukturen, sondern, ausgehend von zeitlich eher invarianten ländertypischen Befunden, den Handlungsvoraussetzungen. Somit setzt das Konzept deutlich andere Akzente als jene Ansätze, welche die internen Vorgänge als wesentlich ansehen, wie z.B. der Ressourcenmobilisierungsansatz. Sidney Tarrow, der den Begriff der *political opportunity structure* prägte, definiert diese als »konsistente – jedoch nicht notwendig formale oder dauerhafte – Parameter für soziale oder politische Akteure, die ihre Aktionen entweder ermutigen oder entmutigen« (Tarrow 1991: 651, Tarrow 1994: 18).[3] Politische Gelegenheitsstrukturen sind nicht statisch ge-

---

2 Die drei Ansätze galten lange als unvereinbar (vgl. Hellmann 1998, Klein/Legrand/Leif 1999, Koopmans 1998). Seit Mitte der 1990er Jahre werden Versuche der Theoriekommunikation und -synthese unternommen (bspw. McAdam/McCarthy/Zald 1996).

3 Dieter Rucht konkretisiert den Begriff der Strukturen als »Institutionen, Verfahren, Verhaltens- und Einstellungsmuster, die durch Faktoren auf

geben, sie können zum Beispiel durch kollektives Handeln beeinflusst werden (Tarrow 1991: 653ff.). Es kristallisieren sich vier Variablen in den Ansätzen politischer Gelegenheitsstrukturen als zentral heraus (bspw. Kriesi 1995, Tarrow 1994: 92ff., Rucht 1994: 296f.):

1. Die Geschlossenheit/Offenheit des politischen Zugangs gegenüber der Partizipation von Gruppen (in-/formelle Zugangsmöglichkeiten, Repression, korporatistische Einbindung von Interessen, De-/Zentralisierung, Parteien- und Wahlsystem);
2. die Stabilität politischer Bindungen (z.B. Wahlverhalten);
3. die Existenz einflussreicher Verbündeter;
4. gespaltene Eliten, durch die kollektiver Protest ermutigt werden kann.

Zwischen der Ausprägung von Gelegenheiten und dem Auftreten von Protest besteht kein linearer Zusammenhang (›je mehr x, desto mehr y‹), sondern Protest ist bei geschlossenen und sehr offenen Gesellschaften eher unwahrscheinlich – aber nicht unmöglich.

Bezogen auf die Organisierung von MigrantInnen müssen weitere Faktoren – sowohl in Herkunfts- als auch in Zielländern – Berücksichtigung finden. Sie umfassen beispielsweise supra-/nationale Migrations- und Asylregime (Gesetzgebung, Durchlässigkeit von Staatsbürgerschaft/ *citizenship*, Antidiskriminierungs- und Integrationspolitiken etc.), Sozialpolitiken (bspw. Rententransfersysteme, Versicherungswesen, Gesundheitsversorgung) und finanzielle Transfermöglichkeiten. Da die Offenheit des politischen Systems nur für bestimmte Bevölkerungsgruppen, zum Beispiel StaatsbürgerInnen, gelten kann, sind die Aspekte einflussreicher Verbündeter und gespaltener Eliten ein wichtiger Faktor bei der Analyse der Selbstorganisierung von MigrantInnen.

Es ist an dieser Stelle sinnvoll, den von Bob Jessop geprägten staatstheoretischen Begriff der »strategischen Selektivität« (Jessop 1990: 260ff.) in die soziale Bewegungstheorie einzuführen, da dieser zum besseren Verständnis des spezifischen Zugangs, der Resonanz und des Erfolgs von Bewegungsanliegen beiträgt. Die verschiedenen staatlichen Ebenen, als wichtiger Teil der politischen Gelegenheitsstruktur, sind durch strategische Selektivität gekennzeichnet, das heißt der Staat ist einigen politischen Strategien und Akteuren gegenüber offener als anderen. Jessop kommt unter anderem zu der Einsicht, dass der Staat sowohl der Ort, Produzent als auch das Ergebnis von Strategien ist. Er erläutert den Begriff der strategischen Selektivität wie folgt:

»[T]he state system is the site of strategy. It can be analysed as a system of strategic selectivity, i.e. as a system whose structure and modus operandi are more

---

der Makroebene geprägt sind und innerhalb eines längeren Zeithorizonts relativ konstant bleiben« (Rucht 1994: 304).

open to some types of political strategy than others. Thus a given type of state, a given state form, a given form of regime, will be more accessible to some forces than others according to the strategies they adopt to gain state power; and it will be more suited to the pursuit of some types of economic or political strategy than others because of the modes of intervention and resources which characterize that system« (Jessop 1990: 260, Herv. i. Orig.).

Dass etwa bestimmte von MigrantInnen artikulierte migrationsbezogene Politikinhalte in Staat und Gesellschaft auf Zustimmung, andere auf Widerspruch stoßen, lässt sich vor dem Hintergrund des Konzepts der strategischen Selektivitäten besser verstehen. Über die Ursachen spezifischer strategischer Selektivitäten gibt dann die Analyse der gesellschaftlichen Kontextstrukturen Auskunft.

Das *political opportunity structure*-Konzept weist in seiner ursprünglichen Form einige Schwächen auf (vgl. Rucht 1994: 302-313): Das Konzept bleibt auf Bewegungen beschränkt, die sich vor allem auf den institutionalisierten Politikbetrieb richten. Zudem ist es wenig prozesshaft und zeitlich angelegt. Es besteht die Gefahr, dass die Variablen konzeptionell unverbunden bleiben und, wie bei einigen AutorInnen geschehen, einfach addiert werden. Daher plädiert Rucht für ein breiter angelegtes Konzept, in dem politische durch ökonomische und soziokulturelle Strukturen ergänzt werden. Er reformuliert das Konzept der »politischen Gelegenheitsstrukturen« als »gesellschaftliche Kontextstrukturen«. Den Begriff der Gelegenheitsstruktur hat er durch den der Kontextstruktur ersetzt, da Chancen oder Gelegenheiten *(opportunities)* eher vorübergehende Bedingungen bzw. Konstellationen erwarten lassen. Rucht, wie auch Gamson und Meyer (Gamson/Meyer 1996), unterscheiden zwischen zwei Zeithorizonten: stabile Strukturen (unabhängige Variablen) bleiben über einen bestimmten Betrachtungszeitraum über Jahre oder Jahrzehnte stabil, das heißt soziale Bewegungen müssen die stabilen Faktoren in ihrem Handeln als gegeben betrachten; konjunkturelle Strukturen (abhängige Variablen) können innerhalb des Betrachtungszeitraums unterschiedliche Ausprägungen annehmen, sie bilden die Determinanten für den Wandel von Mobilisierungen, Taktiken und Wirkungen und fallen somit in das Zeit- und Zielkalkül der Bewegungen. An dieser Stelle würde der Begriff der Gelegenheiten, die kommen und gehen, zutreffen. Bei der Analyse sozialer Bewegungen sind beide Strukturebenen zu berücksichtigen. Hier bestehen theoretische und methodische Überschneidungen zu prozessorientierten Theorien, die diese dynamische Seite der Bewegungskontexte analysieren. Die Unverbundenheit der Variablen lässt sich nach Rucht erst durch eine »ausgearbeitete und gesellschaftstheoretisch fundierte Politische Soziologie beheben« (Rucht 1994: 307). In deren Ermangelung schlägt er drei Dimensionen unabhängiger Variablen vor: die Regimestruktur als institutionell verankerte politische Ordnungs- und Steuerungsform, die Struktur der etablierten Interessenvermittlung in Form von Parteien und Verbänden sowie kulturelle Muster, die als »eine Art ›Software‹ [den] Strukturen erst Sinn verleihen« (ebd.: 308). Da ich die Ruchtsche Kritik des ursprünglichen Konzeptes teile und seine Reformulierung wichtige Ergänzungen für die Analyse der Selbstorganisierung von MigrantInnen enthält – beispielsweise die Relevanz ökonomischer und soziokultureller Strukturen –, lege ich meinen Analysen im Wesentlichen diesen Ansatz zu Grunde. Allerdings erfordern einige Aspekte, auf die ich nun eingehe, weitere Überlegungen und Konkretisierungen zur Verknüpfung der transnationalen Migrations- und Bewegungsforschung.

Die Rahmung von Aktivitäten: Das *Framing*-Konzept

Das *framing*-Konzept stellt in dieser Arbeit einen wichtigen Bezugspunkt dar (vgl. Benford/ Snow 2000). Als *framing* wird ein seit Mitte der 1980er Jahre entwickelter theoretischer und methodischer Ansatz zur Erforschung von Mobilisierungsprozessen sozialer Bewegungen bezeichnet. *Framing* bedeutet Rahmung, das heißt es geht um die Herstellung und Beschaffenheit von Deutungsrahmen. Es werden die Möglichkeiten und Prozesse fokussiert, wie soziale Bewegungen ihre Anliegen artikulieren, präsentieren und nach Außen wie Innen mit Legitimation und Sinn versehen. Mit dem *framing*-Ansatz sollen – so die Begründer des Ansatzes David Snow und Robert Benford – drei Defizite der damaligen Bewegungsforschung, vor allem psychofunktionalistische und Ressourcenmobilisierungs-Ansätze, korrigiert werden: »They neglect the process of grievance interpretation; they suggest a static view of participation; and they tend to over-generalize participation-related processes« (Snow et al. 1986: 465). Snow et al. heben demgegenüber hervor, dass die An- oder Abwesenheit von Missständen nicht als solches zu Mobilisierungen führt, sondern die Art und Weise, in der diese Missstände interpretiert und inwiefern diese Interpretationen breiter bekannt gemacht werden (ebd.: 466). Die Entscheidung, sich einer sozialen Bewegung anzuschließen, ist kein einmaliger Akt und automatisch auf Dauer angelegt, sondern bedarf wiederholter Neuüberlegungen (ebd.: 467). Es muss zudem berücksichtigt werden, dass die Entwicklungen bewegungsspezifisch sind und auch Miss-/Erfolge je nach Bewegung variieren. Aus diesen Überlegungen heraus kommen Snow und Benford zu der Überzeugung, dass prozess- und aktivitätenorientierte Ansätze, die die Mikro-, Meso- und Makroebene berücksichtigen, am besten geeignet sind, um Mobilisierungsprozesse sozialer Bewegungen zu analysieren. Für Herbert Kitschelt läutete der *framing*-Ansatz eine »subjektivistisch-diskursorientierte Wende« (Kitschelt 1999: 155) der neuen sozialen Bewegungsforschung ein, die an poststrukturalistische Perspektiven und das interpretative Paradigma anknüpft. Diese Einschätzung weist auf das Problem hin, die Deutungsarbeit einer sozialen Bewegung nicht mit deren tatsächlichen Aktivitäten oder deren Wirkungsmächtigkeit gleichzusetzen. Um der Idee des *framing*-Ansatzes gerecht zu werden, ist ein Blick auf die historische Genese hilfreich.

Seinen begrifflichen und konzeptionellen Ursprung hat der Ansatz in Erving Goffmans »Rahmen-Analyse« (Goffman 1993 [1974]), welche der Organisation der Interpretation und Sinnzuschreibung sozialer Wirklichkeit durch Individuen und Gruppen auf die Spur kommen will. »Man tendiert dazu, Ereignisse im Sinne primärer Rahmen wahrzunehmen, die bestimmte Beschreibungen der Ereignisse liefern« (ebd.: 35). Ein primärer Rahmen dient dazu, »einen sonst sinnlosen Aspekt der Szene zu etwas Sinnvollem« (ebd.: 31) zu machen. Goffman unterscheidet natürliche und soziale primäre Rahmen. Der natürliche primäre Rahmen identifiziert Ereignisse, die einem vollständigen Determinismus unterliegen und nicht durch absichtsvoll Handelnde vollzogen werden (z.B. Naturgesetzlichkeiten gehorchen). Der soziale primäre Rahmen hingegen liefert einen »Verständnishintergrund für Ereignisse, an dessen Wille, Ziel und steuerndes Eingreifen einer Intelligenz [...] beteiligt sind. [...] Es kommen Motive und Absichten ins Spiel, deren Unterstellung die Auswahl eines der möglichen sozialen Rahmen erleichtert« (ebd.: 32). Goffman stellt als Arbeitshypothese auf, dass »die Handlungen des täglichen Lebens verstehbar sind wegen eines (oder mehrerer) primärer Rahmen, die ihnen einen Sinn verleihen, und daß die Aufdeckung dieses Schemas weder eine triviale noch [...] eine nicht zu bewältigende Aufgabe ist« (ebd.: 36). Diese Überlegungen lassen sich auf bestimmte Aspekte der Analyse sozialer Bewegungen sehr gut übertragen. Schließlich gehört es zu den Zielen sozialer Bewegungen, potenzielle AktivistInnen zu mobilisieren, Sympathie und Unterstützung von ZuschauerInnen zu gewinnen und GegnerInnen zu demobilisieren. Dazu bedarf es der Bereitstellung von primären sozialen Rahmen bzw. Interpretationsangeboten, damit die Anliegen der Bewegung als die wahrgenommen werden, als die sie intendiert sind. Soziale Bewegungen betätigen sich somit als Konstrukteure sozialer Wirklichkeit. Dabei können soziale Bewegungen vorhandene Deutungsrahmen aufgreifen, neue konstruieren oder verschiedene bereits vorhandene neu zusammensetzen oder kombinieren.

Auch in der Ethnizitäts- und Migrationsforschung sind *framing*-Prozesse relevant. Mit dem Konzept des *framing* lassen sich die zentralen Prozesse ethnischer *community*-Formierung beschreiben. Gruppen von

MigrantInnen oder Personen in einer Minderheitenposition reflektieren selbstbewusst, und möglicherweise auch strategisch, ihre Identitäten, definieren symbolisch Gruppengrenzen und organisieren sich entlang dieser Grenzen politisch (Vertovec 2003: 655). Weiterhin lässt sich mit Hilfe des *framing*-Modells beschreiben, wie transnationale MigrantInnen beständig Kontexte und Werte zweier Gesellschaften für sich passend machen, indem sie sie entsprechend rahmen (ebd.: 656). Die Wege, wie MigrantInnen Identitäten konstruieren, sich politisch darauf beziehen, welche symbolischen und sozialen Kapitalien dazu eingebracht werden und welche sozialen Netzwerke daran beteiligt sind, können also mit dem *framing*-Konzept gut erfasst werden. Insofern ist das *framing*-Konzept dazu geeignet, die angestrebte Verknüpfung der Transnationalisierungsdiskussion in der Migrations- und der sozialen Bewegungsforschung zu befördern.

Zu den Stärken des *framing*-Ansatzes in der Bewegungsforschung gehört es meines Erachtens erstens, die Spannbreite an Möglichkeiten der Auswahl zwischen *frames* auszuloten und zu erklären, wie und mit welchen Themen und Strategien eine Bewegung sich der Öffentlichkeit präsentiert. Dies betrifft vor allem die Phase der Politikformulierung und der daraus resultierenden Strategieentwicklung. Er ist zweitens geeignet, historisch wie auch zwischen verschiedenen Bewegungen vergleichend zu analysieren. Drittens wird der Fokus nicht allein auf Veröffentlichungen und Verlautbarungen, sondern auch auf die Aktivitäten und Aktionsformen einer sozialen Bewegung gelegt.

Eine zentrale Schwäche des *framing*-Ansatzes ist hingegen, dass es nur in Ansätzen möglich ist, den Erfolg von *frames* adäquat zu bestimmen. Das Konzept der *frame resonance* ist dafür zwar ein wichtiger Ausgangspunkt, jedoch lässt sich nicht gesichert feststellen, ob der Miss-/Erfolg einer Bewegung an der Qualität des *frames* oder an strukturellen Bedingungen liegt (Koopmans 1998: 220). Um diesem Defizit sowie der Gefahr der Überschätzung der Konstruktionsleistungen sozialer Bewegungsakteure zu entgehen, plädiere ich für eine reflektierte Kombination mit dem strukturorientierten Ansatz politischer Gelegenheitsstrukturen sowie mit der Frage der Mobilisierung von Ressourcen.

Die Mobilisierung von Ressourcen

Der Ansatz der Ressourcenmobilisierung wurde in den 1970er Jahren vor allem von McCarthy und Zald entwickelt (McCarthy/Zald 1973) und gehört seitdem zum Repertoire der Erforschung sozialer Bewegungen. Hauptannahme des Ansatzes ist, dass eine Bewegung Ressourcen mobilisieren muss, bevor Aktivitäten stattfinden und Ziele erreicht werden können. Als Ressourcen gelten z.b. Geld, bezahlte und ehrenamtliche Arbeitskraft, Infrastruktur für Bewegungsaktivitäten und Legitimation. Die Mobilisierung umfasst unter anderem die Aktivierung von Netzwerken, die Herstellung von Motivation, die Ausbildung von Potenzialen und die Beseitigung von Partizipationsbarrieren. Die Ressourcen sind in der Hand von Individuen und Institutionen, zudem können Gegenbewegungen und Amtsautoritäten (z.B. Polizei, Stadtverwaltung) versuchen, sozialen Bewegungen Ressourcen vorzuenthalten und zu kontrollieren (McCarthy/Zald 1977: 1222). Nicht zuletzt werben eine Reihe von sozialen Bewegungssektoren um die Ressourcen potenzieller Aktiver. Eine Bewegung muss also Anstrengungen unternehmen, um diese Ressourcen – möglichst auf Dauer – zu mobilisieren. Insofern gelten Aktivitäten von Protestgruppen als Ergebnis organisierter Bemühungen und nicht wie in früheren Ansätzen als emotional begründeter Aufstand unterdrückter oder unzufriedener Bevölkerungsteile.

Auch in der Migrationsforschung lohnt es sich, mit dem Konzept der Ressourcenmobilisierung zu arbeiten, insbesondere wenn es um die Herstellung sozialer und politischer Mobilisierungsfähigkeit oder die Analyse kollektiver Ressourcenmobilisierung über lange Wege und Zeiträume geht. Ich gehe nicht davon aus, dass Ethnizität als solche eine Ressource ist, sondern unter bestimmten Bedingungen dazu werden kann. Ein Teil der transnationalen Praxen von MigrantInnen ist mit Hilfe des Ressourcenmobilisierungsansatzes gut zu beschreiben, weil er ein Instrumentarium bietet, die Aspekte der Mobilisierung und die Formen der Ressourcen begrifflich zu differenzieren. Auf die für die Mobilisierung relevanten Kapitalienarten, die ich mit Pierre Bourdieu unterscheide, gehe ich im weiteren Verlauf des Kapitels näher ein.

Mit der Fokussierung auf Gruppen, Organisationen und informelle Netzwerke bewegt sich das Konzept auf der Mesoebene, obgleich den Annahmen ökonomisch rational abwägende Individuen zu Grunde liegen. Der Ansatz der Ressourcenmobilisierung geht von ökonomischen Vorstellungen der Konkurrenz um knappe Güter und damit verbundenen Rationalitätsvorstellungen aus. Potenzielle AktivistInnen wägen demnach Kosten und Nutzen ihres Engagements ab. Fraglich ist allerdings, ob ehrenamtliches Engagement, das teils mit hohen individuellen Kosten und wenig direktem Nutzen verbunden ist, adäquat erklärt werden kann. In den Ansätzen ist zudem angelegt, den Blick auf die sozialen Bewegungsorganisationen (McCarthy/Zald 1994: 20), das heißt die gut organisierten Bereiche einer sozialen Bewegung, zu werfen. Folglich bleiben eher informelle Bewegungselemente unberücksichtigt. Die Kritik daran, vor allem von Seiten der Geschlechterforschung, hat zur Berücksichtigung weiterer Faktoren – etwa gesellschaftlicher Rahmenbedingungen und sozialpsychologischer Faktoren wie Solidarität und Identitätsbildung – geführt (vgl. Marx Ferree 1992).

Trotz dieser Einwände ist der Ressourcenmobilisierungs-Ansatz dazu geeignet, mit der Mobilisierung personeller, ideeller und finanzieller Ressourcen wichtige Dimensionen politischer Mobilisierung zu erfassen, die in anderen Ansätzen wie dem *framing*-Ansatz oder dem *political opportunity structure*-Ansatz nur am Rande Berücksichtigung finden. Es gibt zudem enge Verknüpfungen zwischen den Dimensionen, die von anderen Ansätzen betont werden. So kann ein zu allgemeines oder zu spezialisiertes *framing* einer Bewegung zu Schwierigkeiten bei der Ressourcenmobilisierung führen, da sich nur wenige Personen motiviert fühlen, in die Bewegung Zeit und Geld zu investieren. Ebenso nachvollziehbar ist der Einfluss gesellschaftlicher Kontextstruktur, etwa das politische Klima oder die Offenheit politischer Eliten für Bewegungsanliegen auf die Möglichkeiten einer Bewegung, Ressourcen zu mobilisieren. Insofern lassen sich mit dem Ressourcenmobilisierungs-Ansatz Prozesse der »interaction between resource availability, the preexisting organization of preference structures, and entrepreneurial attempts to meet preference demand« (McCarthy/Zald 1977: 1236) fassen.

Verknüpfende Elemente

Nachdem in die bewegungstheoretischen Grundlagen eingeführt wurde, werden nun vier Aspekte bearbeitet, die speziell die Analyse politischer Mobilisierungen von MigrantInnen und *pro-migrant*-Organisationen in der Europäischen Union betreffen: die Frage der Transnationalisierung in der Bewegungsforschung, der Einfluss der Europäischen Union auf Mobilisierungen, der Stellenwert von Lobbyarbeit in den Aktivitäten nicht-staatlicher Gruppierungen sowie die Spezifika der TrägerInnenschaft der Mobilisierungen im Konfliktfeld irregulärer Migration.

Transnationalisierung und die Bewegungsforschung

Die Bewegungsforschung fokussierte lange fast ausschließlich auf den Nationalstaat bzw. arbeitete ländervergleichend. Dies schlägt sich in den klassischen Ansätzen nieder. Sie versuchen, die Aktivitäten von Bewegungen vor allem mit den Bedingungen in den jeweiligen Nationalstaaten zu erklären. Diese Verkürzungen können als »methodologischer Nationalismus« (Smith, A. D. 1979, Wimmer/Glick Schiller 2002: 301) bezeichnet werden. Für die Analyse der politischen Mobilisierung von MigrantInnen in der EU bedürfen diese Ansätze zumindest einer Revision: Schließlich sind die Akteure durch ihre biografischen Erfahrungen und politischen Interessen grenzüberschreitend orientiert. Die Problemlagen beschränken sich nicht auf Fragen nationalstaatlicher Integration oder auf lokale Lebensbedingungen, sondern haben oftmals einen grenzüberschreitenden Charakter, thematisieren Grenzübertritte und richten sich an Adressaten in mindestens zwei Staaten. Die Aktivitäten finden in der Regel auf lokaler oder nationaler Ebene statt, jedoch sind koordinierte Aktivitäten in mehreren Staaten oder an den Grenzen nicht außer Acht zu lassen, wenn der spezifische Charakter der Mobilisierung erfasst werden soll. Das Gleiche gilt für die Mobilisierung von Ressourcen oder die Herstellung von Öffentlichkeit in mehr als nur dem Immigrationsland. Damit werden Kriterien erfüllt, die den Charakter der Transnationalität ausmachen.

In der sozialen Bewegungs- und Policyforschung gibt es derzeit verschiedene Versuche, Entwicklungen jenseits des klassischen nationalstaatlichen Bezugsrahmens auf den Begriff zu bringen und konzeptionell zu fassen. Ich verwende den Begriff der ›(transnationalen) politischen Mobilisierung‹. Diesen Begriff ziehe ich dem des »transnationalen Protests« (Rucht 2001), der »transnationalen Streitpolitik« (Eder 2001) bzw. der »transnationalen sozialen Bewegung« (Tarrow 2001b) sowie der *transnational advocacy networks* « (Keck/Sikkink 1998) und »*advocacy coalitions*« (Sabatier 1993) vor. Er ist geeigneter, die Bandbreite der politischen Aktivitäten – von institutionalisierter Lobbypolitik bis hin zu prekären Formen – zu erfassen, die sich nicht immer als soziale Bewegung oder Protest manifestieren. Der Begriff der sozialen Bewegung wurde mit Recht einer definitorischen Begrenzung unterzogen, um nicht der Beliebigkeit anheim zu fallen.[4]

Klaus Eder (2001) stellt fest, dass Bewegungshandeln – insbesondere in der EU – nicht mehr nur klar außerhalb von Institutionen zu finden ist, sondern dass die Institutionen sich Legitimation und Anerkennung durch Zustimmung zu beschaffen versuchen. Dies stellt eine wichtige Perspektivverschiebung gegenüber einer allein auf außerinstitutionelle Arenen fokussierten Bewegungsforschung dar, jedoch erscheint mir der gewählte Begriff der ›Streitpolitik‹ wenig passend, da gerade die Einflussnahme durch Lobbypolitik selten durch Streit geprägt ist, sondern

---

4   In der klassischen Definition von Raschke ist eine soziale Bewegung ein »mobilisierender kollektiver Akteur, der mit einer gewissen Kontinuität auf der Grundlage hoher symbolischer Integration und geringer Rollenspezifikation mittels variabler Organisations- und Aktionsformen das Ziel verfolgt, grundlegenderen sozialen Wandel herbeizuführen, zu verhindern oder rückgängig zu machen« (Raschke 1985: 77).

vielmehr durch Konsens und Kompromiss. Auch die Bezeichnung der *transnational advocacy networks* (Keck/Sikkink 1998)[5] sollte meiner Ansicht nach nicht vorschnell verwendet werden bzw. als Begrifflichkeit an den Anfang einer Analyse gestellt werden. Vielmehr kann es das Ergebnis einer Akteursanalyse sein, dass in einem Politikfeld diese themenspezifischen Netzwerke und Koalitionen aus außerinstitutionellen und institutionellen AkteurInnen existieren. Sabatiers Ansatz der *advocacy coalitions* (Sabatier 1993)[6] ist meiner Ansicht nach zu institutionen- und staatsfixiert und schließt zu einem großen Teil Perspektiven und Aktivitäten sozialer Bewegungen aus. Für die Analyse sozialen Bewegungshandelns in der Migrationspolitik der EU sind beide Ansätze von Keck/Sikkink und Sabatier daher nur bis zu einem gewissen Grad interessant: Sabatiers Herangehensweise ermöglicht die Analyse der Akteurskonstellation und möglicherweise konkurrierender Koalitionen. Die Stärke des Ansatzes von Keck und Sikkink liegt in der genauen Beobachtung des Agierens nichtstaatlicher Akteure auf internationaler Ebene im Verhältnis zu anderen Akteuren. Beide Ansätze stoßen dort an ihre Grenzen, wo für konträre Positionen ähnlich agile Netzwerke bzw. machtvolle Koalitionen zu identifizieren sind und als Folge der *policy outcome* nicht zu erklären ist. Eine weitere Grenze des Ansatzes ist erreicht, wenn das Bewegungshandeln nicht auf die Veränderung staatlicher Politik konzentriert ist. Dies könnte der Fall sein, da ein Kurswechsel der europäischen Asyl- und Migrationspolitik als unwahrscheinlich erachtet wird und statt dessen die erfolgreiche Umgehung des europäischen Grenzregimes im Vordergrund des vernetzten und kollektiven Handelns steht. Beide Ansätze betrachten somit fast ausschließlich Elitenhandeln, dessen potenzieller Erfolg in den meisten Fällen für die Betroffenen nicht direkt spürbar ist, sondern von den Advokaten an diese kommuniziert werden muss.

---

5   Die Akteure transnationaler *advocacy*-Netzwerke umfassen v.a. nichtstaatliche Forschungs- und *advocacy*-Organisationen, soziale Bewegungen, Stiftungen, Medien, Kirchen, Gewerkschaften, Intellektuelle, Teile regionaler oder internationaler Organisationen sowie Teile der Exekutive und der Parlamente (Keck/Sikkink 1998: 9).

6   Eine *advocacy coalition* umfasst Personen (u.a. Abgeordnete, Beamte, Interessengruppen, JournalistInnen oder WissenschaftlerInnen), die normative und kausale Annahmen sowie Problemperzeptionen (»belief systems«) teilen und gemeinsame Aktivitäten entwickeln (Sabatier 1993: 120f., 127). In einem Subsystem können sich konkurrierende Koalitionen bilden. Sabatier versucht damit *policy*-Wandel in einem Subsystem zu erklären.

Da wir es also vor allem auf transnationaler und europäischer Ebene mit Phänomenen zu tun haben, auf welche die Definition sozialer Bewegungen nicht eindeutig zutrifft und Bewegungshandeln in vielen Fällen nicht allein durch Konfrontation und Streit geprägt ist, präferiere ich den Begriff der (transnationalen) politischen Mobilisierung.

Politische Mobilisierungen in der EU

Die Europäische Integration übt auf WissenschaftlerInnen, die Transnationalisierungsprozessen interessiert, eine besondere Faszination aus. Sie wird nicht selten als Labor für auch andernorts zu erwartende Prozesse, etwa der steigenden Bedeutung von »nongovernmental forms of governance across borders« (Imig/Tarrow 2001c: 9), begriffen. Die Erwartungen bezüglich der zunehmenden transnationalen Orientierung auch und gerade von NGOS sind daher hoch. Umso ernüchternder fallen sowohl einige quantitative (Imig 2001, Imig/Tarrow 2001b)[7] als auch qualitative (vgl. die anderen Beiträge in Imig/Tarrow 2001a) Studien zu verschiedenen Politikfeldern aus. Trotz des quantitativ geringen Anteils an europäischer Protestmobilisierung lassen sich qualitative Veränderungen im Hinblick auf AkteurInnen, Artikulations- und Interventionsformen feststellen.

Unter europäischer Protestmobilisierung verstehe ich »all incidents of contentious claims-making to which the EU or one of its agencies is in some way either the source, the direct target, or an indirect« target of protests and the actors come from at least one member-state« (Imig/Tarrow 2001b: 32). Die Definition hat den Vorzug, die Breite der Mobilisierungen zu erfassen und dennoch das spezifisch Europäische zu benennen. Da mit der europäischen Integration ein Wandel der historisch eng an den (korporatistischen) Nationalstaat gekoppelten Interessenartikulation verbunden ist, ist es sinnvoll, auch die Akteursdefinition sozialer Bewegungen dieser Veränderung anzupassen und auf europäischer Ebene auch Gewerkschaften und Verbände zum Bewegungssektor zu rechnen

---

7 Ausgewertet wurden vierzehn Jahrgänge (1984-1997) der von der Nachrichtenagentur »Reuters« verbreiteten Meldungen (Imig 2001, Imig/Tarrow 2001b: 31). Sie identifizierten 9 872 Protestereignisse in der EU, davon entsprachen nur 490 den Kriterien für »Europäischen Protest« (ebd.: 36). Der Großteil der Proteste (82 Prozent) wurde von Farmern, Fischern und Minenarbeitern getragen, 18 Prozent von »nonoccupational groups« (ebd.: 39). 36,2 Prozent der Aktionen bezeichnen die Autoren als »confrontational protests« (z.B. Blockaden, sit-ins, Besetzungen) (ebd.: 44).

(Marks/McAdam 1996: 96f., vgl. auch Imig/Tarrow 2001c: 10).[8] In der europäischen Integrationsforschung liegt, wie im Forschungsstand aufgezeigt, eine problematische Eliten- und Brüsselfixierung vor. Daher konzeptionalisiere ich den institutionell-politischen Raum der Europäischen Union in Anschluss an Imig und Tarrow als »*composite polity*«:[9]

»A system of political relations in which actors at various levels and in different geographical units within a loosely linked system face both horizontal and vertical interlocutors and find corresponding opportunities for alliance building across both axes« (Imig/Tarrow 2001c: 15).

Die Konzeption hebt den Prozesscharakter, die unterschiedlichen Akteure und ihre jeweiligen politischen Arenen deutlicher hervor als der auf etablierte Akteure gerichtete Begriff der Mehrebenenpolitik. Daher analysiere ich neben der im engeren Sinne europäischen Ebene der Brüsseler Lobbypolitik auch politische Mobilisierungen an den Rändern, den Grenzen, der EU und transnationale Aktivitäten von MigrantInnen, die über den territorial-politischen Raum der EU hinaus gehen.

Obwohl immer mehr Menschen die EU für Missstände verantwortlich machen, artikuliert sich der Protest weiterhin auf nationalstaatlicher Ebene – und über sowie gegen den Nationalstaat. Dies könnte somit zu einer umgekehrten Variante des von Keck und Sikkink beschriebenen Bumerangeffekts[10] führen: Da bei sozialen Bewegungen die Annahme besteht, dass Veränderung nicht über die EU direkt zu erreichen ist, wird Druck auf den Nationalstaat ausgeübt, durch dessen Einfluss als Vertreter von StaatsbürgerInnen man sich positive Effekte auf die EU erhofft. Insofern bliebe Protest auf die Repräsentation von StaatsbürgerInnen begrenzt. Dies würde wiederum bedeuten, dass theoretische Positionen (etwa die Debatte um post-nationale Rechte), die gerade auf europäischer Ebene eine besondere Chancenstruktur für Drittstaatsangehörige (bspw. Kastoryano 1998, Soysal 1994) ausmachen, die Wirklichkeit nur unzureichend beschreiben.

---

8   Ähnlich wird auch von Seiten der Interessengruppen- und Verbändeforschung argumentiert, die starre Unterscheidung zwischen sozialen Bewegungsorganisationen, Interessenverbänden und LobbyistInnen gerade in Bezug auf die EU aufzuweichen.

9   Ursprünglich stammt der Begriff von Wayne te Brake und seinen Überlegungen zur Entwicklung einer europäischen Politik und Bürgerschaft von 1500 bis 1700 (Tarrow 2001a: 240ff.).

10 Staat A blockiert die Einflussnahme von NGOs, die aktivieren ein transnationales Netzwerk, dessen Mitglieder üben Druck auf den eigenen Staat und (falls notwendig) auch auf Internationale Organisationen aus, die wiederum Druck auf Staat A ausüben (Keck/Sikkink 1998: 13).

MigrantInnen als TrägerInnen politischer Mobilisierungen

Nachdem die Bedingungen und Politikformen (transnationaler) sozialer Bewegungsakteure diskutierte wurden, betrachte ich nun eine weitere Dimension transnationaler Prozesse: (irreguläre) MigrantInnen als TrägerInnen von politischen Mobilisierungen. Bei dieser müssen wie bei jeder anderen Trägergruppe Fragen nach den gruppenspezifischen Partizipationsmöglichkeiten und -barrieren gestellt werden. Im Konzept gesellschaftlicher Kontextstrukturen sollten, wie ausgeführt, auf Seiten der relativ stabilen und unabhängigen Variablen einige Ergänzungen vorgenommen werden, die die spezifische Ausgangssituation des politischen Handelns von MigrantInnen erfassen. Diese Ergänzungen betreffen beispielsweise den Staatsbürgerschaftstypus, das Grenz-, Asyl- und Migrationsregime und das Integrationsmodell von MigrantInnen. Im Folgenden fokussiere ich auf zwei Aspekte, die für meine Arbeit besonders bedeutsam sind: MigrantInnen, die irregulär Grenzen übertreten, und MigrantInnen, deren politisches Handeln sich über transnationale soziale Räume erstreckt.

GrenzgängerInnen als politische Subjekte

Der Grenzübertritt ist ein wichtiges Stadium der Migration. Eine These dieser Arbeit bezieht sich auf die herausragende Bedeutung von Grenzüberschreitungen für politische Mobilisierungsprozesse in der Europäischen Union. In diesem Abschnitt wird herausgearbeitet, welche spezifischen Subjektpositionen von MigrantInnen sich durch den irregulären Grenzübertritt ergeben und wie diese mit politischen Artikulationen vermittelt sind.

Grenzen sind von einer Reihe von widersprüchlichen Gleichzeitigkeiten gekennzeichnet: Sie gelten als Schutzeinrichtungen, gleichzeitig wird an ihnen Macht und Gewalt ausgeübt, zum Teil personale Gewalt gegenüber Personen, die irregulär die Grenze passieren wollen, und strukturelle Gewalt über die Konstruktion der Grenze als Grenze an sich. Grenzen dienen zudem als Marker für exklusive soziale, linguistische, ethnische etc. Identitäten, sie verhindern Kontakte und Austausch zwischen Individuen und Gruppen, verbinden aber auch. »Nowhere are these ambiguities more apparent than with respect to state borders« (O'Dowd 1998: 3). Grenzen werden, so Étienne Balibar, aufgrund der dort stattfindenden Aushandlungen zu Räumen des Politischen, obgleich sie an den Rändern von Staatsterritorien liegen. »This in fact means that borders are no longer the shores of politics, but have indeed become [...] objects or, let us say more precisely, things within the space of the political itself« (Balibar 1998: 220). In diesen politischen Räumen treffen verschiedene Akteure aufeinander, BewohnerInnen der Grenzräume, Grenzbeamte, Reisende und MigrantInnen mit und ohne gültige Grenzübertrittspapiere. Daher sind Grenzen immer auch Räume, in denen Aushandlungen von »subordination and control« (Wilson/Donnan 1998: 10, vgl. auch Alvarez 1995: 448) vollzogen werden. Die Aushandlungen finden auf verschiedenen Ebenen statt, zwischen Staaten, zwischen Staaten und Individuen, zwischen Kollektiven innerhalb von Staaten und zwischen Individuen und anderen Individuen, die den Grenzübertritt ermöglichen. Ein Hinweis, warum Grenzen zu Räumen des Politischen werden, liegt in den Aktivitäten von Grenz- und damit NormverletzerInnen:

»Wie soziale Normen in einem metaphorischen Sinn Grenzen ziehen, so konstituieren territoriale Grenzen in einem ganz unmetaphorischen Sinn soziale Normen. Und damit auch Normbrecher. Grenzen produzieren nicht nur Staatsbürger und Ausländer, Immigranten und Emigranten, Ausgewiesene und Abgewiesene, sondern auch Grenzverletzer« (Kaufmann/Bröckling/Horn 2002: 7).

Solche Aushandlungsprozesse in Grenzräumen werden im Laufe der Arbeit weiter vertieft. An Grenzverläufen und in Grenzräumen finden, so meine These, Aushandlungskämpfe und Auseinandersetzungen über Zugehörigkeit und Ausschluss sowie Bedeutungen von Nation, Staat und *citizenship* statt. Um diese Aushandlungen von »subordination and control« (Wilson/Donnan 1998: 10), Macht- und Gewaltverhältnissen an Grenzverläufen theoretisch genauer zu fassen, möchte ich mit Überlegungen von Michel Foucault argumentieren. Ich halte seinen machttheoretischen Ansatz für meine Fragestellung insofern weiterführend, als dass er die Unabdingbarkeit von Macht herausarbeitet, zugleich aber auch subversive Praktiken und Widerstand von weniger Privilegierten denkbar macht. Für die Bewegungsforschung kann sein Ansatz somit fruchtbar gemacht werden. Foucault, der absichtsvoll Begriffe nicht abschließend definiert, sondern sich ihnen annähert, benennt als Bestandteile von Macht Kraftverhältnisse, Stützen der Macht, Prozesse der Auseinandersetzung sowie die Wirkungsweisen der Macht. Macht ist für Foucault

»die Vielfältigkeit von Kraftverhältnissen, die ein Gebiet bevölkern und organisieren; das Spiel, das in unaufhörlichen Kämpfen und Auseinandersetzungen diese Kraftverhältnisse verwandelt, verstärkt, verkehrt; die Stützen, die diese Kraftverhältnisse aneinander finden, in dem sie sich zu Systemen verketten – oder die Verschiebungen und Widersprüche, die sie gegeneinander isolieren; und schließlich die Strategien, in denen sie zur Wirkung gelangen und deren große Linien und institutionelle Kristallisierungen sich in den Staatsapparaten, in der Gesetzgebung und in den gesellschaftlichen Hegemonien verkörpern« (Foucault 1985 [1977]: 113f.).

Weiterhin ist für den machttheoretischen Ansatz von Foucault wichtig, dass »weder die Souveränität des Staates, noch die Form des Gesetzes« (Foucault 1985 [1977]: 113) ursprüngliche Gegebenheiten, sondern »Endformen« (ebd.) von Macht sind. Machtverhältnisse treten jedoch oft als ursprüngliche Gegebenheit auf.[11] Bezogen auf die Fragestellung dieser Arbeit trifft das auch auf den Verlauf von Grenzen und das Ziel der kontrollierten Durchlässigkeit von Grenzen zu. Relevant an der obigen Begriffsbestimmung Foucaults von Macht ist weiterhin der Hinweis, dass Macht an einen Raum – hier den Grenzraum – gebunden ist und nicht frei schwebt, sondern in »ihrer historischen und geographischen Eigentümlichkeit zu lokalisieren« (Foucault 1999: 177) ist. Grundlegend für Foucaults Machtbegriff ist auch, dass die Macht nicht ›einfach da ist‹, sondern ein Verhältnis zwischen Individuen oder Gruppen bezeichnet. »Die ›Macht‹ hingegen [...] ist dadurch gekennzeichnet, daß sie Verhältnisse zwischen Individuen oder Gruppen ins Spiel bringt. [...] Der Begriff Macht bezeichnet Verhältnisse zwischen ›Partnern‹« (Foucault 1994: 251). Dies führt bei ihm zu der wichtigen Unterscheidung zwischen Macht und Gewalt. Ein Gewaltverhältnis ist ausschließlich repressiv, es wirkt auf einen Körper ein, der in dieser Situation keine Handlungsmöglichkeiten mehr hat: »Ein Gewaltverhältnis wirkt auf einen Körper, wirkt auf Dinge ein: es zwingt, beugt, bricht, es zerstört: es schließt alle Möglichkeiten aus; es bleibt ihm kein anderer Gegenpol als der der Passivität. Und wenn es auf einen Widerstand stößt, hat es keine andere Wahl als diesen niederzuzwingen« (Foucault 1994: 254). Das Machtverhältnis dagegen erkennt das Gegenüber als Subjekt an, ihm bleiben damit Möglichkeiten zur Reaktion und des Auswegs:

»Ein Machtverhältnis hingegen errichtet sich auf zwei Elementen, ohne die kein Machtverhältnis zustande kommt: so daß der ›andere‹ (auf den es einwirkt) als Subjekt des Handelns bis zuletzt anerkannt und erhalten bleibt und sich vor dem Machtverhältnis ein ganzes Feld von möglichen Antworten, Reaktionen, Wirkungen, Erfindungen eröffnet« (Foucault 1994: 254).

Hier lassen sich seine Überlegungen zu Widerstand und sozialen Bewegungen anschließen. Nach Foucault gibt es drei Typen sozialer Proteste: »[D]ie gegen Formen der (ethnischen, sozialen und religiösen) Herr-

---

11 »Wenn man sich diesmal an den engeren Sinn des Wortes ›Gouvernement‹ hält, kann man sagen, daß die Machtverhältnisse fortschreitend ›gouvernementalisiert‹, das heißt in der Form oder unter dem Schirm staatlicher Institutionen ausgearbeitet, rationalisiert und zentralisiert worden sind« (Foucault 1994: 259).

schaft; die gegen Formen der Ausbeutung, die das Individuum von dem trennen, was es produziert; die gegen all das, was das Individuum an es selbst fesselt und dadurch anderen unterwirft (Kämpfe gegen Subjektivierung, gegen Formen von Subjektivität und Unterwerfung)« (Foucault 1994: 246f.). Den Zusammenhang von Machtverhältnissen, Subjektkonstitution und Widerstand möchte ich nun anhand des irregulären Grenzübertritts erläutern. Es handelt sich in der Terminologie Foucaults dabei vornehmlich um Kämpfe gegen Formen der Herrschaft und vermittelt gegen Formen der Ausbeutung.

Der Sammelband »Grenzverletzer« (Horn/Kaufmann/Bröckling 2002) versammelt Beiträge über den Flüchtling, den Fluchthelfer, den Vagabunden, den Nomaden, den Schmuggler, den Söldner, den Entdecker und Eroberer, den Siedler, den Anarchisten, den Luftpiraten sowie den Hacker.[12] Erkundet werden soll der politische bzw. antipolitische Gehalt der Aktivitäten dieser »subversiven Gestalten« (ebd.: 7), die für einen entscheidenden Moment die Maßnahmen der Grenzsicherung zu überwinden wissen. Grenzüberschreitende Aktivitäten wie Schmuggel, irreguläre Migration oder Fluchthilfe müssen nicht von vornherein politischer Art sein, sondern können ganz unpolitisch oder humanitär[13] motiviert sein. Durch die Lokalität und den staatlichen Kontrollanspruch jedoch werden sie – wie bereits zu Beginn dieses Unterkapitels ausgeführt – politisch aufgeladen und machen diese als Untersuchungsgegenstand interessant.

Diejenigen, die Grenzen als Ort politischer und symbolischer Auseinandersetzung aus einer wenig machtvollen und ressourcenschweren Position nutzen, machen das – worauf Étienne Balibar zwischen den Zeilen hinweist – nicht immer freiwillig. Transitzonen, zu denen Grenzen und Grenzräume zählen, fordern aufgrund ihres Charakters als Unsicherheitszonen dazu heraus, dass Individuen und Kollektive permanent ihren (prekären) Status aushandeln müssen. Balibar stellt diese Aushandlungsprozesse an Grenzen in den Kontext des Kampfes um Menschenrechte und verortet sie auf der Ebene der Aushandlungskämpfe zwischen Individuen und Staat:

---

12 Diese Prototypen des Grenzverletzers sind allesamt männliche Prototypen. Leider greifen die AutorInnen geschlechterdifferente Modi und Bedingungen der Grenzüberschreitung nicht als Fragestellung auf.
13 Humanitäre Motivationen finden oft in einem Kontext statt, in dem sie hoch politisch sind, werden von Aktiven oft aber explizit als unpolitisch bezeichnet, insbesondere in Ländern, in denen das Politische eng mit Korruption, Parteipolitik o.ä. verbunden ist.

»[C]reating within each territory zones of transit and transition, populations ›awaiting‹ entry or exit (sometimes for several years, sometimes in a periodically repeated fashion), individually or collectively engaged in a process of negotiation of their presence and their mode of presence (that is, their political, economic, cultural, religious, and other rights) with one or more states« (Balibar 1998: 218).

Mit Michel Foucault lässt sich an das Zitat von Balibar wiederum in einer Reihe von Punkten anknüpfen: Foucault argumentiert, dass überall da, wo Macht ist, auch Widerstand existiert, der jedoch aufgrund der relationalen Machtkonzeption nie außerhalb der Macht liegen kann. »Wo es Macht gibt, gibt es Widerstand. Und doch oder vielmehr gerade deswegen liegt der Widerstand niemals außerhalb der Macht« (Foucault 1985 [1977]: 116). Das heißt die Möglichkeiten der in den Transitzonen festsitzenden MigrantInnen sind durch die dort begrenzten Möglichkeiten bestimmt, aber nicht determiniert. Die Widerstandspunkte sind, so Foucault weiter, »überall im Machtnetz präsent« (Foucault 1985 [1977]: 117). Daher gibt es keinen »Ort der Großen Weigerung«, vielmehr sind die »Widerstandspunkte, -knoten und -herde mit größerer oder geringerer Dichte in Raum und Zeit verteilt, gelegentlich kristallisieren sie sich dauerhaft in Gruppen oder Individuen« (ebd.).[14]

Entscheidend für die Entstehung von Protestpotenzial und sozialen Bewegungen ist, dass durch die Produktivität der Macht auch die *prinzipielle* Möglichkeit für Handlungsfähigkeit gegeben ist. Allerdings bleibt bei Foucault noch unklar, wann und wie aus Individuen handlungsfähige und kollektiv agierende Subjekte werden. In der Bewegungsforschung gibt es – wie an früherer Stelle des Kapitels ausführlich behandelt – dazu vielfältige Überlegungen. Mit Foucault argumentierend liegt ein erster Anhaltspunkt in der Freiheit, die untrennbar mit der Macht und die wiederum untrennbar mit der Subjektkonstitution verbunden ist:

»Macht und Freiheit stehen sich also nicht in einem Ausschließungsverhältnis gegenüber (wo immer Macht ausgeübt wird, verschwindet Freiheit), sondern innerhalb eines sehr viel komplexeren Spiels: in diesem Spiel erscheint die Freiheit sehr wohl als die Existenzbedingung von Macht« (Foucault 1994: 256).

Insofern kann die Analyse von Grenzen, von Handlungen in Grenzräumen und den subversiv-widerständigen Aktivitäten von GrenzgängerInnen als Subjekten ein Schlüssel zum Verständnis allgemeiner gesellschaftlicher Strukturen und Muster sein. Foucault noch einmal abschließend dazu:

---

14 Der von Foucault hergestellte Zusammenhang von Macht und Widerstand ist nicht zu verwechseln mit den vereinfachenden Annahmen von Deprivationstheorien, die Widerstand aus Unterdrückung heraus erklären.

»Metaphorisch gesprochen heißt das, den Widerstand als chemischen Katalysator zu gebrauchen, mit dessen Hilfe man die Machtverhältnisse ans Licht bringt, ihre Position ausmacht und ihre Ansatzpunkte und Verfahrensweisen herausbekommt. Statt die Macht von ihrer inneren Rationalität her zu analysieren, heißt es, die Machtverhältnisse durch den Gegensatz der Strategien zu analysieren« (Foucault 1994: 245).

Mit Michel Foucaults theoretischer Perspektive auf Machtverhältnisse und möglichen Ansatzpunkten von Widerstand habe ich darzustellen versucht, inwiefern und warum Räume – in diesem Fall Grenzräume – durch Normverletzungen zu Räumen des Politischen werden. In diesen Räumen können sich, müssen aber nicht, aus Normverletzungen heraus Ansatzpunkte für politische Mobilisierungen ergeben. Anhand der politischen Auseinandersetzungen um das Flüchtlingslager Sangatte komme ich auf diese Prozesse noch ausführlich zurück.

Die politische Dimension transstaatlicher sozialer Räume

Der Ansatz transnationaler sozialer Räume leistet eine andere Erklärung, wie politische Mobilisierungen von MigrantInnen zu denken sind und wo ihre räumliche Basis zu verorten ist. Als Ausgangspunkt dienen wie bei den vorangehenden Ausführungen grenzüberschreitende Praxen, jedoch wird die Ebene der Foucaultschen Momentaufnahme des Grenzübertritts ausgedehnt auf längerfristige Transmigrationsprozesse. In ihnen, so das Ergebnis, liegt das Potenzial politischer Mobilisierungen, die nur dann angemessen zu erfassen sind, wenn die nationalstaatliche Perspektive erweitert wird. Insofern eröffnet die theoretische Perspektive transnationaler oder transstaatlicher sozialer Räume ein geeignetes begriffliches und analytisches Instrumentarium, um Prozesse politischer Mobilisierung von MigrantInnen zu fassen.

Neuere migrationstheoretische Konzepte analysieren grenzüberschreitende, plurilokale Prozesse und Figurationen, die auch für die Entstehung und Praxis von kollektivem politischem Handeln von MigrantInnen relevant sind (vgl. Basch/Glick Schiller/Blanc 1994, Faist 2000a, 2000c, Pries 1998). Soziale Bewegungen von MigrantInnen haben andere Voraussetzungen der transnationalen Vernetzung und Handlungsfähigkeit als diejenigen, die die nationalstaatliche Ebene fokussieren, da sie über erweiterte Erfahrungsräume und soziale Beziehungen verfügen. Leider führen Glick Schiller et al. den Aspekt politischer Mobilisierung nicht aus. In ihrem sehr handlungsorientierten und individuums- bzw. gruppenbezogenen Ansatz liegt die Gefahr, zu viel Gewicht auf Praxen der transnationalen MigrantInnen zu legen, so dass die sie umgebenden Kontexte zu verschwinden drohen. Insofern sind Ansätze wie die von

Ludger Pries und Thomas Faist, die sowohl den politisch-legalen Rahmen wie auch Praxen von TransmigrantInnen zu fassen vermögen, plausibler. Faists Konzeption transstaatlicher Räume ist am ehesten geeignet, politische Prozesse zu erfassen.[15] Transstaatliche Räume sind »verdichtete ökonomische, politische und kulturelle Beziehungen zwischen Personen und Kollektiven, die Grenzen von souveränen Staaten überschreiten. Sie verbinden Menschen, Netzwerke und Organisationen in mehreren Orten über die jeweiligen Staatsgrenzen hinweg. Eine hohe Dichte, Häufigkeit, eine gewisse Stabilität und Langlebigkeit kennzeichnen diese Beziehungen unterhalb bzw. neben der Regierungsebene« (Faist 2000a: 10).

Faist identifiziert in Bezug auf den Grad der Formalisierung sowie auf die Dauerhaftigkeit vier Idealtypen transstaatlicher Räume:

Abbildung 1: Typen transstaatlicher Räume

		Formalisierungsgrad	
		Gering (Netzwerke)	**Hoch (Organisationen)**
Potenzial für Dauerhaftigkeit	**Kurzlebig**	Kontaktfelder von Gütern, Personen, Informationen und Praktiken	Kleingruppen
	Langlebig	Auf geteilten Werten beruhende **themenzentrierte Netzwerke**	**Gemeinschaften** mit engen solidarisch-symbolischen Bindungen (z.B. Dörfer, religiöse Gemeinschaften, ethnische Auslandsgruppen); **Organisationen** (soziale Bewegungen, Migrantenorganisationen, Exilparteien, transstaatliche Wirtschaftsunternehmen von MigrantInnen)

Quelle: nach Faist (2000a: 19-28)

Diese transstaatlichen Beziehungen mit ihren jeweiligen Formen kollektiven Handelns bilden die Basis für grenzüberschreitende Bewegungen. Dabei kommt Faist zu dem Schluss, dass es keine existierende Weltzivilgesellschaft, sondern allenfalls »erste Anzeichen« dafür gibt, insbesondere in der EU (Faist 2000b: 380f.). Explizit begreift Faist – in der obigen

---

15 Politische Prozesse finden bei Pries nur am Rande Erwähnung. Die Kennzeichen transnationaler sozialer Räume sind: 1. der politisch-legale Rahmen in den Herkunfts- und Ankunftsregionen, 2. die materielle Infrastruktur, 3. das System sozialer Positionierungen und 4. Identitäten und Lebensprojekte (Pries 1998: 76ff.).

Abbildung – Selbstorganisierungen von MigrantInnen als langlebigen und hoch organisierten Typ bzw. als langlebige und gering formalisierte themenorientierte Netzwerke. Dazu zählen auch lose Netzwerke von Intellektuellen, ExilantInnen und MigrantInnen, die politische Informationen austauschen und die Diffusion von kulturellen Bewegungspraktiken befördern[16] (Faist 2000a: 19-28). Zur Bewertung der Beziehung zwischen MigrantInnen und Aufnahmegesellschaft stellt Faist fest, dass »überkreuzende externe Loyalitäten in und zu mehreren Staaten bzw. Nationen bei Migranten [nicht] zu einer rein instrumentellen Haltung gegenüber Staaten führen« (Faist 2000b: 389) müssen. MigrantInnenorganisationen »fungieren als Transmissionsriemen für die Interessen von Immigranten« (ebd.). Damit stellt er assimilatorische Ansätze in der Ausländerpolitik in Frage (ebd.: 391, Faist 2000b).

Transstaatliche Räume entstehen zum einen durch global wirkende technologische und ökonomische Faktoren und zum anderen durch polit-ökonomische und kulturelle Entwicklungen in den Herkunfts- und Aufnahmestaaten (z.B. fluchterzeugende Minoritätenpolitik) (Faist 2000a: 38-43). Faist geht – implizit Bezug nehmend auf das Konzept gesellschaftlicher Kontextstrukturen – von der Annahme aus, dass »je günstiger die Bedingungen für öffentliche politische und kulturelle Aktivitäten im Emigrations- und Immigrationsland [sind], desto vorteilhafter [sind] die Bedingungen für die Entstehung transstaatlicher Räume in Form von transstaatlichen Gemeinschaften, sozialen Bewegungen und Organisationen« (ebd.: 41f.). Faists Konzeptionalisierung ist für die Analyse politischer Organisierung von MigrantInnen von Relevanz, da ermöglichende und hemmende Faktoren benannt werden.

Soziale Netzwerke und soziales Kapital

Die vorangehenden Ausführungen zeigen, dass bei der Zusammenführung der Transnationalisierungsdiskussion in der Migrations- und der Bewegungsforschung vor allem zwei soziologische Termini eine wichtige Bedeutung einnehmen: soziale Netzwerke und soziales Kapital. Sie helfen auch zu verstehen, warum Staaten bei dem Versuch, Migration und Grenzen zu kontrollieren, in Schwierigkeiten geraten. Um Migration effektiv zu steuern, versuchen sie, in diese Netzwerkstrukturen zu intervenieren. Irreguläre MigrantInnen greifen also sowohl für die Realisierung

---

16 Ein Beispiel ist das u.a. nach Deutschland importierte kurdische Neujahrsfest *Newroz*, das in politische Manifestationen eingebaut und zu einem Symbol kurdischer Identität wurde (Faist 2000a: 20).

der Migration als auch für die politische Praxis auf soziales Kapital und soziale Netzwerke zurück.

Soziale Netzwerke

Migrationen und politische Mobilisierungen sozialer Bewegungen gründen auf der Existenz sozialer Netzwerke und verändern diese wiederum. Die Bedeutung sozialer Netzwerke von MigrantInnen wurde vor allem dahin gehend diskutiert, dass sie einen Einfluss auf Richtung und Ausmaß internationaler Migration haben. Sie reduzieren ökonomische und psychische Kosten, die mit der Migration verbunden sind (Faist 2000c: 14, 96). In der Bewegungsforschung werden soziale Bewegungen unter anderem als mobilisierte Netzwerke definiert (vgl. Rucht 1994: 77). Die Relevanz von sozialen Netzwerken wird also gleichermaßen in der Migrations- und der Bewegungsforschung betont, allerdings ist es sinnvoll, sich auf einige Begriffe und Konzepte der Netzwerkanalyse[17] zu beziehen, um der Gefahr der Ungenauigkeit zu begegnen.

Im Unterschied zu direkten sozialen Beziehungen in Netzwerken existieren symbolische Beziehungsnetzwerke, die sowohl in Migrationsprozessen wie auch sozialen Bewegungen eine wichtige Rolle spielen. Symbolische Beziehungen sind dann vorhanden, wenn politische Meinungen, Erinnerungen, zukünftige Erwartungen oder Repräsentationen geteilt werden. Symbolische Beziehungen können sich auf ethnische und religiöse Gemeinschaften, auf Nationen oder politische Bewegungen beziehen. Eine Hauptfunktion ist es, die Individuen in eine ansonsten anonyme Masse von Fremden zu integrieren und auch über Entfernungen hinweg Netzwerke zu bilden. So können »[c]ultural communities, such as families, ethnic groups, national groups, religious parishes, professional congregations, and nations [...] live far apart, separated by many borders« (Faist 2000c: 110). Für eine Bewegungsforschung, die transnationale politische Mobilisierungen von MigrantInnen analysiert, ist es also notwendig, diese grenzüberschreitenden sozialen und symbolischen Beziehungsnetzwerke zu berücksichtigen, da ansonsten die Bedingungen und Formen nur unzureichend erfasst werden.

Eine Stärke der Netzwerkanalyse liegt darin, nicht *a priori* von der Existenz von Netzwerken auszugehen. Gerade in der transnationalen Migrationsforschung wird der Begriff des Netzwerks oft wenig reflektiert verwandt. Zu den von der Netzwerkanalyse entwickelten Kriterien gehö-

---

17 Es wäre vereinfachend von ›der‹ Netzwerkanalyse zu sprechen (vergleiche zu unterschiedlichen Ansätzen, qualitativen und quantitativen Methoden Frerichs/Wiemert 2002, Jansen/Schubert 1995, Pappi 1993).

ren: die Größe des Netzwerkes und die Anzahl der Beteiligten (›Knoten‹); die Dichte des Netzwerkes; die Multiplexität, das heißt inwiefern komplexe Beziehungen zwischen den Netzwerkbeteiligten existieren (z.b. können familiäre, erwerbsarbeitsbezogene und politische Netzwerke sich überlappen); Ballungen in bestimmten Teilen des Netzwerkes; die Stärke der Verbindungen, das heißt ihre Häufigkeit, Dauer, emotionale Intensität und Reziprozität; die Dauer der Existenz des Gesamtnetzwerkes und seine Transformationen (vgl. Vertovec 2003: 647).

So wichtig es ist, diese Faktoren bei der Analyse von Migrations- und Bewegungsnetzwerken zu berücksichtigen, so besteht dabei auch die Gefahr, dass die – oft quantitativ erhobene und mathematisch ausgewertete – Struktur eines Netzwerkes relativ wenig über die Qualität der Verbindungen, den Inhalt der Beziehungen und über die Machtverhältnisse aussagt. Insofern ist es für die Analyse von Migrations- und Bewegungsnetzwerken zwar sinnvoll, sich der Terminologie, nicht aber unbedingt der mathematischen Methoden der Netzwerkforschung zu bedienen. Diese Kontextgebundenheit von Netzwerken soll nun für migrationsbezogene Netzwerke unter dem *gender*-Aspekt ausgeführt werden.

In der feministischen Diskussion um Frauennetzwerke wird häufig unterschwellig davon ausgegangen, dass es sich um hierarchiearme Organisationsformen handelt, die tendenziell offen sind und homogene Gruppen von Personen verbinden (vgl. zur Diskussion Lenz 1999). Dies ist in mehrerlei Hinsicht für migrationsbezogene Netzwerke, aus denen heraus sich politische Aktivitäten ergeben, zu hinterfragen bzw. zu konkretisieren. Auf ethnischer Herkunft beruhende Netzwerke, die einen Großteil der Migrationsnetzwerke ausmachen, sind in Bezug auf Mitglieder anderer ethnischer Zugehörigkeit meist exklusiv. Sie sind zudem durchzogen von informellen Hierarchien entlang unterschiedlicher Achsen (Geschlecht, Alter, Ansehen, Familienstand etc.). Das kann insbesondere für Frauen paradoxe Effekte haben: Wird im Alltag Rassismus und Diskriminierung erfahren, so stellen familiäre und ethnische Netzwerke einen Schutzraum und eine unterstützende Ressource dar. Dieser Aspekt wurde lange von weiten Teilen der westlichen feministischen Theorie und Frauenbewegungen in ihrer Kritik der Familie als unterdrückende Instanz nicht gesehen. Andererseits konservieren sich in ethnischen Netzwerken in der Migration oft patriarchale Werte, die mit einer verstärkten Kontrolle über Frauen einhergehen, so dass diese als einschränkend empfunden werden können (vgl. Kofman et al. 2000: 168ff.). Retraditionalisierungen und Fundamentalismen betreffen besonders Frauen, da Weiblichkeitskonstruktionen, etwa Vorstellungen über Ehre und Reinheit, als Marker ethnischer und religiöser Zugehörigkeit gelten, deren Einhaltung zur Definition und Abgrenzung der Gruppe strikt überwacht wird (vgl. Yuval-Davis 1997). Die Aktivität in ethnischen Netzwerken kann für Frauen aber auch ein Schritt hin zu einem breiteren politischen Engagement und einem Mehr an sozialem Kapital bedeuten, da sie in Kontakt mit weiteren sozialen Netzwerken im Umfeld des ursprünglichen ethnischen Netzwerks kommen. Einem Teil der MigrantInnen ist der Zugang zu klassischen Formen politischer Betätigung versperrt. Über Gruppen, die aus der privaten Sphäre in die öffentliche wirken bzw. die private Sphäre zu einer (semi-)öffentlichen machen, realisieren Migrantinnen ihre Interessen und Repräsentation. Für sie kann der Austausch mit anderen Organisationen, Netzwerken und Ideen ein Auslöser sein, sich kritisch zu den Normen der ethnischen Netzwerke zu verhalten (Kofman et al. 2000: 184f.). Die informellen sozialen Netzwerke können also eine Strategie der politischen Repräsentation und Artikulation von Migrantinnen sein, ohne allerdings formalere Organisierungen und *citizenship*-Rechte ersetzen zu können. Die Antwort von Männern – Ehemännern und Autoritäten in den ethnischen Netzwerken – auf diese Aktivitäten gestaltet sich oft ambivalent. Einerseits unterstützen sie die sozialen Aktivitäten der Frauen im ethnischen Netzwerk, andererseits fürchten sie die Auswirkungen eines Autonomiegewinns, welcher die patriarchale Kontrolle einschränkt. Aufgrund des starken Engagements von Migrantinnen in »semi-öffentlichen Netzwerken« (Lenz 1999: 68) wird in dieser Arbeit der Begriff des Politischen, entsprechend der feministischen Diskussion, weit gefasst. Es wird nicht von der Dichotomie privat – öffentlich/politisch ausgegangen, sondern von einem Kontinuum, das sich über verschiedene Sphären erstreckt und in dem politische Artikulationen möglich sind (vgl. Kofman et al. 2000: 165).

Neben den ethnisch strukturierten Netzwerken existieren Netzwerke, denen Personen verschiedener Herkunft angehören. Frauen tendieren eher als Männer dazu, in multinational zusammengesetzten Netzwerken mit Frauen anderer Gruppen zusammen zu arbeiten (ebd.: 185; zur empirischen Fundierung für die BRD: Schwenken 2000). Die Gründe sind dafür vielschichtig: Sie sind weniger in die Leitung ethnizitäts- und nationalitätsbasierter Organisationen involviert. Weiterhin kann die Diskriminierungserfahrung als Frau und als Frau in den ethnischen Netzwerken die Basis der Koalitionsbildung mit anderen Frauen sein.

Bei der Betrachtung sozialer Netzwerke, sowohl in der Migrationsforschung wie auch in der Bewegungsforschung, spielen somit Faktoren von Ethnizität und Geschlecht eine wichtige Rolle, deren Effekte und Relationen derart komplex sind, dass eine Analyse allein mit Methoden der formalen Netzwerkanalyse nicht angemessen ist.

Soziales Kapital

Ein mit dem der sozialen Netzwerke verbundenes Konzept, das ebenfalls auf der Mesoebene ein Bindeglied zwischen der Bewegungs- und der Migrationsforschung darstellt, ist das des sozialen Kapitals. Um transnationale soziale Räume zu realisieren und politische Aktivitäten zu entfalten, bedarf es spezifischer Ressourcen wie soziales Kapital. Soziales Kapital wird in der soziologischen Theorie unterschiedlich konzeptionalisiert. Ich folge Thomas Faists Verbindung der Konzepte von Pierre Bourdieu[18] und James Coleman[19], da beide für die Verknüpfung von transnationaler Bewegungs- und Migrationsforschung wichtige Aspekte beinhalten:

»Social capital are those resources that help people or groups to achieve their goals in ties and the assets inherent in patterned social and symbolic ties that allow actors to cooperate in networks and organizations, serving as a mechanism to integrate groups and symbolic communities« (Faist 2000c: 102).

Soziales Kapital ist somit erstens eine Ressource individueller und kollektiver Akteure; zweitens bezieht es sich auf einen Aspekt der Sozialstruktur, der Kooperation ermöglicht. Insofern dient soziales Kapital dazu, Personen durch soziale und symbolische Beziehungen mit Netzwerken, Gruppen und Organisationen zu verbinden. Diesem Verständnis sozialen Kapitals folge ich und konkretisiere es nun in Bezug auf Migrationsprozesse und politische Mobilisierungen durch MigrantInnen.

Soziales Kapital wird erlangt und gepflegt in Netzwerken, beispielsweise durch Besuche, Kommunikation, Heirat, die Mitgliedschaft in Organisationen oder die Teilnahme an Veranstaltungen (Vertovec 2003: 648). Soziales Kapital wird in Form von Ermöglichung von Zugang zu ökonomischem oder Humankapital, einem Mehr an Informationen und Macht und Kontrolle in den Netzwerken/Organisationen

---

18 Nach Bourdieu ist soziales Kapital eine Ressource, die auf der Zugehörigkeit zu einer Gruppe beruht (Bourdieu 1983). Daraus ergeben sich materielle (Gefälligkeiten, neue Beziehungen) und symbolische Profite (z.B. Mitgliedschaft in einer angesehenen Gruppe). Zur Aufrechterhaltung sozialen Kapitals ist eine ständige Beziehungsarbeit in Form von Austauschakten notwendig, in die Zeit und ökonomisches Kapital investiert werden.
19 James Colemans betrachtet soziales Kapital als »the capacity of individuals to command scarce resources by virtue of their membership in networks or broader social structures [...]. The resources themselves are *not* social capital; the concept refers instead to the individual's *ability* to mobilize them on demand« (Coleman 1988, Herv. i. Orig.). Insofern handelt es sich nicht um den Besitzstand eines Individuums oder einer Gruppe, sondern um Möglichkeiten, Ressourcen zu mobilisieren, die sich aus der Eingebundenheit in soziale Netzwerke ergeben.

»verzinst«. Ressourcen, die in den Netzwerken vorhanden sind, können somit zum sozialen Kapital der vernetzten Individuen und Gruppen werden. Bei den durch Sozialkapital erlangten Gewinnen kann es sich beispielsweise um Informationen über Arbeitsmöglichkeiten in Immigrationsländern, um das Wissen über den Weg dahin, um geliehenes Geld zur Realisierung der Migration oder um nachbarschaftliche Kontakte, die sich um die Versorgung der Kinder kümmern, handeln (Faist 2000c: 111). Individuelle und kollektive Akteure können also über drei mögliche Formen des Gewinns durch soziales Kapital verfügen: den Zugang zu Ressourcen anderer Personen, ein Mehr an Informationen und eine erhöhte Kontrolle über andere Personen. Das Ausmaß und die Qualität dieser Gewinne ist abhängig von der Anzahl der sozialen und symbolischen Beziehungen sowie deren Ausstattung mit Ressourcen.

Die Migrationsforschung beschäftigt sich damit, wie der Transfer sozialen Kapitals von einem Land in ein anderes vonstatten geht und inwiefern sich soziales Kapital von MigrantInnen von dem von Nicht-MigrantInnen unterscheidet. Soziales Kapital ist zunächst lokal bedeutsam und beschränkt die Mobilität potenzieller MigrantInnen, da sie vor Ort über die relevanten personellen Bindungen und Netzwerke verfügen. Ohne grenzüberschreitende soziale Netzwerke ist soziales Kapital im Falle der Migration schwer transferierbar. Existieren diese transnationalen sozialen Netzwerke, so ermöglichen sie eine transnationale Lebensführung, wirken auf lange Sicht migrationsfördernd und tragen zur Bildung transnationaler sozialer Räume bei (Faist 2000c: 98). Die Möglichkeit des Transfers sozialen Kapitals steigt also bei transnationaler Migration und Kettenmigration. Es trägt dazu bei, Personen zur Mobilität zu verhelfen und andere Formen von Kapital zu mobilisieren. Soziales Kapital dient dann als Transmissionsriemen, der Gruppen und Netzwerke in verschiedenen Ländern verbindet und Neuankommenden hilft, sich zurecht zu finden (ebd.: 120). Es dient in den Immigrationsländern auch dazu, ein politisches und kulturelles Leben der jeweiligen Gemeinschaften aufzubauen. Wenn MigrantInnen die Kontakte in ihr Herkunftsland abbrechen oder weniger intensiv pflegen, verlieren sie etwas von ihrem früheren sozialen Kapitalstock. Die Aufrechterhaltung der sozialen Beziehungen im Herkunftsland ist eine wichtige Voraussetzung für den Fall der Rückkehr. RückkehrmigrantInnen wiederum verfügen über ein größeres soziales Kapital als vor ihrer Migration, wenn sie die durch die Migration neu erworbenen Beziehungen nutzen. Diese migrationsbezogenen Vorgänge verdeutlichen, dass soziales Kapital im Migrationsprozess sehr fragil ist und politische Mobilisierungen sowohl Ausdruck als auch Teil dessen sind. Soziales Kapital ist somit lokal verankert und kann zugleich ein Transmissionsriemen transnationaler Migration sein. Transnationale Migrationsprozesse verkomplizieren bisherige theoretische Annahmen über Sozialstrukturen und die Verortung von Individuen und Gruppen in ihnen noch in einem weiteren Punkt: Ein und dieselbe Person kann in ihrem Herkunftsland und im (temporären) Immigrationsland über einen gänzlich unterschiedlichen Status verfügen. In Polen gehört beispielsweise die als Putzfrau in Deutschland arbeitende Frau zur Mittelschicht und verfügt über ausreichend ökonomisches, soziales und kulturelles Kapital, wohingegen ihr sozialer Status in Deutschland – gemessen an der deutschen Bevölkerung – gering ist. Unter der in Deutschland lebenden und arbeitenden polnischen *community* hat sie eine weitere Position inne, die entweder sehr hoch oder aber am unteren Ende angesiedelt sein kann. Transnationale Migration führt also zu komplexen und teils widersprüchlichen Entwicklungen. Diese widersprüchliche Verortung kann Auswirkungen auf die politische Mobilisierung haben. So lehnen es in deutschen Haushalten arbeitende polnische Frauen oft ab, sich als Hausmädchen zu organisieren, da sie diese soziale Position nicht befestigen, sondern überwinden wollen.

Für die Bewegungsforschung bedeuten diese Ausführungen zu sozialem Kapital und sozialen und symbolischen Netzwerken zunächst, der Mesoebene bei der Analyse politischer Mobilisierungen und politischer Repräsentation besondere Aufmerksamkeit zukommen zu lassen, weil eine Vielzahl von Interaktionen durch sie mitbestimmt ist. Allerdings ist damit nicht immer ein Autonomiegewinn der Einzelnen oder die Solidarität der an Netzwerken Beteiligten verbunden, wie bereits bezogen auf soziale Netzwerke erläutert wurde. Negatives oder saures soziales Kapital liegt dann vor, wenn die Einbindung in Netzwerke dazu führt, dass bestimmte Ziele nicht erreicht werden, beispielsweise wenn die Familie keine autonomen Entscheidungen über die politische Aktivität ihrer Mitglieder erlaubt (Faist 2000c: 115). Hierbei spielen Geschlechterverhältnisse und Seniorität eine wichtige Rolle, die es weiblichen und jüngeren Gruppenmitgliedern oft nicht ermöglicht, ihr soziales Kapital optimal zu nutzen. Robert Putnam hat am Fall der USA auf einen weiteren Zusammenhang von sozialem Kapital und zivilgesellschaftlichen Aktivitäten aufmerksam gemacht (Putnam 1995). Seiner These nach bedingt die Abnahme zivilgesellschaftlicher Einbindung der US-AmerikanerInnen in den letzten dreißig Jahren einen Verlust an sozialem Kapital und anders herum. Beides hat sowohl Einfluss auf die politische und demokratische Verfasstheit der USA wie auch das private Leben. Im Fall transnationaler Migration und transnationaler politischer Mobilisierung haben genau diejenigen Formen sozialen Kapitals und sozialer Netzwerke wie Familien, Religionsgemeinschaften und Nachbarschaften eher Bestand, die Putnam für die USA auf dem Rückzug sieht.

Insofern stellt die transnationale politische Mobilisierung von MigrantInnen einen interessanten Fall dar, wie trotz räumlicher Mobilität und gesellschaftlicher Veränderung Formen sozialen Kapitals und sozialer Netzwerke mit hoher Dichte und Verbindlichkeit entstehen und mobilisierungsfördernd sein können.

Fazit: Politische Mobilisierungen im Konfliktfeld irregulärer Migration

Vor dem Hintergrund politischer Kontextstrukturen artikulieren kollektive Akteure ihre Anliegen und mobilisieren Ressourcen. Die Art der Artikulation *(framing)* geschieht vor allem in der Konstitutionsphase politischer Mobilisierungsprozesse; sie hat einen Einfluss auf die Wahl möglicher BündnispartnerInnen, die Aktionsformen und politischen Realisierungschancen. Darüber hinaus sind weitere, z.b. strukturelle und institutionelle, Faktoren zu berücksichtigen, die die Aktivitäten sozialer Bewegungsakteure und die Antworten politischer EntscheidungsträgerInnen, Alliierten und GegnerInnen beeinflussen. Im Fall der Mobilisierung von irregulären MigrantInnen und *pro-migrant*-Organisationen in der EU bedeutet dies, dass ein Teil der politischen Aktivitäten auf transnationaler Ebene stattfindet, sowohl aufgrund der Akteure und ihrer transnationalen Netzwerke wie auch der Thematisierung supranationaler europäischer Asyl-, Migrations- und Grenzpolitiken und dem institutionellen Rahmen der EU. Dabei besteht eine charakteristische Form der politischen Mobilisierung im Nebeneinander bzw. in der Verknüpfung von inner- und außerinstitutionellen Aktivitäten.

Die Ausführungen zu sozialen Netzwerken und sozialem Kapital haben gezeigt, dass sowohl für die politische Mobilisierung als auch für die Lebens- und Migrationsprojekte von MigrantInnen transnationale soziale Netzwerke und spezifische Formen sozialen Kapitals eine Grundvoraussetzung sind. Nur ein Teil der transnationalen Praktiken ist explizit politischer Natur; die Gesamtheit der Praktiken stellt jedoch einen Teil der migrationsspezifischen Ermöglichungsstruktur dar.

Für die Analyse politischer Mobilisierungen im Konfliktfeld der irregulären Migration sind somit die Zusammenführung der transnationalen Bewegungs- und Migrationsforschung sowie Anleihen aus der europäischen Integrationsforschung hilfreich.

Methoden und Forschungsdesign

Fallstudien sind weniger eine eigene Methode als eine Forschungsstrategie (Snow/Trom 2002: 151f.), um ein Phänomen und seinen Kontext möglichst dicht zu analysieren. Um alle bedeutsamen Aspekte und Dimensionen des Falls zu erfassen, ist die Kombination verschiedener methodischer Verfahren ratsam, die Methodentriangulation. Die Untersuchungseinheit einer Fallstudie ist typischerweise ein Zusammenhang von Prozessen und Aktivitäten und nicht, wie bei Umfragen o.ä., eine Auswahl von Individuen. Es lassen sich vier Typen von Fällen unterscheiden, deren Wahl abhängig von der Fragestellung ist: 1. relativ typische, repräsentative Fälle eignen sich für Verallgemeinerungen und Vergleiche, 2. kritische Fälle, »constituting an ideal assessment of some observed or theorized principle« (Snow/Trom 2002: 157), 3. abweichende Fälle, die eine Ausnahme zu den erwarteten Mustern oder bisherigen Forschungen bilden und 4. einzigartige oder extreme Fälle, die mit anderen nicht vergleichbar sind, sondern für sich stehen (ebd.). Beide in der Arbeit gewählten Fälle, insbesondere ›Sangatte‹, sind kritische Fälle, die sich dazu eignen, durch die Fallanalyse »a clear fix on the relevant empirical and theoretical issue« (Snow/Trom 2002: 158) zu bekommen. Die Repräsentativität des Falls ist bei kritischen Fällen für die Begründung der Fallauswahl nicht ausschlaggebend, da die Charakteristika des Falls diesen für die Beantwortung der Fragestellung qualifizieren.

Was ist am Fall ›Sangatte‹ so interessant? Sangatte liegt aufgrund des Schengener Abkommens von 1985 in einer besonderen Grenzregion: Frankreich ist Schengenmitgliedsstaat, Großbritannien nicht, daher ist die Grenze zwar eine europäische Binnengrenze, hat jedoch die migrationspolitische Funktion einer europäischen Außengrenze. Anhand der Auseinandersetzungen um das Rote-Kreuz-Zentrum in Sangatte lassen sich in idealer Weise die wichtigsten der aktuellen Konflikte um irreguläre Migration verdeutlichen und sowohl in die politische wie auch bewegungs- und migrationstheoretische Debatte einordnen: Erstens die diskursive und politische Verschränkung von Asyl, irregulärer Migration und organisierter Kriminalität; zweitens die Konzentration von Migrationskontrollen auf territoriale Grenzen; drittens die Relevanz innenpolitischer Konstellationen für die Existenz eines Ortes wie Sangatte und viertens die Modi der politischen Mobilisierung von irregulären MigrantInnen und verschiedenen, politisch und humanitär motivierten nicht-staatlichen Organisationen sowie der Privatwirtschaft in dieser Konfliktkonstellation. Sangatte illustriert die Problematik der *gap*-Hypothese (Cornelius/Martin/Hollifield 1994b): Das verbal erklärte Ziel der Migrationskontrolle und die immensen technologischen und logistischen Anstrengungen zur Verhinderung von Migration und Asylantragstellungen korrespondieren mit einer Realität, die Flucht und Migration nicht verhindern und nur begrenzt steuern kann. Das Erstaunliche am Fall ›Sangatte‹ ist, dass es sich nicht um eine relativ unbemerkte und tolerierte irreguläre »backdoor«-Migration (Castles 2004: 215) handelt, sondern um eine medienöffentlich in Szene gesetzte und politisch umstrittene Form der Migration. Die daraus resultierenden politischen Mobilisierungen sind Gegenstand der Untersuchung. Der Fall wurde bislang wissenschaftlich kaum bearbeitet. Es liegt eine Veröffentlichung des französischen Migrationssoziologen Smaïn Laacher vor, der die soziodemographischen Daten der BewohnerInnen des Rote-Kreuz-Zentrums erhoben hat (Laacher 2002), und eine Diskursanalyse, in der das französische und britische Regierungshandeln in Bezug auf die Asylfrage untersucht wird (Thomson 2003).

Die Auswahl der zweiten Fallstudie bestimmten folgende Kriterien: Es sollte sich um ein europäisches Netzwerk handeln, das zum Themenfeld irregulärer Migration arbeitet, in dem sich sowohl MigrantInnen als auch *pro-migrant*-Organisationen engagieren und das auf europäischer Ebene politisch tätig ist. Die Kriterien trafen auf das RESPECT-Netzwerk zu. Für das Netzwerk sprach weiterhin die frauenpolitische Orientierung, da ich u.a. davon ausgehe, dass sich über frauenpolitische Allianzen auf europäischer Ebene zusätzliche Artikulationsmöglichkeiten erschließen lassen. Anhand des RESPECT-Netzwerks soll somit analysiert werden, inwiefern es auf europäischer Ebene für Organisationen irregulärer MigrantInnen und UnterstützerInnen Möglichkeiten gibt, für ihre Anliegen zu werben und Resonanzen zu erzeugen. Das RESPECT-Netzwerk wird wissenschaftlich etwas stärker wahrgenommen als der Fall ›Sangatte‹, insbesondere bedingt durch die Arbeiten der britischen Migrationsforscherin Bridget Anderson, die zugleich Mitarbeiterin der RESPECT-Mitgliedsorganisation *Kalayaan* ist und durch ihre Forschungen die Kampagnenarbeit begleitet, strategisch berät und evaluiert (vgl. bspw. Anderson, B. 2000, 2004). Das Netzwerk selbst ist jedoch noch nicht wissenschaftlich bearbeitet worden, eher dient es Wissenschaftlerinnen dazu, einen Feldzugang zu Migrantinnen und dem informellen Sektor der Haushaltsarbeit zu bekommen.

Die beiden Fälle werden im Schlusskapitel zusammengeführt, aber nicht miteinander verglichen; sie stehen für verschiedene AkteurInnen, politische Konstellationen und Aspekte der Fragestellung: In Sangatte handelt es sich um irreguläre MigrantInnen, die sich in einem Grenzraum aufhalten und auf der Weiterreise sind, wohingegen die in Haushalten arbeitenden Migrantinnen ebenfalls irregulär sind, sich aber bereits seit längerem im Land aufhalten und in der Schattenökonomie erwerbstätig sind. In den Medien wird über beide Fälle berichtet, der Tatbestand der irregulären Einreise der MigrantInnen in Sangatte findet in der Öffentlichkeit jedoch weitaus weniger Sympathie als die Tätigkeit der Migrantinnen, von denen viele Privathaushalte profitieren, auch wenn sie ungesetzlich ist. Die Geschlechterzusammensetzung ist in beiden Fällen fast homosozial, in Sangatte waren rund 95 Prozent Männer beherbergt (Laacher 2002), bezahlte Haus- und Pflegearbeit wird hingegen in erster Linie, allerdings nicht ausschließlich, von Frauen ausgeübt. Die ethnische Zusammensetzung ist in beiden Fällen durch die Dominanz von einigen Nationalitäten bestimmt, in Sangatte wurden zum Großteil irakische KurdInnen und AfghanInnen beherbergt, bei den in Privathaushalten arbeitenden Migrantinnen ist die Herkunft je nach Land unterschiedlich, bei der Selbstorganisierung sind in allen europäischen Ländern ausgesprochen viele Filipinas engagiert.

Methodische Verfahren

Die Dokumentenanalyse

Die qualitatitive[1] Dokumentenanalyse, eine Technik der Inhaltsanalyse (Lamnek 1995: 172-196), dient in dieser Arbeit dreierlei: Erstens der Er-

---

1 Bei der quantifizierenden Form der Inhaltsanalyse (Frequenz-/Häufigkeitsanalyse) wird anhand eines Kategoriensystems das Material nach bestimmten Begriffen ausgezählt. Allerdings kann die Mehrdeutigkeit und inhaltliche Füllung – außer bei sehr aufwendigen Verfahren (z.B. Marx Ferree et al. 2002) – von Begriffen zum Problem werden. Aufgrund der Standardisierung ist es zudem notwendig, Dialekte oder fehlerhafte Sprache umzuarbeiten (Mayring 1997: 14). Insbesondere aufgrund der Rele-

eignisdaten- und Fallrekonstruktion, zweitens der Identifizierung von Argumentationsmustern und des *framing* sowie drittens durch die theoriegeleitete Analyse und die Einbeziehung von Kontextfaktoren der Erklärung von Ursachen und Zusammenhängen. Das derzeit bekannteste Verfahren hat Philipp Mayring (1997) entwickelt, es liegt zwischen einer sinnrekonstruierenden und einer klassifikatorischen Vorgehensweise (Meuser 2003: 90)[2], auch Lamnek arbeitet mit einem vorab definierten Variablenschema. Die Variablen, anhand derer ich die Dokumente ausgewertet habe, wurden sowohl in Auseinandersetzung mit der Sekundärliteratur wie auch dem empirischen Material gewonnen. Nach dem Durchgang durch das Material wurden die Dokumente noch einmal auf alternative Variablen und Interpretationen durchgesehen. Anders als in Mayrings Verfahren habe ich keine Stichprobenziehung vorgenommen, sondern alle in Frage kommenden Quellen ausgewertet.

Die Inhaltsanalyse geht systematisch, also nicht frei assoziierend, vor und erfolgt theoriegeleitet sowie nach Regeln, um die Nachvollziehbarkeit und intersubjektive Nachprüfbarkeit zu sichern. Im Unterschied zur Textanalyse betrachtet die Inhaltsanalyse ihr Material nicht aus sich heraus, das heißt textimmanent, sondern als Teil eines Kommunikationsprozesses, über den z.B. Aussagen über Absichten der Sender und Wirkungen bei den Empfängern geschlussfolgert werden können (Mayring 1997: 12, 42). Damit besteht eine Nähe zu diskursanalytischen Verfahren. Die sozialwissenschaftliche Inhaltsanalyse hat Kommunikation zum Gegenstand, dabei handelt es sich nicht zwangsläufig um Sprache und Texte, auch Musik, Aktivitäten, Plastiken, Gesten und Bilder können Gegenstand der Inhaltsanalyse sein. So besteht der von mir analysierte Materialkorpus aus Flugschriften, Periodika, Zeitungsberichten, Selbstdarstellungen, Diskussionspapieren, Transparentaufschriften, Gesetzestexten, Bildern, Parlamentsbeschlüssen und -reden, Pressemitteilungen und Diskussionsbeiträgen (vgl. Anhang und Quellenverzeichnis).

---

vanz des Kontexts erweist sich hier das quantitative Verfahren als nicht geeignet.

2 Mayring verdichtet im Laufe der Analyse in einem mehrstufigen Verfahren das Material: 1. Schritt: Festlegung des Materialkorpus: Definition der Grundgesamtheit, Stichprobenumfang und -ziehung, 2. Analyse der Entstehungssituation des Materials, 3. Formale Charakteristika des Materials, 4. Richtung der Analyse, 5. Definition der Analyseeinheiten, 6. Analyseschritte mittels Kategoriensystem, 7. Rücküberprüfung an Theorie und Material, 8. Interpretation der Ergebnisse (Mayring 1997: 47-54).

ExpertInneninterviews: Feldspezifisches Wissen

ExpertInneninterviews nehmen in dieser Arbeit eine zentrale Stellung ein. Wer ExpertIn ist, ist abhängig von der Forschungsfragestellung, da der ExpertInnenstatus »vom Forscher verliehen [wird], begrenzt auf eine spezifische Fragestellung« (Meuser/Nagel 1991: 443). Darüber hinaus gibt es in der Methodendiskussion verschiedene ExpertInnenverständnisse: Meuser und Nagel plädieren für den konstruktivistischen Begriff der Funktionselite, das heißt nicht formale Positionen (Positionseliten) oder Reputation sind entscheidend, sondern der Einfluss auf Entscheidungen (Meuser/Nagel 1994: 182). ExpertInnentum ist demnach keine personale Eigenschaft oder Fähigkeit, ExpertIn ist, wer gesellschaftlich zur ExpertIn gemacht wird. Bezogen auf die in dieser Arbeit interviewten Personen ist es schwierig, von der konsensualen gesellschaftlichen Konstruktion des Experten und der Entscheidungsmacht auszugehen. Bei AbteilungsleiterInnen in der Europäischen Kommission oder Vorsitzenden großer Nichtregierungsorganisationen trifft das allgemeine Verständnis von Funktionseliten zu. Für wen aber ist die Filipina, die früher selbst als Hausarbeiterin tätig war und nun andere Filipinas mit prekärem Aufenthaltsstatus in ihren Organisierungsprozessen unterstützt, eine Expertin? Von großen NGOs und PolitikerInnen wird sie als Betroffene und ›Zeugin‹ wahrgenommen, aus ihrer Position heraus ist sie jedoch für die in dieser Arbeit verfolgte Fragestellung eine Expertin. Es ist wichtig, den Expertenbegriff einerseits nicht elitär zu verengen, andererseits von einem voluntaristischen Expertenbegriff abzugrenzen. Demnach wäre jeder Mensch ein Experte des eigenen Lebens, der über einen spezifischen Wissensvorsprung bezüglich persönlicher Arrangements verfügt.

Das ExpertInneninterview zielt auf die »Rekonstruktion und Analyse einer spezifischen Wissenskonfiguration« (Bogner/Menz 2001: 486), die für die Forschungsfragestellung relevant ist. ExpertInnen sind FunktionsträgerInnen innerhalb eines institutionellen oder organisatorischen Kontextes, daher sind die »damit verbundenen Zuständigkeiten, Aufgaben, Tätigkeiten und die aus diesen gewonnenen exklusiven Erfahrungen und Wissensbestände die Gegenstände des ExpertInneninterviews« (Meuser/Nagel 1991: 444). Das heißt private Erfahrungen bleiben außen vor und sind Gegenstand von narrativen oder problemzentrierten Interviews. Drei zentrale Dimensionen von ExpertInnenwissen können durch Interviews erfragt werden (Bogner/Menz 2001: 484):

1. Technisches Wissen z.B. über Regelabläufe, bürokratische Kompetenzen. Hier liegt am ehesten ein Wissensvorsprung vor, es unterscheidet sich von Alltagswissen durch Systematik und inhaltliche Spezifität.

2. Prozesswissen umfasst Informationen über Handlungsabläufe, Interaktionsroutinen, organisationale Konstellationen, Ereignisse, in die der/die ExpertIn involviert ist oder genauere Kenntnisse besitzt.
3. Deutungswissen beinhaltet subjektive Relevanzen und Interpretationen.

Die von Anthony Giddens getroffene Unterscheidung zwischen praktischem und diskursivem Bewusstsein ist für die Verortung des ExpertInnenwissens weiterführend, weil es den Zugang zu Implizitem eröffnet: »Dieses praktische Bewusstsein *(practical consciousness)* umfasst all das, was Handelnde stillschweigend darüber wissen, wie in den Kontexten des gesellschaftlichen Lebens zu verfahren ist, ohne dass sie in der Lage sein müssten, all dem einen direkten diskursiven Ausdruck zu verleihen« (Giddens 1992: 36). Allerdings liegt das ExpertInnenwissen zwischen praktischem und diskursivem Wissen, da es nicht als gänzlich vorreflexives zu charakterisieren ist. Aufgabe der Analyse von ExpertInneninterviews ist daher die interpretative Rekonstruktion handlungs- und funktionsspezifischer Muster.

Der/die Interviewte und ihr/sein Verhalten gegenüber dem/der InterviewerIn wird wesentlich geprägt von Vorstellungen und Vermutungen bezüglich der Qualifikation und Kompetenz, fachlichen Herkunft, normativen Einstellungen sowie untersuchungsfeldrelevanten Machtpotenzialen (Bogner/Menz 2001: 488). Interaktionseffekte gänzlich auszuschalten ist nicht möglich, vielmehr sollten sie reflektiert werden. Alexander Bogner und Wolfgang Menz (ebd.: 488ff.) identifizieren fünf Typen der Beziehung zwischen InterviewerIn und Interviewter/m: Der/die InterviewerIn kann als Co-Experte, als Laie, als Autorität/Evaluator, als Komplize und als potenzieller Kritiker wahrgenommen werden. Bei der Durchführung der ExpertInneninterviews für diese Arbeit gab es mehrere Interaktionseffekte: Von einigen InterviewpartnerInnen wurde ich als »Komplizin« wahrgenommen, das heißt es wurde von geteilten Werten und Zielen ausgegangen. Bei dieser Konstellation ist es wichtig, durch möglichst offenes Fragen Antworten auf als selbstverständlich Angenommenes zu erhalten. Bei einigen Interviews wurde mir die Rolle der Laiin zugewiesen bzw. ließ sich mit ihr interviewstrategisch agieren. Dabei ist es dennoch wichtig, auf die eigene Kompetenz zu verweisen, damit die Antworten nicht auf zu simpler Ebene gegeben werden. In beiden Interaktionsvarianten war der Zugang zu den InterviewpartnerInnen vergleichsweise einfach, da eine Offenheit gegenüber der Interviewerin und eine Mitteilungsbereitschaft bestand.

Insgesamt habe ich 42 leitfadengestützte Interviews mit einer durchschnittlichen Dauer von einer Stunde geführt (vgl. Anhang). Ausgewählt wurden die Personen, weil sie über die verschiedenen Dimensionen des Expertenwissens verfügten. Der Großteil engagiert sich organisierend, mobilisierend oder lobbypolitisch für die Rechte von MigrantInnen, der kleinere Teil ist in politischen Institutionen tätig. Eine Aufschlüsselung der ExpertInnen nach MigrantInnenorganisationen, gemischten Organisationen und advokatorischen *pro-migrant*-Organisationen lässt erkennen, dass von jeder Gruppe eine etwa gleich große Anzahl an Personen interviewt wurde. Dies zu betonen ist wichtig, da in den meisten der vorliegenden Arbeiten zur europäischen Migrationspolitik, die auf ExpertInneninterviews basieren, fast ausschließlich[3] *pro-migrant*-Organisationen interviewt wurden. Darüber hinaus fanden sechs Interviews mit Personen aus dem Europäischen Parlament, der Europäische Kommission, der *International Labour Organisation* etc. statt. Die aufgrund der Fragestellung naheliegende Klassifikation nach MigrantInnenselbstorganisationen und *pro-migrant*-Organisationen (siehe Abbildung 2) ist aber auch mit Problemen verbunden, da in vielen Organisationen MigrantInnen mitarbeiten, aber ihre Repräsentation und ihr Einfluss sehr verschieden ist. Zudem ist die Kategorie MigrantIn durch eine Heterogenität gekennzeichnet, die Personen unterschiedlicher rechtlicher Aufenthaltstitel und sozialer wie nationaler Herkunft vereint.

Der Leitfaden umfasste zehn Themenkomplexe, die Fragen wurden an den Kontext und die interviewte Person jeweils angepasst. Im ersten Themenkomplex wurden grundsätzliche Informationen über die Organisation, das heißt ihre Geschichte, Trägerschaft, Funktions- und Arbeitsweise, Ressourcen, Aktionsformen und Aktivitäten erfragt. Anhand dieser Informationen konnten Erkenntnisse über die unterschiedlichen Organisationsformen und Handlungsorientierungen gewonnen werden. Der zweite Komplex thematisierte die inhaltliche Positionierung. Dabei fokussierte ich auf Kontroversen innerhalb der eigenen Organisation und gegenüber anderen Organisationen sowie die Frage, welche Bedeutung Frauenpolitik und das Themenfeld irreguläre Migration, Menschenschmuggel und -handel einnehmen. In einem dritten Fragenkomplex wurde speziell auf die europäische Migrationspolitik eingegangen und nach den wichtigsten aktuellen und langfristigen Entwicklungen und Akteuren gefragt sowie die Positionierung der Organisation gegenüber der offiziellen Politik der EU thematisiert. Dieser Fragekomplex ist insbesondere relevant für die Teilfragestellung der Arbeit, welche Bedeutung die EU für die politischen Mobilisierungen der einzelnen Akteure einnimmt.

---

3 Die Ausnahme stellt bis zu seiner Auflösung Ende 2000 das *European Union Migrants' Forum* dar, das die offizielle Vertretung der Drittstaatsangehörigen in der EU darstellte.

Abbildung 2: ExpertInneninterviews

Kategorie	Anzahl	Name der Organisation/Person
Organisationen, Netzwerke, Gruppen von MigrantInnen	13	Agisra (zwei Interviews), Association for Human Rights and Democracy in Africa, Bundesausländerbeirat, CFMW (drei Interviews), EUMF, iranischer Flüchtlingsaktivist, Kalayan/UWA, Refugee Women's Network, The Voice, Universal Embassy
Gemischte Organisationen, Netzwerke, Dachverbände	11	ENAR, Columbian Human Rights Association[4], Ethnic Community Council, EWL (drei Interviews), Kalayaan-Mitbegründerin, RESPECT/Solidar (drei Interviews), SOS-Rassismus
Pro-migrant- Organisationen, Netzwerke, Gewerkschaften	11	Anti-Slavery-International, Barbed Wire Network, Bund gegen ethnische Diskriminierung, Casa diritti Sociali, CCME, Centre for the Study of Violence and Reconciliation, ETUC, federazione delle chiese, ICFTU, Le Gisti, picum
Sonstige	7	Europäische Stelle zur Beobachtung von Rassismus und Fremdenfeindlichkeit, Europäische Kommission GD Direktion Justiz und Inneres, ILO, Otto Harnier/ICMPD und ehemals Rat der EU, mexikanische Regierungsdelegation WCAR, Richter/Experte für Migrationsfragen, Ilka Schröder MdEP
Gesamt	**42**	

Der vierte Komplex befasste sich mit Inhalt und Art der Forderungen und der Einschätzung über Resonanz und Realisierungschancen. Aus den Antworten ergaben sich wichtige Kriterien für Erfolg und die Selbsteinschätzung der Akteure. Im fünften Fragenkomplex ging es um die zentralen AdressatInnen der Organisation: Sind dies MigrantInnen, Medien, nationale Regierungen, das Europaparlament etc.? Welche Strategien – z.B. Protest, Selbstorganisierung, Lobbypolitik – die Organisation verfolgt, war Gegenstand des sechsten Fragenbündels. Daran schloss sich

---

4 Einige Organisationen, deren Organisationssitz bzw. Arbeitsschwerpunkt nicht in der EU liegt, wurden auf der UN-Konferenz gegen Rassismus (2001) interviewt. Sie waren als GesprächspartnerInnen für die Verhandlung irregulärer Migration auf der UN-Konferenz, in einem globalen NGO-Kontext sowie zur Einschätzung der Politik der EU interessant.

der siebte Fragenkomplex an, in dem die Bedeutung der Selbstorganisierung von MigrantInnen im Mittelpunkt stand. Mithilfe dieses Komplexes wurde der Frage nachgegangen, inwiefern sich über die Selbstorganisierung bzw. Einbeziehung von MigrantInnen qualitative Politikunterschiede zu reinen *advocacy*-Organisationen ergeben. Die Kooperations- und Bündnisbeziehungen wurden im achten Teil behandelt. Die beiden letzten Teile des Leitfadens, Fragen nach der Zukunft der europäischen Migrationspolitik sowie eine offene Frage, gaben den InterviewpartnerInnen die Möglichkeit, weitere eigene Akzente zu setzen oder besonders wichtige Aspekte noch einmal hervorzuheben.

Alle Interviews – bis auf drei, zu denen aus technischen Gründen bzw. dem Wunsch der interviewten Person keine Aufnahmen, sondern nur Mitschriften existieren – wurden vollständig transkribiert. Die Auswertung der Interviews wurde in Anlehnung an Meuser und Nagel (1991) durchgeführt. Sie orientiert sich an thematischen Einheiten, das heißt inhaltlich über die Texte verstreute Passagen, und nicht an der Sequenzialität der Äußerungen.

Als ergänzendes Verfahren habe ich als teilnehmende Beobachterin (offene und fokussierte teilnehmende Beobachtung) an Netzwerktreffen, Konferenzen und anderen Veranstaltungen teilgenommen (vgl. Auflistung im Anhang), um einen Einblick in die Funktionsweise der Netzwerke sowie in den politischen Alltag der AkteurInnen zu erhalten. Ferner ließen sich die Einschätzungen aus den ExpertInneninterviews mit den Ergebnissen der Dokumentenanalyse abgleichen.

Ereignisdatenverlaufsanalyse

Die Ereignisdatenanalyse ist im Vergleich zu Methoden wie Interviews ein relativ neues Instrument, das in der Soziologie und Politikwissenschaft noch nicht zum Standardmethodenrepertoire zählt (Koopmans/Rucht 2002: 251). In der sozialen Bewegungsforschung wurde die Ereignisdatenanalyse in den letzten Jahrzehnten systematisch entwickelt, die fortschreitende Computertechnologie ermöglicht aufwendige Kodierungen und Verfahren zur Auswertung großer Datenbestände, vor allem Zeitungsberichte als Quellen. Die Protestereignisdatenanalyse eignet sich für Fragen nach den Häufigkeiten von Protesten, Themen, ProtagonistInnen und Mobilisierungsstärken von sozialen Bewegungen. Vielfach wurde auf die Datengewinnungs- und Validitätsprobleme hingewiesen, die sich aus der Art der Quelle, Medienberichte, ergeben (Barranco/Wisler 1999, Koopmans/Rucht 2002). Medien berichten eher über möglichst spektakuläre oder gewaltsame Aktionen als über Themen, Hintergründe und Analysen, Ereignisse werden häufig isoliert dargestellt, komplizierte Sachverhalte werden in pro- und kontra-Schemata vereinfacht und Medien fokussieren auf prominente Persönlichkeiten und SprecherInnen einer Bewegung, die oft bereits zur politischen Elite zählen.

Die Ausführungen zu den politischen Mobilisierungen zum Rote-Kreuz-Zentrum in Sangatte basieren auf einer Ereignisdatenverlaufsanalyse, die an die Methode der Ereignisdatenanalyse angelehnt ist. Sie ist allerdings nicht zum Vergleich zwischen verschiedenen Bewegungen geeignet. Ich rekonstruiere mithilfe der Ereignisdaten den Verlauf des Konflikts und der Protestereignisse. Das heißt die Ereignisdatenanalyse ist ein erster und wichtiger Schritt der Materialaufbereitung für die qualitative Analyse. Der Konflikt wurde bislang wissenschaftlich kaum bearbeitet (außer: Laacher 2002, Thomson 2003) und es gibt keine veröffentlichte Chronik oder Materialzusammenstellung der Ereignisse. Daher arbeitete ich ausschließlich mit Primärdaten. Da das Material und der Zeitraum relativ überschaubar sind, war eine Vollerhebung – und nicht die Stichprobenziehung, wie sie in der Protestereignisdatenanalyse üblich ist – möglich und der Fragestellung angemessen.

Die zentrale Analyseeinheit ist ›politische Mobilisierung‹. Der weite Begriff der politischen Mobilisierung eignet sich erstens für das Ziel, eine Rekonstruktion der Ereignisse zu liefern und zweitens, um das *framing* der Akteure herauszuarbeiten: »If the framing of protest is to be studied, the unit of analysis should be defined broadly to include discursive forms of protest, most importantly press conferences and public statements« (Koopmans/Rucht 2002: 235). Des Weiteren wurden wichtige Kontextereignisse, z.B. die Veröffentlichung der Direktive zum einheitlichen Flüchtlingsbegriff der EU-Kommission oder die terroristischen Anschläge am 11. September 2001 in den USA, aufgenommen, die für die politischen Mobilisierungen um das Rote-Kreuz-Zentrum in Sangatte von Relevanz waren.

Den Grundstock des Quellenkorpus zu den Auseinandersetzungen in Sangatte bildet die Auswertung von Zeitungen und Medien sowohl auf nationaler Ebene in Frankreich und Großbritannien (vor allem *Le Monde, The Guardian, The Observer,* BBC) als auch auf lokaler Ebene in der Region Pas-de-Calais (vor allem *La Voix du Nord).* Die Gesamtzahl der ausgewerteten Zeitungsberichte liegt bei 336 (vgl. Anhang). Für eine lokale *(La Voix du Nord)* und eine überregionale *(Le Monde)* Zeitung, die am ausführlichsten über den Konflikt berichteten, fand die vollständige Auswertung der Zeitungen für den untersuchten Zeitraum statt. Zu Ereignissen, die für die Rekonstruktion des Falls sowie für die Fragestellung wichtig waren, wurde gezielt die Berichterstattung anderer Zeitungen und Medien hinzugezogen.

Aufgrund der Probleme mit der allein auf Zeitungsberichten basierenden Analyse habe ich weitere Dokumente in den Quellenkorpus aufgenommen: Veröffentlichungen sozialer Bewegungsakteure (89 Dokumente), der französischen Regierung, des Parlaments und der Parteien (100 Dokumente) sowie der britischen Regierung, des Parlaments und der Parteien (43 Dokumente) und anderer, vor allem europäischer Akteure (19 Dokumente). Bei den Dokumenten der Parlamente und Regierungen in Frankreich und Großbritannien wurde aufgrund der hohen Anzahl der verfügbaren Dokumente eine Auswahl getroffen. Es wurde darauf geachtet, dass es sich erstens um vergleichbare Dokumente handelt und zweitens, dass sie Aussagen über politische Kontroversen beinhalten. Als erste Quellenart wurden daher parlamentarische Anfragen zum Thema ›Sangatte‹ gewählt, es handelt sich in Frankreich um 31, in Großbritannien um 30 Dokumente. Zweitens wurde die Behandlung Sangattes im Parlament bzw. in parlamentarischen Ausschüssen nur an zentralen Punkten mit einbezogen, da die Anzahl der Dokumente mit weiteren rund 850 Dokumenten ansonsten die Möglichkeiten der Auswertung überstiegen hätte. Drittens wurden von den Regierungsäußerungen diejenigen der Innenminister so weit wie möglich vollständig ausgewertet, Veröffentlichungen anderer Regierungsmitglieder wurden dort hinzugenommen, wo es inhaltlich angemessen war. Insgesamt wurden für die Fallstudie zu Sangatte über 600 Dokumente berücksichtigt.

Die nächsten Schritte bestanden in der Identifizierung der Ereignisse, Aufbereitung der Quellen, Kodierung[5] und Archivierung. Für den Zeitraum von Juni 1999 bis November 2003 konnten 380 Ereignisse identifiziert werden. Die Zeitspanne ergibt sich wie folgt: Am 4. Juni 1999 wurde in Calais ein Lagerhaus geschlossen, in dem 200 Personen, vor allem Flüchtlinge aus dem Kosovo, vorübergehend untergebracht waren. Verschiedene PolitikerInnen und Organisationen setzten sich für eine neue Unterkunft ein, im September 1999 wurde das Rote-Kreuz-Zentrum in Sangatte eröffnet. Der Schlusspunkt der Ereignisdatenerfassung liegt ein Jahr nach der Schließung des Zentrums, anlässlich des Jahrestags gab es noch einmal eine größere Anzahl an Protesten und Ereignissen, die in die Analyse einbezogen wurden, weil sie einen Hinweis auf

---

5   Für die Variable »Ereignisart« wurde bspw. nach folgenden Ausprägungen kodiert: Ankunft MigrantInnen, Aufruf, Besetzung, Boykott, Delegationsbesuch, Demonstration, Gerichtsentscheid, Gruppengründung, Hungerstreik, Kontrolle, Offener Brief, politische Kontroverse, politischer Plan, Polizeieinsatz, Pressemitteilung, Protest unspezifiziert, Räumung, Rede, Sonstiges, Stellungnahme, Streit, Schlägerei, Verhandlungen, Wahlkampf, Todesfall.

die längerfristigen Auswirkungen des Konfliktes in der Region geben. Für die Zeit danach wurden die Medien nicht mehr systematisch ausgewertet, einzelne Ereignisse sind in die Arbeit dennoch eingeflossen.

Framing-Prozesse analysieren

In beiden Fallstudien wird das *framing* der Akteure analysiert, weil der Ansatz dazu geeignet ist, konkurrierende Erzählungen der Akteure zu identifizieren und in der gesellschaftlichen Kontextstruktur zu verorten. Die *frame*-Analyse ist jedoch kein Instrument, das für jede Fragestellung geeignet ist, da es den Fokus auf diskursive Äußerungen legt. Wie ich im Folgenden argumentiere, lassen sich den *frames* aber auch bis zu einem gewissen Grad Bewegungsaktivitäten zuordnen. Daher bleibt die *framing*-Analyse nicht auf die Artikulation und das *agenda-setting* beschränkt, sondern lässt auch Schlüsse auf die Chancen und Grenzen der Wirkungsmächtigkeit, die *frame*-Resonanz, zu. Es ist die Frage, ob der Erfolg eines *frames* an dessen Qualität oder an den strukturellen Bedingungen liegt. Um dies zu beantworten, ist es notwendig, die Ansätze gesellschaftlicher Kontextstrukturen und Ressourcenmobilisierung mit dem des *framing* zusammen zu führen. Dies ermöglicht den Blick sowohl auf Prozesse als auch auf Strukturen und deren materielle Bedingungen. Die *frame-Analyse* hat sich in der Bewegungsforschung zu einer beliebten Methode entwickelt (vgl. König 2003), selten wird jedoch offen gelegt, nach welchen Kriterien die Identifikation vorgenommen wird und auf welcher Abstraktionsebene ein *frame* angesiedelt ist.

Zentrale Begriffe und Annahmen

Der zentrale Begriff des *framing*-Ansatzes ist der *collective action frame*, der von Robert Benford und David Snow als »action-oriented sets of beliefs and meanings that inspire and legitimate the activities and campaigns of a social movement organization« (Benford/Snow 2000: 614) definiert wird. Für eine erfolgreiche Mobilisierung – egal welchen Inhalts – sind drei verschiedene *frames* erforderlich, die zu größtmöglicher Übereinstimmung gelangen müssen (ebd.: 615ff.):

1. Der *diagnostic frame* identifiziert ein Problem, benennt die Ursachen und die Schuldigen und unterscheidet potenzielle Unterstützer und Gegner der sozialen Bewegung. Die *frame*-Benennung hebt bestimmte Elemente des Problems hervor und negiert andere; das Problem wird sozial konstruiert.
2. Der *prognostic frame* greift auf, was aus Sicht der Bewegung getan werden sollte, und artikuliert Lösungen, Aktionspläne und Handlungsstrategien.

3. Der *motivational frame* ist auf das Innere der Bewegung gerichtet, um den Aktivitäten Sinn zu verleihen.

Mithilfe von Variablen lassen sich kontext- und bewegungsspezifische Ausprägungen dieser drei Typen von *frames* unterscheiden. In der Bewegungsforschung werden die Variablen verbunden mit Hypothesen, welche Wirkung mit den Ausprägungen verbunden sind. Die drei wichtigsten Variablen bestehen in der Problemkonstitution, dem Grad der Offenheit und dem Grad der Resonanz (Benford/Snow 2000: 618ff.).

1. Die Benennung und Konstruktion eines Problems kann sehr unterschiedlich sein. Je mehr Probleme von einer Bewegung abgedeckt werden, desto größer ist die Mobilisierungsfähigkeit, so die Annahme.
2. Frames lassen sich am Grad der Offenheit und Elastizität unterscheiden. Je inklusiver und flexibler ein *frame* ist, desto eher ist er ein *masterframe* (z.b. *rights frame, injustice frame)*; diese stoßen eher als spezifische *frames* auf große kulturelle Resonanz.
3. Unter dem Grad der Resonanz wird die Glaubwürdigkeit und Bedeutsamkeit eines *frame* verstanden. Die *frame consistency* fragt nach Widersprüchen zwischen Inhalten und Aktionen. Die *empirical credibility* überprüft, ob die *frames* mit vorfindbaren Entwicklungen übereinstimmen. Ein *frame* ist um so erfolgreicher, je mehr er mit Erfahrungen übereinstimmt und je größer kulturelle Resonanzen sind (ebd.: 621f.).

Diese Faktoren verdeutlichen, dass die Mobilisierungskraft eines *frames* von äußeren Einflüssen bestimmt und nicht allein geschickten Konstruktionsprozessen einer Bewegung geschuldet ist. Bewegungsakteure setzen beim *framing* bewusst kulturelle Symbole ein, die selektiv aus dem kulturspezifischen Repertoire an Symbolen ausgewählt werden (Tarrow 1994: 119). Dies ist für die Analyse von Protestmobilisierungen von MigrantInnen relevant, da das mögliche Repertoire breiter ist.

Es stellt sich nun die Frage der Herstellung von *frames* durch Konstruktions- und Sinngebungsprozesse, wobei es sich um diskursive, strategische und umkämpfte Prozesse handelt (Benford/Snow 2000: 623ff.).

Diskursive Prozesse können anhand von Reden, Kommunikationen und Slogans analysiert werden. Bei einer *frame amplification* werden besonders überzeugende Themen, Ereignisse und Vorstellungen hervorheben, die beispielsweise zu Slogans der Bewegung werden.

Es lassen sich folgende strategische Prozesse ausmachen (Snow et al. 1986: 467-476): Beim *frame bridging* werden zwei oder mehr ideologisch zusammenpassende, aber noch unverbundene *frames* zusammengeführt. Bei einer *frame extension* wird der *frame* jenseits der primären Interessen ausgeweitet, um weitere Themen abzudecken. Die *frame transformation* schließlich beschreibt den Wechsel von bisherigen Vorstellungen.

Unter den umkämpften Prozessen werden Prozesse inner- und außerhalb der Bewegung verstanden (Benford/Snow 2000: 625ff.). Gegenmobilisierungen *(counterframing)* sind Mobilisierungen von GegnerInnen, konträre Interpretationen von ZuschauerInnen und Medien. Innerhalb der Bewegung kann es *frame disputes* über die Realitätswahrnehmung, Diagnosen und Prognosen geben.

Abbildung 3: Der Framing-*Ansatz*

Collective Action Frames		
Definition: »action-orientated sets of beliefs and meanings that inspire and legitimate the activities and campaigns of a social movement organization« (Benford/Snow 2000: 614)		
Collective Action Frames needed for successful mobilization		
1. Diagnostic Frame	**2. Prognostic Frame**	**3. Motivational Frame**
Identification of the problem and culpable agents, structures	»What is to be done«; articulation of solutions, strategies	A rationale for engaging in collective action
Variable Features how Collective Action Frames vary		
Exclusive/inclusive, rigid/open, inelastic/elastic		
Degree of resonance: Credibility (frame consistency, empirical credibility, credibility of frame articulators) and cultural resonance		
Framing processes: »How frames get made«		
Discursive Processes	**Strategic Processes, Frame Alignment**	**Contested Processes**
Frame articulation Frame amplification	Frame bridging/extension/transformation	Counterframing Frame disputes within social movement

Quelle: Eigene Darstellung nach Benford/Snow (2000)

Zusammenfassen lässt sich der Ansatz zur Erklärung von Mobilisierungsprozessen von Snow et al. in sechs Aspekten: Die Beteiligung an Bewegungen ist erstens kontingent, zweitens beruht sie auf strategischen Prozessen. Drittens ist der ausschlaggebende Punkt für Mobilisierungen nicht die pure Anwesenheit von Missständen, viertens sind die *framing-*Prozesse nicht dauerhaft, sondern bedürfen stetiger Erneuerung. Fünftens sind sie ein notwendiger Bestandteil der Mobilisierung von UnterstützerInnen und Aktiven und sechstens beruht jeder dieser Prozesse auf unterschiedlichen Formen der Mikromobilisierung von Individuen (Snow et al. 1986: 476). Den unterschiedlichen Erfolg sozialer Bewegungen erklären Snow et al. vor allem mit zwei Variablen: Zum einen ist der Inhalt bzw. die Substanz von *frames* und der Grad der Resonanz entscheidend. Zum anderen sind bestimmte Prozesse des strategischen *fra-*

mings besonders empfindlich, z.B. kann die Ausweitung der *frames* zu weit getrieben werden und in inhaltlicher Beliebigkeit enden oder so allgemein werden, dass die Ansprache spezifischer Trägergruppen nicht mehr gewährleistet ist. Das *framing*-Konzept scheint mir ein geeignetes, jedoch nicht das alleinige methodische Instrumentarium zu sein, um zu erklären, warum und wie Bewegungen mobilisierungsfähig sind und worauf Miss-/Erfolge zurückzuführen sind.

Schwierigkeiten bei der Identifikation und Analyse von *Frames*

Es stellen sich jedoch drei Probleme bei der *frame*-Analyse: Wie lassen sich implizite und explizite *frames* identifizieren und ein Umgang mit uneinheitlichen Abstraktionsgraden finden? Wie können Relevanz und Wirksamkeit eingeschätzt werden? Zumeist ist nur das Gesagte Gegenstand der Analyse, der *frame*-Begriff ist somit nicht mit dem von Goffman entwickelten identisch (Goffman 1993 [1974]). »Das Problem der Unausgedrücktheit der meisten Goffmanschen *frames* hat aber wohl dazu beigetragen, dass immer mehr Forschung sich mit bewussten *framing* befasst hat« (König 2003: 2, kursiv i. Orig.). *Framing* wird dann zu einem aktiven Prozess. In der Bewegungsforschung schlägt sich dieses Problem nieder, wenn »*framing* Aufgaben diskutiert [werden], die Bewegungsanhänger zu erfüllen hätten, um erfolgreich zu mobilisieren« (ebd.: 3). Doug McAdam problematisiert eine ähnlich gelagerte Neigung empirischer Forschung, nämlich das *framing* einer Bewegung anhand von Reden und Texten der Bewegungsakteure festzumachen (McAdam 1994: 395, 402). Vielmehr sei gerade in der Anfangsphase von Mobilisierungen anzunehmen, dass sich ein »altes Sprichwort bewahrheitet: Taten zählen mehr als Worte. Das heißt: Die Aktionen der Protestakteure [...] sind ein ganz entscheidender Beitrag zum gesamten ›signifying work‹ einer Bewegung« (ebd.: 195f.). Beide Aspekte sind für die Fallstudien relevant, da es sich um prekäre Mobilisierungen handelt, deren *framing* nur zum Teil aktiv entwickelt wird und deren Artikulation oft eher in Aktionen denn in Veröffentlichungen besteht. McAdam führt das Beispiel der Wirksamkeit vieler sozialer Bewegungen an, durch die Störung der öffentlichen Ordnung zu Agenten sozialen Wandels zu werden. Für die Berücksichtigung von Aktivitäten sozialer Bewegungen für die *framing*-Analyse spricht ebenfalls, dass bei vielen Gruppen die Rhetorik radikaler ist als die Strategien und Aktionen.

Zu weiteren analytischen Ungenauigkeiten führt das uneinheitliche Abstraktionsschema des *frame*-Begriffs. Er reicht von inhaltlich recht unbestimmten (z.B. Konflikt-*frame*) bis zu spezifischen *frames* (z.B. *affirmative action frame*). Aufgrund dieser Bandbreite ist die Unterscheidung zwischen Struktur- und Inhalts-*frames* hilfreich (König 2003: 6). Bei Struktur-*frames* handelt es sich z.B. um Konflikt- und Gerechtigkeits-*frames* (ebd.: 7), die inhaltlich sehr unterschiedlich gefüllt werden können. So verstehen Bewegungsakteure in Israel und in Palästina unter Ungerechtigkeit nicht immer das Gleiche, obgleich sie beide damit arbeiten. Auf inhaltlicher Ebene können *masterframes* identifiziert werden (bspw. Rechte-*frame*, Staatsbürgerschafts-*frame*).

Anwendung der *Frame*-Analyse

Wie bereits für die Ereignisdatenanalyse ausgeführt, bin ich auch bei der *frame*-Analyse nicht quantifizierend vorgegangen.[6] Der erste Schritt ist identisch mit quantitativen Verfahren: Anhand von ausgesuchten Quellen aus der Grundgesamtheit und Literatur zum Themenfeld wurde der Möglichkeitsraum von *frames* aufgespannt und so genannte *framing devices* (König 2003: 8) identifiziert, das heißt die *frames* charakterisierenden Argumentationsfiguren und nicht-sprachlichen Elemente.

Abbildung 4: Möglichkeitsraum der Frames

Sangatte: Mögliche *Frames*	RESPECT: Mögliche *Frames*
»Ungerechtigkeits-*frame*«: Spätfolgen von Kolonialismus, weltweites Wohlstandsgefälle, Slogan: »Wir sind hier, weil ihr unsere Länder zerstört habt«	»Ungerechtigkeits-*frame*« (siehe links)
»(Menschen-)Rechts-*frame*«; Variante: »Flüchtlingsschutz-*frame*«	»(Menschen-)Rechts-*frame*«; Variante: »Frauenrechte sind Menschenrechte«
»ökonomische-Nutzen-*frame*«: Nachfrage nach billiger Arbeitskraft	»ökonomische-Nutzen-*frame*«: Nachfrage nach billiger Arbeitskraft
»Freizügigkeits-*frame*«: Nicht nur für Kapital und Waren, sondern auch für Menschen und Arbeitskraft	»Bekämpfung moderner Formen von Sklaverei-*frame*«; Variante: »Bekämpfung von Frauenhandel-*frame*«
»Autonomie der Migration-*frame*«: Versagen der Migrationskontrolle, Faktizität von irregulärer Migration	»Arbeitsrechte-*frame*«: Verletzung von Kernarbeitsnormen
»Wahlfreiheits-*frame*«: freie Wahl des Wohnortes für alle	

---

6 Bei der quantitativen *frame*-Analyse wird das empirische Material auf die Häufigkeit von *frames* und *framing-devices* hin durchsucht.

Der Quellenkorpus bestand bei der Fallstudie zu Sangatte aus Zeitungsartikeln und Dokumenten. Darunter fallen auch Fotos, auf denen die MigrantInnen bei Protestaktivitäten zu sehen sind. Die Quellen der Fallstudie zum RESPECT-Netzwerk umfassen veröffentlichte und interne Materialen und Dokumente des Netzwerks, anderer NGOs sowie von Regierungsinstitutionen und den Organen der EU. Zur Identifizierung der dominanten Argumentationsmuster wurden zunächst die Themen und Aussagen in den Dokumenten chronologisch aufgegliedert und für einzelne Akteure separat zusammengestellt sowie den Problemkomplexen zugeordnet und mögliche *frame alignments* bzw. Diskursstrangverknüpfungen festgehalten.[7] Das komplette Datenmaterial wurde mithilfe der identifizierten *frames* analysiert. Die zeitliche Aufgliederung ermöglicht die Feststellung, ob es eine Veränderung der *frames* über die Zeit gegeben hat. Das so aufbereitete Datenmaterial wurde wieder an die Originaldokumente zurückgebunden, um die Validität und Kontextgebundenheit zu gewährleisten.

Aus der kritischen Diskursanalyse verwende ich den Begriff der Diskursstrangverknüpfung, die dem Grundgedanken von *frame alignment processes* ähnelt. Diskursstränge sind »thematisch einheitliche Diskursverläufe, die aus einer Vielzahl von Elementen, so genannten Diskursfragmenten, zusammengesetzt sind« (Jäger 1997). Diskursstränge können verknüpft werden, etwa in der europäischen Migrationspolitik bei den Diskurssträngen irreguläre Migration und Sicherheitspolitik.

Die Stärke des *framing*-Ansatzes und der Weise, wie er in dieser Arbeit angewandt wird, liegt darin, diskursive und nicht-diskursive Elemente politischer Mobilisierung, insbesondere in der Formierungsphase einer Bewegung, zusammen zu denken. Mit dem Ansatz gesellschaftlicher Kontextstrukturen gegengespiegelt, ergeben sich Hinweise auf die Resonanzen und Mobilisierungswirkungen. Bestimmte Aktivitäten korrespondieren mit *frames*. In den beiden Fallstudien zu Sangatte und dem RESPECT-Netzwerk kommt diese Kombination zur Anwendung. Eine

---

7 Die *framing devices* für den *frame* der »Autonomie der Migration« umfassten u.a. die Forderung nach offenen Grenzen, Freizügigkeit, Abzug von Grenzpolizei, Ausstellen von Transiterlaubnissen, Recht auf Migration und Bleiben; Aktionsformen: unautorisiertes Betreten bzw. Stürmen des Eurotunnels, von Bahnanlagen, Güter- und Personenzügen.
Die *framing devices* für den »Flüchtlingsschutz- *frame*« umfassten u.a. Flucht, Genfer Konvention, Schutz, Menschenrecht auf Asyl, Verantwortung des Staates, EU-Harmonisierung des Flüchtlingsschutzes, UNHCR, internationales Recht, Herkunft aus Konfliktgebieten, ›echte Flüchtlinge‹, Verfahrenssicherheit, Gleichgewicht zwischen Flüchtlingsschutz und Bekämpfung illegaler Migration, Tampere.

Gefahr des *framing*-Ansatzes liegt allerdings darin, dass das Handeln der Akteure mit einer Linearität und Intentionalität versehen wird, die eventuell nicht gegeben ist. Um dem gegenzusteuern, sollte auch nach Brüchen und Widersprüchlichkeiten gesucht werden.

Migration und Migrationspolitik in der Europäischen Union

Die Europäische Integration beeinflusst nicht nur die Möglichkeiten für MigrantInnen in die EU zu gelangen, nämlich in steigendem Maße nur noch mithilfe kommerzieller Schleuser, sondern auch die Offenheit des politischen Systems für politische Anliegen von MigrantInnen und *promigrant*-Organisationen. Im ersten Teil des Kapitels wird in groben Zügen die Entwicklung der Migration dargestellt und mit der Illegalisierung und Feminisierung zwei Trends benannt. Anschließend skizziere ich die Migrationspolitik und das Grenzregime in der EU. Die Bekämpfung irregulärer Migration und die gleichzeitige langsame Abkehr vom Paradigma der Nullmigration bestimmen die Entwicklung. Das darauf folgende Unterkapitel hat die Partizipationsmöglichkeiten von Drittstaatsangehörigen zum Gegenstand. Im Anschluss daran analysiere ich die Berücksichtigung von Migrantinnen in der europäischen Frauenpolitik und die Herausbildung eines frauenpolitischen Netzwerks, das die politische Mobilisierung von Migrantinnen erleichtert. Im letzten Abschnitt zeige ich auf, inwiefern eine themenspezifische Differenzierung der gesellschaftlichen Kontextstruktur besteht, die die Auseinandersetzungen in den Sub-Themenfeldern strukturiert.

Migration in Europa

Migrationsregime und sie strukturierende Institutionen beeinflussen als miteinander verwobene und vergeschlechtlichte[1] Faktoren auch die poli-

---

1 Eine geschlechtersensible Analyse beeinflusst die Konzeption von Migrationstheorien und muss drei Korrekturen vornehmen (Kofman 1999:

tische Mobilisierung von MigrantInnen und *pro-migrant*-Organisationen. In den Migrationsregim sind die Verbindungen zwischen Emigrations- und Immigrationsländern, die Bedingungen der Einwanderung und Aufenthaltsrechte, Arbeitsaufnahme etc. der MigrantInnen und ihrer Familienangehörigen enthalten. Die Migrationsinstitutionen beinhalten sowohl formale staatliche Strukturen wie Vermittler, Anwerbeagenturen als auch informelle Netzwerke (vgl. Kofman et al. 2000: 32). Dies zu betonen ist wichtig, da gerade in der Literatur zur Migrationspolitik der Europäischen Union allein die (supra-)staatlichen Institutionen berücksichtigt werden.

Migrationstrends: Feminisierung und Illegalisierung

Wichtige Trends bestehen im Anstieg irregulärer Migration, der Informalisierung und Prekarisierung vieler Arbeitsverhältnisse, in denen MigrantInnen überproportional vertreten sind, sowie in dem steigenden Anteil an Frauen unter MigrantInnen und Flüchtlingen. Die Grenzen zwischen legaler und irregulärer, freiwilliger und erzwungener, formeller und informeller Migration überlappen sich zunehmend oder werden von denselben MigrantInnen hintereinander durchlaufen.

Es lassen sich in Europa seit dem Ende des Zweiten Weltkriegs zwei Perioden der Migrationspolitik unterscheiden: Die erste Phase fand zwischen 1945 und 1973 statt, als die nord- und westeuropäischen Staaten aktiv eine Anwerbepolitik für ArbeitsmigrantInnen betrieben. Die Ölkrise von 1973 markiert den Wendepunkt zur zweiten Phase, in der ein Bündel von Maßnahmen eingeführt wurde, um die Migration wieder zu beenden. Es wurde zwar die aktive Rekrutierung von MigrantInnen – mit einigen Ausnahmen – gestoppt, dies führte jedoch nicht zu einem Abreißen der Migration überhaupt.

In den letzten zwei Jahrzehnten hat die Unterscheidung in die drei bis dato vorherrschenden Migrationsregime – dem Gastarbeiterregime[2],

---

271f.): erstens die Infragestellung der angenommenen Abfolge von männlicher Arbeitsmigration und weiblichem Familiennachzug, zweitens eine Differenzierung nach Herkunftsländern, Alter, Ausbildung, Migrationswegen etc. und drittens die Herstellung von Bezügen zu anderen Mobilitätsformen (Tourismus, Bildungsmobilität, Geschäftsreisen o.ä.).

2   Gastarbeiterregime (v.a. Deutschland, Schweiz) basieren auf der Rotation von ArbeitsmigrantInnen, deren Aufenthalts- und Arbeitsrechte an den Arbeitsvertrag gekoppelt sind. Bis Mitte der 1960er Jahre waren in Deutschland die meisten der angeworbenen Arbeiter männlich. Nach der Rezession 1966/1967 wurden vermehrt Frauen rekrutiert. Da es bis 1972 keine explizite Möglichkeit des Familiennachzugs gab, ließen sich viele

dem Kolonialregime[3] und dem Hybridregime[4] – nachgelassen. Dies geschah zum einen wegen der europäischen Harmonisierungen und zum anderen wegen der Abschaffung der Privilegien für die Bevölkerungen der ehemaligen Kolonien und die Einführung restriktiver Gesetze zur Arbeitsmigration. Darüber hinaus wurden die skandinavischen Länder insbesondere für Asylsuchende zu einer neuen Zielregion. Die südeuropäischen Länder vollzogen einen Wandel von Auswanderungsgesellschaften zu Einwanderungsgesellschaften. Vormals Binnenmigrationen wurden im Zuge der Desintegration der Sowjetunion, Jugoslawiens und der Tschechoslowakei zu internationalen Wanderungsbewegungen. Mirjana Morokvasic-Müller spricht von einer »Neuzusammensetzung der europäischen Migrationslandkarte« (Morokvasic-Müller 2003: 148).

Insgesamt kann beobachtet werden, dass sich die Wanderungsmuster innerhalb der europäischen Länder diversifizierten und zugleich in einer größeren Ähnlichkeit zwischen den Ländern resultierten. Diese Entwicklung ist eine wichtige Voraussetzung für die europäische Harmonisierung der Asyl-, Grenz- und Migrationspolitiken. Seit Mitte der 1980er Jahre wurden in der Europäischen Gemeinschaft zur Bekämpfung der irregulären Migration und der Verringerung der Zahl der Asylsuchenden zunehmend zwischenstaatliche Abkommen geschlossen und später vergemeinschaftet. Gemeinsame europäische Regelungen bedeuteten jedoch nicht, dass nationale Spezifika verschwanden oder Na-

---

EhepartnerInnen ebenfalls anwerben (Kofman et al. 2000: 50). Nach 1973 nahm die Anzahl der nach Deutschland Einwandernden nicht wesentlich ab, seit 1976 stieg sie wieder, da der Familiennachzug zum wichtigsten legalen Einwanderungsweg wurde.

3   Großbritannien steht für den Typ des Kolonialregimes, in dem Angehörige der (ehemals) kolonisierten Länder und Irlands die Migrationsmehrheit ausmachten und bis 1962 relativ einfach einwandern konnten. In einigen von Frauen dominierten Arbeitsbereichen wurden Ausnahmequoten erlassen (Hotel- und Gaststättenwesen, Privathaushalte, Krankenschwestern), so dass in den 1960ern rund die Hälfte aller erteilten Arbeitserlaubnisse auf Frauen entfiel (Kofman et al. 2000: 53).

4   Für Frankreich und die Niederlanden ist eine Kombination aus kolonialer Migration (mit relativ offenen Zugangsbedingungen bis Ende der 1960er, Anfang 1970er Jahre) und Arbeitsmigration vor allem aus den Mittelmeerländern kennzeichnend. Die französische Politik ermutigte in der Nachkriegszeit Familienmigration. Die Mehrzahl der MigrantInnen – 1967 rund 80 Prozent (Kofman et al. 2000: 54) – kam außerhalb des von der Politik vorgegebenen Rahmens. Reagiert wurde darauf mit nachträglichen Legalisierungen. Die Hybridität des Migrationsregimes wird an der Vielzahl unterschiedlicher Einwanderungsregeln deutlich (für Kolonien, Überseedepartments, privilegierte Länder im Mittelmeerraum etc.).

tionalstaaten ihre Entscheidungskompetenz abgaben. Vielmehr bestehen nationale Regelungen zur Anwerbung von ArbeitsmigrantInnen, zum Familiennachzug, im Asylrecht oder der Regularisierung irregulärer MigrantInnen weiter fort. Insofern ist auch die europäische gesellschaftliche Kontextstruktur nicht nur von europäischen, sondern auch von globalen, transnationalen, nationalen und lokalen Faktoren bestimmt.

Aufgrund der Diversifizierung der Migration als solcher ist es wichtig, die Entwicklungen in punkto der Regulierung von Einreise, Aufenthalt und Erwerbsarbeit in unterschiedlichen Bereichen zu betrachten. Im Folgenden gehe ich kurz auf drei derzeit wichtige Typen ein: Arbeitsmigration, Familienmigration und Fluchtmigration.

Arbeitsmigration

In den nord- und westeuropäischen Ländern bestanden nach der Anwerbephase Ausnahmeregelungen für bestimmte Sektoren, allerdings nicht im Umfang der Nachfrage. Dies führte zu einem Anstieg an irregulärer Einwanderung und Beschäftigung. Durch den Niedergang der Schwerindustrie und des Bergbaus sowie den Anstieg betrieblicher Auslagerungen und im Dienstleistungsbereich, fand ein nachhaltiger Wandel der Nachfrage nach Arbeit statt. Während es zu Entlassungen in männerdominierten Sektoren kam, waren Migrantinnen – außer in der Textilindustrie – davon nicht in dem Maße betroffen.

Vor allem in südeuropäischen Staaten, in geringerem Umfang auch in Nord- und Westeuropa, gab es einen Anstieg der Frauenerwerbstätigkeit, der unter anderem zu einer steigenden Nachfrage der Beschäftigung von Migrantinnen in Privathaushalten führte.[5] In Spanien wurde beispielsweise nach 1991 über die Hälfte der erteilten Arbeitserlaubnisse im Bereich der Haushaltsarbeit an Dominikanerinnen, Marokkanerinnen, Peruanerinnen und Ekuadorianerinnen erteilt (Kofman et al. 2000: 61). Die Informalität des Haushaltssektors bietet vielen Migrantinnen, die entweder irregulär eingereist sind oder irregulär eine Beschäftigung aufnehmen, die Möglichkeit der Erwerbsarbeit, allerdings unter ungesicherten Bedingungen. Die Zahl der in Privathaushalten Beschäftigten ist

---

5 Allerdings wird häufig vorschnell angenommen, dass einem Großteil deutscher Mittelschichtsfrauen die Erwerbstätigkeit durch den Einsatz flexibler Migrantinnen ermöglicht werde. Zwar nimmt die Anzahl von Migrantinnen, die in Haushalten arbeiten, zu, dennoch ist der Zusammenhang vorsichtiger zu beschreiben, da weiterhin ein beträchtlicher Teil der erwerbstätigen Frauen keine Haushaltshilfen beschäftigt (empirische Belege und Diskussion bei: Schupp 2002, Rerrich 2002, Schwenken 2003).

schwer zu ermitteln. Für die Bundesrepublik Deutschland liegen Schätzungen von 137.000 bis über vier Millionen Haushalten vor, die Haushaltsdienstleistungen in Anspruch nehmen.[6] Die Zahl der Beschäftigungsverhältnisse ist nicht identisch mit der Zahl der Beschäftigten, da viele mehrere Beschäftigungsverhältnisse haben. In Deutschland gibt es anders als in Spanien, Großbritannien oder Italien keine Möglichkeit der legalen Visaerteilung zur Arbeitsaufnahme in Privathaushalten für MigrantInnen, die nicht bereits vorher über eine Arbeits- und Aufenthaltserlaubnis verfügten.[7] Die Heterogenität von Arbeitsverhältnissen bestimmt den Arbeitsmarkt Privathaushalt. Da die Unterscheidung weniger über die Tätigkeiten gemacht werden kann, ist eine sinnvolle die zwischen »live-ins« und »live-outs« (Anderson, B. 2000). Insbesondere in Großbritannien wohnen viele Migrantinnen als *live-ins* in den Häusern der ArbeitgeberInnen. Viele versuchen zu *live-out*-Arbeitsplätzen zu wechseln, da sie dort nicht Tag und Nacht verfügbar sein müssen und ihr Privatleben einer geringeren Kontrolle unterworfen ist. In Deutschland und den meisten anderen westeuropäischen Ländern sind *live-outs* verbreiteter, dies bedeutet jedoch die aufwendige Koordination von Stundenjobs in mehreren Haushalten. Der Verdienst beträgt etwa zwei bis vier Euro pro Stunde für Haushaltsarbeiterinnen, die Vollzeit in einem Haushalt arbeiten, für stundenweise Beschäftigungen werden etwa fünf Euro Stundenlohn gezahlt (ASW 2003: 12, Rosner 2001: 4). Der Ta-

---

6   Die Beschäftigtenstatistik weist für Juni 2000 lediglich 39.802 sozialversicherungspflichtig Beschäftigte aus, fast ausschließlich Frauen. Die Mehrzahl ist in Privathaushalten jedoch sozialversicherungsfrei beschäftigt. Der Mikrozensus kommt auf 137.000 Beschäftigte (2000) in privaten Haushalten, zu 95 Prozent Frauen. Die Volkswirtschaftliche Gesamtrechnung, die geringfügig Beschäftigte miterfasst, beziffert die Zahl auf 501.000 Erwerbstätige (2000). Auf eine deutlich höhere Zahl, 1,15 Millionen, kommt eine regelmäßig durchgeführte Studie des Bundesministeriums für Arbeit und Sozialordnung (BMA). Das Sozio-oekonomische Panel (SOEP) ermittelte 4,35 Millionen Haushalte, die regelmäßig oder gelegentlich Haushaltshilfen beschäftigen (Nachweise: siehe Schupp 2002: 50f.).

7   Seit Dezember 2001 gibt es in Deutschland die Möglichkeit in Haushalten mit einer pflegebedürftigen Person, legal ausländische Haushaltshilfen aus (den damaligen) EU-Beitrittsländern zu beschäftigen. Dies wurde ermöglicht durch einen Bundeskabinettsbeschluss über die Anwerbestopppausnahmeverordnung (BMA 2001). Zugelassen sind nur Tätigkeiten, die keine Pflegearbeiten im Sinne der Pflegeversicherung sind, um die Interessen ausgebildeter, deutscher Pflegekräfte zu schützen. Faktisch ist aber davon auszugehen, dass viele als untertariflich bezahlte Pflegekräfte arbeiten.

riflohn[8] liegt bei acht Euro brutto. *Au-Pairs* sind eine weitere Gruppe von Haushaltsarbeiterinnen, deren Lebens- und Arbeitsbedingungen sich von denen anderer noch einmal unterscheidet (vgl. Hess 2005). Sie befinden sich in einer unklaren Position zwischen Familienmitglied und Haushaltshilfe und müssen mit der Familie zusammenleben, sind also potenziell permanent verfügbar. Ihre Bezahlung beläuft sich zumeist auf ein Taschengeld. Die Arbeits- und Lebensbedingungen von im Haushalt arbeitenden Migrantinnen sind also durch zwei Variablen bestimmt: dem Verhältnis zum Staat (das heißt Aufenthaltsstatus) und dem Verhältnis zur Arbeitgeberin *(live-in* oder *live-out)* (Anderson, B. 2000: 48).

Durch die Politik der Arbeitsmigration sowie der Nicht-Anerkennung ausländischer Berufs- und Bildungsabschlüsse, findet ein *deskilling* statt, das heißt ein Großteil der MigrantInnen nimmt Arbeit an, welche unter dem Niveau der Ausbildung liegt. Dies gilt auch für in Haushalten arbeitende Migrantinnen. Zudem migriert ein signifikanter Teil der hochqualifizierten Bevölkerung des globalen Südens in die industrialisierten Länder. Die Folge ist einerseits ein so genannter *braindrain*, aber auch ein Devisenfluss durch Rücküberweisungen *(remittances)* und ein Wissenstransfer (vgl. Hunger 2003b).

Durch die Ost-West-Migration kam es zu neuen Migrationsmustern, darunter der transnationalen Pendelmigration (Morokvasic 1994, Morokvasic-Müller 2003). Anstatt auszuwandern und sich niederzulassen ist die neue – oft weiblich geprägte – Migration durch Mobilität und die temporäre Arbeitsaufnahme in Westeuropa geprägt. Die als TouristInnen Einreisenden verrichten u.a. in Privathaushalten Haushalts- und Pflegearbeiten. Darüber hinaus gibt es in Mittel-, Süd- und Osteuropa einen auf Zirkel- und Pendelmigration beruhenden irregulären Klein- und Kofferhandel (Irek 1998, Karamustafa 2001). Der hohe Frauenanteil der postkommunistischen Wanderungsbewegungen liegt in der historisch institutionalisierten Gleichheit der Geschlechter im Staatssozialismus, der ökonomischen Aktivität von Frauen und daran, dass Frauen zu den ersten gehörten, die entlassen wurden (Morokvasic-Müller 2003: 150f.). Für Kontrakt- und Saisonarbeit im Baugewerbe sowie der Landwirtschaft und Schlachthöfen wird ebenfalls auf günstige Arbeitskräfte aus Mittel- und Osteuropa bzw. in Ländern wie Spanien aus dem Maghreb zurückgegriffen (Hunger 2003a, Hochstadt 2003, Europäisches Bürgerforum 2002). Ein weiterer vergeschlechtlichter Bereich der Migration ist Prostitution und Frauenhandel, dessen Phasen anders verlaufen als die der zuvor skizzierten Arbeitsmigration (vgl. bspw. Niesner et al.

---

8 Die Tarifpartner sind die Gewerkschaft Nahrung-Genuss-Gaststätten und auf Arbeitgeberinnenseite der Deutsche Hausfrauenbund.

1997). Es ist zu unterscheiden zwischen Frauenhandel und Prostitution, allerdings sind die Übergänge oft fließend. Viele der Frauen reisen nicht illegal ein, sondern erhalten als »Tänzerinnen« o.ä. Visa. Für hochqualifizierte MigrantInnen gibt es die Möglichkeit der legalen Arbeitsaufnahme in Europa. Die Regelungen dazu variieren in den einzelnen europäischen Staaten. Über die Anzahl der Frauen im professionellen Bereich gibt es wenig empirisch gesicherte Angaben, es gibt Hinweise, dass sie im Steigen begriffen ist (Kofman et al. 2000: 64).

Der Kurzüberblick über Entwicklungen in der Arbeitsmigration in Europa verdeutlicht, dass es trotz der für wenig qualifizierte Arbeit beschränkten legalen Einreisewege eine große Nachfrage gibt und dies zu einer Illegalisierung und Feminisierung von Migration beigetragen hat.

Familienmigration

Aufgrund der Einführung restriktiver Einwanderungsgesetze wurden seit Mitte der 1970er Jahre Familiennachzug und Familiengründung – neben der Asylmigration – zu den wichtigsten legalen Einreisewegen. Für Migrantinnen ist es oftmals schwieriger, die Bedingungen zur Beantragung des Familiennachzugs zu erfüllen, als für Männer, insbesondere, wenn es sich um niedrig bezahlte und informelle Arbeitsverhältnisse handelt. Im Haushalt lebende Hausangestellte *(live-ins)* sind von den Möglichkeiten des Familiennachzugs faktisch ausgeschlossen. Dennoch ist seit der Mitte der 1980er Jahre eine Maskulinisierung der Familienmigration zu beobachten, weil mehr Frauen als in den ersten Jahrzehnten der Nachkriegsmigration Ehemänner und Kinder nachholten bzw. Ehen mit Männern aus den Herkunftsgesellschaften eingingen. Da die Familienmigration einen der wenigen legalen Einreisekanäle darstellt, führten viele europäische Länder seit Beginn der 1980er Jahre Bestimmungen zur Überprüfung von Scheinehen ein. Die Bedingungen für Besuche von Familienmitgliedern wurden ebenfalls strikter.

Fluchtmigration

In den Jahren der legalen Arbeitsmigration war es für viele – vor allem südeuropäische – Flüchtlinge und Personen, die Repression fürchteten, noch möglich, als ArbeitsmigrantInnen oder Studierende nach Nord- und Westeuropa zu kommen. Seit den 1980er Jahren wurden Flüchtlinge zunehmend als Wirtschaftsflüchtlinge bezeichnet und ihnen mit Abwehr und Rassismus begegnet. In den 1990er Jahren wurde mit dem Ausbruch der Kriege in Jugoslawien versucht, Flüchtlinge außen vor zu lassen bzw. ihre Rechte und Versorgung zu beschneiden. Die Staaten der

Europäischen Union kamen überein, den Zugang von Asylsuchenden zu harmonisieren, um ihn zu kontrollieren und zu begrenzen.

Bis in die 1980er Jahre wurden frauenspezifische Erfahrungen in der Fluchtmigration von der Politik weitestgehend nicht berücksichtigt. Frauen haben es schwerer, als eigenständige Flüchtlinge anerkannt zu werden als Männer. Das für die Asylanerkennung notwendige politische Engagement wird oft als öffentliches und männliches konnotiert, wohingegen das Engagement von Frauen oft informell ist und nicht immer als politisch wahrgenommen wird. Die Anerkennung frauenspezifischer Fluchtgründe, z.B. die Überschreitung rigider Geschlechternormen, fand in einigen europäischen Ländern seit den 1980er Jahren langsam Eingang in die Gesetze und Rechtsprechung, nicht zuletzt aufgrund des Drucks von MigrantInnen- und Frauenrechtsorganisationen.

Fazit

Die Ursachen der Illegalisierung und Prekarisierung liegen unter anderem darin, dass es in den meisten europäischen Staaten keine auf langfristigen und hohen Rechtsstandards basierende geregelte Arbeitsmigration und Einwanderungspolitik gibt. Die Nachfrage nach unqualifizierter, billiger Arbeit besteht dennoch. Daher kommt es zu einem immer relevanter werdenden Anteil an irregulärer Migration und Beschäftigung. Der in Südeuropa bestehende große informelle Sektor sowie die zunehmende Prekarisierung von Arbeitsbedingungen in den westeuropäischen Gesellschaften stellen dafür die Bedingungen dar. Die *International Labour Organization* geht mittlerweile von durchschnittlich zehn bis fünfzehn Prozent irregulären MigrantInnen gemessen an der Gesamtheit der MigrantInnen aus (ILO 2004).[9] Diese skizzierten Entwicklungen führen dazu, dass es in der EU eine immer ausdifferenziertere Abstufung von Aufenthalts-, Arbeits- und Bürgerrechten gibt, obgleich es für Angehörige der Mitgliedsstaaten eine Vereinfachung durch die Unionsbürgerschaft gegeben hat.

Netzwerke als ermöglichende Faktoren irregulärer Migration

Zwei Ergebnisse des vorangehenden Abschnitts werden nun vertieft: Erstens der Trend der irregulären Migration und zweitens die Wichtig-

---

9   Zahlen in punkto irregulärer Migration seriös zu schätzen ist schwierig (zur Diskussion von direkten und indirekten empirischen Erhebungsmethoden: Pinkerton/McLaughlan/Salt 2004, Lederer 1999). Die Angaben sollen hier lediglich einen Anhaltspunkt für das Ausmaß geben.

keit von migrationsstrukturierenden Institutionen. Es existieren Parallelen zwischen regulärer und irregulärer Migration, insbesondere hinsichtlich der migrationsauslösenden und richtungsweisenden Faktoren, auf die ich mit Blick auf die dazu vorliegende Literatur nicht näher eingehe.[10] Neben den Parallelen liegen Spezifika der irregulären Migration vor allem in der Funktion von Schleusern, der Relevanz von Erstanlaufstellen sowie der besonderen Verletzlichkeit der MigrantInnen.

In der Migrationsforschung wurde in den letzten Jahren die Bedeutung von Netzwerken zwischen Herkunfts- und Zielgebieten für legale und irreguläre Migrationsprojekte nachgewiesen. Sie haben einen Einfluss vor allem auf die Richtung, das Ausmaß und die Dynamik der Migration. Bei der irregulären Migration haben Schleuser und Erstanlaufstellen eine besondere Relevanz (Alt 2003: 283-326, 330ff.). Aber auch für die legale Migration Hochqualifizierter, beispielsweise für ComputerspezialistInnen, existiert ein ähnlich strukturierter und kommodifizierter Sektor (Vertovec 2002: 6f.). Transnational agierende und vernetzte Agenturen übernehmen gegen Geld die Vermittlung eines Arbeitsplatzes und Visums, verhandeln mit dem Unternehmen den Lohn, organisieren die Reise und sind vor Ort beim Ausfüllen von Anträgen und der Wohnungssuche behilflich. Auch in diesem Sektor kommt es zu Betrug und falschen Versprechungen. Im Folgenden betrachte ich jedoch den Bereich der irregulären Migration.

Die Netzwerke sind durch eine hohe Flexibilität gekennzeichnet, die es ihnen ermöglicht, auf unerwartete Veränderungen zu reagieren. Staatliche Maßnahmen haben zwar einen Einfluss auf die Form der irregulären Migration, entscheidend ist jedoch die Tatsache, dass aufgrund der auf Netzwerken beruhenden Infrastruktur und Ressourcen die irregulären Migrationsprojekte trotz der Kontrollbemühungen in vielen Fällen gelingen können.

Private, kommerzielle und kriminelle Netzwerke

Es lassen sich verschiedene Netzwerktypen unterscheiden (vgl. Alt 2003: 284ff.): *Private Netzwerke* umfassen Familienangehörige, ehemalige NachbarInnen o.ä. in den Herkunfts-, Ziel- und Transitländern, welche relativ uneigennützig und gegen die Erstattung von Unkosten oder Aufwandsentschädigungen MigrantInnen bei der irregulären Migration unterstützen. *Kommerzielle Netzwerke* sind gekennzeichnet durch Merkmale der Schattenwirtschaft. Agenturen und Einzelpersonen bieten

---

10 Vergleiche Pries 2001, Faist 2000c, Brettell/Hollifield 2000, Castles/Miller 2003 [1993], Kivisto 2001, Alt 2003: 228-255.

Dienstleistungen zu Schwarzmarktpreisen an, die sich nach Angebot und Nachfrage richten, Risikozuschläge enthalten und branchenübliche Zinssätze bei Krediten (20-30 Prozent). Das Angebot reicht von einmaligen Grenzübertrittshilfen, abschnittsweise zu erwerbenden Leistungen, Pauschalangeboten (enthalten Papiere, Transport, Unterkunft) bis hin zu Garantieschleusungen mit Erfolgsgarantie und Arbeitsplatzbeschaffung am Zielort. Kommerzielle Netzwerke orientieren sich an den Wünschen der KundInnen und deren Zahlungsfähigkeit, da kommerzielle Anbieter auf Weiterempfehlungen angewiesen sind. *Kriminelle Netzwerke* ähneln zunächst kommerziellen, im Vordergrund stehen jedoch ausbeuterische und betrügerische Praktiken. Die Preise sind gemessen an denen kommerzieller Anbieter überhöht, Leistungen werden nicht erbracht bzw. KundInnen getäuscht. Gegen zahlungssäumige Personen umfassen die Zwangsmaßnahmen Drohungen und Aktionen gegenüber den Betroffenen und Familienangehörigen in den Herkunftsländern.

Weltanschauliche und ethnische Netzwerke werden für die Ermöglichung irregulärer Migration und Unterstützung der MigrantInnen zunehmend wichtiger bzw. wahrgenommen. Sie beruhen auf ähnlichen religiösen, politischen oder ethnisch-kulturellen Werten und Interessen und werden getragen von kirchlichen Institutionen, exilpolitischen Organisationen bzw. Gruppen, die sich im Zielland zusammen finden und ein entsprechendes Engagement entwickeln. Diese Netzwerke können sich mit den drei oben genannten überlappen.

Die Kombination mehrerer Netzwerktypen kann zu einem erfolgreichen Migrationsverlauf beitragen. Eine Migrantin beginnt beispielsweise mit der Planung ihres Migrationsprojektes auf Grundlage privater Netzwerke, nimmt die Dienstleistungen kommerzieller Anbieter in Anspruch und kann am Zielort auf weltanschauliche und ethnische Netzwerke zurückgreifen, die mit ihren privaten Kontakten in Verbindung stehen. Wohingegen diejenigen irregulären MigrantInnen, die außerhalb funktionierender Netzwerke migrieren, mit wenig Ressourcen und unzureichender Unterstützung häufig in prekäre Situationen geraten, da sie die Probleme unterschätzen und ihre eigenen Ressourcen überschätzen (Alt 2003: 327).

Erstanlaufstellen und Unterstützungsnetzwerke

Der Zugang zu Erstanlaufstellen im Zielland ist einer der wichtigsten Faktoren für ein erfolgreiches irreguläres Migrationsprojekt (Alt 2003: 315). Es handelt sich sowohl um legal wie illegal im Land aufhältige Personen eines privaten oder ethnischen Netzwerkes und um karitative oder kommerzielle Organisationen, die Hilfen für Neuankommende zur

Eingliederung bereitstellen. Im Unterschied zu den Schleusern, welche die unerlaubte Einreise organisieren, tragen Erstanlaufstellen zur Organisation des unerlaubten Aufenthaltes bei, es gibt aber wiederum Überlappungen mit Schleusern. Das erfolgreiche Migrationsprojekt ist nach der Einreise dann gefährdet, wenn MigrantInnen keine Erstanlaufstelle kennen bzw. diese nicht erreichbar ist. Die Existenz von Kontakten, Migrationsbrückenköpfen und Erstanlaufstellen beeinflusst die Richtung der Migration und führt insbesondere bei auf Verwandtschaft oder Nachbarschaft beruhenden Netzwerken dazu, dass ganze Familienclans, Stadtviertel oder Dörfer nach und nach an einen Ort migrieren bzw., dass sich transnationale soziale Räume zwischen Herkunfts- und Zielland bilden, zwischen denen eine rege irreguläre (Pendel-)Migration stattfindet.

Oft stellen sich ethnische Netzwerke für Neuankommende nicht als in dem Maße hilfsbereit heraus, wie von den MigrantInnen erhofft. Neben Angst vor neuer Konkurrenz auf dem Arbeitsmarkt, Statusbewusstsein oder Animositäten durch Landsleute, kommt bei einigen potenziell Hilfsbereiten die Angst hinzu, sich durch Hilfeleistung zum illegalen Aufenthalt strafbar zu machen (§92 Ausländergesetz der BRD, bei dem humanitär motivierte Hilfeleistungen nicht explizit ausgenommen sind). Bei hilfsbereiten Personen treten Überlastungserscheinungen auf, wenn zu viele die Hilfeleistungen in Anspruch nehmen. Neben der schon erwähnten Angst vor Strafverfolgung kommt die Infragestellung der finanziellen Förderung von Beratungsstellen hinzu, wenn bekannt ist, dass irreguläre MigrantInnen unterstützt werden.

Die Dominanz nicht-krimineller Netzwerke

Jörg Alt vertritt auf Grundlage seiner umfassenden empirischen Arbeiten die These der Dominanz nicht-krimineller Netzwerke (Alt 2003: 330ff.). Der Großteil der Akteure (80 bis 90 Prozent) handle aus persönlicher, weltanschaulich, ethnischer oder kommerzieller Motivation ohne kriminelle Absichten. Parallel existieren kriminelle und mafiotische Anbieter, wobei zwischen den Bereichen kaum Berührungspunkte bestehen.[11] Zur These der Dominanz nicht-krimineller Netzwerke in der Organisation irregulärer Migration gelangte Alt aus vier Gründen:

---

11 Allerdings beruhen Alts Studien auf Aussagen *erfolgreicher* MigrantInnen. Die Bedeutung krimineller Akteure kann höher sein, wenn MigrantInnen schon im Herkunftsland betrogen werden oder das Migrationsprojekt abbrechen müssen. Die These der Dominanz nicht-krimineller Akteure trifft

Erstens liegt ihr eine netzwerktheoretische Einschätzung zugrunde, die vom aktuellen Stand der Migrationsforschung gestützt wird. Irreguläre Migration findet auf Grundlage der spezifischen Verknüpfung von *strong ties* privater, weltanschaulicher und ethnischer Netzwerke und *weak ties* durch den »Hinzukauf von Expertise« (ebd.: 333) professionell-kommerzieller Anbieter statt. Alt kommt zu der nicht unumstrittenen Einschätzung, dass »Dienstleistungsanbieter im illegalen Migrationsbusiness [...] Natur, Charakter und Dominanz der privaten und weltanschaulich-ethnischen Netzwerke ebenso wenig [verändern] wie der Dienstleistungszukauf von Computerspezialisten im Fall von Systemproblemen« (ebd.: 334). Das von Alt thematisierte Problem der Abhängigkeit kann meines Erachtens dennoch deutlich leichter eintreten als bei der Inanspruchnahme anderer Dienstleistungen. Die MigrantInnen verlieren an dem Punkt die Kontrolle, an dem sie sich bei der Reise an die Anweisungen der Schleuser halten müssen und in lebensgefährliche Situationen geraten können. Der Einfluss der Netzwerke mit *strong ties* ist bei der Planung der Reise, der Wahl der kommerziellen Schleuser und dann nach der Einreise relevant, während der Reise hingegen nicht.

Zweitens weist Alt eine Abnahme der Abhängigkeit der MigrantInnen von professionellen Schleusern nach. Diese Entwicklung überrascht zunächst, da die verstärkten Maßnahmen zur Verhinderung irregulärer Migration eine verstärkte Abhängigkeit erwarten lassen. Alt gewann diese Einschätzung für eingespielte private, weltanschaulich und ethnische Netzwerke, da das Nachholen von Verwandten und Bekannten bzw. das Hin- und Herpendeln der Netzwerkmitglieder ohne kommerzielle Unterstützung organisiert wird. Für MigrantInnen, die nicht über diese Netzwerke verfügen bzw. komplizierte Reisewege zurücklegen, ist die Abhängigkeit von professionell-kommerziellen Schleusern höher.

Ein drittes Argument liegt in der Bedeutung von Vertrauen. Aufgrund der hohen Risiken und Kosten für Schleusungen gibt es in den Herkunftsregionen oft ein ausgeprägtes Wissen über seriöse und sichere Anbieter. Fehlgeschlagene Schleusungen sind in der Regel nicht im Interesse der Anbieter.

Viertens richten auch Organisationen mit kriminellem Profil aufgrund von Gewinnerwartungen und dem Interesse, keinen Verdacht auf sich zu ziehen, einen erheblichen Teil ihrer Aktivitäten auf kommerzieller Basis aus.

In der Politik und bei der Polizei wird der Anteil krimineller Netzwerke wesentlich höher eingeschätzt. Im Unterschied zur Trennung zwi-

---

empirisch gesichert auf irreguläre Migration aus Mittel-, Ost- und Südeuropa zu, derzeit das Gros irregulärer Migration.

schen rechtswidrigem und kriminellem Verhalten, die Alt vornimmt, richtet sich die polizeiliche Fahndung und geheimdienstliche Beobachtung gegen alle Straftaten und betrachtet nicht die dahinterstehenden Motive (Alt 2003: 338). Die Mehrzahl der registrierten Fälle geht auf Festnahmen und Kontrollen an den Grenzen zurück (bspw. in den Jahresberichten des Bundesgrenzschutzes), dadurch gerät jedoch der große und wachsende Teil aus dem Blick, dessen Einreise legal ist, aber durch illegale Arbeitsaufnahme oder die Überschreitung der Aufenthaltsdauer illegalisiert wurde. Ein weiteres methodisches Problem besteht in der Anlage von Feldstudien, etwa der *International Organization for Migration*. Aufgrund des besseren Zugangs zu von Organisationen betreuten Menschenhandelsopfern als zu ›normalen‹ irregulären MigrantInnen fallen die Stichproben nicht der tatsächlichen Relation gemäß aus, sondern berücksichtigen Menschenhandelsopfer überproportional.

Eine weitere Ursache für die Überschätzung krimineller Akteure besteht in der Unterschätzung der Professionalität kleiner, privater Schleuser (Alt 2003: 340). Zudem wird in der Politik bei der Bekämpfung irregulärer Migration trotz besseren Wissens in den Behörden und bei den Sicherheitskräften nach einem Muster verfahren, welches den Tatsachen nicht gerecht wird (ebd.: 340). Ein Großteil irregulärer Migration kann mit den klassischen migrationstheoretischen Ansätzen erklärt werden (z.B. Ansatz multikausaler Verursachung, Verwandtschaftsnetzwerke), obgleich dahinter oft Strukturen der Organisierten Kriminalität vermutet werden. Darüber hinaus sind mit der Bekämpfung Organisierter Kriminalität behördeninterne Interessen um Ressourcen und Personalmittel verknüpft, die dazu führen können, dass in der Strafverfolgung von Schleusern diese zu mafiösen Organisationen hochstilisiert werden, obwohl es sich um nicht-kriminelle Netzwerke handelt.

Eine Reihe von Gründen plausibilisiert die Annahme Alts, dass eine mediale und politische Überschätzung des Anteils krimineller Netzwerke an irregulärer Migration vorliegt.

Grenzregime und Migrationspolitik

Das gemeinsame europäische Migrationsregime basiert seit den Anwerbestopps in den 1970er Jahren, den medialen und politischen Kampagnen gegen ›Asylmissbrauch‹ in den 1980er und 1990er Jahren sowie dem Zusammenbruch des real-existierenden Sozialismus und den daraus resultierenden Migrationen auf zwei Prinzipien: erstens der Migrationsbegrenzung, das heißt vor allem der Abwehr irregulärer Einwanderung und der Einführung neuer Zugangsbeschränkungen für primäre Einwanderung und Asylsuchende, und zweitens, seit Ende der 1990er Jahre, der Herausbildung eines Systems kontrollierter und selektiver Arbeitsmigration. Während es bezüglich des Ausmaßes und der Dringlichkeit der Einführung einer kontrollierten Arbeitsmigration Differenzen gibt, sind sich in der Notwendigkeit der Bekämpfung irregulärer Migration alle Mitgliedsstaaten, die Europäische Kommission, der Europarat und das Europaparlament einig.

Die Asyl- und Migrationspolitik der Europäischen Union

Von Schengen bis Amsterdam

Anfang der 1980er Jahre begann auf europäischer Ebene die Kooperation zwischen den Regierungen der EG, der Europäischen Kommission und der *Trevi*-Gruppe[12] in Fragen von Einwanderung, Visabestimmungen, Grenzkontrollen und Asyl. 1985 wurde zwischen Deutschland, Frankreich, Belgien, den Niederlanden und Luxemburg das Übereinkommen von Schengen mit dem Ziel eines erleichterten Grenzverkehrs geschlossen. Das Schengen Zusatzübereinabkommen von 1990 (1995 in Kraft getreten) beschloss die konkrete Umsetzung der »vier Freiheiten« (freier Personen-, Waren-, Dienstleistungs- und Kapitalverkehr). Die Schengenstaaten begriffen sich als Motor einer gemeinsamen Migrationspolitik. Ein Jahr nach Schengen, 1986, wurde mit dem Europäischen Einigungsgesetz die Ad-hoc-Gruppe Einwanderung gegründet, deren Aufgabe die Festlegung von Visaauflagen für bestimmte Staaten sowie die Angleichung von Grenzkontrollen und Asylrecht waren. Im so genannte Palma-Dokument wurde 1989 der gemeinsame Kampf gegen irreguläre Migration als eine der Prioritäten festgehalten. Mitte bzw. Ende der 1980er Jahre waren somit bereits die wesentlichen Bestandteile der europäischen Migrationspolitik benannt: die Freizügigkeit für EG/EU-BürgerInnen innerhalb der Mitgliedsstaaten, die Harmonisierung von Asyl- und Migrationspolitiken sowie die gemeinsame Kontrolle der Außengrenzen und Verhinderung ungewollter Migration (Düvell 2002a: 76). Die Freizügigkeit im Innern konnte erst durch den Ausschluss von nicht EG-Angehörigen verwirklicht werden, um den Bedenken der Mitgliedsstaaten und Bevölkerungen Rechnung zu tragen.

---

12 Die Trevi-Gruppe bestand aus den EG-Innenministern und wurde zur Kooperation der Terrorismusbekämpfung, Polizeiausbildung, Luftfahrtsicherheit und Drogenhandelbekämpfung gegründet. Mit dem Maastrichter Vertrag wurde Trevi in die Dritte Säule integriert (Dinan 1998: 467).

Nach 1989 beförderten reale sowie erwartete Migrationsbewegungen aus den ehemaligen Ostblockstaaten sowie wenig später die Kriege im ehemaligen Jugoslawien das gemeinsame Interesse der EG-Staaten, neue Kooperationen in Grenz-, Asyl- und Migrationsfragen einzugehen. Die Staaten der Europäischen Gemeinschaft schlossen sich 1992 mit dem Vertrag von Maastricht (Europäische Union 1992) zur Europäischen Union zusammen, der die Versäulung von Politikbereichen einführte und in dem die Migrationskontrolle zu einem wichtigen politischen Thema wurde. Die Zusammenarbeit in der Europäischen Union in den Bereichen Justiz und Inneres stellte gemäß des Vertrags die so genannte Dritte Säule dar, dem zuständigen EU-Ministerrat für Justiz und Inneres gehören die Innenminister der Mitgliedsstaaten an. Aus den Konferenzen des Ministerrates Justiz und Inneres gingen so genannte Prozesse hervor, der Wiener Prozess (1991) und der Budapester Prozess (1993), in denen die gemeinsame Bekämpfung illegaler Einreise und eine Verständigung über den Ausbau der Überwachung der (Außen-)Grenzen intensiviert wurde. Von Bedeutung ist weiterhin das zentrale Organ der Dritten Säule, der Koordinierungsausschuss 4 (Kurzform: K.4-Ausschuss), ein Gremium aus hohen BeamtInnen der Polizei, des Zolls, der Einwanderungsbehörden, Innenministerien und von SicherheitsexpertInnen. Dem Koordinierungsausschuss unterstanden eine Reihe von Unterarbeitsgruppen, die lange bzw. immer noch informell und oft im Geheimen arbeiten (Roth/Hanf 1998). Dem Europäischen Gerichtshof waren obligatorische Zuständigkeiten im Bereich der Dritten Säule nicht zuerkannt. 1998 wurde eine weitere Einrichtung, die Hochrangige Arbeitsgruppe Asyl und Migration, gegründet und 1999 nach dem Ministerrat im finnischen Tampere der Strategische Ausschuss für Einwanderungs-, Grenz- und Asylfragen.

Die komplexe Struktur im Bereich Justiz und Inneres lag weitestgehend außerhalb der Kontrolle des Europäischen Parlaments und ist im Wesentlichen intergouvernemental ausgerichtet, vollzieht sich jedoch im institutionellen Rahmen der EU. Während die Freizügigkeit von EU-BürgerInnen Bestandteil der gemeinsamen Politik ist, blieben Einwanderungs- und Asylpolitiken zwischenstaatlich geregelt.

Ende der 1990er Jahre wurde beschlossen, dass die Hochrangige Arbeitsgruppe Asyl und Migration Berichte, so genannte Aktionspläne, über bestimmte Hauptherkunftsländer (zu Afghanistan, Albanien, Irak, Marokko, Somalia, Sri Lanka) erstellen solle, auf deren Grundlage Vorschläge zur Steuerung und Eindämmung von Flucht- und irregulären Migrationsströmen erarbeitet werden sollten. Diese Aktionspläne beeinflussten die Politik in und mit diesen Ländern. Der Umsetzungsteil ist geprägt von der Strategie europäischer Innenpolitik: Fluchtverhinderung durch die Bekämpfung von in die EU führenden Transitrouten, Regionalisierung der Flüchtlingsaufnahme und Suche nach neuen Abschiebewegen.

Ein weiterer Baustein der sich vereinheitlichenden Asyl- und Migrationspolitik stellt das Visa-Regime dar. Bis 1989 bestimmte jeder Mitgliedsstaat der EG, für welche Länder Visa nötig waren und wie die Visavergabepraxis aussah (Fragebogen, Anhörungen, Bürgschaften, Einladungen etc.). Seit 1996 existiert eine regelmäßig aktualisierte gemeinsame Liste der visapflichtigen Staaten sowie eine Weiße Liste der visafreien Staaten. Kriterien für die Visapflichtigkeit sind, ob die Staaten zu den Hauptherkunftsländern irregulärer MigrantInnen gehören sowie ihre Außen- und Sicherheitspolitik.

Es wurden weiterhin verschiedene Datenbanken und Körperschaften der Exekutive eingerichtet, um EU-weite Kooperation und Datenaustausch zu ermöglichen (z.B. das automatisierte Fingerabdrucksystem EURODAC, die Datenbank gefälschter Dokumente FADO, das Schengen Informationssystem SIS). Eine der Aufgaben des 1994 gegründeten *European Police Office* (Europol) ist die Prävention und Bekämpfung irregulärer Migration und damit zusammenhängender Straftaten, z.B. Menschenhandel.

Der Amsterdamer Vertrag trat 1998 in Kraft und enthält Vereinbarungen zu Visa, Asyl, Einwanderung und freiem Personenverkehr und zielt auf die Vereinheitlichung der Politiken und eine Kooperation von Polizei, Zoll und Justiz in Asyl- und Migrationsfragen. Damit wurde der Maastrichter Vertrag abgelöst und die Dritte Säule vergemeinschaftet. Die Kommission erhielt in Migrationsfragen ein Initiativrecht und der Schengener Vertrag wurde integriert. Innerhalb von fünf Jahren, so wurde festgelegt, solle die EU sich auf gemeinsame Kriterien im Asylbereich, bei der Bekämpfung illegaler Migration und für die Rechtsstellung von Drittstaatsangehörigen einigen. Eine vereinheitlichte Grenzpolizei soll die Außengrenzen sichern. So erhofften sich die nördlichen Mitgliedsstaaten der EU einen größeren Einfluss auf die als zu leicht überquerbar geltenden südlichen und östlichen Außengrenzen.

Von Tampere bis Sevilla

Die Konferenz des Europäischen Rats in Tampere/Finnland 1999 stellte die Weiterentwicklung des europäischen Migrationsregimes dar. Die Elemente einer gemeinsamen Asyl- und Migrationspolitik sind die Zusammenarbeit mit den Herkunfts- und Transitländern zur Fluchtursachenbekämpfung, der Aufbau eines gemeinsamen Asylsystems auf Basis der Genfer Flüchtlingskonvention, die gerechte Behandlung von Drittstaatsangehörigen, die Steuerung von Migrationsströmen, die Bekämpfung illegaler Einwanderung sowie eine koordinierte Grenzsicherung und Rückübernahmeabkommen, d.h. die Verpflichtung eines Herkunftstaates, ausreisepflichtige Staatsangehörige wieder aufzunehmen (Rat 1999: 3-7). Die Beschlüsse von Tampere bedeuteten für Hauptherkunftsländer von (irregulären) MigrantInnen und Flüchtlingen einschneidende Veränderungen, da sie in die europäische Politik eingebunden werden und sich – wollen sie keine Risiken bei der Vergabe von Entwicklungshilfegeldern oder bei Handelsabkommen eingehen – den Konditionalitäten unterwerfen müssen. Bei den Verhandlungen um die Lomé III-Nachfolgekonvention mit den AKP-Staaten aus Afrika, der Karibik und dem Pazifik wurde dieser Ansatz bereits vertraglich aufgenommen (EC 2000c, Art. 13, 5. c. ii.). Auf dem EU-Gipfel in Sevilla im Sommer 2002 wurden die Maßnahmen aus dem Cotonou-Abkommen auf alle Drittstaaten ausgedehnt. Herkunft- und Transitstaaten sollen unter Sanktionsandrohung dazu gebracht werden, einem gemeinsamen Migrationsmanagement sowie der Rücknahme ihrer in Europa unerwünschten Staatsangehörigen zuzustimmen (Rat 2002: 11).

An einigen der hier aufgeführten Stationen und Maßnahmen der europäischen Asyl- und Migrationspolitik wird bereits deutlich, dass der Bekämpfung illegaler Migration ein hoher Stellenwert beigemessen wird und sie die verbindende Klammer sämtlicher Maßnahmen ist. Dabei wird in den programmatischen Dokumenten der Europäischen Kommission das dahinter stehende Argumentationsmuster deutlich: Legale Einwanderung kann nur dann auf Akzeptanz stoßen, wenn der illegalen mit aller Härte begegnet wird.»Die wirksame Bekämpfung der illegalen Einwanderung spielt eine wichtige Rolle bei der Sicherung der Akzeptanz der Aufnahme von Flüchtlingen aus humanitären Gründen in der Bevölkerung, da sie dazu beiträgt, dass ein Missbrauch des Asylsystems verhindert wird« (EC 2001b: 8, siehe auch EC 2003: 9). Irreguläre MigrantInnen werden in einigen Dokumenten zudem in Verbindung mit kriminellen und terroristischen Netzwerken gebracht bzw. als Opfer krimineller Praktiken betrachtet.

Migrationsmanagement als Neuorientierung

Zunehmend wird in offiziellen Dokumenten und Politiken der ökonomische Nutzen von Migration hervorgehoben. Wenn Migration erfolgreich reguliert werde, sei sie zum Nutzen aller, der Aufnahme- und Herkunftsländer sowie der MigrantInnen. Die Regulierung umfasst die Definition und Ermöglichung erwünschter Migration sowie die Bekämpfung unerwünschter Migration. Diese Wende nach gut zwei Jahrzehnten der Proklamation des Ziels der Null-Migration trat zeitgleich in einigen europäischen Ländern und in Dokumenten der Europäischen Kommission im Jahr 2000 ein.

In Deutschland wurde vom damaligen Bundeskanzler Schröder die Einführung einer *Green Card* für ComputerspezialistInnen angekündigt, in Italien eine Kommission für die Integration von AusländerInnen eingerichtet und in Großbritannien nahm das *Home Office* in einer Reihe von Reden eine Neudefinition der ökonomischen Migration vor. Bis zu diesem Zeitpunkt stand der Begriff des *economic migrant* als Synonym für *bogus asylum seeker*,[13] nun werden diejenigen MigrantInnen, die zum Wachstum beitragen, wertgeschätzt (Jordan/Düvell 2002: 47). Der Umschwung in Richtung einer neuen Anwerbepolitik in den Staaten der EU fand allerdings in erster Linie diskursiv statt bzw. wurde durch begleitende restriktive Regelungen relativiert. So konnte in der Diskussion um das deutsche Zuwanderungsgesetz keine wirkliche Veränderung des Systems der Arbeitsmigration (Stichwort Punktesystem) umgesetzt werden, die Elemente des Gesetzes als Gesetz zur »Zuwanderungsbegrenzung« standen im Vordergrund (siehe Bundestag 2004). Dies entspricht nicht den von der Europäischen Kommission entworfenen Vorstellungen. Der Kommissar für Justiz- und Innenpolitik und die Kommissarin für Arbeit und Soziales sprachen sich für eine Vereinfachung und Ermöglichung der Arbeitsmigration aus: »EU legislation should therefore provide a *flexible* overall scheme based on a limited number of statuses designed so as to *facilitate* rather then create barriers to the admission of economic migrants« (EC 2000b: 17f., Herv. i. Orig.).

Charakteristisch für die Politik der Europäischen Union ist somit die Konzentration auf die Bekämpfung irregulärer Migration bei gleichzeitiger Betonung der positiven Effekte legaler, gesteuerter Migration.

Vom Schlagbaum zum Grenzraum: Das EU-Grenzregime

Aus der zunehmenden Kooperation in der Europäischen Union heraus wird oft auf den Bedeutungsverlust von Grenzen[14] geschlossen. Einige

---

13 So etwa im Konzeptpapier der britischen Regierung »Fairer, faster and firmer – A Modern Approach to Immigration and Asylum«: »[I]t is necessary to view the immigration system as a whole, recognising that economic migrants will exploit whatever route offers the best chance of entering or remaining within the UK. That might mean use of fraudulent documentation, entering into a sham marriage or, particularly in recent years, abuse of the asylum process« (Home Office 1998: Chapter 1, 1.7).

14 Ich unterscheide Grenzen, Grenzräume und Grenzregime. Eine *Grenze* ist eine juristische Line, also der Schlagbaum. Um die Grenze herum bildet

AutorInnen leiten aus dem angeblichen Bedeutungsverlust größere Chancen für die Durchsetzung der Rechte für MigrantInnen ab (Soysal 1994, Kastoryano 2000, vgl. den Forschungsstand in der Einleitung). Mithilfe der Auseinandersetzung um den Wandel der Grenzen der EU möchte ich aufzeigen, dass hier eine Fehleinschätzung vorliegt, da sich zwar ein Funktionswandel europäischer Binnen- wie Außengrenzen vollzieht, dieser aber Ausdruck einer neuen Form von Souveränität ist.

Die Europäische Union steht prototypisch für einen doppelten Wandel von Grenzen: Mit ihr entstand ein politisches Gebilde neuen Typs, das sowohl über Außengrenzen als auch über Binnengrenzen verfügt, für die unterschiedliche und widersprüchliche Spielregeln gelten. Für einen Großteil der Bevölkerung sind zwischenstaatliche Grenzziehungen auch bei deren Übertreten nicht mehr spürbar. Durch ihre selektive Ausrichtung auf bestimmte Personengruppen und -profile wurde ihre Wirkung ausdifferenziert und im Kontext der Einwanderungspolitik der Europäischen Union funktionaler. So bezieht sich die Schutzfunktion von Grenzen heute nicht mehr auf Schutz vor dem militärisch stärkeren, sondern gerade vor den schwachen Nachbarn, durch deren ökonomische Krisen oder Bürgerkriege es zu Fluchtbewegungen kommen kann (Dittgen 1999: 8-13).

Die Grenzen der Mitgliedsstaaten der EU sind immer weniger klassische Grenzen, mit Schlagbaum und Demarkationslinie. Vielmehr sind sie zu Ausgangspunkten für sich räumlich ausdehnende Kontroll- und Überwachungssysteme geworden, die weit ins Landesinnere sowie in Nachbar- und Drittstaaten hineinreichen. In Deutschland war 1994 ein entscheidender Schritt die Novellierung des §2 des Bundesgrenzschutzgesetzes (BGSG), wonach dem Bundesgrenzschutz (BGS) erweiterte Befugnisse zugesprochen wurden (Bundesgrenzschutzgesetz 1994). Dazu gehört eine 30-Kilometer-Zone in Grenzgebieten, in denen unter anderem verdachtunabhängig kontrolliert werden darf. Die Kulturwissenschaftlerin Eva Horn zieht diesbezüglich den Vergleich zur »elastischen Grenze« Karl Haushofers, Vordenker nationalsozialistischer Expansionspläne: Grenzen seien keine das Staatsterritorium markierenden Linien, sondern werden erweitert zu »Zonen mehr oder weniger lebenswichtiger Interessen, Rechte, Unternehmungen, die man leicht ahnungslos verletzen kann« (Haushofer 1931, zit. nach Horn 1998: 40). Ein weiteres hervorstechendes Kennzeichen des europäischen Grenzregimes ist

---

sich der *Grenzraum*. Grenzräume sind Konflikt- und Aushandlungsräume. *Grenzregime* sind Abkommen von benachbarten Staaten, die durch internationales bzw. (in der EU) europäisches Recht reguliert werden, und Praxen (z.B. Grenzkontrollen), die sich herausgebildet haben.

der ›Export‹ von (irregulären) MigrantInnen, Grenzkontrollen und Techniken der Grenzüberwachung. Dieser Export beinhaltet erstens die Drittstaatenregelung, nach der Flüchtlinge in das erste Transitland, das als sicher gilt, zurückgeschoben werden, zweitens Rückübernahmeabkommen und drittens die zweckgebundene finanzielle Unterstützung von Staaten zum Ausbau der Grenzsicherung an den EU-Außengrenzen im Osten.

An vier Typen von Grenzverläufen gehe ich nun auf charakteristische grenzbezogene Entwicklungen in der Europäischen Union ein: erstens die Bedeutung der EU-Außengrenzen, zweitens die Binnenverlagerung von Außengrenzen, drittens Grenzverläufe in der EU zwischen Schengen-Mitgliedsstaaten und Nicht-Schengenstaaten sowie viertens Bewegungseinschränkungen für bestimmte Personengruppen innerhalb eines Staates.

Europäische Außengrenzen

Mit dem Beitritt zur Europäischen Union wurden Staatsgrenzen wie die Mittelmeerküste in Spanien oder Italien zu EU-Außengrenzen. Für irreguläre MigrantInnen, die über diese Grenzen in die EU einreisen, sind die betreffenden Staaten nun der EU gegenüber verantwortlich und intensivieren die Kontrollen. So endet der Versuch, die Europäischen Außengrenzen zu überwinden, für viele tödlich. Für die Zeit von 1993 bis zum Sommer 2004 dokumentiert das europäische antirassistische Netzwerk UNITED insgesamt mehr als 4 500 Tote (UNITED 2004). Allein 368 dokumentierte Todesfälle gab es 2005 bei dem Versuch, Spanien auf dem Seeweg zu erreichen, 226 vor den Kanarischen Inseln und 98 vor Andalusien (picum-Rundbrief 2/2006: 1f.). Diese Zahlen stehen im Kontrast zur Regierungsstatistik, nach der 70 Prozent weniger MigrantInnen auf den Kanarischen Inseln angekommen sind (ebd.). Die Todesfälle sind nicht zuletzt deshalb im Ansteigen begriffen, weil an den Europäischen Grenzen mit technischen Mitteln und grenzpolizeilichem Personal aufgerüstet wird.

Die Transformation der Europäischen Außengrenzen kann nicht nur in Spanien, sondern auch anhand von mittel- und osteuropäischen Staaten aufgezeigt werden. Die seit 1991 geschlossenen Assoziationsabkommen, die so genannten Europa-Abkommen, deren Kern die asymmetrische Handelsliberalisierung bildet, enthalten auch migrationsbezogene Vereinbarungen. Staaten werden von der EU oder einzelnen Mitgliedsstaaten mit finanziellen Zuwendungen bedacht, wenn sie sich in das Europäische Grenzregime einbinden lassen. Auch die EU-Programme zur Förderung der mittel- und osteuropäischen Staaten im Bereich der Infrastruktur und des Verkehrs, »Phare« und »Tacis«, haben eine polizeiliche und grenzpolizeiliche Komponente. Seit den 1990er Jahren wurde ein Netz von Rückübernahmeabkommen rund um die EU geknüpft. Das deutsch-rumänische Rückübernahmeabkommen nimmt aufgrund seiner Größendimension und Rigidität eine besondere Stellung ein: Von November 1992 bis 1995 wurden 81.000 Personen abgeschoben, vor allem Roma, mehrere Zehntausend reisten vor dem 1.11.1992 freiwillig aus Deutschland nach Rumänien aus, um der angedrohten Abschiebung zuvor zu kommen und nicht das damit einhergehende fünfjährige Einreiseverbot für die Schengenstaaten zu riskieren (FFM 1996). Durch diese Rückübernahmeabkommen und der Sicheren Drittstaatenregelung kam es zum Phänomen der Kettenabschiebung, das heißt Personen werden aufgrund dieser Abkommen legal von Land zu Land verschoben – bis ein Aufnahmeland nicht über vertragliche Bindungen mit einem weiteren Land verfügt, in das die Personen weitergeschoben werden. Seit etwa 1999 bildet sich zusätzlich das Phänomen der Durchschiebungen aus: Transitländer übernehmen den Transport von Abzuschiebenden durch ihr Territorium als Dienstleistung.

Binnenverlagerung von Außengrenzen

Ein zweites Charakteristikum des Wandels des europäischen Grenzregimes ist die Verlagerung von Außengrenzen ins Innere der Europäischen Union, das heißt, dass Zugangskontrollen zur EU nicht nur an den eigentlichen Grenzverläufen stattfinden, sondern auch in definitorisch markierten Grenzräumen im Landesinneren.

In der Bundesrepublik Deutschland stellt das Flughafenverfahren (BAFl 2001) eine Binnenverlagerung von Außengrenzen dar. Mit der Änderung des Artikel 16 des Grundgesetzes im Mai 1993 trat ein neues Asylverfahrensgesetz in Kraft. Bereits an der Grenze kann AsylbewerberInnen die Einreise verwehrt werden, so sie aus einem anderen Land der Europäischen Union oder einem so genannten sicheren Drittstaat kommen. Da laut Definition alle die BRD umgebenden Länder und weitere unter diese Regelung fallen, können AsylbewerberInnen nur noch über den Luftweg legal einreisen. Der ›richtige‹ Einreiseweg ist relevanter als die tatsächliche politische Verfolgung geworden. Aufgrund dieser Regelung wurde das Flughafenverfahren (§18a des Asylverfahrensgesetzes) geschaffen. Es gilt für Asylsuchende aus so genannten sicheren Herkunftsstaaten (d.h. in denen angenommen wird, dass keine Verfolgung herrscht) und Asylsuchende ohne Personaldokumente. Das Asylverfahren wird bereits vor der Einreise im Transitbereich durchgeführt, wenn angenommen wird, dass der Asylantrag als ›offensichtlich unbegründet‹[15] abgelehnt werden wird. Das Kriterium der ›offensichtlichen Unbegründetheit‹ bezieht sich allein auf Verfahrensfragen, nicht auf die Begründetheit des Asylgesuchs. Das Flughafenverfahren ist eine Reaktion darauf, dass sich viele Flüchtlinge Abschiebungen entzogen (siehe BAFl 2001).

Die räumliche Verlagerung von Grenzen findet nicht nur an möglichen Ankunftsorten statt, sondern, wie die dritte Veränderung des europäischen Grenzregimes zeigt, an weiteren Orten im Landesinneren. Die Folge ist das Unsichtbarwerden von Grenzverläufen und eine Vervielfachung möglicher Überwachungs- und Kontrollpunkte. Zusätzlich zur 30-Kilometer Grenzzone, in der auch nach dem Schengener Abkommen kontrolliert werden darf (SDÜ 1990, Kap. 1, Art. 2), werden zentrale Wege des Verkehrsnetzes (Bundesautobahnen, Europa-, aber auch Landstraßen) und öffentliche Einrichtungen des internationalen Verkehrs (Bahnhöfe, Flughäfen, Tank-/Raststätten, Häfen) als grenzrelevante Räume definiert, um verdachts- und ereignisunabhängige Kontrollen durchzuführen.

Grenzen zwischen Schengen- und Nicht-Schengen-Staaten

Ein weiterer Ort der Veränderung von Grenzen liegt an den Grenzverläufen zwischen Staaten der EU, die zum Schengener Abkommen gehören und Nicht-Schengen-Staaten. Der Ärmelkanal ist beispielsweise an sich eine Binnengrenze in der Europäischen Union, zugleich aber die Grenze zwischen dem Schengenraum und Großbritannien, das nicht am Schengenverbund beteiligt ist. Die Folgen, die diese Unterscheidung für verschiedene Gruppen von Betroffenen hat, führte in den letzten Jahren zu unterschiedlichsten Formen und Inhalten politischer Mobilisierung, die später am Fall Sangatte ausführlich analysiert werden.

Grenzen vor der Grenze

Der Status von Menschen in einem nationalen Territorium ist durch eine mit der Asyl- und Migrationspolitik verbundene Ausdifferenzierung von Aufenthaltsstati sehr unterschiedlich geworden. AsylbewerberInnen im laufenden Verfahren werden beispielsweise besondere Restriktionen

---

15 Ein Antrag ist »offensichtlich unbegründet«, wenn »der Ausländer im Asylverfahren über seine Identität oder Staatsangehörigkeit täuscht oder diese Angaben verweigert, [...] er den Asylantrag gestellt hat, um eine drohende Aufenthaltsbeendigung abzuwenden [...], er nach § 47 des Ausländergesetzes vollziehbar ausgewiesen ist« (§30 Asylverfahrensgesetz).

auferlegt. Personen ohne gültige Aufenthaltspapiere müssen insbesondere an den unsichtbaren Grenzen und ›gefährlichen Orten‹ mit Personenkontrollen rechnen. Diese Einschränkungen der Bewegungsfreiheit in einem nationalen Territorium, der Ausschluss im Inneren, sind die vierte wesentliche Veränderung des europäischen Grenzregimes. Sie stellen ›Grenzen vor der Grenze‹ dar.

Seit 1982 dürfen Flüchtlinge in Deutschland nach dem Asylverfahrensgesetz den ihnen als Wohnort zugewiesenen Landkreis nicht verlassen (Residenzpflicht). Ausnahmegenehmigungen können nach Ermessen und gegen eine Gebühr erteilt werden. Verstöße werden mit Geld- oder Gefängnisstrafen geahndet. Eva Horn charakterisiert die Funktion der Residenzpflicht als Ausschluss im Inneren: »Ist es nicht möglich, den unliebsamen Grenzgänger außen auszuschließen, so muss er wenigstens innen ausgeschlossen sein, nur so kann die wehrhafte Totalität gewahrt bleiben, die sich nunmehr nicht völkisch oder kulturell, sondern ordnungspolitisch definiert« (Horn 1998: 45).

Die Grenzen für Asylsuchende verlaufen nicht nur an Landkreisgrenzen, insbesondere in städtischen Ballungsräumen hat sich eine Praxis der weiteren Begrenzung durchgesetzt. Ausländerbehörden bekamen durch die Neuregelung des Asylverfahrensgesetzes 1992 das Recht, die Aufenthaltsgestattung von Asylsuchenden mit Auflagen zu versehen. Betretungsverbote für bestimmte Stadtbezirke etwa werden für diejenigen ausgesprochen, die des Drogenhandels verdächtigt werden (vgl. ARAB 1999). In Großstädten werden zudem so genannte gefährliche Orte festgelegt, an denen umfangreiche Kontrollen durchführt werden.

Die kursorischen Ausführungen zu den für Asylsuchende zusätzlich existierenden Begrenzungen zeigen, dass es keine für alle geltenden Grenzverläufe gibt, sondern diese je nach Aufenthaltsstatus ausdifferenziert sind. Die Grenzforscher David Newman und Anssi Paasi vertreten in Bezug auf die Tendenzen der immer feiner werdenden Grenzziehungen im Innern eines nationalstaatlichen Territoriums die These, dass »administrative boundaries have a far greater impact on the daily behavioural patterns of most individuals than do national and international boundaries« (Newman/Paasi 1998: 197).

Relevanzverlust oder Funktionswandel von Grenzen?

Die Entwicklungen des Europäischen Grenzregimes zeigen, dass Grenzen ihre Relevanz und Wirkungsmächtigkeit für MigrantInnen behalten. In der sozialwissenschaftlichen Debatte um Veränderungen nationalstaatlicher Souveränität und der Funktion von Grenzen wird allerdings oft vorschnell von einem allgemeinen Relevanzverlust ausgegangen.

Ausgangspunkt der Debatte um Grenzen und Nationalstaaten ist, dass die Institution der Grenze mit der Universalisierung einer in Europa ›erfundenen‹ Staatsform, dem Nationalstaat, verbunden ist (vgl. Balibar 1998: 218). Die seit den 1990er Jahren geführte Diskussion um Globalisierung und staatliche Souveränität hat in der Grenzforschung insofern ihren Niederschlag gefunden, als dass weniger das Trennende von Grenzen, denn grenzüberschreitende Kooperation und das Verschwinden von Grenzen betont wird. Festgemacht wird der Wandel unter anderem an der durch Migrationsbewegungen hervorgerufenen zunehmenden Inkongruenz von Territorium und Staatsvolk. Die Vorstellung einer natürlichen oder erzwungenen, aber bestehenden Kongruenz wurde bereits von Georg Simmel kritisiert, der auf die von Menschen getroffene Entscheidung über Grenzziehungen hinwies (Simmel 1968 [1908]). Auch der Historiker Eric Hobsbawm macht darauf aufmerksam, dass die Inkongruenz keinesfalls ein neues Phänomen der Globalisierung sei (Hobsbawm 1999: 37).

Auch grenzüberschreitende ethnische *communities* und soziale Bewegungen als transnationale AkteurInnen und TrägerInnen kultureller Globalisierung verhalten sich »wenig respektvoll« (Anderson, J./O'Dowd 1999: 599) gegenüber Grenzen. James Anderson setzt sich ebenfalls auf sehr grundsätzlicher Ebene mit der der kapitalistischen Logik inhärenten Trennung von Ökonomie und Politik sowie deren Bedeutung für Grenzen und nationalstaatliche Souveränität auseinander und bezieht Stellung gegen die These des Bedeutungsverlustes von Grenzen (Anderson, J. 2001: 5ff.). Er kritisiert Logik und Realitätsgehalt der neoliberalen Vision einer grenzenlosen Welt, da diese der kapitalistischen Strukturlogik begrenzter territorialer Souveränität als Garant ökonomischer Produktion widerspricht. Daher vollzieht sich die Reproduktion von territorialen Staatsgrenzen im Rahmen kapitalistischer Logik (Anderson, J. 2001: 27). Ein weiteres Argument für die weiter bestehende Bedeutung von Grenzen ist die systeminhärente Notwendigkeit, das konflikthafte Verhältnis von Kapital und Arbeit zu bewältigen und die zunehmende und potenzielle Arbeitsmigration zu regulieren, die Bestandteil einer intensivierten Globalisierung ist (Anderson, J. 2001: 29).

Herbert Dittgen kommt nach der Analyse verschiedener Funktionen von Grenzen (Schutzfunktion, rechtliche, wirtschaftliche, ideologische und sozialpsychologische Funktion) und deren Entwicklung, auch bezogen auf die Europäische Union, zu dem Ergebnis, dass kein allgemeiner Funktionsverlust, wohl aber »ein Verlust von Autonomie, zu beobachten ist, bedingt durch zunehmende Interdependenz und ökonomische Integration« (Dittgen 1999: 21). Dittgen sieht eine bestimmte Staatsvorstellung, die des »hierarchisch integrierten Staates, der sich im Innern gegen konkurrierende Gewalten durchsetzen und international als gleichberechtigter Konkurrent behaupten muss« (ebd.), als Ursache für die verbreitete These des Funktionsverlustes.»Unter dieser Prämisse [der klaren Trennung von Staat und Gesellschaft, hs] müssen die hier beschriebenen Autonomieverluste des Staates zugleich als Souveränitätsverluste gedeutet werden« (ebd.).

In Anbetracht der Veränderungen des Grenzregimes und des restriktiven Umgangs mit unerwünschter Migration spricht vieles dafür, von einer Umstrukturierung und Ausdifferenzierung von politisch-territorialen Grenzen zu sprechen und nicht von einem Bedeutungsverlust. Die nationalstaatliche Ebene wird daher für politische Mobilisierungen von (irregulären) MigrantInnen und *pro-migrant*-Organisationen ihre Relevanz behalten.

Fazit

Nach einer langen Phase der Null-Migrationspolitik ist ein Trend hin zu einem auf europäischer Ebene entworfenen und auf nationaler Ebene implementierten Migrationsmanagement zu erkennen. Nach Innen öffnet sich die EU langsam erwünschter Einwanderung. Nach Außen dominiert eine Politik der Einflussnahme auf andere Staaten mit dem Ziel der Migrationsverhinderung. Die Kontrolle von Migration und der Kampf gegen illegale Wanderungs- und Aufenthaltsformen bildet eine zentrale Legitimationsgrundlage der EU für ihre Politik. Die Maßnahmen der europäischen Migrationskontrolle setzen an allen Stadien des Migrationsprozesses an: In den Herkunftsländern, in den Transitländern sowie an den Grenzen der EU und im Inneren. Deutlich wird an dieser Konzeption, dass Migrationspolitik kein isoliertes Politikfeld ist, sondern in eine Reihe von Politikbereichen hineinwirkt (Handels-, Außen-, Innen-, Entwicklungs-, Sicherheitspolitik etc.). In der Politik der EU lässt sich – anders als es sonst in der Politik, bei der Aufgabenverteilung Internationaler Organisationen und von der Migrationsforschung üblich ist – keine klare Trennung zwischen der Asylpolitik und der Migrationspolitik ziehen, beide sind eng über die Problematik der irregulären Migration miteinander verwoben.

Ein wesentliches Merkmal der Veränderungen im Grenzregime besteht in der situativen Definition des Verlaufs von Grenzen und verdachtsunabhängigen Kontrollen im Grenzraum. Am Beispiel von Sangatte wird noch deutlich werden, wie die britische Regierung definitorisch ihre Grenze vorverlegt, um effektiver irreguläre Migration bekämpfen zu können. Die vielfältigen Erscheinungsformen von Grenzziehungen bedeuten sowohl Ein- wie Ausschluss: Die Residenzpflicht schließt Asylsuchende in den Heimen ein, die innerstädtischen Betretungsverbote schließen Personen aus bestimmten Vierteln aus. Grenzen haben eine homogenisierende Wirkung auf die eingegrenzten »einheimischen« Kollektive (vgl. Simmel 1968 [1908]: 465), für die Ausgegrenzten ist jedoch die Wirksamkeit direkter spürbar.

Im Unterschied zu einer allein auf Abschottung fokussierten Politik der Zeit nach 1973 bietet die neue Ausrichtung der Migrationspolitik auf Regulierung veränderte Ausgangsbedingungen, sowohl für einige MigrantInnen als auch soziale Bewegungen und Menschenrechtsorganisationen. Die politische Kontextstruktur hat sich insofern verändert, als dass bestimmte legale Formen der Migration an Legitimität gewonnen haben, sich der diskursive und politische Raum geöffnet hat. Die positiven Seiten von Migration werden stärker betont als zuvor. Gleichzeitig haben Formen der irregulären Migration an Legitimität verloren, da ihre Bekämpfung nun auch von liberaleren Kräften überzeugender gefordert werden kann. Es findet derzeit in der Europäischen Union somit gleichzeitig eine migrationspolitische Verfestigung und Öffnung statt. Diese neue Diskursformation ist für die politischen Mobilisierungen von MigrantInnen und *pro-migrant*-Organisationen zentral.

Die Partizipation von Drittstaatsangehörigen

Die Gleichzeitigkeit von Öffnung und Schließung gegenüber MigrantInnen und Asylsuchenden spiegelt sich auch in der Gewährung von *citizenship*-Rechten und Partizipationsmöglichkeiten. Reformvorhaben bezüglich der demokratischen Verfasstheit der Europäischen Union werden meines Erachtens wenig neue Beteiligungs- und Entscheidungsmöglichkeiten für Nicht-UnionsbürgerInnen eröffnen, auch wenn die Rhetorik anderes verspricht. Die neuen Partizipationsinstrumente bleiben nationalstaatlichen Konzepten von *citizenship*[16] verhaftet. Dies führt oft zu

---

16 *Citizenship* ist ein schwer zu übersetzender Begriff, meint er doch mehr als die formale Staatsbürgerschaft und damit verbundene Rechte. T. H. Marshall folgend besteht *citizenship* aus bürgerlichen, politischen und sozialen Rechten und Pflichten in einer Gemeinschaft, üblicherweise einem Nationalstaat (Marshall 1992: 40). Unterschieden werden Rechte, die aus der Mitgliedschaft erwachsen bzw. in einigen Fällen universaler Natur oder an Residenz gekoppelt sind, und politische Mitsprache/Partizipation. Charakteristisch ist das doppelte Verhältnis: das Binnenverhältnis (das der BürgerInnen zu ihrem Staat) und das Außenverhältnis (Status von und Beziehung zu Nicht-Staatsangehörigen).

noch verschärften Trennlinien innerhalb der heterogenen Gruppe von EU-Drittstaatsangehörigen.

Die politische Partizipation von EU-Drittstaatsangehörigen ist bestimmt durch In- und Exklusionsmechanismen, die Ergebnis von politischen, ökonomischen und sozialen Herrschaftsverhältnissen sind. Anschließend an die neuere Partizipationsforschung und feministische Kritik an einem verengten Partizipationsverständnis (Fuchs 2000, Sauer 1994) verstehe ich Partizipation als verfasste wie nichtverfasste, direkte und indirekte, aktive und passive, spontane und geplante, konventionelle und unkonventionelle Form politischer Artikulation. Sind die direkten formaldemokratischen Partizipationsmöglichkeiten für UnionsbürgerInnen auf das aktive und passive Wahlrecht zum Europäischen Parlament begrenzt (vgl. die Typologie in Nentwich 1996), so verstärkt sich dieser Effekt für MigrantInnen: nur EU-BinnenmigrantInnen haben das Wahlrecht. Indirekte Partizipationsmöglichkeiten (z.b. grenzüberschreitende Demonstrationen, Teilnahme an ExpertInnenanhörungen) sind für Nicht-UnionsbürgerInnen, insbesondere Personen ohne legalen Aufenthaltsstatus, durch reglementierte Freizügigkeit eingeschränkt. Desgleichen findet keine durch nationale Wahlen vermittelte Interessenvertretung statt, da (auch EU-)AusländerInnen nicht wahlberechtigt sind. Auch beim Eurobarometer werden nur UnionsbürgerInnen befragt. Die geschlechtspolitische Strukturierung von Gesellschaft und Staat setzt auch den Rahmen für den Zugang zu sozialen und politischen BürgerInnenrechten. Dies betrifft ebenso zivilgesellschaftliche und nichtinstitutionalisierte Partizipationsformen, zu denen Frauen mit Migrationshintergrund formal gleiche Zugangsrechte haben, faktisch aber nur sehr begrenzt in Führungspositionen von Parteien, Medien und anderen Organisationen (z.b. Gewerkschaften) vertreten sind und meist schwächer in Aktivitäten sozialer Bewegungen involviert sind.

Seit einigen Jahren belebt sich die *citizenship*-Debatte durch die analytische Neubestimmung des Verhältnisses von Staat, Individuum und Gesellschaft, hervorgerufen durch die Zunahme supranationaler Politikprozesse, insbesondere im Kontext der EU. Multikulturelle *citizenship*-Modelle (z.B. Kymlicka 1995) gehen vom Scheitern assimilatorischer Integration aus und fordern Anerkennung von Differenzen durch den Nationalstaat. Post-nationale *citizenship*-Modelle (z.B. Soysal 1994, Falk 2000) gehen von der Erosion nationalstaatlicher Mitgliedschaft aus und stellen fest, dass Rechte zunehmend an Residenz und nicht an Staatsangehörigkeit gebunden werden, Forderungen dieser Position werden universalistisch gerahmt (z.B. mit Bezug auf internationale Abkommen), sind aber häufig partikularistischer Natur (vor allem Recht auf Identität, Kultur). Beide Positionen begreifen politische Mobilisierungen von MigrantInnen und ethnischen Minderheiten als Beitrag zur Destabilisierung des liberaldemokratischen Nationalstaats. Eine dritte Position (z.b. Koopmans/Statham 1998) hält dies für eine empirisch nicht haltbare Überbewertung. Relativ stabile nationalstaatliche Ausprägungen von *citizenship* sind nämlich entscheidender zur Erklärung konkurrierender Politiken nationalstaatlicher Akteure auf supranationaler Ebene und unterschiedlicher Mobilisierungsstrategien von gleichen MigrantInnengruppen in verschiedenen Ländern.

Unter dem Vorzeichen der Partizipation und »gerechten Behandlung von Drittstaatsangehörigen« (Rat 1999: 5) wurde Ende der 1990er Jahre durch die EU eine Ausdehnung der Rechte von Nicht-UnionsbürgerInnen erwogen. Ziel sollte die Annäherung der Rechtsstellung betreffs Wohnsitznahme, Bildung und Ausübung (nicht-)selbständiger Arbeit mit EU-BürgerInnen sein. Dabei soll *civic citizenship*[17] für Drittstaatsangehörige, so der damalige EU-Kommissar für Justiz und Inneres Vitorino (2000: 20), ein »erster Schritt im Prozess der Erlangung der Nationalität eines Mitgliedsstaates« sein, das heißt das höchste Integrations*ziel* ist weiterhin die nationalstaatliche Mitgliedschaft. Es war also keine Abkehr von der an den Nationalstaat geknüpften Variante von *citizenship* vorgesehen.

Ob und an welche *citizenship*-Konzepte angelehnte Forderungen perspektivisch sinnvoll sind, ist eine inhaltliche wie strategische Frage für Frauen- und MigrantInnenorganisationen. Jan Jindy Pettman beurteilt selbst das ›ob‹ aus feministischer Perspektive negativ, da die Gleichzeitigkeit von Ein- und Ausschluss, die über Jahrhunderte bestehende Kopplung an dominante Gruppen, Männerbünde sowie dem Territorialprinzip »es nahezu unmöglich macht, sich eine deterritorialisierte Form von *citizenship* vorzustellen« (Pettman 1999: 217; Übers.: hs). Ob mit dem Begriff *citizenship* verbunden oder nicht – die Debatte um Partizipation zielt lediglich auf die Gewährung gleicher, bereits bestehender Rechte. Auseinandergesetzt wird sich weder mit Vorschlägen zur Verringerung des demokratischen Defizits der EU (bspw. Nentwich 1996, Benz, A. 1998, Goodman 1998) noch mit der Frage, ob ein partizipatorisches Nachrüsten der EU erfolgversprechend ist oder aufgrund ihrer in-

---

17 *Civic citizenship* für Drittstaatsangehörige wird von Vitorino vage definiert: »The legal status granted to third country nationals would be based on the principle of providing sets of rights and responsibilities on a basis of equality with those of nationals but differentiated according to the length of stay [...]. In the longer term this could extend to offering a form of citizenship, based on the EC Treaty and inspired by the Charter of Fundamental Rights« (Vitorino 2000: 22).

stitutionellen Struktur und ihrer vornehmlich ökonomischen Interessen verpflichteten Historie zum Scheitern verurteilt ist. Werden für bestimmte Gruppen von Drittstaatsangehörigen gleiche Rechte eingeführt, so heißt dies allerdings nicht, dass sie auch tatsächlich gleichgestellt werden. Feministische partizipations- und demokratietheoretische Überlegungen fokussieren eine Reihe von gesamtgesellschaftlichen und sozialstrukturelle Bedingungen, damit aus *formal* gleichen Partizipationschancen für Frauen auch *faktisch* gleiche werden (z.B. Fuchs 2000: 257, Hoecker 1998: 14, Holland-Cunz 1998: 178f., 183-196). Birgit Sauer fordert, stärker die »gesellschaftlichen Verhinderungsstrukturen von Partizipation« (Sauer 1994: 111) zu analysieren, die mit den vertretenen und konkurrierenden Interessen zusammenhängen. Damit ist meines Erachtens ein wunder Punkt des derzeitigen Partizipationsdiskurses berührt: Partizipationsverhinderungen von MigrantInnen zu benennen heißt, die politisch gewollte und sich verschärfende Spaltung der in der EU lebenden Bevölkerung in EU-BürgerInnen, legale Drittstaatsangehörige und Illegalisierte zu thematisieren.

Migrantinnen in der Europäischen Frauenpolitik

In den voranstehenden Kapiteln wurden die Veränderungen in der europäischen Grenz-, Asyl- und Migrationspolitik nachgezeichnet, die auf die politische Mobilisierung von irregulären MigrantInnen vor allem ungünstig wirken, da die Bekämpfung irregulärer Migration einen hohen Stellenwert hat. Im Feld europäischer Frauenpolitik gibt es hingegen eine – wenn auch institutionell begrenzte – Offenheit. Es bildete sich seit Mitte der 1980er Jahre ein frauenspezifisches *advocacy*-Netzwerk heraus, das für Belange von Migrantinnen, auch irregulären, ansprechbar ist. Zudem wurde die institutionelle Separierung von *race*- und *gender*-Politiken durch die Antidiskriminierungsregelungen im Amsterdamer Vertrag teilweise überwunden, wodurch Anliegen von Migrantinnen eine doppelte Legitimität und bessere institutionelle Thematisierungsmöglichkeit erhielten.

Die Existenz derartiger institutioneller und diskursiver Anschlussstellen als Teil der gesellschaftlichen Kontextstruktur ist für soziale Bewegungsakteure zentral, wenn sie in einem institutionalisierten Rahmen agieren. In der Europäischen Union gehört beispielsweise die themenspezifische Offen- oder Geschlossenheit des Entscheidungssystems und der strukturelle Zugang zu Institutionen und Akteuren dazu. In diesem Punkt gibt es erhebliche Unterschiede zur nationalstaatlichen Ebene, da Politikformulierungs- und Entscheidungsprozesse anders strukturiert sind. Sie waren beispielsweise lange auf die Aushandlung von Verträgen und weniger auf parlamentarische Debatten konzentriert. Die konkrete Arbeit in spezifischen Politikfeldern ist, anders als auf nationaler Ebene, gekennzeichnet durch eine größere Bedeutung von Netzwerken. Die vergleichsweise gering ausgeprägte europäische Öffentlichkeit hat für die Vermittlung von Bewegungsanliegen und Mobilisierung ebenfalls Auswirkungen, da die Abwesenheit von Berichterstattung demobilisierender wirken kann als eine negative Berichterstattung. Gespaltene Eliten, die im nationalstaatlichen Rahmen als Chance für soziale Bewegungen begriffen wurden, führen auf europäischer Ebene – so die Spaltung zwischen EU-Parlament bzw. Kommission und Nationalstaaten oder zwischen Nationalstaaten verläuft – aufgrund des immer noch weit verbreiteten Einstimmigkeitprinzips zu einem politischen Stillstand.

Präsenz trotz abnehmender Sichtbarkeit:
Migrantinnen in den frauenpolitischen Aktionsprogrammen

Die Erwähnung von Frauen mit Migrationshintergrund in den frauenpolitischen Aktionsprogrammen der EU hat in den letzten Jahren interessanterweise kontinuierlich abgenommen. Dennoch kam ihnen de facto in der EU, insbesondere der Europäischen Kommission, Aufmerksamkeit zu. Die Erklärung liegt in der Existenz eines aktiven frauenpolitischen *advocacy*-Netzwerks und der institutionellen Berücksichtigung von Mehrfachdiskriminierungen.

Bis etwa 1985 waren sowohl EU-Binnenmigrantinnen als auch Drittstaatlerinnen in der Politik unsichtbar: die auch aufgrund der Erwerbsorientierung der EG noch sehr schwach entwickelte Frauenpolitik kannte nur Frauen; MigrantInnen waren Männer bzw. »migrants and their families«.[18] Seit 1985 veränderte sich die Situation, nicht zuletzt durch Diskussionen in den europäischen Frauenbewegungen, den von Migrantinnenorganisationen ausgeübten Druck und durch wissenschaftliche Studien. Die Europäische Kommission, insbesondere das *Women's Bureau*, die heutige *Equal Opportunities Unit,* in der Generaldirektion Soziales, setzte sich seit den 1980er Jahren für Migrantinnen und Frauen ethnischer Minderheiten ein und bestimmte die Entwürfe der frauenpolitischen Aktionsprogramme. Die dort formulierten Leitlinien sind bei der Durchführung von politischen Maßnahmen durch die EU sowie bei der Beantragung von Projektgeldern durch NGOs maßgebend.

Sämtliche Aktivitäten des Frauenbüros sind – insbesondere in der Zeit des ersten Aktionsprogramms, dann abgeschwächt bis zum Ams-

---

18 Die Ausführungen orientieren sich an Hoskyns (1996: 167-195; 1999).

terdamer Vertrag – auf die Situation von Frauen auf dem Arbeitsmarkt bzw. im Erwerbsleben bezogen. Dies hat seine Ursache in der Zuständigkeit der EG für diese Themen. Debatten über Frauengleichstellung oder Lohndiskriminierung standen somit im Kontext eines wettbewerblichen Diskurses, der das Ziel verfolgte, gleiche Wettbewerbsbedingungen in allen Mitgliedsstaaten herzustellen. Diese Ausrichtung bedeutete sowohl die Chance, eine EU-weite Diskussion über Frauengleichstellung überhaupt zu ermöglichen, wie auch eine deutliche Einschränkung des diskursiven Rahmens (Sauer 2001: 14). Das Europäische Parlament und insbesondere die Kommission versuchten trotz dieser Gebundenheit kreativ ihre thematische Zuständigkeit auszubauen. So wurde der Zusammenhang von Frauenerwerbstätigkeit und familiärer Arbeitsteilung zwischen den Geschlechtern aufgezeigt und begründet, dass dieses Themenfeld in der legitimen Zuständigkeit der EG stünde. Auf diese Weise kam es in den späten 1980er und 1990er Jahren zu *spill-over*-Effekten auf reproduktive Rechte, die Bekämpfung sexualisierter Gewalt und einer erhöhten politischen Repräsentation von Frauen (ebd.: 15). Immer wieder übten die Mitgliedsstaaten auf die Europäische Kommission Druck aus, im engen Rahmen ihrer Zuständigkeit zu verbleiben. Dies hatte auch Einfluss auf die Berücksichtigung von Migrantinnen in den Aktionsprogrammen, da Migration bis zur Verabschiedung des Amsterdamer Vertrags nur dann in einem gewissen Maß in die Kompetenz der EU fiel, wenn es sich um Arbeitsmigration handelte bzw. um EU-Binnenmigration. Ansonsten fielen Migrationsthemen in die Sphäre der nationalstaatlich koordinierten Sicherheits- und Justizpolitik.

Von 1982 bis 2005 gab es fünf frauenpolitische Aktionsprogramme, anhand derer sich die Veränderung europäischer Frauenpolitik und der Relevanz von Migrantinnen ablesen lassen. Im ersten frauenpolitischen Aktionsprogramm (1982-1985) wurde das Prinzip von Gleichbehandlung für Migrantinnen vorgeschlagen, da Migrantinnen von verschiedenen Formen der Diskriminierung betroffen seien und dieses spezifische Maßnahmen erforderlich mache. Es wurden durch das Frauenbüro erste Studien zur Situation von Migrantinnen initiiert (etwa eine vergleichende Studie zu Migrantinnen als Unternehmerinnen, Morokvasic 1988). Stellten die vom Frauenbüro in Auftrag gegebenen wissenschaftlichen Arbeiten vor allem bislang nicht bekannte Informationen bereit, so sorgte der so genannte »Heinrich-Report« (Heinrich 1987) des Frauenausschusses des Europaparlaments zur rechtlichen Diskriminierung von Frauen im Einwanderungs- und Ausländerrecht für heftige Kontroversen (vgl. Hoskyns 1996: 192). Nach und nach begann sich ein differenzierteres Bild von Migrantinnen in Europa zu entwickeln.

Mitte der 1980er Jahre pochten die EG-Mitgliedsstaaten auf die Nicht-Zuständigkeit der Kommission in Migrationsfragen. Diese zog sich aus der Verantwortung zurück, nachdem auch der Europäische Gerichtshof die Position der Mitgliedsstaaten bekräftigt hatte. Kurz darauf begannen Verhandlungen über zwischenstaatliche Abkommen (Schengengruppe, Trevi-Komitee, *Ad-Hoc Immigration Group*). Die Kommission beteiligte sich nur indirekt durch die Erstellung von Studien und die Bereitstellung von Informationen. Als Ausdruck dieser neuen Orientierung fanden Migrantinnen und Frauen ethnischer Minderheiten im zweiten frauenpolitischen Aktionsprogramm (»*Equal Opportunities for Women 1986-1990*«) keine direkte Erwähnung, sondern fielen in das allgemeine Kapitel »besonders benachteiligte Frauen im Erwerbsleben«.

Doch das Frauenbüro der Kommission entwickelte weitere Aktivitäten um das Thema herum in der Hoffnung, dass der Durchbruch von der Forschung zu politischer Aktion möglich sei (Hoskyns 1996: 174). Bei einem Seminar im Jahr 1987 zu »*Migrant Women and Employment*«, das sich an WissenschaftlerInnen und politische EntscheidungsträgerInnen (nicht an Migrantinnen) richtete, wurden die Ergebnisse der wissenschaftlichen Studien diskutiert. Geplant war auch, Empfehlungen zu verabschieden, dies geschah jedoch aufgrund des politischen Richtungswechsels nicht.

Auch beim Frauenbüro, mittlerweile in »*Equal Opportunities Unit*« umbenannt, war mit der Zeit eine Themenverschiebung bei der Vergabe von Studien und der Erstellung politischer Empfehlungen festzustellen: von Frauen aus Nicht-EG-Staaten hin zu EG-Binnen-Migrantinnen. Diese Verschiebung könnte dem Druck geschuldet sein, der von der Kommission und den Mitgliedsstaaten auf das Büro ausgeübt wurde. Fortan wurden Migrantinnen, und allgemein benachteiligte Frauen, in den Veröffentlichungen und Empfehlungen der Kommission nicht mehr besonders erwähnt, so im Dritten frauenpolitischen Aktionsprogramm (»*Third Medium-Term Community Action Programm 1991-1995*«). Allerdings sprang das Trainingsprogramm NOW (»*New Opportunities for Women*«) ein und machte Angebote für diese Personengruppen.

Nach dem erfolgreichen Aufbringen des Themas Migrantinnen gab es Ende der 1990er Jahre deutlich weniger Öffentlichkeit und Interesse. Auf niedrigem Niveau konnten Forschungsarbeiten zur Situation von Migrantinnen auf dem Arbeitsmarkt, insbesondere auf lokaler Ebene, vergeben werden. Beim vierten Aktionsprogramm (»*Equal Opportunities for Women and Men 1996-2000*«) wurde die abnehmende Berücksichtigung von Migrantinnen fortgesetzt. Zum ersten Mal wurden benachteiligte Frauen oder Migrantinnen gar nicht mehr erwähnt. Dennoch wird in einer Vielzahl der bewilligten Projekte der Schwerpunkt auf marginalisierte und benachteiligte Frauen gelegt. In diesen Zeitraum fallen die Verhandlungen über und die Verabschiedung des Amsterdamer Vertrags, der in Artikel 13 den Begriff der Diskriminierung von der geschlechtlichen auf andere Formen (bspw. ethnische Herkunft, Behinderung, sexuelle Orientierung) ausweitet (Europäische Union 1997). Dies bedeutete für Frauen- und Migrantinnenorganisationen einen wichtigen Referenzpunkt (Williams 2003: 127), da die in der Frauen- und Geschlechterforschung sowie der antirassistischen feministischen Praxis viel diskutierte Intersektionalität von sozialen Positionierungen und Diskriminierungen *(race, class, gender)* in die EU institutionell eingelassen wurde. Eine Bedingung der Mittelvergabe für NGOs war fortan die Bearbeitung von mindestens zwei der Diskriminierungsdimensionen. Migrantinnenorganisationen erfüllten dieses Kriterium und waren dadurch gegenüber eindimensional orientierten NGOs in eine bessere Ausgangsposition gelangt. MigrantInnenorganisationen wie das *European Migrants Forum* wurden gedrängt, die Geschlechterperspektive stärker zu berücksichtigen. Dies führte innerhalb der Organisationen zu geschlechterpolitischen Veränderungen (vgl. Williams 2003). Des Weiteren gab es den Effekt, dass Migrantinnenorganisationen nicht mehr allein auf die Berücksichtigung der *gender-equality-*Agenda angewiesen waren, sondern sich in dem zuvor deutlich verschlosseneren und von männerdominierten NGOs bestimmten Migrations- und Antirassismusbereich platzieren konnten. Der Amsterdamer Vertrag bedeutete für die Anliegen von Migrantinnen auf europäischer Ebene die Erweiterung der Thematisierungsoptionen.

Das Fünfte Aktionsprogramm (»*Community Framework Strategy on Gender Equality*« 2001-2005) legt seinen Schwerpunkt auf Frauen in der Wirtschaft, auf gleiche Beteiligungschancen, auf BürgerInnenrechte und die Bekämpfung von Frauenhandel. Der Punkt BürgerInnenrechte umfasst einen Absatz zu Menschenrechten, der Migrantinnen erwähnt (EC 2000e: 12-15). Allerdings – und das ist entscheidend – wird der Raum der Maßnahmen von Frauen, die »Opfer einer Mehrfachdiskriminierung« (ebd.) sind, auf die Länder außerhalb der EU eingeengt. Lediglich Informationskampagnen von NGOs gegen Frauenhandel und Schulungs- und Sensibilisierungsmaßnahmen zu Frauenhandel bei Polizei und Justiz werden »in der EU selbst« (ebd.: 15) als Maßnahmen vorgeschlagen. Somit werden Migrantinnen und Frauen ethnischer Minderheiten zwar wieder in den Aktionsprogrammen explizit erwähnt, jedoch wird innerhalb der EU kein Bedarf an Maßnahmen festgestellt, sondern es wird der Eindruck vermittelt, als hätten insbesondere andere Staaten einen Nachholbedarf an der Anerkennung von Migrantinnen- und Minderheitenrechten. Maßnahmen, die den Asylbereich betreffen und von Migrantinnen- und Frauenorganisationen seit langem eingefordert werden (vgl. die Asylkampagne der Europäischen Frauenlobby 2000-2001), werden aufgrund der nationalstaatlichen Zuständigkeit nur sehr vage abgehandelt.

Das samtene Dreieck

Die Entwicklung der frauenpolitischen Aktionsprogramme ist somit durch auf den ersten Blick widersprüchliche Befunde gekennzeichnet: Die frauenpolitischen Themen werden ausgeweitet bis zum alle Bereiche umfassenden Ansatz des *Gender Mainstreaming*. Zugleich nimmt die explizite Erwähnung von Migrantinnen in den Aktionsprogrammen kontinuierlich ab, von der expliziten Benennung über die indirekte Nennung bis zur deutlichen Nichtnennung und der territorialen Externalisierung. Nichtsdestotrotz ist die EU ein Rahmen geworden und geblieben, in dem die Anliegen von Migrantinnen institutionell Gehör finden und durch den materielle Ressourcen bereit gestellt werden.

Die Ausweitung des Diskriminierungsbegriffs durch den Amsterdamer Vertrag wurde bereits als Erklärung genannt, der den Frauen- und Migrantinnenorganisationen mehr diskursive und institutionelle Anschlussstellen eröffnete. Eine zweite Erklärung für das zunächst widersprüchliche Ergebnis liegt darin, dass den Frauen in der *Equal Opportunities Unit* sowie im Ausschuss des Europaparlaments für die Rechte der Frau die Probleme von Migrantinnen ein beständiges Anliegen blieben, sie diese aber aufgrund des Drucks durch den Ministerrat nicht mehr offiziell in den Programmen verankern konnten. Eine dritte Erklärung besteht in der erfolgreichen Lobbyarbeit von Migrantinnen- und Frauen-NGOs sowie dem beständigen Einreichen von geschickt formulierten Anträgen, die den institutionellen Rahmenvorgaben entsprachen.

Diese Konstellation plausibilisiert sich mit dem von Alison Woodward entwickelten Modell des »Samtenen Dreiecks«[19] (Woodward 2001), einem frauenspezifischen *advocacy*-Netzwerk. Woodward identifiziert für die EU drei wichtige Gruppen von Akteurinnen, deren Zusammenspiel zu Erfolgen geführt hat: einschlägig ausgewiesene Wissenschaftlerinnen, »Femokratinnen« (das heißt feministische Bürokratinnen) und Politikerinnen sowie Sprecherinnen aus der Frauenbewegung. Die drei Akteurinnengruppen sind durch vielfältige Beziehungen miteinander verknüpft. Strategien werden in einem auf Gegenseitigkeit beruhenden Beziehungskontext erarbeitet (Woodward 2001: 36). In der

---

19 Der Begriff spielt auf das Eiserne Dreieck, der Verflechtung zwischen Kongressausschüssen, Bundesverwaltung und Industrie in den USA, an.

EU sind ›Femokratinnen‹ in verschiedenen Positionen tätig, für das ›samtene Dreieck‹ sind diejenigen besonders bedeutsam, die in der Kommission leitende Positionen einnehmen. Einige feministische Politikerinnen gehören dem Europaparlament an – mittlerweile liegt der Frauenanteil bei knapp einem Drittel (Inter-Parliamentary Union 2004) –, zudem gibt es auf nationalstaatlicher Ebene frauenpolitisch aufgeschlossene Politikerinnen (z.B. Justizministerinnen), die sich über die jeweiligen Ministerräte europapolitisch einbringen. Der Frauenrechteausschuss stellte den institutionellen Rahmen dar, innerhalb dessen Frauenpolitikerinnen tabuisierte Themen bearbeiteten (z.b. Frauenhandel, häusliche und sexualisierte Gewalt) und langsam die Beschränkung europäischer Gleichstellungspolitik auf Erwerbsarbeit in Frage stellten (Locher 2002: 70). Die Akteurinnengruppen sind oftmals durch gemeinsame biografische Erfahrungen und persönliche Kontakte miteinander verbunden. Dazu kommt es unter anderem weil Personen im Laufe ihrer Biografie die Positionen wechselten, aus der Frauenbewegung in die Wissenschaft, die Bürokratie oder in politische Ämter. Ein Beispiel ist Barbara Helfferich, die bei der Europäischen Frauenlobby als Geschäftsführerin tätig war und von dort in eine leitende Position in der Kommission wechselte.

Das ›samtene Dreieck‹ hat jedoch nicht auf alle frauenpolitischen Anliegen einen ermöglichenden Einfluss. Eine negative Konsequenz kann die soziale Schließung sein, die sich beispielsweise in einer hermetischen Sprache manifestiert, die einen Informationsfluss außerhalb des Dreiecks erschwert. Zudem neigt die Konstellation des auf Gegenseitigkeit beruhenden Dreiecks dazu, diejenigen zu benachteiligen, die nicht über für andere interessante Macht oder Ressourcen verfügen (Woodward 2001). Auch die frauenpolitische Gesamtsituation in der Europäischen Union fällt bei genauerem Hinsehen deutlich ernüchternder aus. Fiona Williams nennt als Probleme »male-dominated policy-making bodies, lack of sufficiently funded support for transnational activities, dominance of EU women's organizations by professionel women and professional women's interests, as well as an encouragement to participate without any guarantee of power or influence« (Williams 2003). Im Fall der Anliegen von (irregulären) Migrantinnen hat das RESPECT-Netzwerk besonders in der *agenda-setting*-Phase von dieser Akteurinnenkonstellation profitiert, später stieß das Netzwerk an Grenzen. Dies betraf sowohl die Ausrichtung der politischen Maßnahmen als auch die Zuständigkeit, die für Migrationsfragen immer noch größtenteils auf der nationalen Ebene verbleibt. Festzuhalten bleibt, dass in der EU die *gender-equality*-Agenda für geschlechtsspezifische Forderungen von Migrantinnen deutlich offener ist als die migrationspolitische Agenda.

Integration ja, Einreise nein: Das Konfliktfeld Migration

Die Ausführungen in diesem Kapitel haben gezeigt, dass es unterschiedliche Mobilisierungsbedingungen für Subthemen im Politikfeld Migration gibt. In der sozialen Bewegungsforschung werden in der Regel Kontextbedingungen für eine thematische Bewegung beschrieben. So haben Gary Marks und Doug McAdam für Mobilisierungen auf EU-Ebene ein Vierfelder-Modell entworfen, das sowohl interne als auch externe Faktoren berücksichtigt und soziale Bewegungen entsprechend ihrer themenspezifischen und bewegungsinternen Faktoren je einem Feld zuordnet (Marks/McAdam 1996: 104). Die europäischen Gelegenheitsstrukturen sind beispielsweise aufgrund der Autonomie für Regionen und der Existenz eines Ausschusses der Regionen für regionale Bewegungen hoch, zugleich sind die Regionalbewegungen vergleichsweise mobilisierungsfähig. Dies führt zu einer sehr günstigen Gesamtsituation. Die von Marks und McAdam vorgenommene Bestimmung bringt somit themenspezifische Kontexte und bewegungsinterne Faktoren zusammen und lässt Unterschiede zwischen verschiedenen sozialen Bewegungen in den Blick geraten. In welches dieser Felder wäre nun die migrationsbezogene Mobilisierung einzuordnen?

Aufgrund der partiellen Zuständigkeit der EU für Migrationsthemen besteht potenziell ein Zugang zu EntscheidungsträgerInnen sowie Regelungsbedarf von Seiten der EU. Somit spräche vieles von den Ausgangsbedingungen her für ein zunehmendes Maß an EU-*opportunities*. Da das Politikfeld Migration aus verschiedenen Subthemen mit unterschiedlichen politischen Rahmenbedingungen besteht, plädiere ich für eine differenzierte Mehrfelder-Zuordnung: Das Politikfeld Migration lässt sich unterteilen in Zuwanderungsfragen (z.B. Familiennachzug, Asyl, Grenzsicherung) und in den Bereich soziale Rechte für bereits in der EU lebende MigrantInnen (z.B. Integration, Antidiskriminierung). In jedem dieser beiden Bereiche gibt es wiederum Themen, für die (un-)günstigere Thematisierungsmöglichkeiten bestehen und zu denen es politische pro- und kontra-Mobilisierungen gibt. Hinzu kommen die internen Beschränkungen der Subbewegungen – handelt es sich um Personen ohne Papiere oder um professionelle Brüsseler LobbyistInnen? Für hochqualifizierte ArbeitsmigrantInnen gibt es zwar günstige Gelegenheitsstrukturen, aber keine soziale Bewegung oder ein ausgeprägtes Netzwerk an Interessensorganisationen, die politisch aktiv werden würden, daher sind die internen Beschränkungen hoch. Anders sieht es bei den Unterstützungsgruppen für irreguläre MigrantInnen aus, sie sind mobilisierungsfähig, stoßen aber aufgrund der Kopplung von Migrations- und Sicherheitsfragen sowie dem Primat der Bekämpfung irregulärer Migration schnell an die Grenzen der Resonanz in der EU.

Abbildung 5: Themenspezifische Differenzierung im Politikfeld Migration

		Interne Beschränkungen	
		Hoch	Niedrig
EU-opportunities	Hoch	Hochqualifizierte Arbeitsmigration	Bekämpfung von Frauenhandel Antirassismus, Antidiskriminierung, Integration pro Grenzsicherung
	Niedrig	Irreguläre und niedrigqualifizierte Arbeitsmigration Bewegung von Sans-Papiers	Asyl Rechte für Drittstaatsangehörige Familiennachzug pro-Illegalisierte, offene Grenzen

Quelle: eigene Darstellung, in Anlehnung an Marks/McAdam (1996: 104)

Diese idealtypische *issue*-spezifische Differenzierung kann sich durch verändernde Diskurse und Bewegungskonstellationen, etwa durch die Terroranschläge am 11. September 2001, verschieben. Die Zuordnung eines Subthemas in das Vierfeldermodell gibt eine Orientierung, aber keine Determinierung für die Ausgangssituation der politischen Mobilisierung. Am Themenfeld der irregulären Migration gehe ich darauf ein, wie trotz der weitgehend geschlossenen gesellschaftlichen Kontextstruktur MigrantInnen- und *pro-migrant*-Organisationen unter bestimmten Umständen erfolgreich politisch agieren können.

Fazit: Gleichzeitigkeit von Öffnung und Schließung

Zwei wesentliche Trends in der europäischen Migration sind die Feminisierung und die Zunahme an irregulärer Migration. Die Bekämpfung letzerer hat sich zu einem zentralen Feld der europäischen Politik entwickelt. Diese Ausgangssituation hat für die politische Mobilisierung in diesem Feld Konsequenzen, da die Kopplung von Migrations- und Sicherheitsfragen diskursiv bestimmend ist. Daher nehme ich an, dass sich die politischen Gelegenheitsstrukturen für politische Mobilisierungen schließen, die von der Diskursverschränkung von Sicherheit und illegaler Migration betroffen sind. Gleichzeitig hat sich durch die Diskussion um hochqualifizierte Arbeitsmigration und die demografische Entwicklung eine neue Offenheit für Einwanderung ergeben, die sich in der Abwendung vom Paradigma der Null-Zuwanderung äußert.

Die politische Partizipation von Drittstaatsangehörigen ist von einer zunehmenden Ungleichheit geprägt, Nicht-UnionsbürgerInnen sind von vielen Formen ausgeschlossen, sei es rechtlich oder durch strukturelle Hemmnisse. Dies gilt insbesondere für Migrantinnen und irreguläre MigrantInnen. Anhand der Entwicklung der frauenpolitischen Agenda der EU wurde gezeigt, dass es doch einige Ansatzpunkte für die politische Mobilisierung von Migrantinnen- und *pro-migrant*-Organisationen gibt. Durch Antidiskriminierungs- und Frauenprogramme stehen finanzielle und legitimatorische Ressourcen zur Verfügung. Dies begründet die Arbeitshypothese, dass über frauenspezifische Netzwerke trotz des Konsenses der Bekämpfung von irregulärer Migration eine Thematisierung der Probleme von illegalisierten Migrantinnen erfolgen kann. Aufgrund der Zusammensetzung des ›samtenen Dreiecks‹, das Frauen unterschiedlicher Ausrichtung umfasst, ergänze ich die Hypothese um den Zusatz, dass Forderungen insbesondere dann erfolgreich sind, wenn sie sowohl mit feministischen wie auch traditionellen Vorstellungen kompatibel sind. Die gesellschaftliche Kontextstruktur in der EU ist also durch ermöglichende und hemmende Faktoren für politische Mobilisierungen im Konfliktfeld irregulärer Migration gekennzeichnet. Aufgrund der unterschiedlichen Politiken gegenüber den Subthemen ist eine *issue*-spezifische Differenzierung der gesellschaftlichen Kontextstruktur und Mobilisierungsbedingungen vorzunehmen.

Gibt es ein *Advocacy*-Netzwerk für illegalisierte MigrantInnen?

Kleine und von MigrantInnen getragene Netzwerke und Organisationen werden oft ausgeblendet, wenn die mit Migration befassten Organisationen auf europäischer Ebene genannt werden. Nach Auffassung von Andrew Favell und Andrew Geddes reicht es, die Elitenmobilisierung einer Hand voll Dachverbänden und professioneller NGOs zu berücksichtigen: »[T]he question of transnational mobilisation on immigration can [...] be reduced to a study of the ›Brussels game‹« (Favell/Geddes 1999: 4). Auch wenn es zutreffend ist, dass die europäische Mobilisierung im engeren Sinne, das heißt die auf die Institutionen der EU gerichtete, vor allem durch professionelle Lobbyorganisationen bestimmt ist, ist dies aus drei Gründen problematisch. Es lässt sich erstens zeigen, dass die Befassung der großen Dachverbände und Netzwerke mit Migrationsthemen nur durch die Beharrlichkeit von MigrantInnenorganisationen erreicht wurde (Williams 2003). Zweitens wird die Analyse auf einen Politiktypus reduziert, der über lobbypolitische Einflussnahme versucht, in bestimmten Punkten einen Konsens mit den politischen und bürokratischen Eliten zu erreichen. Implizit wird davon ausgegangen, dass es das prioritäre Ziel politischer Akteure ist, Resonanzen zu erzeugen (zur Kritik daran: Marx Ferree 2003). Nicht nur am Beispiel der europäischen Protestmobilisierung wird jedoch deutlich, dass die Artikulation politischen Widerspruchs ein wichtiges Feld ist, dessen Effekte nicht von vornherein durch die Begrenzung des untersuchten Akteursfeldes ausgespart werden sollten. Drittens ist die Frage nach Selbstorganisierung und Repräsentation für die Analyse politischer Mobilisierungen im Konfliktfeld irregulärer Migration zu relevant, um auf die Ebene der advokatorischen Interessenvertretung reduziert zu werden.

Für irreguläre Migration bildet sich langsam ein aus MigrantInnen-, Menschenrechts- und Flüchtlingsorganisationen sowie einigen Einzelpersonen in der Kommission und im Europaparlament bestehendes *advocacy*-Netzwerk heraus. Vereinzelt werden die Probleme illegalisierter MigrantInnen auch von Selbstorganisierungen von MigrantInnen aufgegriffen bzw. organisieren sich illegalisierte MigrantInnen auf überregionaler Ebene selbst. Die Selbstorganisierungen im europäischen Rahmen bleiben jedoch sporadisch und die Partizipationsbedingungen sind nicht günstig. Aber auch lokale Organisationsprozesse haben oft eine europäische Dimension und sind insofern Teil europäischer Protestmobilisierung (vgl. Imig/Tarrow 2001b: 32).

Migrationspolitische NGOs in der EU

Um das migrationspolitische Akteursfeld zu differenzieren, unterscheide ich im nicht-staatlichen Sektor zwischen 1. den großen europäischen Dachverbänden und Netzwerken, 2. kleineren europäischen Netzwerken, 3. christlichen Organisationen, 4. internationalen NGOs und Gewerkschaften, 5. *Think Tanks*, ExpertInnennetzwerken und Informationsdienstleistern, 6. autonomen antirassistischen Netzwerken und 7. Selbstorganisationen von MigrantInnen und Flüchtlingen.

Die großen europäischen Dachverbände und Netzwerke

Europäische Dachverbände und Netzwerke weisen keine einheitliche Mitglieder- und Organisationsstruktur auf, auch nicht, wenn sie durch die Europäische Kommission ins Leben gerufen wurden, wie das *European Union Migrants Forum* (EUMF)[1], die *European Women's Lobby* (EWL) oder das *European Antiracist Network* (ENAR). Charakteristisch ist zudem, dass die großen bzw. lobbypolitisch orientierten Dachverbände und Organisationen zumeist ihren Hauptsitz in Brüssel, viele der kleineren Netzwerke hingegen in Amsterdam oder London haben.

Der Europäische Flüchtlingsrat *(European Council for Refugees and Exiles,* ECRE) ist ein 1974 gegründeter Dachverband von NGOs in dreißig europäischen Ländern. ECRE hat seinen Sitz in London sowie ein Büro in Brüssel. Hauptaufgabe ist die Beobachtung, Analyse und Kommentierung der Asyl- und Migrationspolitik der EU. Dabei fühlt sich ECRE dem Ziel einer humanen und großzügigen Asylpolitik verbunden.

---

1 Auf das EUMF gehe ich an dieser Stelle nicht näher ein, da es nur bis Ende 2000 bestand (vgl. aber Kapitel »Selbstorganisation und Repräsentation«).

ECRE ist eine wichtige Informationsquelle für viele NGOs. Die 73 Mitgliedsorganisationen bei ECRE sind Flüchtlingsunterstützungs- und Beratungsorganisationen, Flüchtlingsselbstorganisationen sind nicht vertreten, jedoch arbeiten in den Mitgliedsorganisationen Personen mit einem Flucht- oder Migrationshintergrund (vgl. Abbildung 17).

Das 1992 gegründete antirassistische Netzwerk *UNITED for Intercultural Action – Europäisches Netzwerk gegen Nationalismus, Rassismus, Faschismus und zur Unterstützung von Migranten und Flüchtlingen* (UNITED) hat seinen Sitz in Amsterdam. Es ist in kaum einer wissenschaftlichen Veröffentlichung – anders als ENAR, ECRE oder die EWL – erwähnt und kaum lobbypolitisch tätig. Dies liegt vor allem an der basisorientierten Ausrichtung. Als einziger der großen Dachverbände und Netzwerke artikuliert UNITED ein deutlich oppositionelles Verhältnis zur europäischen Migrationspolitik (UNITED 2005). Von UNITED wird regelmäßig die Zahl der Todesfälle, die im Zusammenhang mit der europäischen Migrationspolitik stehen, veröffentlicht (UNITED 2004). Bei UNITED sind mehr als 550 Organisationen aus 49 europäischen Ländern Mitglied, davon zehn Prozent MigrantInnen- und Flüchtlingsselbstorganisationen (vgl. Abbildung 19). Darunter sind viele Gruppen afrikanischer *communities*, aber nur wenige türkische und keine kurdischen Gruppen, nur eine lateinamerikanische Organisation, dafür aber Gruppierungen, die in den anderen Netzwerken nicht vertreten sind, z.B. Vernetzungen von Illegalisierten.

Das 1998 von der Europäischen Kommission ins Leben gerufene *Europäische Antirassismusnetzwerk* (ENAR) betreibt vor allem Lobbyarbeit, begleitet die Implementation von antirassistischen Aktivitäten und gesetzlichen Regelungen (Egenberger 1999: i) und befasst sich zunehmend auch mit Migrationsthemen. ENAR gilt als von der Europäischen Kommission eingesetzte und finanzierte konkurrierende Gründung zu UNITED, u.a. da sich UNITED zu wenig lobbypolitisch betätigte und die positive Bezugnahme auf die EU fehlte. In den Mitgliedsstaaten der EU gibt es 568 assoziierte Gruppen und Organisationen, davon knapp ein Viertel Selbstorganisationen (vgl. Abbildung 18).

In der *European Women's Lobby* (EWL) gibt es gute Thematisierungsbedingungen für migrationsbezogene Fragen, jedoch kaum eine Beteiligung von Migrantinnen. Der 1990 gegründete europäische Dachverband der Frauenorganisationen hebt in den Statuten die Relevanz von Migrantinnen hervor (EWL 1995: 5), auf der ersten Generalversammlung waren von siebzig Delegierten jedoch nur zwei Migrantinnen (EWL 1995: 40). Diese Diskrepanz wurde vor allem von der Mitgliedsorganisation *European Forum of Left Feminists* thematisiert (vgl. Williams 2003). Infolgedessen entstand die Studie »Confronting the Fortress.

Black and Migrant Women in the European Union« (EWL 1995), die Mitte der 1990er einen wichtigen Beitrag zur Situation von Migrantinnen in der EU darstellte und bestehende Selbstorganisierungen sichtbar machte. Die geringe Vertretung von Migrantinnen ist strukturell durch die Organisationsform bedingt. Jeder EU-Mitgliedsstaat hat eine begrenzte Anzahl an Mitgliedsorganisationen, es gibt drei unterschiedliche Mitgliedsarten: Die Regel ist die Alleinvertretung durch einen nationalen Dachverband (in Deutschland der *Deutsche Frauenrat*), während in Ländern wie Belgien, Großbritannien oder den Niederlanden verschiedene (bis zu vier in der Praxis) Organisationen und Dachverbände Mitglied der EWL sind und eher die Pluralität abbilden können. Des Weiteren sind Frauenverbände Mitglied, die auf europäischer Ebene organisiert sind. Neben den Mitgliedsorganisationen gibt es korrespondierende Mitglieder, darunter fünf Migrantinnenorganisationen.

Strukturell werden große Netzwerke in der EU von der Kommission deutlich besser gefördert als kleinere. So hat es 1999 bedingt durch den Rücktritt der Santer-Kommission eine nachhaltige Umstrukturierung auch der finanziellen Förderung für NGOs gegeben, die sich auf das Verhältnis innerhalb der NGO-Szene auswirkt: »Während wir jahrelang kleine Initiativen an der Basis gefördert haben, konzentrieren wir uns jetzt fast ausschließlich auf die Finanzierung von großen transnationalen Kooperationsprojekten zum Austausch von guten Erfahrungen« (Wellinghoff-Salavert 1999: 14, vgl. Fußnote 9, S. 166), nicht zuletzt um den »europäischen Mehrwert« effektiver zu steigern. Für die Förderung von migrations- und frauenbezogenen Projekten hat es um 1999 herum weitere Veränderungen gegeben. Zum einen wurden migrationsrelevante Haushaltslinien, für die bis 1999 allein die Generaldirektion Beschäftigung und Soziales zuständig war, neu verteilt. Die Zuständigkeit für die Integration von Flüchtlingen beispielsweise ging über auf die Generaldirektion Justiz und Inneres. Auch der Antidiskriminierungsartikel 13 des Amsterdamer Vertrags veränderte die Förderrichtlinien. Anträge müssen nun die Bekämpfung von mindestens zwei Diskriminierungsformen (Geschlecht, Rasse, ethnische Herkunft, Religion, Glaube, Behinderung, Alter und sexuelle Orientierung) beinhalten (der geschlechtsspezifische Bereich erhielt einen Sonderstatus, der auf die relative Stärke von Frauenorganisationen zurückzuführen ist); allein antirassistische Projekte hatten es fortan schwieriger.

Kleinere europäische Netzwerke

Im Themenfeld irregulärer Migration arbeiten vor allem zwei kleinere europäische Netzwerke, RESPECT – *European network of migrant do-*

mestic workers (RESPECT) und die *Platform for International Cooperation on Undocumented Migrants* (picum).

RESPECT steht für *Rights, Equality, Solidarity, Power, Europe Cooperation Today* und ist ein europäisches Netzwerk zur Unterstützung von Migrantinnen, die in privaten Haushalten arbeiten. Es wurde 1998 von der gewerkschaftsnahen NGO *Solidar* aus Brüssel und der britischen NGO *Kalayaan* initiiert. Mitgliedsorganisationen gibt es in den meisten (west-)europäischen Ländern. Mitglieder sind selbstorganisierte Haushaltsarbeiterinnen, MigrantInnenorganisationen, Beratungsstellen und Unterstützungsorganisationen, beispielsweise *Kalayaan* und *Waling-Waling* aus Großbritannien, die philippinische Organisation KASAPI aus Griechenland, die dominikanische Frauenorganisation *Voluntariado Madres Dominicanas* (Vomade) aus Spanien, das *Philippine Women's Network* BABAYLAN, *Donne Nel Mundo*, die Gewerkschaft *Federazione Italiana Lavoratori Commercio Turismo e Servizi* (FILCAMS-CGIL) aus Italien und das deutsche RESPECT-Netzwerk mit diversen Mitgliedsorganisationen. Schwerpunkt der Arbeit ist der Austausch von Informationen und Organisierungsmöglichkeiten sowie die Durchführung von Kampagnen und Lobbying. Der regelmäßige Austausch und einige europäische Aktivitäten kamen 2002 mit dem Auslaufen der Förderung durch das DAPHNE-Programm der Europäischen Kommission zum Stillstand, so dass die Aktivitäten vor allem auf lokaler und nationaler Ebene fortgeführt werden. Die Mitgliedsorganisationen verstehen sich aber weiterhin als Teil eines europäischen Netzwerkes.

Picum ist der einzige NGO-Dachverband in der EU, der sich ausdrücklich für soziale Rechte und Menschenrechte von illegalisierten MigrantInnen einsetzt. *Picum* zählt 75 Mitgliedsorganisationen und knapp 90 Individualmitglieder aus rund 20 Ländern, schwerpunktmäßig aus Belgien, den Niederlanden, Deutschland, Spanien und Großbritannien (www.picum.org, Stand: 4.6.2006). Die Mitglieder kommen aus dem kirchlichen Spektrum, von Flüchtlingsräten, Menschenrechtsorganisationen und MigrantInnenberatungsstellen. Die Anzahl von MigrantInnenselbstorganisationen ist mit etwa fünf sehr gering, davon fast alle philippinischer Herkunft. Die Mitgliedszahl nahm in den letzten Jahren kontinuierlich zu, so gab es 2004 erst 41 Mitgliedsorganisationen und 55 Individualmitglieder. Dies ist eine Entwicklung, die bei den anderen Dachverbänden nicht zu verzeichnen ist. Sie hat mit der steigenden Bedeutung von irregulärer Migration allgemein sowie auch für klassische (Flüchtlings-)Organisationen zu tun. Die Fokussierung auf Illegalisierung wurde im Jahr 2000 von den Gründungsmitgliedern bewusst gewählt weil es bereits viele europäische Initiativen im Bereich der Flüchtlingsarbeit, nicht aber für illegalisierte MigrantInnen gab (Interview *pi-*

cum, 23.7.2001). *Picum* arbeitet vor allem zum Recht auf Gesundheit, Bildung und Wohnung für irreguläre MigrantInnen (vgl. picum 2001, 2002, 2003a, 2003b) sowie zur Erwerbsarbeit (Le Voy/Verbruggen/Wets 2004) und der rechtlichen Legalisierung.

Christliche Organisationen

Eine Reihe christlicher Organisationen sind in Brüssel im Migrationsbereich tätig. Finanziell sind diese Organisationen unabhängiger als die großen Dachverbände oder kleineren Netzwerke und *think tanks*, die von der Projektförderung der EU leben. Am profiliertesten ist *The Churches Committee for Migrants in Europe* (CCME), die seit fast dreißig Jahren Impulse setzen.[2] Seine Haupttätigkeit ist professionelle Lobbypolitik und Monitoring gegenüber Kommission und Parlament. CCME versucht bei der Repräsentation ein Gleichgewicht zwischen Frauen und Männern sowie zwischen MigrantInnen oder ethnischen Minderheiten und Nicht-MigrantInnen zu wahren (EWL 1995: 39). Der *Jesuit Refugee Service* (JRS) ist eine internationale katholische Organisation mit einem Büro in Brüssel. In Großbritannien und Deutschland hat er sich durch das starke (wissenschaftliche) Engagement im Bereich irregulärer Migration sowohl in der Migrationsforschung wie in der MigrantInnen- und Flüchtlingssozialarbeit einen Namen gemacht (vgl. die vielbeachtete Studie »Illegal in Deutschland«, Alt 1999).[3]

Internationale NGOs und Gewerkschaften

Einige der großen, international operierenden NGOs engagieren sich in der EU im Rahmen ihres Mandats für (irreguläre) MigrantInnen, das Gleiche gilt für Gewerkschaften.

Die Menschenrechtsorganisation *Anti-Slavery International*, gegründet 1893, legt den Schwerpunkt der europäischen Lobbyarbeit unter

---

2   CCME beteiligte sich beim Aufbau des Europäischen Migrantenforums. Jan Niessen, einflussreicher NGO-Vertreter in Brüssel, war lange Generalsekretär von CCME und wechselte zur *Migration Policy Group*. CCME produzierte viele Jahre das nun von der *Migration Policy Group* herausgegebene *Migration News Sheet*.

3   Weitere christliche Organisationen sind die *International Catholic Migration Commission*, die seit gut 50 Jahren vor allem im Bereich erzwungener Migration und als Hilfsorganisation für Vertriebene und Flüchtlinge arbeitet. Die *Commission of the Catholic Bishops' Conferences of the European Community* umfasst die Bischöfe der EU-Mitgliedsstaaten und arbeitet u.a. zu Migrationsfragen, ebenso das *Quaker Council for European Affairs*.

anderem auf Frauen- und Menschenhandel, worunter auch bestimmte Formen der bezahlten Verrichtung von Hausarbeit durch Migrantinnen *(domestic slavery)* gezählt werden.

Amnesty International (ai) hat eine eigene EU-Sektion in Brüssel, deren Mitglieder die ai-Sektionen in den Mitgliedsstaaten der EU sind (ai 2002b). *Human Rights Watch* (HRW), 1978 als *Helsinki Watch* gegründet, ist eine der größten Menschenrechtsorganisationen weltweit und hat seit 1994 ein Sekretariat in Brüssel. Bezogen auf die EU stehen die Menschenrechte von MigrantInnen und Flüchtlingen sowie die Entwicklung der EU-Asyl- und Migrationspolitik im Mittelpunkt der Arbeit (HRW 2002). Von *Amnesty International* unterscheidet sich *Human Rights Watch* in der Struktur und der thematischen und strategischen Ausrichtung: Während ai eine Massenmitgliedsorganisation ist, deren Mobilisierungserfolge auf dem Engagement der Mitglieder beruhen, versucht *Human Rights Watch* medialen, diplomatischen und ökonomischen Druck auf die menschenrechtsverletzenden Staaten zu organisieren. *Human Rights Watch* hat deutlich weniger Mitglieder als ai und beteiligt bzw. initiiert breitere Bündnisse. Zudem hat *Human Rights Watch* einen weiteren thematischen Rahmen als ai und befasst sich auch mit Diskriminierung, Zensur oder der Einschränkung von Bürgerrechten.

Bei den in Brüssel vertretenen Gewerkschaftsdachverbänden *International Confederation of Free Trade Unions* (ICFTU) und *European Trade Union Confederation* (ETUC) gibt es für Migrationsfragen jeweils einen zuständigen Fachbereich. Gekoppelt ist der Bereich an die Frauenpolitik der Gewerkschaften. In den Gewerkschaften ist es schwieriger, die Rechte irregulärer MigrantInnen zu thematisieren als beispielsweise Probleme der Diskriminierung (vgl. Kapitel »Gewerkschaften als Bündnispartner für irreguläre MigrantInnen?«).

Think Tanks, ExpertInnennetzwerke und Informationsdienstleister

Es gibt eine enge Verzahnung zwischen europäischen *Think Tanks*, ExpertInnennetzwerken und Informationsdienstleistern. Das Selbstverständnis der in dieser Gruppe zusammengefassten Organisationen ist sehr unterschiedlich, es reicht von der Bereitstellung nachgefragter bis zur Versorgung mit kritischen Informationen und Analysen, die der EU-Politik skeptisch bis ablehnend gegenüber stehen. Als *Think Tank* verstehen sich über diesen Kreis hinaus zwischenstaatliche Organisationen wie der *United Nations High Commissioner for Refugees* (UNHCR), die *International Organisation for Migration* (IOM) oder das *International Centre for Migration Policy Development* (ICMPD). Das Büro des UN-

HCR ist in erster Linie für Lobbyarbeit gegenüber der EU und nicht für die logistische Unterstützung von Flüchtlingen zuständig. Es bietet aber eine Plattform für die Koordination von NGOs. Die IOM hat ihren Sitz in Genf und verfügt seit 1951 über ein Büro in Brüssel. Die IOM ist sowohl im *policy-* als auch im operationellen Bereich tätig (bspw. mit einem Büro im Flüchtlingslager Sangatte). Von anderen Akteuren wird die IOM zum Teil als »schwerfällig« bezeichnet, der amerikanische Direktor sorge zudem für Vorbehalte, da dieser eventuell seine Kontakte in die Kommission nutze um die Politik der EU »auszuspionieren« (anonymisierte Gesprächsnotiz mit leitendem EU-Beamten). Das ICMPD ist eine 1993 gegründete zwischenstaatliche Organisation (25 Mitgliedsstaaten) mit Hauptsitz in Wien. 2000 erhielt es einen diplomatischen Status. Das Brüsseler Büro wird ehrenamtlich von einem ehemaligen hohen Beamten des Ministerrats der EU geführt. Dieser war von 1997 bis 2002 Direktor des Haushalts und zwischen 1994 und 1997 Abteilungsdirektor für Asyl, Immigration, Visa und Außengrenzen (ICMPD-Pressemitteilung, 28.6.2002). Das ICMPD erstellt Expertisen und unterstützt die Migrationspolitik von Regierungen: »Humane migration policies cannot exist without enforcement measures such as the repatriation of rejected asylum seekers, or without efficient border control and other migration-regulating instruments. ICMPD actively supports the improvement of such measures« (www.icmpd.org, 21.7.2002).

Die *Migration Policy Group* (MPG) ist eine *think-tank-* und Lobbyorganisation mit Sitz in Brüssel (MPG 2002). Die MPG, insbesondere ihr Direktor Jan Niessen, ist ein Knotenpunkt vieler formeller und informeller Netzwerke. Niessen führte wichtige Expertisen durch und war an NGO-Neugründungen (bspw. dem ENAR-Netzwerk als Interimsdirektor) und Vernetzungsinitiativen (z.B. der *Starting Linie-*Initiative) beteiligt. Er verfügt über gute Kontakte in die EU-Institutionen hinein. Insofern ist die MPG eine wichtige Schnittstelle zwischen NGOs und EU-Institutionen. Das *Migration News Sheet – Monthly Information Bulletin on Immigrants, Refugees and Ethnic Minorities* (MNS) wird von der MPG herausgegeben und gehört zu den wichtigsten Informationsquellen für NGOs, WissenschaftlerInnen und politische und bürokratische FunktionsträgerInnen. Von 1991 bis 1999 gab es ein kritischeres Pendent zum MNS, den *Fortress Europe? – Circular Letter.* Dieser enthielt Nachrichten und Analysen entlang der Themen Polizei und Justiz, Asyl und Migration, Menschenrechte oder Datenschutz (www.fecl.org/circular, 11.11.2004).

Statewatch ist eine 1991 gegründete kleine, aber angesehene in London ansässige NGO von AnwältInnen, AkademikerInnen, JournalistInnen und BasisaktivistInnen, die aufmerksam die europäischen Entwicklungen vor allem im Bereich von Bürgerrechten und Polizei, Sicherheitsdiensten und Überwachung verfolgt. *Statewatch* kooperiert vor allem mit bürgerrechtsorientierten Abgeordneten, insbesondere aus dem Ausschuss für bürgerliche Rechte und Freiheiten im Europaparlament. *Statewatch* hat verschiedene Auszeichnungen für seine Arbeit zu Datenschutz, Recherchearbeit zu in der EU geheim verhandelten Themen und den Einsatz für die Zugänglichkeit von EU-Dokumenten erhalten.

Autonome europäische antirassistische Netzwerke

Antirassistische Gruppen, die vor allem auf lokaler Ebene aktiv sind und die nicht in die großen europaweiten Netzwerke eingebunden sind, vernetzen sich ebenfalls zunehmend im europäischen Rahmen, allerdings ohne durch die EU-Kommission bereit gestellte Ressourcen.

Das antirassistische *noborder*-Netzwerk hat seinen Ursprung in der Protestmobilisierung gegen den europäischen Gipfel im Oktober 1999 in Tampere. Unter dem Motto »more control, more exclusion, more deportations« (noborder 1999) demonstrierten antirassistische Gruppen aus der EU in Tampere, zeitgleich fanden in acht europäischen Ländern Demonstrationen und Aktionen gegen den Gipfel in Tampere statt. Auf Basis dieser Erfahrungen und einem zugleich ansteigenden Interesse an einer grenzüberschreitenden antirassistischen Praxis fand das erste *noborder*-Treffen im Dezember 1999 mit Gruppen aus Frankreich, Italien, Großbritannien, den Niederlanden, der Schweiz, Dänemark, Belgien und Deutschland in Amsterdam statt. Auf dem zweiten Treffen, das im Juni 2000 in Polen stattfand, kamen Gruppen aus Polen, der Ukraine und Spanien hinzu. Die Aktivitäten des Netzwerks werden durch regelmäßige europäische Treffen sowie eine interne und eine offene Emailliste koordiniert. Zwei Kampagnen sind aus den Aktivitäten des Netzwerkes heraus entstanden: zum einen die *Deportation-Class*-Webseiten[4], welche Protestaktionen gegen Fluglinien zusammenführen, die Abschiebungen durchführen, und zum anderen die Serie von Grenzcamps[5], vor allem entlang europäischer Außengrenzen. Die Grenzcamps stellen eine Mischung aus politischem Kongress, Aktionscamp und Demonstration dar. Im Sommer 2002 hat zum ersten Mal ein europäisches *noborder*-Camp in Straßburg/Frankreich stattgefunden.

---

4   Vergleiche www.deportation-class.com (27.10.2004).
5   Vergleiche www.noborder.org (27.10.2004).

Die Selbstorganisierung von MigrantInnen

Es gibt eine Reihe von europäischen Dachverbänden und Netzwerken, Flüchtlings- und MigrantInnengruppen sowie frauenspezifischen Netzwerken. Die meisten sind entlang nationaler, regionaler (z.b. Afrika, Lateinamerika) oder ethnischer Herkunft organisiert. Darüber hinaus gibt es multinationale Zusammenschlüsse, deren Gemeinsamkeit Erfahrungen als MigrantInnen sind, die von einer religiösen Weltanschauung geleitet sind oder ein thematisches Interesse verfolgen. Weiterhin gibt es Formen des politischen, transnationalen Engagements von (irregulären) MigrantInnen, die außerhalb formaler Kontexte verlaufen. Die meisten der Selbstorganisationen haben ihren Sitz außerhalb von Brüssel und die lobbypolitische Einflussnahme auf Institutionen der EU ist nicht ihr Schwerpunkt, sondern die Bündelung von Aktivitäten und die Vernetzung zwischen und innerhalb der *communities*. Von den einschlägigen Darstellungen zur europäischen Migrationspolitik und der Interessenvertretung nicht-staatlicher Akteure werden diese Netzwerke selten wahrgenommen. Wie bereits ausgeführt, stellt diese Nichtwahrnehmung eine Blindstelle dar, die wichtige Akteure und inhaltliche Positionen ausblendet. Im Folgenden greife ich exemplarisch zwei organisatorische Zusammenschlüsse heraus, die erstens die Unterschiedlichkeit der Organisierungsformen und des europäischen Bezugs verdeutlichen und zweitens für die im weiteren Verlauf der Arbeit intensiv bearbeiteten Fallbeispiele Sangatte‹ und das ›RESPECT-Netzwerk‹ von besonderer Bedeutung sind. Im ersten Fall handelt es sich um philippinische MigrantInnen in Europa, die über ein ausdifferenziertes, mehrere Jahrzehnte bestehendes und transnational verankertes Netzwerk verfügen. Der zweite Fall befasst sich mit MigrantInnen ohne bzw. mit prekärem Aufenthaltsstatus, deren Vernetzung vergleichsweise neu und ungefestigt ist.

Die Selbstorganisierung von philippinischen MigrantInnen

Die Vernetzung der philippinischen *community* ist neben der türkischen und kurdischen in Europa diejenige, die am stärksten ausdifferenziert und vernetzt ist und deren Aktivitäten gut dokumentiert sind.[6] Die Ver-

---

6 So gibt das *Komite ng Sambayanang Pilipino (Philippine-European Solidarity Centre* (PESC-KSP), bis 1997: *Philippine Solidarity Network in Europe*, www.philsol.nl) vierteljährlich die Zeitschrift *The Philippines International Review* (www.philsol.nl/pir/AAA.htm, 1.1.2004) heraus. Weitere Dokumentationen werden von *Babaylan* oder der *Commission for Filipino Migrant Workers* (CFMW) erstellt.

netzung wird getragen von Personen, die schon lange in der EU leben. Die Situation und Organisierung illegalisierter Filipinos und Filipinas wird aber auch aktiv mit einbezogen. Dies ist unter den Selbstorganisationen von MigrantInnen nicht selbstverständlich, da sie oft von Personen mit einem gesicherten Aufenthaltsstatus getragen werden oder – etwa bei kurdischen Organisationen – politische Verfolgung und Asylpolitik thematisieren. Ein Kennzeichen der philippinischen Organisierung ist die starke transnationale Ausrichtung, die von einem Selbstbewusstsein als philippinische ÜberseebürgerInnen und zugleich als Teil der MigrantInnen in Europa geprägt ist:

»Together with the 7 million Filipino Diaspora, spread throughout 146 countries in all continents of the globe, we are an integral and significant sector of the Filipino people. We see ourselves as part of the 16 million black and ethnic migrant, immigrant and refugee communities in Europe« (Filipino Migrant Agenda 1999: 1).

Auf einer europaweiten Konferenz in Athen wurde 1997 eine »*Filipino Migrant Agenda in Europe*« (Filipino Migrants 1997) verabschiedet. Diese Agenda macht den transnationalen Ansatz deutlich, da die Forderungen sich sowohl auf die Europäische Union wie auf die Philippinen beziehen. Gefordert werden in der EU die Liberalisierung der EU-Migrationspolitik, die Regularisierung illegalisierter MigrantInnen, der Kampf gegen Rassismus gemeinsam mit allen anderen in Europa lebenden MigrantInnen und Flüchtlingen, der Kampf gegen Menschenhandel, die Ratifizierung und Implementierung internationaler migrationsbezogener Konventionen (der UN und der ILO) und die finanzielle Förderung von Projekten durch die EU. Auf den Philippinen soll beispielsweise das Wahlrecht und die Selbstrepräsentation von philippinischen MigrantInnen, das Doppelbesteuerungsverbot sowie eine Ausweitung des Staatsbürgerschaftskonzepts zur Doppelten Staatsbürgerschaft erreicht werden (Filipino Migrant Agenda 1999: 2f.).[7]

Das in Utrecht ansässige *Philippine-European Solidarity Centre* (PESC-KSP 2004b) ist einer der Knotenpunkte in der europäisch-philippinischen Vernetzung der zum Teil auch konkurrierenden Organisatio-

---

7   Weltweit gibt es ebenfalls aktive philippinische Netzwerke wie *Migrante International* (www.migrante.org) und *EMPOWER – Global Coalition for the Political Empowerment of Overseas Filipinos*. Ein Ziel war die Erlangung des Wahlrechts und der politischen Repräsentation als MigrantInnen auf den Philippinen (www.philippineupdate.com/vote.htm, 11.11.2004). Nach politischen Kampagnen von philippinischen MigrantInnen weltweit und philippinischen NGOs verabschiedete das Parlament 2003 den »Overseas Absentee Voting Act of 2003 (RA 9189)« (PESC-KSP 2004a).

nen. Entstanden ist es aus der Solidaritätsbewegung gegen die Diktatur Marcos in den 1980er Jahren. Das *Permanent Peoples' Tribunal* bereitete 1980 ein Tribunal gegen Marcos vor. Der Vorbereitungskreis *Komitee ng Samgayanang Pilipino* sowie die *Campaign Against Militarization in the Philippines* setzten ihre Arbeit nach dem Tribunal und nach dem Sturz Marcos fort. Die Ausrichtung wurde hin zur Unterstützung alternativer Projekte verändert. Nach einer langen Phase der informellen Vernetzung wurde 1993 das Netzwerk formalisiert. PESC-KSP hat Mitgliedsgruppen und -personen aus 14 europäischen Ländern. Zu den Partnern gehören andere europäische philippinische Netzwerke und Organisationen wie das kultur- und geschäftsorientierte *Eurokabayan*, das europäische Frauennetzwerk *Babaylan – Philippine Women's Network in Europe*, das *Philippine Seamen's Assistance Program* oder die politisch sehr aktive *Commission for Filipino Migrant Workers*. Mit der langen Tradition der Arbeitsmigration von Filipinas als Krankenschwestern, Pflegekräfte und Haushaltsarbeiterinnen nach Europa, in die USA und den Nahen Osten kann erklärt werden, warum es unter den Partnern viele Frauenorganisationen gibt. Große personelle und organisatorische Überschneidungen zur PESC-KSP gibt es zur *Platform of Filipino Migrant Organisations in Europe*, die sich vor allem für das Wahlrecht von *Overseas Filipinos* auf den Philippinen einsetzt und auf verschiedenen Ebenen Lobbyarbeit betreibt (PESC-KSP 2004a). Die *Commission for Filipino Migrant Workers* (CFMW) ist für die politische Interessenvertretung und Vernetzung in der EU die wohl wichtigste Organisation. Sie ist unter anderem am RESPECT-Netzwerk beteiligt und engagiert sich für irreguläre MigrantInnen. Sie begann ihre Arbeit 1979 in London und Rom und führt seitdem europaweite Konferenzen und Ratschläge durch. Das philippinische Frauennetzwerk *Babaylan*[8] – *Philippine Women's Network in Europe* ist ebenfalls im Kontext der globalen Vernetzung von Filipinas zu sehen. Ziele des Netzwerkes sind der Informationsaustausch, die Ermutigung zur Gründung von Frauengruppen, Lobbypolitik gegenüber der EU sowie die Durchführung von Kampagnen und die Bereitstellung von Ressourcen, Know-How und Informationen (EWL 1995: 43, Bibal 1999).

---

8 *Babaylan* ist der Name von Priesterinnen auf den Philippinen in der vorspanischen Zeit, die *Babaylan* waren Heilerinnen, galten als gesellschaftliche Vorbilder und hatten Leitungspositionen inne (Bibal 1999).

Die Selbstorganisierung irregulärer MigrantInnen

Im Vergleich zur philippinischen Selbstorganisierung sind die europäischen Kontakte zwischen Gruppen illegalisierter MigrantInnen schwach ausgeprägt, instabil und auf wenige gemeinsame Ereignisse beschränkt. Die europäische Vernetzungsinitiative der *Sans-Papiers*-Bewegung *For an Open Europe* kam zustande als die nationale Koordination der französischen *Sans-Papiers* am 27. März 1999 zu einem europaweiten Marsch und einer Konferenz nach Paris einlud (CNSP et al. 1999, Cissé 2002: 174f.). Es waren Gruppen aus Frankreich, den Niederlanden, Belgien, Großbritannien, Italien, der Schweiz, Spanien, Portugal und Griechenland beteiligt. Eine weitere europäische Dimension erhielt die Demonstration durch das Außerkraftsetzen des Schengener Abkommens an der italienisch-französischen Grenze. Aus Anlass der Demonstration wurde in Paris einem Zug, dem »Zug der Bewegungsfreiheit« (Movimiento delle tute bianche/Gli invisibili 1999), mit 3 500 Personen – mit und ohne legalen Grenzübertrittspapieren – der Grenzübertritt verwiegert. Der Aufruf der *Sans-Papiers* richtete sich gegen das Inkrafttreten des Amsterdamer Vertrags und den mit der Harmonisierung verbundenen Folgen für Einwanderung und MigrantInnen (CNSP et al. 1999: 1). Gefordert wurden die vollständige Freizügigkeit, die Legalisierung aller Illegalisierten, der Stop von Abschiebungen sowie die Abschaffung der Doppelbestrafung.[9] Angestrebt wurde auch eine verstärkte Zusammenarbeit auf europäischer Ebene (ebd.). Ob es tatsächlich zu einer größeren europäischen Vernetzung kommen würde, wurde im Aufruf bereits sehr vorsichtig formuliert:

»In several countries of the Union, undocumented immigrants [...] fight for their rights [...]. Couldn't these actions, still geographically scattered, converge to shape a large European movement in defence of foreigners' rights and the legalisation of undocumented immigrants?« (CNSP et al. 1999: 1)

Weitere, kleinere, europäische Treffen fanden 1999 und 2000 statt (Karawane 2000b). Ein neuer Anlauf zur europäischen Koordination wurde im Juli 2002 auf dem ersten europäischen *noborder*-Grenzcamp, das im französischen Straßburg stattfand, unternommen.[10] Gegenüber dem ers-

---

9 Unter Doppelbestrafung wird die in Belgien und Frankreich existierende Praxis verstanden, nach der verurteilte MigrantInnen zunächst die Gefängnisstrafe absitzen müssen und danach abgeschoben werden.
10 Beteiligt waren an dieser Initiative u.a. *The Voice Africa Forum*, die *Karawane für die Rechte der Flüchtlinge und MigrantInnen*, *kein mensch ist illegal* (Deutschland), die *Universal Embassy* (Belgien), *Droits Devant!*, das *Sans-Papiers*-Kollektiv aus Lyon, *Movement Immigration Banlieu* (Frank-

ten Versuch ist neu, dass die Gruppe von *Sans-Papiers* auf Flüchtlinge ausgeweitet wurde, was sich meines Erachtens weniger mit einer generellen politischen Entwicklung denn mit der aktiven Rolle der Flüchtlingsselbstorganisation *The Voice* aus Deutschland erklären lässt. Als loser Zusammenschluss soll der Informationsaustausch und gemeinsame Kampagnen ermöglicht werden (Interview *The Voice*, 26.7.2002). Zu den Forderungen gehören die Legalisierung von *Sans-Papiers*, das Recht auf Bewegungsfreiheit, die Abschaffung von Abschiebehaft, Abschiebungen sowie von prekären und kurzfristigen Aufenthaltstiteln (CSP 69 Lyon/Mouvement Immigration Banlieue/u.a. 2002).

Neben den Grenzcamps haben sich die Europäischen Sozialforen als Austausch- und Koordinationsforum für illegalisierte MigrantInnen und Unterstützungsgruppen entwickelt.[11] Die Europäischen Sozialforen zu nutzen, war zunächst umstritten:

»Many of us were [...] very sceptical [...]. The reason wasn't merely ideological. We just looked back to the first meeting of the World Social Forum in Porto Alegre [...]. Almost all discussion on migration was filtered through the dominant discourse of global economic devastation, which presents the migrants as mere victims. But we had had the experience of Genoa 2001, where the first demonstration was centered upon the issue of migrants' rights« (Tavolo dei migranti for the frassanito-network 2004).

Da es schwierig ist, Menschen ohne legalen Aufenthaltsstatus zu grenzüberschreitenden Treffen zu mobilisieren und die politischen Prioritäten weiterhin auf lokaler und nationaler Ebene gesetzt werden, verläuft die Europäisierung auf drei Wegen: erstens virtuell über Emailverteiler und Internetseiten, zweitens über die Information über und Anteilnahme an politischen Mobilisierungen von Illegalisierten in anderen Ländern und drittens über die Bezugnahme auf verbindende Ereignisse. Diese Ereignisse können in den oben erwähnten Demonstrationen und Kongressen bestehen, zu denen Delegierte entsandt werden oder in Ereignissen wie dem Tod der 20-jährigen nigerianischen Asylbewerberin Sémira Adamu, die im September 1998 bei der Abschiebung aus Belgien erstickte. Sie gilt als »first ›European martyr‹ of the movement« (Guiraudon 2004: 66). Trotz dieser drei Europäisierungsindizien liegt der Schwerpunkt der

---

reich), das *Barbed Wire Network* (Großbritannien), *Syndicat des ouvriers des champs d'Andalousie-Almeria, ninguna persona est illegal* (Spanien) sowie Gruppen aus Italien und den USA.

11 Vergleiche zum Europäischen Sozialforum in Florenz 2002: European Network of Migrants 2003, Assemblée européenne dei migrants 2002; zum Europäischen Sozialforum in Paris 2003: Gisti 2003, CNSP et al. 2003; zum Europäischen Sozialforum in London 2004: noborder 2004.

Mobilisierung von irregulären MigrantInnen aufgrund der TrägerInnenschaft der Bewegung und der Art der Konflikte – Forderung nach einer nationalen Legalisierung, lokale Auseinandersetzungen – weiterhin auf lokaler und nationaler Ebene.

Die beiden Beispiele der europäischen Selbstorganisierung von MigrantInnen verdeutlichen, dass unter anderem drei Faktoren die Möglichkeiten der Organisierung und die Artikulationsfähigkeit beeinflussen: der rechtliche Aufenthaltsstatus, die Aufenthaltsperspektive in einem Land und die Existenz von gewachsenen Strukturen der Selbstorganisierung.

Lobbypolitische Elitenmobilisierung

»New Euro-entrepreneurs« (Favell 1998: 12) – eine Hand voll Personen in nur wenigen NGOs – versuchen über Lobbypolitik Einfluss zu erlangen. Sie stehen oft in einem gegenseitigen Konkurrenzverhältnis um Ressourcen und Zugang zu EntscheidungsträgerInnen. Damit stellen sich Fragen nach Schließungsmechanismen und die Folgen, die eine auf Lobbypolitik gerichtete Politik hat.[12]

Eine Unterscheidung in Handlungstypen erlaubt es, Dynamiken und Strukturprinzipien der europäischen Lobbypolitik zu erkennen. Christian Lahusen und Claudia Jauß führen zwei Unterscheidungen ein: zum einen verschiedene Handlungstypen (pro- und reaktives Handeln sowie konstruktives und destruktives) (Lahusen/Jauß 2001: 93-98) und zum anderen kurze und lange Zyklen (ebd.: 168-172). Proaktives und frühzeitiges Handeln gilt als goldene Regel der Interessenvertretung, da insbesondere die in der Europäischen Kommission vollzogene komplizierte Erarbeitung von Vorschlägen, die möglichst viele gegenläufige Interessen bereits integriert, in einem sehr frühen Stadium auf Informationen, Ideen und Positionsbestimmungen angewiesen – und folglich offen – ist. Ferner ist die normative Maxime des proaktiven Handelns nicht zu unterschätzen, es gilt als konstruktiv, reaktives hingegen als destruktiv.

---

12 Es würde zu weit führen, näher auf die Diskussion um verbandliche Interessenvermittlung, Interessenvertretung und Lobbypolitik einzugehen, die lange vehement in der Korporatismus- und Verbändeforschung ausgetragen wurde (vgl. Streeck 1994 für die BRD, für die durch die europäische Integration aufgeworfenen Fragen Eising/Kohler-Koch 1994). Es wird unterschieden zwischen dem interessegeleiteten und ggf. in Auftrag gegebenen Lobbying und der Interessenvermittlung durch VerbandsvertreterInnen. Die politische und akademische Diskussion ›Korporatismus versus Pluralismus‹ hat allerdings in den letzten Jahren an Schärfe verloren.

Konstruktives, gestaltendes und in die Zukunft gerichtetes Handeln scheint dem tieferliegenden Zweck der Europäischen Integration[13] zu dienen, während defensives Lobbying einen verhindernden, konservativen Charakter hat. Diese Dynamik hat nachhaltige Folgen für die Politik der Verbände und Lobbyorganisationen: Interessengruppen werden in eine »proaktiv-konstruktive Mitarbeit hineingezogen, auch wenn dies ihren eigenen Zielen widerspricht. Denn sie müssen nun konstruktiv an Gesetzen mitarbeiten, die sie eigentlich zu verhindern suchen« (Lahusen/Jauß 2001: 97). Obwohl reaktives bzw. destruktives Lobbying die deutlich schlechtere Option für InteressenvertreterInnen ist, hat sie im politischen Alltag einen hohen Stellenwert, weil nicht alle eine Organisation interessierenden Themen proaktiv behandelt werden können. Lange Zyklen bauen auf einem stabilen, durch einen geteilten Habitus charakterisierten Netzwerk zwischen AdressatInnen und Interessenverbänden auf.[14] Kurze Zyklen, die einen Großteil der Interessenvertretung – nicht nur kleiner Netzwerke und Organisationen – ausmachen, sind gekennzeichnet durch punktuelle Eingriffe in laufenden *policy*-Prozessen.

Auf Institutionen gerichtete Bewegungspolitiken in der Europäischen Union sind von diesen Dynamiken bestimmt. Das Selbstverständnis hat – in Kombination mit einem exklusiven Habitus – die Abwertung bestimmter Politiken zur Folge, die grundsätzliche Kritik formulieren oder keine Handlungs- und Lösungsoptionen anbieten können oder wollen.

Eine weitere Form der Regulierung der europäischen Interessenlandschaft ist – neben dem Zugang zu Ressourcen – die des Dazugehörens bzw. des Ausschlusses. Ein bestimmter Habitus bzw. der ›*Brüsseler Cocktail Circuit*‹ weisen sehr spezifische Charakteristika auf. Dieser Ein- und Ausschluss trifft sowohl auf die Position zu, die man gegenüber den Institutionen erlangen kann, als auch innerhalb der NGO-*community*. In

---

13 Dies wurde etwa in einem der geführten Interviews deutlich: »Wir sind gerne gesehen bei der Kommission, weil wir gute Europäer sind [...]. [Mein] Background bürgt dafür, dass da eine gewisse europäische Note in den Vorhaben drin ist« (Interview Harnier, 31.7.2002).

14 »Da kann man auch eine *tour de raison* machen, nicht nur die kurzfristigen Dinge [...]. Dann wird klar, durch die Erweiterung der EU wird es Verlagerungen geben, was noch vor fünf Jahren schrecklich marode Grenzen zwischen Drittstaaten waren, werden jetzt EU-Außengrenzen werden [...]. Es ist also wichtig [...], nicht nur zu ahnen wo der Trend hingeht, [...] sondern ein bisschen konkreter zu hören, die Franzosen sagen so schön *Un homme aventeux sont vous deux*, ein gewandter Mann ist zwei Männer wert. Sozusagen, so ein bisschen unter diesem Gesichtspunkt sehe ich meine Aufgabe hier« (Interview Harnier, 31.7.2002).

der gibt es ähnlich implizite Regeln der Anerkennung und des Ausschlusses von Informationen und Kontakten. Kritischere Organisationen sowie MigrantInnenselbstorganisationen sind am ehesten von diesen Ausschlüssen betroffen. Lobbypolitik enthält als wesentlichen Bestandteil Interaktionen zwischen UnionsbeamtInnen, Gespräche »auf gleicher Augenhöhe«, von »Mann zu Mann« (Interview Harnier, 31.7.2002). Die Kenntnis von informellen Spielregeln, insbesondere in Verwaltungen, ist ein Schlüssel zum Erfolg, die man durch die schrittweise Eingliederung in die Verwaltung und – immer noch – die verwaltungsinternen Männerbünde erfährt. Entlang von Symbol- oder Zeichensprache, Ritualen und Verhaltensweisen, welche nur diejenigen verstehen und decodieren können, die mit den gleichen Wahrnehmungskategorien ausgestattet sind, funktionieren Ein- und Ausschlüsse. Daraus folgt auch, dass diejenigen, deren Handeln nicht den impliziten Regeln folgt, als unberechenbar oder sogar als Bedrohung wahrgenommen werden. So diagnostiziert Birgit Sauer für die EU-Institutionen einen dreifachen Maskulinismus (Sauer 2001). Mit »positionalem Maskulinismus« ist die quantitative Überzahl von Männern in allen EU-Institutionen gemeint; die Verwaltungs- und Institutionenkultur ist von einer korrespondierenden »versachlichten Männlichkeit« (anschließend an die Begrifflichkeit von Max Weber) geprägt; der »Policy-Maskulinismus« schließlich führt zu einer Bevorzugung von Männern in und durch EU-Politiken. In der Kommission nimmt die homosoziale Vergemeinschaftung eine wichtige Rolle ein und führt laut Sauer dazu, dass das »Ähnliche« reproduziert wird. Auch MigrantInnen sind von ähnlichen – vor allem auf Klasse und nationaler Zugehörigkeit beruhenden – Ausschlussprozessen betroffen, allerdings nicht ungebrochen, da die europäische Bürokratie multikulturell zusammengesetzt ist und sich in dieser Hinsicht von den meisten nationalen bürokratischen Kulturen unterscheidet.

Die Charakteristika und Dynamiken von Lobbypolitik in der Europäischen Union können mit Bob Jessop als strukturell selektiv bezeichnet werden. Ihre Strukturen und Arbeitsweisen sind nämlich für einige politische Strategien offener als für andere (Jessop 1990: 260). Resultierend aus der gesellschaftlichen Kontextstruktur und den Ausschlussmechanismen, die hinsichtlich der AkteurInnen wirken, sind sowohl Anliegen von illegalisierten MigrantInnen wie auch MigrantInnenorganisationen strukturell gegenüber anderen Themen und AkteurInnen benachteiligt.

Ausklammerung der Zugangsfrage

Wie positionieren sich nun die europäischen nicht-staatlichen Akteure bezüglich irregulärer Migration? – Interessanterweise, das ergaben die Interviews, befassen sie sich nur mit Fragen des irregulären Aufenthaltes. Einreisemodalitäten, Abschiebung und Rückkehr gehören nicht zum bearbeiteten Themenspektrum. Das Themenfeld irreguläre Migration wird also aufgegliedert. Die Aufgliederung entspricht der idealtypischen Unterteilung in Phasen des Migrationsprozesses in der Migrationsforschung: Entscheidung zur Migration, Durchführung der Wanderung und Grenzübertritt, Aufenthalt im Immigrationsland und Rückkehr in das Herkunftsland bzw. Weiterreise. Die Fokussierung auf den irregulären Aufenthalt wird von den Akteuren jedoch nicht mit der Logik des Migrationsprozesses begründet. Sie liegt vielmehr erstens an der Rolle der Organisationen als lobbypolitische Akteure in Brüssel, zweitens an den Interessen ihrer Mitgliederbasis und drittens an den Wegen in die Illegalität, die nicht die irreguläre Einreise beinhalten müssen.

Die Lobbyorganisation *Platform for International Cooperation on Undocumented Migrants* (picum) ist in Brüssel die einzige Organisation, die spezialisiert und ausschließlich zu Fragen irregulärer Migration arbeitet. Es wurde von den Mitgliedsorganisationen beschlossen, dass nur Fragen des Aufenthaltes und der damit verbundenen sozialen Rechte und Lebensbedingungen Gegenstand der Arbeit von *picum* sind. »[They] decided that we work only on social rights and on detention and on regularisation. So only for migrants being here, not taking into account how they come here and how they leave. Not talking about migration programmes, and not talking about return« (Interview mit picum, 23.7.2001).

Diese rigorose Fixierung auf Aufenthaltsfragen verwundert zunächst, da sich die Phasen des Migrationsprozesses zwar heuristisch trennen lassen, sie aber in der Realität miteinander verbunden sind und es Aufgabe einer reflektierten Migrationspolitik wäre, Interdependenzen und (unintendierte) Folgen der Trennung zu berücksichtigen. Die Beschränkung von *picum* hat meines Erachtens zwei Ursachen. Erstens ist es strategisch für eine Lobbyorganisation wichtig, sich auf bestimmte Fragen zu konzentrieren, die im europäischen Kontext thematisierbar und verhandelbar sind. Grundbedürfnisse irregulärer MigrantInnen, wie der Zugang zu Gesundheitsversorgung und Schulbildung, eignen sich im Bereich irregulärer Migration wesentlich besser als solche Themen, bei denen die Kritik des europäischen Grenzregimes im Zentrum steht. Wie das folgende Zitat zeigt, wird die Position, welche die Öffnung und prospektive Abschaffung territorialer Grenzen fordert, von der befragten –

und allen anderen – NGO nicht geteilt. Vielmehr wird sie als zu utopisch und für die Lobbyarbeit kontraproduktiv kritisiert. Zugleich billigt die Vertreterin von *picum* der Position in der politischen Landschaft eine Rolle zu, schließlich ist es für Organisationen wie *picum* wichtig, dass es andere politische Kräfte gibt, die weitergehende Forderungen vertreten und somit das ›Feld des Sagbaren‹ für die politische Diskussion möglichst weit offen halten.

»[T]he Collective[15] is so radical, they want open borders, they want no frontiers any more [...]. Go home, I mean this is the only thing they want [...]. For us it's too extreme. We can understand that it is a far away aim, but if you have no strategy or no things you're also happy with, it's so extreme. Our standpoint is always that we think that all groups have their function in society, of course they can exist, no problem. But we're not putting our names close to theirs« (Interview mit picum, 23.7.2001).

Der zweite Grund für die Beschränkung auf Aufenthaltsfragen liegt in der Organisationsgeschichte. Da *picum* eine recht junge Organisation ist und die Mitgliedsorganisationen noch keine gemeinsame Position zu Fragen von Zugang und Rückführung finden konnten, ist die Bearbeitung von Aufenthaltsfragen der gemeinsame Nenner. Die Diskussionen zum Grünbuch der Kommission zur Rückkehr von sich illegal aufhaltenden MigrantInnen (EC 2002) ließen diese für die Organisation praktische Beschränkung unter Druck geraten.

»If you mention the word taboo, I immediately think about return, [...] all the groups really get crazy. And I think that's so stupid. You can't mention the word return, because ›We don't talk about return‹. [...] Of course governments only want to talk about return. If they want to talk to us, it's nice with all those social rights, but there has to be found a compromise. And we can't just give everybody social rights, [...] we have to take into account the return option. [...] And that's the pressure I feel more and more. For the groups it's different but I talk to all kind of partners« (Interview mit picum, 23.7.2001).

Auch das europäische Netzwerk für und von (illegalisierte) Haushaltsarbeiterinnen RESPECT verfolgt einen Ansatzpunkt, der Fragen des Zugangs zur EU nur am Rande thematisiert[16] und sich vielmehr auf die konkreten Lebens- und Arbeitsbedingungen konzentriert. »They're here, they have children, they're working [...]. So when we manage to bring the focus on to their life, in the moment when they're here, forgetting

---

15 Eine antirassistische Gruppe gegen Abschiebungen, das *Collectif Contre les Expulsions* aus Belgien.
16 Kritisiert werden die nicht vorhandenen legalen Zugangswege für HaushaltsarbeiterInnen bzw. die Kopplung der Visavergabe an eine konkrete Arbeitgeberin, wie es bis 1998 in Großbritannien der Fall war. Auf diese Fragen gehe ich zu einem späteren Zeitpunkt detailliert ein.

about the status, that's a victory!« (Interview mit RESPECT/Solidar, 28.11.2000). Eine Strategie des Netzwerks liegt also darin, den irregulären rechtlichen Status der Frauen und den Einreiseweg zu dethematisieren, um danach auf der Ebene sozialer Rechte und Menschenrechte zu argumentieren. Ähnlich sieht es bei den Gewerkschaften aus. Dies hat jedoch andere Gründe, die Vertreterin der *European Trade Union Confederation* (ETUC) führt die Interessen der eigenen Mitglieder an:

»So you have all the time to fight, also within the workers, that there is no social dumping. So they are not taking up our jobs and it's not that because they are there that we are paid less. It's quite difficult. [...] And you can understand it, there is a high level of unemployment among migrant workers. And there are a lot of illegal migrants. So they say: first employment of these unemployed migrant workers and regularisation and then we talk« (Interview mit ETUC, 23.7.2001).

Ein anderer europäischer Dachverband, die *Churches' Commission for Migrants in Europe*, benennt es als pragmatische Entscheidung zum irregulären Aufenthalt zu arbeiten, da in der praktischen Arbeit ihrer Mitgliedsorganisationen die irregulären MigrantInnen zu den Hilfs- und Beratungsstellen kämen, wenn sie bereits im Land sind.

»Bei den kirchlichen Sozialdiensten ist es eben ein Phänomen in ganz Europa, dass immer mehr Illegale auftauchen, wenn sie Hilfe brauchen. Das ist meistens erst zu einem Zeitpunkt, zu dem sie schon eine ganze Weile im Land waren und erst dann, wenn Probleme auftauchen, Gesundheitsprobleme, ein Unfall, Vergewaltigung – immer dann, wenn es Probleme gibt, tauchen die auf« (Interview mit CCME, 16.7.2002).

Von dieser Organisation werden im Rahmen eines ganzheitlichen Ansatzes aber auch Fragen des Zugangs und der Rückkehr bearbeitet. Dieser Ansatz beruht auf der transnationalen Organisation der christlichen Kirchen, die sowohl in den Herkunfts- als auch den Transit- und Zielländern mit MigrantInnen und potenziellen MigrantInnen arbeiten und so den gesamten Migrationsprozess begleiten bzw. beobachten können. Die *Churches' Commission for Migrants in Europe* kritisiert, dass die EU die Bekämpfung irregulärer Einwanderung als Voraussetzung für die Einführung regulierter, legaler Einwanderung betrachtet und nicht anders herum. Daher ist der Dachverband solange gegen Rückführungsmaßnahmen bis es ausreichende und zugängliche legale Einreisemöglichkeiten gibt.

»Wir [...] können Rückführungsmaßnahmen in dem Maße unterstützen, wie legale Einwanderungsmöglichkeiten da sind. Wenn wir Leuten im Nahen Osten sagen könnten, ›das sind die Kanäle, nutzt sie‹ und sie sind nutzbar, dann kann man an die Frage der Illegalität bei der Einreise sehr anders herangehen« (Interview mit CCME, 16.7.2002).

Ein weiterer Grund der Konzentration auf Aufenthaltsfragen liegt an den Wegen in die Illegalität. Illegaler Aufenthalt und illegale Beschäftigung entstehen nicht allein durch irreguläre Einreise, sondern oftmals erst im Land selbst, beispielsweise durch die Überziehung des Visums (so genannte *overstayers*), die Arbeitsaufnahme ohne Arbeitserlaubnis, die Ablehnung des Asylantrags, Entlassung durch den Arbeitgeber oder durch Trennung von dem/der EhepartnerIn bevor ein unabhängiger Aufenthaltsstatus erreicht wurde. Eine Reihe der befragten Organisationen machen bezüglich ihrer Klientel auf diese Wege in die Illegalität aufmerksam. Frauen, die in Privathaushalten arbeiten, reisen oft als Touristinnen legal ein, verwirken ihren temporären legalen Status aber aufgrund illegaler Arbeitsaufnahme. »[T]hey have to work as illegals, they don't come as illegals, […] it's not clandestine women, […] most of them are coming completely legally, with tourist visa« (Interview mit RESPECT/Solidar, 28.11.2000).

In Großbritannien wurden Visa lange Zeit für Hausangestellte nur für einen bestimmten Arbeitgeber vergeben, der im Pass vermerkt wurde. Dies führte dazu, dass Hausangestellte ihre Arbeits- und Aufenthaltserlaubnis verloren, wenn sie den Arbeitgeber informell wechselten oder wegen schlechter Behandlung und Arbeitsbedingungen verließen (Interview mit *Kalayaan-/RESPECT*-Mitbegründerin, jetzt: *Kalayaan Dublin*, 20.1.2002). Die Thematisierung des Illegalisierungsprozesses läuft in diesem Fall darüber, dass die staatliche Verantwortung durch für die MigrantInnen ungünstige Gesetze hervorgehoben wird.

Die Interviews mit den NGOs, die auf europäischer Ebene zu irregulärer Migration arbeiten, zeigen, dass bei den meisten Organisationen explizit eine Ausklammerung der Fragen des Zugangs zur EU stattfindet. Die Gründe sind wie dargestellt vielfältig. Der lobbypolitische Einsatz für die Verbesserung der Lebens- und Arbeitsbedingungen irregulärer MigrantInnen wird von den befragten Organisationen als prioritär betrachtet. Die explizit-politische oder pragmatisch-faktische Ausklammerung von Zugangsfragen führt dazu, dass im Spektrum der auf europäischer Ebene arbeitenden NGOs die Befassung mit dem europäischen Grenzregime eine Leerstelle bleibt.

Es gibt zwei Ausnahmen von der Nicht-Thematisierung von Zugangsfragen: Der Zugang von Asylsuchenden zu Ländern der EU soll gewährleistet und die Zugangswege des Frauenhandels sollen geschlossen werden. Unter den irregulär in die EU eingereisten MigrantInnen befinden sich zunehmend auch Asylsuchende und Flüchtlinge (Koser 1998). Von Flüchtlingsorganisationen und der Migrationsforschung wird darauf verwiesen, dass es für originäre Flüchtlinge aufgrund der veränderten Rechtslage (z.B. sichere Drittstaatenregelung) sehr schwierig geworden ist, einen Zugang zur EU zu finden, der ihnen tatsächlich die Asylantragstellung ermöglichen würde. Daher reisen sie irregulär mithilfe von Schmugglernetzwerken ein. In der Frage der Bekämpfung des Menschen- und Frauenhandels gibt es eine weitgehende Einigkeit unter den NGOs, Strafverfolgungsbehörden und der Politik, dass die Bekämpfung in den Herkunfts- und Transitländern stattfinden müsse, um Zugangsrouten zu zerschlagen. Ambivalenzen dieser Politik werden im Kapitel »Mehr Rechte für illegalisierte MigrantInnen?« ausgeführt. Die mit diesen beiden Zugangsfragen verbundenen Forderungen sind sehr unterschiedlich. Im ersten Fall wird eine größere Offenheit, im zweiten eine Schließung bestimmter Zugangswege gefordert. Zugangsfragen und die Durchlässigkeit von Grenzen gehören somit zu den höchst kontroversen Fragen in der Migrationspolitik, nicht nur zwischen NGOs und Regierungen, auch unter NGOs.

Selbstorganisation und Repräsentation:
MigrantInnen als politisch Handelnde

Politische Mobilisierungen erfordern sowohl auf individueller wie kollektiver Ebene Prozesse der Subjektkonstitution und der Organisierung. Wie wird unter (irregulären) MigrantInnen individuelle und kollektive Handlungsfähigkeit hergestellt? Welche Schwierigkeiten müssen überwunden werden und inwiefern steht die Handlungsfähigkeit im Verhältnis zu den gesellschaftlichen Kontextstrukturen?

Es ist für das Verständnis von politischen Mobilisierungen wichtig, die Ebenen der Subjekte und Strukturen nicht zu trennen. Der Ansatz gesellschaftlicher Kontextstrukturen fasst Organisierungsprozesse als Teil der internen Mobilisierungsstruktur einer Bewegung, als abhängige Variablen, die die »Art und Stärke einer Bewegung« (Rucht 1994: 312) ausmachen. Wie die folgenden Ausführungen zeigen, sind diese Subjektivierungs- und Organisierungsprozesse auf vielfache Weise mit den als unabhängigen Variablen bezeichneten politischen Kontextstrukturen vermittelt. Die Offen- oder Geschlossenheit des Systems der Interessenvermittlung, die AusländerInnengesetzgebung, der ethnisch und geschlechtlich segregierte Arbeitsmarkt etc. beeinflussen Form und Möglichkeiten politischer Mobilisierung. Anhand verschiedener Gruppen, Drittstaatsangehörige in der EU, in Privathaushalten irregulär beschäftigte Frauen sowie Flüchtlinge auf dem Weg nach Großbritannien, werden in diesem Kapitel diese Prozesse analysiert. Gerade die Unterschiede zwischen den Gruppen lassen bestimmte Aspekte, insbesondere Konfliktpotenziale, klarer heraustreten.

Dieses Kapitel stellt damit die Verbindung her zwischen den vorangehenden und den folgenden und schließt die Lücke, wie politische Mobilisierungen von MigrantInnen verlaufen. Bis hierhin standen weniger die Selbstorganisationsprozesse als ihre Bedingungen im Mittelpunkt. In den folgenden zwei Kapiteln wird anhand der beiden empirischen Fallstudien die politische Handlungsfähigkeit an konkreten Konflikten und Themen analysiert.

Im ersten Teil dieses Kapitels zeige ich anhand des RESPECT-Netzwerks auf individueller und kollektiver Ebene Strategien der erfolgreichen Herstellung von Handlungsfähigkeit irregulärer Migrantinnen auf. Diese Frage ist für die Gesamtfragestellung der Arbeit von großer Relevanz, wenn es darum geht, zu erklären, wie irreguläre MigrantInnen trotz einer relativ geschlossenen politischen Kontextstruktur erfolgreiche politische Mobilisierungen initiieren. Im zweiten Teil betrachte ich anhand zweier Fälle, erstens dem *European Union Migrants Forum* und zweitens zweier Gruppen von irregulären MigrantInnen in Sangatte und Lille, wie es zu Spaltungen und Konflikten, insbesondere entlang ethnischer und nationalitätsbezogener Linien kommt. Das *European Union Migrants Forum* wurde aufgrund seiner politischen Relevanz gewählt. Bis zu seiner Auflösung Ende 2000 war es die einzige offiziell durch die Europäische Kommission anerkannte Interessenvertretung der Drittstaatsangehörigen in der EU. Die hier skizzierten Konflikte trugen maßgeblich zum Scheitern des Dachverbandes bei. Das zweite Fallbeispiel, eine politische Kontroverse zwischen zwei Gruppen irregulärer MigrantInnen in Sangatte und Lille, greift ebenfalls den (möglichen) Zusammenhang zwischen ethnischer Organisierung und nationalistischer Politik auf und thematisiert weitergehend welche Legitimationen irreguläre MigrantInnen für ihre politischen Anliegen vorbringen. Die drei betrachteten Fälle stehen somit für verschiedene Aspekte der Möglichkeiten und Grenzen von Politisierung, Organisierung und der Kooperation zwischen Personen verschiedener nationaler oder ethnischer Herkunft.

Handlungsfähig werden

Die soziale und politische Selbstorganisierungen von MigrantInnen wird durch einer Reihe von persönlichen und strukturellen Schwierigkeiten erschwert. Die Schwierigkeiten bestehen nur zu einem geringen Teil aus expliziten politischen Gegenmobilisierungen (z.B. rechtsradikale Parteien und Bewegungen), vielmehr sind sie institutioneller und gesamtgesellschaftlicher Art. In Ausländergesetzen enthaltene Beschränkungen der Ausübung von politischen Organisations- und Artikulationsrechten (z.B. Vereins-, Demonstrationsrecht, Einschränkung der Bewegungsfreiheit) und deren (geheimdienstliche) Überwachung lassen viele MigrantInnen zögern, politisch aktiv zu sein. Manuela Bojadžijev hebt hervor, dass für alle Nichteingebürgerten die potenzielle Gefahr der Ausweisung die Möglichkeiten politischen Handelns und ihre Zukunftsentwürfe bestimmt (Bojadžijev 2002: 137).[1] Strukturelle Ausschlüsse, Diskriminierungs- und Gewalterfahrungen, begrenzter Zugang zu Ressourcen (finanziellen Mittel, Räumen o.ä.) und aufgrund prekärer Erwerbsarbeitsbedingungen wenig freier Zeit stehen einer Organisierung entgegen. Die Barrieren verweisen auf die spezifische Situation von MigrantInnen, insbesondere MigrantInnen ohne verfestigten Aufenthaltsstatus bzw. ohne gültige Dokumente.

Trotz der Barrieren entwickeln MigrantInnen politische Handlungsfähigkeit, *empowerment* wird dabei von vielen Organisationen als Schlüssel verstanden. Die *Commission for Filipino Migrant Workers* (CFMW), deren europäische Sektion Mitglied im RESPECT-Netzwerk ist, legte für eine Regionalkonferenz in Asien einen Katalog vor, der ihre Kriterien für »empowered migrant workers« enthält:

»They are able to develop and determine the strategies that will change and transform their living and working conditions. [...] They are organised as a sector. They know their rights and campaign for them. They are able to link their own agenda to the realities of other migrants [...]. They have developed the skills to document their own situation [...] and to speak publicly about their situation. They are able to take the initiative to organise activities, symposium, and social gatherings« (CFMW 2000: 2).

Das Ziel gemeinsamer Anstrengungen liegt in der Verbesserung der Lebens- und Arbeitsbedingungen. Die wichtigsten Aspekte des *empowerment* berühren somit zwei Ebenen: die persönliche Ebene und die Entwicklung und Koordination organisatorischer Fähigkeiten. Dieses Konzept von *empowerment* ähnelt dem wie es in der zweiten Frauenbewegung verstanden und von der US-amerikanischen Frauenforscherin Jill Bystydzienski konzeptionalisiert wird: »Empowerment is [...] a process by which oppressed persons gain some control over their lives by taking part with others in development of activities and structures that allow people increased involvement in matters which affect them directly. In its course people become enabled to govern themselves effectively« (Bystydzienski 1992: 3). Es werden Grenzen zwischen der öffentlichen und privaten Sphäre aufgebrochen, die Erfahrungen des Individuums können als geteilte Unrechtserfahrungen einer Gruppe wahrgenommen werden. Damit werden Erfahrungen zur Grundlage kollektiven Handelns und zuvor unhinterfragte oder hingenommene Lebensbedingungen werden als veränderbar wahrgenommen. So kann – wie die Frauen-

---

1 Die deutsche migrationspolitische Debatte im Frühjahr 2006 bestätigt diese Einschätzung. Viele PolitikerInnen schlugen vor, Einbürgerungen bei ›verweigerter‹ Integration o.ä. zurückzunehmen.

bewegungen gezeigt haben – auf Grundlage der Politisierung von Erfahrung gesellschaftlicher Wandel erzeugt werden. Der im *empowerment* enthaltene Begriff der Macht wird von den Bewegungen in der Regel nicht als Herrschaftsmittel verstanden, sondern als Ermächtigung. Allerdings kann Ermächtigung auch in eine Herrschaftsausübung über andere Personen übergehen (vgl. Yuval-Davis 1994: 181). Politische Mobilisierungen als kollektive Prozesse beruhen auf der Aktivität jedes einzelnen Individuums. Dennoch unterscheide ich zunächst zwischen individuellen und kollektiven Wegen der Herstellung von Handlungsfähigkeit, um die Reichweite und die Implikationen für politische Mobilisierungen zu bestimmen.

Individuelle Handlungsfähigkeit

Die Migrationserfahrungen und Identitäten vieler in Privathaushalten arbeitenden MigrantInnen sind von einer »contradictory class mobility« (Parreñas 2001) gekennzeichnet. Sie verfügen zum Teil über qualifizierte Bildungs- und Berufsabschlüsse, ihr soziales und berufliches Profil als Hausangestellte entspricht dem jedoch nicht. Sie sind aufgrund ihres irregulären Status und des Arbeitsmarktes nicht in der Lage ihrer Qualifikation entsprechend erwerbstätig zu sein, weder im Herkunfts- noch im Einwanderungsland. MigrantInnen, die zuvor beispielsweise als Lehrerinnen tätig waren, erleben eine Umkehrung der Hierarchie- und Anweisungsbeziehungen. Zugleich ermöglicht ihr – im Vergleich zum Herkunftsland hohes – Einkommen ihnen dort eine soziale Aufwärtsmobilität. Kyoko Shinozaki hat die Aushandlungsstrategien auf individueller Ebene von in Deutschland lebenden philippinischen HaushaltsarbeiterInnen analysiert (Shinozaki 2005). Sie kommt zu dem Ergebnis, dass Aushandlungs- und Hierarchisierungsprozesse insbesondere gegenüber den ArbeitgeberInnen und anderen HaushaltsarbeiterInnen ausgetragen werden. Beispielsweise überträgt die Haushaltsangestellte den hohen sozialen und ökonomischen Status ihrer ArbeitgeberInnen auf sich selbst und setzt ihn zur Profilierung in der Beziehung gegenüber anderen Hausangestellten ein. Ein anderer Weg ist ein selbstbewusstes Auftreten gegenüber den ArbeitgeberInnen und die Betonung der Kompetenzen und Zuständigkeiten im Haushalt, das die Machtverhältnisse neu strukturiert. Das Arbeitsverhältnis zu kündigen wird von einigen der Hausangestellten nicht als Niederlage erlebt, sondern als Ausdruck der eigenen Stärke – die ArbeitgeberInnen sollen selbst zusehen, wie sie mit dem Haushalt ohne sie zurecht kommen. Eine weitere Verarbeitungsstrategie besteht in der »manipulation of affection« (Shinozaki 2005). Mit der Zuneigung der im Haushalt lebenden Kinder übernimmt die Hausangestellte die Rolle sozialer Mutterschaft, durch die sie sich als Teil der Familie fühlt und es nicht für nötig empfindet, Widerspruch gegen die Arbeitsbedingungen zu erheben. Da sie in diesem Fall die Arbeit nicht als Erwerbsarbeit, sondern als Familienarbeit deutet, entwertet die Tätigkeit im Privathaushalt ihre eigentliche professionelle Ausbildung nicht. Kimberly Chang und L. H. M. Ling identifizieren in ihrer Analyse philippinischer Haushaltsarbeiterinnen in Hong Kong vier weitere individuelle Verarbeitungsstrategien des Umgangs mit sexualisierten und rassistischen Stereotypen, die mit der Erwerbsarbeit einhergehen. Von vielen Filipinas werde ein romantizierender Konservatismus in Bezug auf Religiosität, Familie und Herkunftsland entwickelt (Chang/Ling 2000: 38ff.). Die erste Strategie besteht darin, sich als Dienerin Gottes zu begreifen und nicht als Dienerin der ArbeitgeberInnen. Mit der zweiten Strategie, der Betonung ihrer Identität als Ehefrauen und Mütter, wehren sie sexuelle Übergriffe und Ansprüche von Arbeitgebern ab und stellen die mütterliche Identität gegen das sexualisierte Bild der Dienstleisterin. Eine dritte Strategie ist die soziale und sexuelle Alternative des *tomboyism*.[2] Einige Filipinas entwickeln in der Migration eine homosexuelle Identität, tragen Männerkleidung, verhalten sich ›männlich‹ und unterhalten sexuelle Beziehungen zu anderen Filipinas. Eine vierte Strategie ist der Bezug auf eine nationale Identität der im Ausland arbeitenden Filipinas, von denen das ökonomische Schicksal des Landes und der dort lebenden Familien abhängt (ebd.: 39).

Auf der Mikroebene gibt es somit eine Reihe von Strategien, mit den Dilemmata der professionellen Dequalifizierung, Deklassierung und Sexualisierung umzugehen und selbstbewusste und moralische Subjektpositionen zu entwerfen. Nicht alle Migrantinnen entwickeln Strategien gegen die eigene Marginalisierung bzw. Wahrnehmung derselben. Auch bedeuten diese Strategien nicht die Überwindung von mit dem Aufenthaltsstatus und den Lebens- und Arbeitsbedingungen verbundenen Problemen, zum Teil werden diese sogar negiert, um weiter mit ihnen leben zu können. Es stellt sich somit die Frage nach der kollektiven Handlungsfähigkeit und einem breiteren Ansatz zur gesellschaftlichen Veränderung der Bedingungen, die zur Marginalisierung führen.

Kollektive Handlungsfähigkeit

Um den kollektiven Prozessen nachzuspüren, bietet sich das RESPECT-Netzwerk sowie die in ihm aktiven Mitgliedsgruppen als Beispiel an, weil

---

2 *Tomboyish* heißt übersetzt wild/ausgelassen, hat aber eine sexualisierte Konnotation und bezeichnet (lesbische) Frauen, die ›männlich‹ auftreten.

sie Prozesse bewusst in Gang gesetzt haben und diese reflektiert werden. Ich möchte fünf dieser Strategien aufzeigen: erstens die Transformation sozialer in politische Netzwerke, zweitens die Politisierung von Alltagserfahrungen, drittens der reflektierte Umgang mit (strategischen) Identitäten und Selbstbildern sowie der (De-)Thematisierung von Migrationskontexten, viertens die partnerschaftliche Zusammenarbeit von Migrantinnen und Kampagnen- bzw. Unterstützungsorganisationen sowie fünftens die Zusammenarbeit zwischen Migrantinnen unterschiedlicher ethnischer, nationaler und sozialer Herkunft.

Das RESPECT-Netzwerk verfolgt einen Ansatz der zwischen Mikro-, Meso- und Makroebene vermittelt. Es betrachtet die Steigerung des individuellen Selbstbewusstseins unter den Migrantinnen als wesentliche Bedingung zur Entwicklung weitergehender politischer Forderungen und einer Solidarisierung unter den Migrantinnen. »It's no use to change laws [...] when you have basically women who don't make use of it, when the self-esteem is completely down« (Interview mit RESPECT/Solidar, 28.11.2000). Das Netzwerk setzt an der Transformation sozialer in politische Netzwerke und der Politisierung von Alltagserfahrungen an. In Großstädten, in denen viele Hausangestellte arbeiten, treffen sie sich zumeist sonntags, dem einzigen freien Tag, in Parks, Kirchen oder auf Plätzen. Gerade für Haushaltsarbeiterinnen ist es wichtig, die Isolation des Privathaushalts zu überwinden. Die zeitweise bis zu fünftausend Mitglieder starke, in London ansässige Migrantinnenorganisation *Waling-Waling* mietet eigene Räume an, deren Miete die Mitglieder bewusst selbst finanzieren, um einen *eigenen* Ort zu haben, über den die meisten der als *live-ins* in den Haushalten lebenden Migrantinnen nicht verfügen. Die Treffpunkte sind Ort der Selbsthilfe, Ausgangspunkt vielfältiger Aktivitäten und sozialer Kontakte, es werden Erfahrungen und Wissen über Rechte ausgetauscht und Arbeitsplätze vermittelt.

»The organisation of domestic workers themselves, they were the ones who gave the support to the new people running away.[3] So if somebody would run away and they come to the center, Kalayaan would provide legal advice, explain what the situation was. And one from the domestic workers' organisation would come and take her, to find accomodation, look after finding a job, showed how using the public transport, all of that. And they would also give them a loan, that even if they were staying with other Indian or Filipino domestic workers, that they were at least be able to contribute to the house, to the

---

3 Einige tausend Migrantinnen, die als Haushaltsangestellte mit ihren ArbeitgeberInnen vor allem aus dem Nahen Osten nach Großbritannien gekommen sind und misshandelt wurden, flohen aus den Haushalten der ArbeitgeberInnen, oft ohne ihre Pässe (vergleiche Kapitel »Ambivalenzen einer Kampagne von Haushaltsarbeiterinnen«).

food whatsoever. Also to give them a bit of self-respect« (Interview mit Kalayaan-Mitbegründerin, 20.1.2002).

Aus dem sozialen Netzwerk erwächst auch die politische Arbeit. Gemeinsam werden von den Migrantinnen Forderungen erarbeitet und politische Strategien entwickelt, die dann in die Arbeit des gesamten Netzwerks münden oder von Organisationen wie *Kalayaan,* einer Kampagnenorganisation, in der Migrantinnen und Unterstützerinnen gemeinsam arbeiten, bearbeitet werden. Die inhaltliche Grundlage des Netzwerks, die Rechtscharta für Hausangestellte (RESPECT 2000), wurde beispielsweise in einem Konsultationsprozess von Haushaltsarbeiterinnen und *Au-Pairs* in sechs europäischen Ländern entworfen (CFMW/ RESPECT 2000: 2). Ziel der breiten Konsultationen war es, möglichst viele Erfahrungen in die Forderungen und Ziele der Charta und des Netzwerks einfließen zu lassen und der Charta nicht nur eine akklamatorische Legitimation von Betroffenen zu verleihen.

Auch für andere politische Mobilisierungen von MigrantInnen wurde die Bedeutung des Alltags für Organisierung und Widerstand herausgearbeitet, etwa für die ›GastarbeiterInnen‹ in den 1970er Jahren in Deutschland (vgl. Bojadžijev 2002). Der Aufbau einer sozialen, ökonomischen und kulturellen Infrastruktur trug zur Entwicklung einer gewissen Autonomie der politischen Arbeit und Lebenssituation bei.

Politische Mobilisierungen sind zumeist mit der Herausbildung und Betonung von spezifischen Identitäten verbunden. Beim RESPECT-Netzwerk ist diese nicht einheitlich. Die Spannbreite reicht von der Ablehnung der Identität als Hausarbeiterinnen bis hin zu deren Hervorhebung. Von philippinischen Selbstorganisationen wird die Identität der starken, selbstbewussten MigrantInnen propagiert, die sich ihrer ökonomischen und sozialen Bedeutung für Herkunfts- und Zielland bewusst sind:»Migrants in Europe are fully aware of the substantial contribution we as migrants make to the Philippines – to our families as well as to the economy« (CFMW 2000: 5). Diese Perspektive der MigrantInnenorganisationen ist dem hohen Bevölkerungsanteil (ca. zehn Prozent der Gesamtbevölkerung) und seiner gesellschaftlichen Relevanz geschuldet, der in Übersee lebt. Angerufen wird diese Identität auch von der philippinischen Regierung («MigrantInnen als Helden«), die ein vitales ökonomisches Interesse an der Aufrechterhaltung der Verbindung zu ihren Staatsangehörigen hat und sich im Vergleich zu anderen Staaten für die Interessen von MigrantInnen einsetzt (vgl. Rodríguez 2002). Die philippinischen MigrantInnen verstehen sich in der Regel als *Arbeits*migrantInnen und die philippinischen MigrantInnenorganisationen waren lange klassenkämpferisch orientiert. Da gut zwei Drittel der philippinischen ArbeitsmigrantInnen in Europa Frauen sind, spielt die geschlechtsspezifische Komponente ebenfalls eine wichtige Rolle. Sexualisierte Gewalt, Verantwortung für Kinder und transnationale Elternschaft (vgl. Shinozaki 2003) und die Schwierigkeiten der Partnersuche bzw. von (bi-nationalen) Paaren (vgl. Beer, B. 1996) sind u.a. wichtige Aspekte. Bei anderen Migrantinnen, die im RESPECT-Netzwerk organisiert sind, ist das Selbstverständnis als ArbeitsmigrantIn nicht so offensiv ausgeprägt. Durch den Akt der Migration werden Menschen zu MigrantInnen. Wenn der Aufenthalt aber zunächst nicht auf Dauer angelegt ist, sehen sich viele nicht als MigrantInnen, folglich schließen sie sich nicht unbedingt einer MigrantInnenorganisation an. Und wenn die Tätigkeit wie im Fall der Haushaltsarbeiterinnen mit einem niedrigen sozialen Status verbunden ist, der nicht der eigentlichen Ausbildung entspricht, kann es auch zur aktiven Ablehnung einer Bewegung führen, die für die Rechte von Hausangestellten eintritt. In Deutschland gibt es vor allem unter den polnischen Pendelmigrantinnen, die in Privathaushalten arbeiten, große Vorbehalte gegenüber einer Organisierung als Hausangestellte. Um beiden Varianten gerecht zu werden, fordert das RESPECT-Netzwerk sowohl die Anerkennung von im Ausland erworbenen Berufs- und Hochschulabschlüssen als auch die Anerkennung von Haushaltsarbeit als Arbeit und folglich spezifische Arbeitsvisa für Haushalts- und Pflegearbeit.

Mit politischer Veränderung kann sich auch das Selbstverständnis einer Bewegung und der in ihr engagierten Migrantinnen wandeln. Das britische Beispiel von *Waling-Waling* zeigt den engen Zusammenhang von Anerkennung, Identität und Namensgebung auf:

»Waling-Waling is a Filipino word, is a flower. It grows in the very cold part of the mountains. They describe themselves as a Waling-Waling because they say, that they always hide to the authorities because they become undocumented when they left their employer. And that's why they call themselves *Waling-Waling* [...] It's very seldom you see it« (Interview mit Kalayaan/United Worker's Association, 20.1.2002).

Nachdem *Waling-Waling* zusammen mit anderen Organisationen nach gut zehn Jahren intensiver Kampagnenarbeit eine Gesetzesänderung und die Legalisierung von Haushaltsangestellten, die von ihren ArbeitgeberInnen weggelaufen sind, erreicht hat, hat dies Auswirkungen auf ihr Selbstbewusstsein, welches sich in der Umbenennung ihrer Organisation spiegelt:

»It was in 1998. [...] They said ›oh we gonna be legal all‹ [...], and they said we're not a Waling-Waling any more, we will not be undocumented. And what they did is to change the name to *United Worker's Association*« (Interview mit Kalayaan/United Workers' Association, 20.1.2002).

An diesen kursorischen Ausführungen zur Herausbildung unterschiedlicher Selbstverständnisse und Identitäten wird deutlich, dass die Herstellung eines positiven Bezugs auf Migration mit der Anerkennung der ökonomischen und sozialen Rolle der MigrantInnen einhergeht. Dieses Ergebnis deckt sich nicht mit einigen Forschungsarbeiten, in denen als mögliche starke positive Identität für Drittstaatsangehörige in der Europäischen Union die der »non-European Europeans« (Kastoryano 1998: 10) herausgearbeitet wurde. In den analysierten Dokumenten und Interviews des RESPECT-Netzwerks gibt es keinen Bezug auf eine migrantisch-europäische Identität, obgleich es sich um ein europäisches Netzwerk handelt. Vielmehr werden soziale Positionierungen und transnationale Zugehörigkeiten herausgestellt und mit Forderungen (z.B. Wahlrecht) versehen.

Im Selbstverständnis des RESPECT-Netzwerks wird die *Selbst*organisierung sowohl im Binnen- wie im Außenverhältnis betont. Gegenüber politischen EntscheidungsträgerInnen wird die Sichtbarkeit und Aktivität von Migrantinnen als besondere Stärke erlebt.

»For example the Transnational Conference at the end of November in Brussels: a room full of sixty women, all black women, all coming from all over the world. I mean, the people from the European Parliament, from the Commission, when they see that, you understand the strength of that network. Very unique you know, migrant women organizing themselves, and especially migrant domestic workers, [...] when people ask what you're doing [...] *femmes de ménage*, they just laugh« (Interview mit RESPECT/Solidar, 28.11.2000).

Innerhalb des Netzwerks betrachten sich Gruppen selbstorganisierter Migrantinnen und Unterstützerinnen als Partner. Das Netzwerk grenzt sich von großen, professionellen *advocacy*-Organisationen ab, in denen Migrantinnen als Arbeitsobjekte gesehen werden und Politik ohne Basisarbeit stattfindet. Aus der spezifischen Zusammensetzung des Netzwerks ziehen die Aktiven die eigene Legitimation.

»[B]ig lobbying organizations, they want to change law. [...] In one of our seminars, it was the example of Ghandi, which is: ›what you do for us without us, is against us‹. And I like it, it's completely empowerment. I mean, let them speak, first ask what they want« (Interview mit RESPECT/Solidar, 28.11.2000).

Das Absolutsetzen der Position von Betroffenen kann aber auch ungewollt zu einem hierarchischen Verhältnis führen, wenn die Ansichten und Forderungen der Betroffenen keiner kritischen Diskussion unterworfen werden und kein Dialog zwischen Partnern stattfindet. Die Positionen werden dann entweder unhinterfragt von der Gesamtorganisation übernommen oder gelten als authentische Erfahrungen ohne politische Relevanz.

Eine fünfte Strategie der Herstellung politischer Handlungsfähigkeit von irregulären Migrantinnen besteht darin, nicht nur MigrantInnen einer Nationalität zu organisieren. Dies wird vom Netzwerk als besondere Stärke verstanden und unterscheidet es von vielen MigrantInnenorganisationen. Aufgrund der in allen europäischen Ländern und europaweit existierenden starken Organisierung philippinischer MigrantInnen waren insbesondere bei *Kalayaan* zunächst fast ausschließlich Filipinas aktiv. Philippinische MigrantInnenorganisationen organisieren sich sowohl innerhalb der eigenen *community* als auch sehen sie sich als Teil ›der MigrantInnen in Europa und weltweit‹.

Ein allzu enger Bezug auf die eigene *community* kann zu Problemen führen, dies illustriert der Fall aus einer philippinischen Organisation. Nachdem eine Filipina von einem Landsmann vergewaltigt wurde, wurde die Thematisierung als Verrat an der *community* aufgefasst und von Seiten des Täters mit der Denunziation des irregulären Status des Opfers gedroht (Interview mit CFMW, Women's Programme, 20.1.2002).

Sprache spielt eine wichtige Rolle für gemeinsame Aktivitäten. In London konnten die Migrantinnen verschiedener Herkunft, vor allem aus den Philippinen, Sri Lanka, Indien, Pakistan oder Malaysia, über eine ähnliche frühere Migrationserfahrung und die dort erlernte Sprache zusammenfinden: «It's very funny [...] because most of these migrant domestic workers come from the Middle East, they speak [...] Arabic. And all of them can speak Arabic, [...] and if they are more than one nationality they speak in Arabic« (Interview mit Kalayaan/United Workers' Association, 20.1.2002).

Die Mitglieder des RESPECT-Netzwerks sind zudem »doppelt multinational« zusammengesetzt: zum einen sind die Gruppen bemüht, Personen unterschiedlicher Herkunft, die in Privathaushalten arbeiten, zu organisieren, zum anderen unterscheidet sich die Zusammensetzung der Migrationsbevölkerungen in den einzelnen RESPECT-Mitgliedsländern beträchtlich, so dass das europäische Netzwerk vielfältiger ist, als die einzelnen Mitgliedsgruppen.

»It started to being very Filipino, and then we began to open it for other nationalities. So in Spain it is functioning with Latin Americans because they have a similar pattern, also women migrating alone. In the UK it is also Indian women, Pakistani women, but the new step is like in Germany, in Berlin we're working with Latin American, with Polish women […]. In Portugal, it's more Cap Verdian and Angolian women. In most of the countries we have now a generation of women who is coming alone« (Interview mit RESPECT/Solidar, 28.11.2000).

Das Verbindende der Mitglieder des RESPECT-Netzwerks ist die berufliche Tätigkeit als Haushaltsarbeiterin und die Tatsache, dass es zu einem Großteil Frauen sind, die eigenständig migriert sind. Lange galten Frauen von den Philippinen als diejenigen Migrantinnen, auf die diese Charakteristika besonders zutrafen, und aus dieser Situation heraus offen für die Organisierung in philippinischen Frauengruppen war.

»They also tend to be more organized they are also, which is a specifity of their network, this generation of women which have migrated alone. Which came to Europe, no husband, not following or bringing their children, they're migrant women, they're not part of family reunification, really like ›migrants as such‹. And in that case they had more time to get together, they have more this need of community. And they have also more this approach of independence, like when you manage such a big step to leave your country as a women, they also seem to be more open to the issue of empowerment« (Interview mit RESPECT/Solidar, 28.11.2000).

Die multinationale Zusammensetzung des RESPECT-Netzwerks deutet auf Verschiebungen in den Migrationsbewegungen hin, die Zunahme an selbständig migrierenden Frauen und die Zunahme an Jobs im informellen Sektor privater Haushaltsarbeit.

Die vielfältige Verknüpfung von individueller und kollektiver Handlungsfähigkeit ist für die Arbeit des RESPECT-Netzwerks charakteristisch. Das nun folgende Beispiel des legislativen Theaters beleuchtet eine Praxis des RESPECT-Netzwerks, um diese Verknüpfung zu realisieren.

Forumtheater als *Empowerment*-Strategie

Eine Methode des RESPECT-Netzwerks, um HaushaltsarbeiterInnen zu aktivieren, ist die des Forum-Theaters. Im Gegensatz zur herkömmlichen Bühnentradition greift das Publikum im Stegreif-, Konflikt-, oder Forumtheater aktiv in den Verlauf des Stücks ein und verändert ihn (Feldhendler 1992: 14ff.).[4] Beim Forumtheater wird in einem ersten Durchgang die unterdrückende Situation gespielt bis sie für die ZuschauerInnen unerträglich wird. Im zweiten Durchgang greifen die ZuschauerInnen direkt in die Handlung auf der Bühne ein, intervenieren an einem Punkt, an dem sie anders handeln würden. Sie betreten die Bühne und ersetzen die leidtragende Person, die anderen SchauspielerInnen agieren weiter und gehen mit der neuen Situation um. Die Intervention kann dem Stück eine Wendung geben, aber auch erfolglos blei-

---

4 Jacob Levy Moreno (in den 1920er Jahren) mit dem Stegreif- und Konflikttheater und Augusto Boal als Begründer des Theaters der Unterdrückten in Brasilien und Frankreich (seit den 1970er Jahren) sowie die ProtagonistInnen des *Teatro Campesino* in den 1950er Jahren in den USA sind wichtige Entwickler von Methoden, die über die Bewusstbarmachung im Theater zum gesellschaftlichen Eingreifen führen sollen.

ben. »Der Zuschauer, der in einer Forumtheater-Sitzung fähig gewesen ist zu einem Akt der Befreiung, will diesen auch draußen, im Leben vollbringen, nicht nur in der fiktiven Realität des Theaters. Die ›Probe‹ bereitet ihn auf die Wirklichkeit vor« (Boal 1979: 68f.).

Das Forumtheater-Projekt des RESPECT-Netzwerks begann mit einer festen Gruppe von zwanzig Haushaltsarbeiterinnen in London, die bei *Kalayaan* oder *Waling-Waling* um Rat suchten, als sie wegen Misshandlung oder schlechten Arbeitsbedingungen ihre ArbeitgeberInnen verließen. Es wurde vom Netzwerk das Ziel formuliert, durch die Theaterworkshops die Fähigkeit der Teilnehmerinnen zu erhöhen, Verhandlungen mit den ArbeitgeberInnen zu führen und sich in Situationen von Ausbeutung und Misshandlung zu behaupten (RESPECT 2002: 12). Für an der Methode interessierte Migrantinnen[5] wurde ein Raum geschaffen, in dem Erfahrungen aus dem Herkunftsland, die Reise nach Großbritannien, die Arbeit und das Wegrennen aus dem Haushalt der ArbeitgeberInnen artikuliert werden konnten. Aus den Geschichten der Teilnehmerinnen entstand eine Geschichte, *Ana's Story,* in der die verschiedenen Erfahrungen der Haushaltsarbeiterinnen eingeflossen sind. Eine Szene aus *Ana's Story* spielt im Herkunftsland, Ana trifft sich mit dem Arbeitgeberehepaar, das sie mit nach London nehmen möchte, wohin die Familie aus beruflichen Gründen umzieht.

»Female Employer: I'm so glad you decided [...] coming to London. [...] You will love it. There won't be too much work. It's a beautiful house and you will have your own room. And of course we'll pay you in pounds. [...]
Ana: Will I get a new contract?
Female Employer: Of course. I'm not going to give you a contract now because I only need you for a few hours, but when we get to England we'll see about sorting all that out. [...] Did you bring your passport? I'm going to need it to sort out your visa.
Ana: Yes. Here it is [hands over her passport].« (RESPECT 2001a: 11f.)

Bei einer Aufführung, an der rund neunzig Personen, Haushaltsarbeiterinnen, Mitglieder des RESPECT-Netzwerks und andere teilnahmen (RESPECT 2002), gab es an dieser Stelle verschiedene Interventionen, eine ändert die Handlung wie folgt ab:

»Ana: I'm very happy to work with you, can we write it all down?
Female Employer: Ahh...?
Ana: I was at the embassy and they said...
Female Employer: We will do it for you, or, my husband comes with you.
Ana: I will bring mine, too. And I have friends who have experiences, they could help us« (Mitschrift teilnehmende Beobachtung, London, 20.1.2002).

---

5 Methoden wie die des Forumtheaters schaffen nicht nur Räume, sondern können ebenso Personen davon abhalten, sich zu artikulieren.

In der auf die Intervention folgenden Diskussion wurden als Faktoren, die einen anderen Verlauf der Szene ermöglichten, herausgestellt, dass Ana die Kontrolle über das Gespräch an sich gezogen hat, sich zuvor über ihre Rechte informiert hat und Dritte in den Prozess einbezog. Auf diese Weise wurden in den Workshops verschiedene Szenen gespielt, verändert und nach Lösungsmöglichkeiten gesucht.

Nach den positiven britischen Erfahrungen wurden neun der an den Workshops beteiligten Frauen als Multiplikatorinnen ausgebildet, um in anderen europäischen Städten selber Workshops mit Haushaltsarbeiterinnen durchführen zu können. Es gab Workshops in Athen, Paris, Madrid und Amsterdam, an denen etwa hundert Hauhaltsarbeiterinnen und *Au-Pairs* teilnahmen (RESPECT 2001b). Aus der Möglichkeit heraus, andere Hausangestellte in das Forumtheater einzuführen, ergaben sich für die Londoner Migrantinnen neue, positive Erfahrungen:

»They go to different countries to perform it. [...] The empowerment went so high, and they couldn't believe it that they were gonna train other domestic workers in other parts of Europe. [...] They were so proud of it. [...] Some of the women of the theatre still haven't got papers, so some of them couldn't go [...]. Some have been here for ten or twelve years, and haven't been out of the UK for so long. [...] They are often so scared to get through the immigration process. [...] because of the experience they had in the past« (Interview mit Kalayaan/United Workers' Association, 20.1.2002).

Die Auswertung[6] der europäischen Theaterworkshops ergab, dass bei den Haushaltsarbeiterinnen das Selbstbewusstsein gegenüber ihren ArbeitgeberInnen erhöht wurde: »The workshops were helpful, for now if Madame (employer) asks me something wrongly, I will ask her to say it properly, and we have to sit down and discuss when it is unfair. I think I can really tell my employer what I think« (Teilnehmerin eines Workshops, zit. in Eastwood-Krah/Burns 2001: 5). Allerdings wurden von den Teilnehmerinnen Zweifel geäußert, wie lange das Selbstbewusstein nach den Workshops anhalten würde. In der Evaluation wurde festgestellt, dass die Teilnehmerinnen bereits vor den Workshops durch den Kontakt mit Selbsthilfeorganisationen des RESPECT-Netzwerks relativ selbstbewusst waren und sich zu wehren wussten. Dennoch profitierten die Teilnehmerinnen durch das Selbstbewusstseins- und Konfliktfähig-

---

6   Die Evaluation wurde veröffentlicht (Eastwood-Krah/Burns 2001) und beruht auf der Auswertung von Fragebögen, die unter den Teilnehmerinnen verteilt wurden. Der offizielle Charakter der Auswertung kann die Auswahl der Zitate o.ä. beeinflusst haben, um gegenüber der Europäischen Kommission als Geldgeberin den Erfolg des Projektes zu dokumentieren, das Ausfüllen der Fragebögen durch die Teilnehmerinnen kann ebenfalls durch sozial erwünschte Antworten beeinflusst sein.

keitstraining. Einige wurden motiviert, sich in Gruppen für die Rechte von Haushaltsarbeiterinnen zu engagieren. Auf individueller Ebene wurden Lern- und Reflexionsformen erprobt und berufliche Alternativen angestoßen: »I am trying new things here and realising that I am not only good for cleaning, ironing... all I had to do was try, to take a chance« (Teilnehmerin eines Workshops, zit. in Eastwood-Krah/Burns 2001: 6). Das Forumtheater bestärkte sie im Einfordern von Rechten und im anderen Umgang mit Situationen, in denen sie sich ohnmächtig fühlen. Dies stellt einen wichtigen Aspekt von *empowerment* dar, wie Patricia Hill Collins über das *empowerment* Schwarzer Frauen schreibt: «Offering subordinate groups new knowledge about their own experiences can be empowering. But revealing new ways of knowing that allow subordinate groups to define their own reality has far greater implications« (Hill Collins 1990: 222).

Das Forumtheater Augusto Boals formuliert als Anspruch, ausgehend von der Arbeit am individuellen Bewusstsein zu einer Verallgemeinerung zu führen. Dies wird auch beim Theaterprojekt des RESPECT-Netzwerks deutlich. Im Laufe der Befassung mit *Ana's Story* wurden Probleme der an dem Prozess beteiligten Haushaltsarbeiterinnen bearbeitet und individuelle wie politische Lösungen diskutiert. Diese Verschränkung von subjektbezogener und kollektiver Handlungsfähigkeit spielt in der politischen Praxis des Netzwerks eine wichtige Rolle und offenbart eine Stärke, die aus dem *bottom-up*-Ansatz sowie der Zusammenarbeit von selbstorganisierten Migrantinnen, Akademikerinnen und Aktivistinnen hervorgeht.

Repräsentationskonflikte

Bei der vorangehenden Beschreibung der Strategien zur Herstellung von individueller und kollektiver Handlungsfähigkeit stand die ermächtigende und mobilisierende Seite von *empowerment* und Selbstrepräsentation im Vordergrund. Wie die folgenden zwei Fallbeispiele zeigen, können Prozesse der politischen Mobilisierung auch zu Selbstblockaden, Konkurrenzen und physischen Gewalttätigkeiten führen. Da *empowerment* eng mit Gemeinschaften und Kollektiven verbunden ist, treten, wie ich im Folgenden in Anschluss an Nira Yuval-Davis aufzeige, vor allem zwei Probleme auf: »The notion of ›the community‹ assumes an organic wholeness. The community is perceived as a ›natural‹ social unit« (Yuval-Davis 1994: 181). In der kollektiven Organisierung ethnischer Kollektive wird die Welt daher häufig in ›wir‹ und ›die anderen‹ geteilt und Geschlechter-, Klassen- und politische Differenzen sind dem untergeordnet. Eine Kritik der auf Binaritäten beruhenden Identitäten ist jedoch nicht mit einer Absage an den organisatorischen Zusammenschluss in soziale und politische Gruppen gleichzusetzen. Das bessere verbindende Element sei das des Ziels (Yuval-Davis 1994: 189). Ein Weg, der angesichts gleicher Zielsetzungen zu einem bewussten Umgang mit Differenzen und unterschiedlichen Zugehörigkeiten führen kann, ist die Transversalität. »The idea is that each participant brings with her the rooting in her own membership and identity but at the same time tries to shift in order to put herself in a situation of exchange with women who have different membership and identity« (Yuval-Davis 1994: 193). Im transversalen Dialog wird ›das Andere‹ nicht homogenisiert und die eigene Position nicht negiert. Yuval-Davis weist auf positive Erfahrungen dieses Konzepts im Friedensdialog von Frauen in Konflikten hin (z.B. von Serbinnen und Kroatinnen). Transversale Politiken sind jedoch nicht immer möglich, insbesondere dann, wenn die Interessen unvereinbar sind. Die Grenzen des Dialogs werden durch den Inhalt, nicht durch die an ihm beteiligten Personen markiert. Die transversale Herangehensweise versucht Essentialisierungen zu vermeiden und nicht in die »pitfalls of ›identity politics‹ of the feminist, nationalist or anti-racist kinds« (Yuval-Davis 1994: 193) zu fallen. Anhand der folgenden beiden Beispiele wird deutlich, welche Folgen ein Handeln von selbstorganisierten MigrantInnen haben kann, das stark entlang ethnischer oder nationalitätsbezogener Identitäten und Kollektivitäten verläuft und in dem der Dialog unmöglich ist bzw. nicht gesucht wird. Diese Gefahren und Problembereiche werden aufgezeigt, da sie die Organisationsfähigkeit beeinträchtigen und die politischen Inhalte beeinflussen können. Weiterhin wird deutlich, dass eine transversale Organisierung über nationale und ethnische Grenzen und Konflikte hinweg vorraussetzungsreich ist und spezifische Organisierungsanstrengungen erfordert.

European Union Migrants Forum:
Nationale Differenzen und Konkurrenzen

Das *European Union Migrants Forum* (EUMF) vertrat seit seiner Gründung 1991 bis zu seiner Auflösung Ende 2000 aufgrund des Entzugs der finanziellen Mittel durch die EU als einziger europäischer Dachverband der MigrantInnenselbstorganisationen gegenüber der EU offiziell die Interessen von »non-community nationals residing within the European Union and nationals of member States who have an ethnic link with countries outside the Union« (EUMF 2002b: 1). Die Entwicklung des EUMF weist auf den Zusammenhang der Ethnisierung von Migrationsidentitäten und der Organisierung im Migrationsbereich hin. Denn das organisierende Prinzip der Repräsentation nach ethnischer respektive nationaler Herkunft führte im EUMF zu anhaltenden Zerwürfnissen, gerichtlichen Auseinandersetzungen, Konkurrenzen und der Blockade politischer Tätigkeiten. Die Konflikte waren nicht allein hausgemacht, auch die Europäische Union trug ihrerseits bei der Gründung des EUMF und durch administrative Vorgaben dazu bei: Wer galt als MigrantIn? Durften UnionsbürgerInnen (z.B. GriechInnen in Deutschland), EU-BinnenmigrantInnen, irreguläre oder eingebürgerte MigrantInnen Mitglieder sein? Für welche Gruppe von MigrantInnen galten welche Haushaltslinien? Die Europäisierung hat, so eine der Thesen der Arbeit, Effekte auf Formen der Organisierung, auf die Inhalte und die Mitgliederstrukturen.

Das *European Union Migrants Forum*

Die Bestimmung der Funktion und Ausgestaltung des EUMF entwickelte sich nicht an der Basis oder durch eine kontinuierliche Vernetzung von MigrantInnenorganisationen in den EU-Mitgliedsstaaten, sondern wurde – *top-down* – vom Europäischen Parlament und von der Europäischen Kommission vorgenommen (EWL 1995: 34). Im Evrigenis-Bericht des Europäischen Parlaments wurde 1985 die Idee eines »consultative body for migrants vis a vis the European Union institutions« (zit. nach EWL 1995: 39) vorgestellt, welches MigrantInnen und Nicht-MigrantInnen, Gewerkschaften und antirassistische Organisationen und Institutionen umfassen sollte (Geddes 2000: 144). Ein erstes durch die Kommission eingeladenes Vorbereitungstreffen stellte Kriterien für die Auswahl von Organisationen auf. Es sollten sich im Forum insbesondere diejenigen engagieren, »whose culture comes from outside Europe« (Evrigenis-Bericht, zit. nach EWL 1995: 39). Der Vorschlag wurde 1990 durch den Ford-Bericht des Europaparlaments bekräftigt und auf einem zweiten Vorbereitungstreffen wurde an den Statuten und Zielsetzungen gearbeitet. Im Mai 1991 schließlich wurde das EUMF mit 110 Mitgliedsorganisationen und 50 beteiligten Nationalitäten ins Leben gerufen (EWL 1995: 39).

Die Gründung des EUMF war nicht unumstritten und stellte einen Eingriff in die Interessenvertretungslandschaft von MigrantInnen in der EU dar. Vor dem EUMF existierte das seit 1971 bestehende Netzwerk *Conseil des Associations Immigrés d'Europe*, welches zumeist aus Dachverbänden von ›GastarbeitsmigrantInnen‹ aus Italien, Portugal und Spanien bestand, aber auch für MigrantInnen nicht-europäischer Herkunft offen war. Anders als im Kommissionsvorschlag von 1985, mit der von der Kommission durchgesetzten Beschränkung der Mitgliedschaft auf

Drittstaatsangehörige im EUMF, wurde das *Conseil des Associations Immigrés d'Europe* gespalten: »The main umbrella organizations represented in the *Conseil des Associations Immigrés d'Europe* had been composed of associations of European migrants (mostly southern European). They were therefore left out of the Forum, along with the most active organizations and experienced leaders« (Guiraudon 2001: 170, vgl. auch Danese 1998: 719). Die Motivation der Kommission könnte darin gelegen haben, dass mit der Festschreibung der Agenda des EUMF die Kommission ihre eigenen Bedürfnisse nach politischem *input* in diesem Bereich realisierte (Guiraudon 2001: 170).

Als Arbeitsziele formuliert das EUMF: »to obtain equal rights, freedom of movement, the obliteration of racism, xenophobia and intolerance, humane approach to the right of asylum and successful building of a truly multicultural Europe« (EUMF 2002b: 1). Seit Mitte der 1990er Jahre fokussierte das EUMF auf die Bekämpfung von Rassismus, versuchte lobbypolitisch auf die Ausgestaltung des Amsterdamer Vertrags (Antidiskriminierungsartikel 13) und der Europäischen Charta der Grundrechte einzuwirken und fing an, im Bereich von Medien und der Repräsentation von MigrantInnen aktiv zu werden. Zudem wurden eher binnengerichtete Aktivitäten im Jugend- und Frauenbereich entwickelt (Interview EUMF, 14.11.2000).

Das EUMF hatte nach eigenen Angaben 189 Mitgliedsverbände mit insgesamt 2 500 Mitgliedsorganisationen in allen damaligen 15 EU-Mitgliedsstaaten (EUMF 2002a, Interview EUMF, 14.11.2000, vgl. Abbildung 16). Frankreich, Großbritannien, Belgien, Deutschland, Portugal und die Niederlande vereinigten drei Viertel der Mitgliedsverbände auf sich. Die drei Hauptherkunftsregionen waren die Türkei[7], Afrika und der Maghreb. Wenn man die im EUMF stark vertretenen EU-Staaten dazu in Relation setzt, entsprechen diese den Hauptherkunftsregionen der dortigen Migrationsbevölkerungen. Es überrascht der geringe Anteil an Gruppen und Organisationen, in denen sich MigrantInnen verschiedener Herkunft engagieren, der bei nur sechs Prozent liegt. Gliedert man die Hauptherkunftsregionen weiter nach nationaler Herkunft auf, so ergibt sich folgendes Bild: am stärksten vertreten waren TürkInnen (21), es

---

7   Die Türkei habe ich keiner der anderen Großregionen zugeordnet, da die Migration aus der Türkei nach Nord- und Westeuropa prozentual und absolut im Vergleich zu anderen Regionen eine eigene Kategorie bildet, sie sehr spezielle Dynamiken (Selbstorganisierung und türkisch-kurdischer Konflikt) aufweist und das EUMF Personen aus der Türkei aufgrund der Anzahl ebenfalls als eigene Region fasst (Interview EUMF, 14.11.2000).

folgten MarokkanerInnen (16), AfrikanerInnen (14) und KurdInnen (12) (EUMF 2002a, eig. Berechnung). Die Finanzierung des EUMF war Anlass für Konflikte innerhalb der Institutionen der EU. Finanziert wurde das EUMF von der Europäischen Kommission.[8] Ein Urteil des Europäischen Gerichtshofes (EuGH) besagte jedoch, dass Gelder der EU nur für UnionsbürgerInnen ausgegeben werden dürften. Mit Hilfe der Unterstützung anderer NGOs *(European Women's Lobby, Platform of European Social NGOs)* wurde schließlich erfolgreich eine eigene Haushaltslinie durchgesetzt (Interview EUMF, 14.11.2000).[9] Ende 2000 stellte die Kommission jedoch aufgrund des – schon länger im Raum stehenden – Vorwurfs finanzieller Unregelmäßigkeiten und Veruntreuung die Finanzierung des EUMF ein, der Vorsitzende wurde festgenommen und die Angestellten in Brüssel entlassen. Auf nationaler Ebene arbeiten einige Gliederungen weiter, auf europäischer Ebene wurde die Arbeit mit dem Entzug der Finanzierung jedoch beendet.

Auseinandersetzungen um Repräsentation im EUMF

Die Mitgliederstruktur und Herkunftsbezüge waren für die politische Praxis des EUMF insofern zentral, als dass die Diskussion um die Repräsentation und Vertretung verschiedener Gruppen zu erbitterten Auseinandersetzungen führte (vgl. analog für Italien und Spanien Danese 1998: 719f.). Die Grundstruktur des EUMF bestand aus einer organisatorischen Einheit (»Unterstützungsgruppe«) pro Mitgliedsland und einer pro Region, die ihre eigenen Aktivitäten entwickelten und sich für die Rechte der MigrantInnen auf nationaler Ebene einsetzen. Jede Unterstützungsgruppe wählte für die Dauer von zwei Jahren eine/n PräsidentIn, die/der dem Vorstand angehörte. Als Regionen definierte das EUMF Schwarzafrika, die Türkei, Asien, Lateinamerika, Osteuropa, Nordafrika

---

8 Das von der EU bereitgestellte Budget des EUMF umfasste ursprünglich rund 500.000 Euro (Interview EUMF, 14.11.2000) und stieg mit den Jahren bis auf etwa 900.00 Euro an (MNS Mai 2002: 20).

9 Gemeint ist das 1998 vom EuGH gefällte Urteil, das die Förderung von Projekten zur Armutsbekämpfung verbot und nach dem die Kommission alle Haushaltslinien überprüfen musste, die nicht explizit vom Ministerrat gestützt waren. Infolgedessen wurde auch die Haushaltslinie B3-4110 für die Eingliederung von Zuwanderern eingestellt, da dem die Rechtsgrundlage entzogen wurde (Wellinghoff-Salavert 1999: 21). Damit verbunden war der Wechsel der Zuständigkeit für das EUMF von der Generaldirektion Beschäftigung und Soziales zur Generaldirektion Justiz und Inneres (Interview EUMF, 14.11.2000).

und die Karibik, des Weiteren gab es eine Gruppe für Staatenlose, eine für Jugendliche der zweiten und dritten Generation und eine für Frauen (EUMF 2002b: 1f.; Interview EUMF, 14.11.2000). Diese Struktur schien eine ausgewogene Vertretung entlang von Fragen nationaler Herkunft und Region sowie den damit verbundenen unterschiedlichen Migrationskontexten zu ermöglichen und zudem zwei Gruppen, die strukturell schlechter repräsentiert sind, zu berücksichtigen. Die Praxis im EUMF hat jedoch von Beginn an gezeigt, dass die spezifische Struktur eher zu einer Konkurrenz zwischen den Gruppen führte bzw. aktiv von einigen Gruppen dazu genutzt wurde.

Um die konkurrierende Repräsentation von Türken und Kurden gab es während der gesamten Anfangsjahre Auseinandersetzungen. Da es bis 1995 keine Satzung gab, wurde die Struktur auf jeder Versammlung neu verhandelt (Interview EUMF, 14.11.2000). Die interviewte Vertreterin des EUMF schildert den Konflikt wie folgt:

»In 1994, 1995 und auch in 1996 gab es einen Streit zwischen den Türken und Kurden, da die Kurden überwiegend vertreten und politisch aktiver waren und am Anfang eine größere Macht hatten. Im Nachhinein haben sie versucht, die Türken einzugrenzen, weil sie meinten, durch diese Verschlüsselung wären die Türken so vertreten wie sie in Europa vertreten sind und sie eigentlich Kurden, Armenier oder auch Assyrer überstimmen können, die aus der Türkei kommen. Deswegen hatten sie Befürchtungen und dann gab es 1993 eine Generalversammlung [...], es gab große Diskussionen um die türkische Gruppe und die türkischen Vertreter haben den Saal verlassen[10] und sind vor Gericht gegangen. Es hat also am Anfang ganz große Probleme gegeben [...]. Das Gericht sprach den Türken zu, so vertreten zu sein, wie sie auch in Europa vertreten sind, aber dass auch die kleinen Minderheiten berücksichtigt werden, was in der Demokratie sein muss« (Interview EUMF, 14.11.2000).

Als eine Konsequenz ist die Unterstützungsgruppe der Staatenlosen (KurdInnen, AssyrerInnen, ArmenierInnen) entstanden, weil sie sich nicht in der türkischen Regionalgruppe vertreten und aufgehoben sahen. Die Konflikte um eine arbeitsfähige Struktur, die letztendlich nur durch eine Gerichtsentscheidung – und nicht etwa durch ein verbandsinternes Schiedsgerichtsverfahren – beigelegt werden konnten, haben die Arbeit des EUMF über längere Zeit bestimmt.

Nicht alle Auseinandersetzungen im EUMF waren auf nationale Konkurrenzen zurückzuführen, auch die politische Tradition in den EU-

---

10 Im *Migration News Sheet* (1994, Nr. 133) wird als Ursache des Auszugs der türkischen Organisationen der Protest gegen die Begrenzung auf zehn Prozent der Stimmen für eine ethnische Gruppe genannt, welches als »anti-türkisch« aufgefasst wurde, da sie rund ein Drittel der MigrantInnen ausmachten.

Aufnahmeländern spielte eine Rolle. MigrantInnen aus den Niederlanden oder Skandinavien machten multikulturelle Modelle stark, während MigrantInnen aus Frankreich republikanische Assimilationsansätze befürworteten und MigrantInnen aus Deutschland die Bekämpfung der rechtlichen Diskriminierung ganz oben auf die Tagesordnung platzieren wollten und den Zugang zu *citizenship*-Rechten, doppelter Staatsbürgerschaft oder die Anerkennung religiöser Minderheiten forderten. Dieser Ansatz trifft wiederum kaum auf MigrantInnen beispielsweise aus Großbritannien zu, wo es eine stärkere Tradition von Minderheitenrechten gibt, weshalb sie die nicht-rechtliche Diskriminierung (bspw. bei Wohnungsmieten) betonen. Entsprechend unterschiedlich waren die Vorstellungen über Organisationsansätze, von breiten Bündnissen bis hin zu ethnisch orientierten Basisgruppen (Guiraudon 2001: 171). Diese verschiedenen politischen Kulturen der Integrationspolitik und Organisationsansätze lassen sich typologisieren (Bauer 1999). Bauer unterscheidet die Typen danach, ob die Grundlage der Politik das Individuum oder ein ethnisches Kollektiv ist und ob sie auf Inklusion oder Exklusion zielt (vgl. Abbildung 6).

Abbildung 6: Migrationspolitische Hilfekulturen

	Basis: Individuum	**Basis: Gruppe, Kollektiv**
Zielkonzept Inklusion	**Frankreich** Hilfekultur: (Individual-) Inklusion durch Staatsangehörigkeit: Assimilierung Organisierung: Repräsentative MigrantInnenorganisationen und Kampagnen, Repräsentationsagenturen	**Niederlande** Hilfekultur: (Gruppen-) Inklusion auf ethnischer Basis: Minorisierung Organisierung: Förderung der Selbstorganisation/-vertretung ethnischer Gruppen, Minderheitennetzwerke
Zielkonzept Exklusion	**Deutschland** Hilfekultur: Hoheitlich-paternalistische (Individual-) Exklusion: Klientelisierung Organisierung: soziale (Betreuungs-)Verbände, Freie Wohlfahrtsverbände	**Großbritannien** Hilfekultur: Paternalistische (Kollektiv-)Exklusion: Ethnisierung, *racialisation* Organisierung: *Community Care*, ›Race Relations Industry‹, antirassistischer Freiwilligensektor

Quelle: Bauer (1999: 502, 506)

In Deutschland gab es beispielsweise lange einen Alleinvertretungsanspruch der drei großen freien Wohlfahrtsverbände – Caritas, Diakonisches Werk und Arbeiterwohlfahrt – und die Aufteilung der jeweiligen ›GastarbeiterInnen‹ nach Nationalitäten bzw. Religionszugehörigkeiten. MigrantInnenselbstorganisationen waren faktisch aus dem Hilfe- und Beratungswesen ausgeschlossen. MigrantInnenorganisationen galten als integrationshemmend und politisch extrem. In Frankreich reagierte die Politik bis zur Wahl Mitterands 1981 ebenfalls sehr restriktiv auf selbstorganisierte Zusammenschlüsse von MigrantInnen, bis dahin waren sie verboten. Später traten die SprecherInnen der ethnischen Gemeinschaften dem Staat gegenüber als anerkannte VertreterInnen auf und hatten politisches Gewicht. Andere mit MigrantInnen solidarische Organisationsformen in Frankreich sind Kampagnen (bspw. *SOS Racisme* oder von Intellektuellen) sowie etablierte Menschenrechtsorganisationen. Die Unterschiede verdeutlichen, dass innerhalb europäischer Netzwerke und Dachverbände wie dem *European Union Migrants Forum* sehr unterschiedliche Ansätze und Politikvorstellungen aufeinander treffen.

Die Repräsentation von MigrantInnen in der EU

Die politische Praxis des EUMF war vor allem von zwei Konfliktebenen durchzogen, der um Repräsentationsmodi und der um unterschiedliche politische Kulturen.

Erstens hat die nationale bzw. nationalstaatliche Zugehörigkeit von MigrantInnen im EUMF eine zentrale Rolle gespielt und zu einer vehement ausgetragenen Konkurrenz um Repräsentation entlang dieser Linie geführt. Es besteht die Tendenz, dass das formale Prinzip der Repräsentation nach nationaler oder ethnischer Zugehörigkeit zur Verfestigung ebendieser Zugehörigkeiten und Identitäten führt, weil nur so innerhalb des Dachverbandes der eigene Einfluss gesichert werden konnte. Dieser Befund könnte auch die geringe multinationale Selbstorganisierung erklären, da im EUMF die Diskussionen und Auseinandersetzungen zumeist entlang nationalstaatlicher Zugehörigkeit liefen. Dies ließ Gruppen an den Rand treten, die sich quer zu dieser Kategorisierung organisierten oder erhöhte den Druck auf diese, sich auch nationalstaatlich zu verorten. Trans- und multinationale oder mehrdimensionale Identitäten, deren Bedeutung tendenziell wächst und deren Relevanz für die Überwindung von hergestellten Konkurrenzen unter MigrantInnen unter anderem von der *Commission for Filipino Migrant Workers* hervorgehoben wurde, passten nicht in diese Schemata der Repräsentation. Diese Dynamik ist vergleichbar mit Re-Ethnisierungs- oder Re-Nationalisierungstendenzen. Ein weiterer Grund könnte darin liegen, dass Gruppen, die sich eher themenspezifisch oder multinational organisierten, andere europäische Dachverbände wählten, die ihren Interessen eher entsprachen und bei denen die im EUMF prägenden Auseinandersetzungen weniger Raum einnahmen.

Die zweite Konfliktlinie im EUMF stellte die der politischen Kultur und der *citizenship*-Tradition in den EU-Einwanderungsländern in denen die MigrantInnenorganisationen tätig sind, dar, die sich auf europäischer Ebene in entsprechenden Organisationsvorstellungen und politischen Forderungen fortzusetzen scheinen. Die Reflexion über die Notwendigkeit der Entwicklung von spezifisch europäischen Ansätzen ist wenig entwickelt. Insofern überträgt sich die politische Kontextstruktur aus den EU-Einwanderungsstaaten auf die europäische Ebene und lässt die Relevanz europäischer Kontextstrukturen zumindest bei den Mitgliedsverbänden gering erscheinen.

Gruppen quer zu nationalstaatlicher Herkunft (Jugendliche, Frauen o.ä.) genossen im EUMF besondere Rechte, die ihre Repräsentation erleichterten. Jedoch war es auch in diesen Bereichen schwer, jenseits der sonst bestehenden Differenzen zu agieren. Laut der damaligen Generalsekretärin des EUMF, Suzanne Monkasa, hinge der weitere Erfolg davon ab, ob die Frauen dazu bereit seien, interpersonelle Differenzen zu überwinden und an gemeinsamen Projekten zu arbeiten (EWL 1999: 81).

Mit der Auflösung des EUMF fällt die einzige offiziell anerkannte und von der Kommission finanziell relevant unterstützte Interessenvertretung für MigrantInnen weg. Daher stellt sich die Frage, ob und durch welche anderen Kanäle es weiterhin direkt oder indirekt für MigrantInnen Interventionsmöglichkeiten gibt bzw. wie sich die migrationsbezogene Interessensvertretungslandschaft Brüssels verändert. Von anderen NGOs in Brüssel wurde die Auflösung des EUMF auf europäischer Ebene als »herber Verlust« (Interview CCME, 16.7.2002) bezeichnet. NGOs, die sich für die Rechte von MigrantInnen und ethnischen Minderheiten einsetzen, sich aber in erster Linie auf Antidiskriminierungsthemen spezialisiert haben, wie etwa das Antirassismusnetzwerk ENAR, vertraten ursprünglich eine Arbeitsteilung zwischen Rassismus- und Migrationsthemen (Interview ENAR, 6.9.2001). Allerdings engagierte sich ENAR nach dem Wegfall des EUMF doch in diesem Bereich, sieht sich aber nicht in der Lage, die entstandene Lücke auszufüllen (Gespräch mit einer ENAR-Vertreterin, 16.7.2002). Zudem wird als Problem erachtet, dass die Präsenz von selbstorganisierten MigrantInnen auf europäischer Ebene mit dem Wegfall des EUMF weggebrochen ist und das Feld von *advocacy*-Organisationen bestimmt ist (Interview CCME, 16.7.2002). Ob bestimmte Gruppen von MigrantInnen weiterhin in Brüssel präsent sind, ist auch davon abhängig, über welche alternativen Vernetzungen sie verfügen. So hat sich für die philippinischen Gruppen aufgrund ihrer stabilen und professionellen Strukturen wenig geändert.

Für die politische Mobilisierung von MigrantInnen in der EU ist das Beispiel des EUMF insofern von allgemeiner Bedeutung, als an ihm deutlich wird, wie die institutionelle Strukturiertheit des europäischen Interessenvertretungsterrains die Form und politische Arbeit des Dachverbands beeinflusst. Die Entwicklung, die das EUMF genommen hat, ist zum einen aufgrund der besonderen Schwierigkeiten der Organisierung von MigrantInnen ein Einzelfall, kann meines Erachtens nach aber auch andere europäische Netzwerke und Dachverbände treffen, die *top-down* von der Kommission ins Leben gerufen wurden und strukturell mit ähnlichen Problemen konfrontiert sind. Das Problem besteht darin, dass ohne lange Vorlaufzeit ein europäischer Dachverband entstehen muss, der in allen Mitgliedsländern möglichst viele Mitgliedsorganisationen hat. Das bedeutet, dass die Mitgliedsorganisationen sich auf die Verteilung und Besetzung von Vorstandsposten, finanziellen und personellen Ressourcen einigen müssen. Die Finanzierung wird zu Beginn oft allein von der EU geleistet, ist jedoch zunehmend an Eigenmittel gekoppelt, so dass der europäische Dachverband bei seinen Gliederungen zunehmend potenziell in Konkurrenz zu anderen Vorhaben steht.[11] Neben den strukturellen Herausforderungen, die eine europäische Organisierung birgt, bietet die europäische Gelegenheitsstruktur Spielräume für persönliche Profilierung und bei den meisten Dachverbänden ist die demokratische Kontrolle der FunktionsträgerInnen wenig ausgeprägt, da die europäische Ebene lange als wenig relevant galt. Daraus können sich Entwicklungen wie die des EUMF ergeben.

Sangatte: Kontroversen um die Organisierungsform und Legitimation

Zu Auseinandersetzungen um die Selbstorganisierung von irregulären MigrantInnen kam es im Herbst 2001 zwischen einer Gruppe aus der französischen *Sans-Papiers*-Bewegung aus Lille und den in Sangatte beherbergten afghanischen MigrantInnen (vgl. Chronologie im Anhang). Verschiedene Gruppen irregulärer MigrantInnen entwickelten unterschiedliche politische Ansätze, Inhalte und Strategien. Nicht nur die formale Vorgabe der Europäischen Kommission leistet Konflikten um Repräsentation Vorschub, sondern das Prinzip der ethnisch-nationalen Organisierung ist auch unter anderen Bedingungen konfliktträchtig.

---

11 Hans-Jörg Trenz zeigt am Beispiel von Migrantenorganisationen in Berlin, dass die Hoffnung auf EU-Gelder eine wesentliche Motivation zur europäischen Vernetzung darstellt (Trenz 2001a).

Terrorismusvorwurf gegenüber Afghanen

Auslöser der Kontroverse war die Absage einer Demonstration durch die afghanischen MigrantInnen in Sangatte. Nach den Anschlägen am 11. September 2001 in den USA sagten sie die bereits länger vorbereitete Demonstration aus der Gefahr heraus ab, selber für Terroristen gehalten zu werden. Demgegenüber warf eine Gruppe der französischen *Sans-Papiers*-Bewegung, das *Comité des Sans Papiers 59*[12] aus Lille (im Folgenden: CSP 59), ihnen vor, die Gefahr selbst heraufbeschworen zu haben, da sie sich als nationale – und nicht multinationale – Gruppierung organisierten.

Die afghanischen MigrantInnen, die Mehrheit der BewohnerInnen des Rote-Kreuz-Zentrums in Sangatte, verurteilten auf einer Versammlung die Anschläge vom 11.9.2001 wie auch die absehbare Konsequenz der militärischen Intervention der USA in Afghanistan (Immigrés Afghans 2001, La Voix du Nord 19.9.2001, Le Monde 20.9.2001). Sie äußerten sich zu den Anschlägen aufgrund des ihnen entgegengebrachten Misstrauens, als Muslime ebenfalls über eine Nähe zum Terrorismus zu verfügen. In der Erklärung wird zunächst auf die AfghanInnen als Kollektiv verwiesen, welches unter jahrzehntelangem Krieg leide.

»Wir Afghanen, die unser Land wegen Krieg und Terrorismus verlassen haben, wir, die unsere Häuser, unsere Verwandten und Besitztümer verloren haben, wir, die seit über 20 Jahren Opfer einer intolerablen Ungerechtigkeit sind, erklären feierlich und ohne Einschränkung die Verurteilung aller Formen des Terrorismus, in Afghanistan genauso wie im Rest der Welt«[13] (Immigrés Afghans 2001).

Sie brachten den Opfern in den USA ihre Empathie entgegen und distanzierten sich vom Regime der Taliban in Afghanistan: »Die Geschehnisse der letzten Tage in den USA aufgrund des Terrorismus sind schrecklich. Wir verurteilen sie entschieden und beten für die Tausenden unschuldigen getöteten Opfer und für ihre Familien« (Immigrés Afghans 2001). In ihrer Argumentation gingen sie auch auf mögliche Konsequenzen der Anschläge ein. Sie lehnten die militärische Intervention in Afghanistan zur Bekämpfung des Terrorismus ab und schlugen als Alternative die strafrechtliche Verfolgung der Verantwortlichen vor. Trotz der eindeutigen Verurteilung der Anschläge gab es das Gerücht, in Sangatte versteckten sich Terroristen (CSP 59 2001). Besonders drastisch formulierte der Rechtspopulist Bruno Megret in einer Wahlkampfrede

---

12 Die Bezeichnung der *Sans-Papiers*-Kollektive entspricht der Numerierung der *Départements*.
13 Französische Zitate wurden durch die Autorin übersetzt.

den behaupteten Zusammenhang von Terrorismusunterstützung und Sangatte: »Schlimmer noch, der Service mit italienischem Schlendrian sieht zu, wie das Netzwerk Al-Quaida von Osama bin Laden Unterstützung unter den Pensionären des Zentrums in Sangatte findet. Die militanten Islamisten, gratis unter uns Dank des französischen Staates, das ist wahrhaftig eine verkehrte Welt!« (Megret 2001). Die afghanischen MigrantInnen planten für den 31. Oktober 2001 in Calais eine Demonstration (vgl. Aufruf Réfugiés Afghans 2001) und setzten sich mit dem Vorwurf auseinander:

»In Calais, so hat die afghanische *community* beschlossen, werden wir demonstrieren für: die Betonung der Ablehnung des Terrorismus; für die Öffnung der Grenze zwischen Pakistan und Afghanistan für afghanische Flüchtlinge; für die Öffnung aller europäischen Grenzen; für verbesserte Lebensbedingungen, das heißt geringere Verzögerungen bei der Antragsbearbeitung und identische Bedingungen in europäischen Staaten, wo sie sich am Besten aufgenommen fühlen« (Réfugiés Afghans 2001).

Die Demonstration wurde von den afghanischen Veranstaltern kurzfristig abgesagt (CSP 59 2001) und mit der »Gefahr der Vermischung zwischen der Demonstration und dem Aufruf des Chefs der Taliban Mullah Omar gegen den Krieg zu demonstrieren« begründet (ebd.).

Sans-Papiers kritisieren die afghanischen MigrantInnen

Das *Comité des Sans Papiers 59* (Lille) unterstützte die Demonstration und äußerte sich kritisch zur Absage. Grundsätzlich seien sie solidarisch mit allen *Sans-Papiers* und mit den Forderungen der afghanischen *Sans-Papiers* in Sangatte. Allerdings kritisierten sie erstens die auf eine nationale oder ethnische Gruppe konzentrierte politische Mobilisierung: »Warum eine Demonstration spezifisch von Afghanen, wo doch alle *Sans-Papiers* von Sangatte nur ein Ziel haben, nach Großbritannien zu gelangen?« (CSP 59 2001). Die Ursachen dafür, dass die AfghanInnen in die Planung der Demonstration nicht mehrere Nationalitäten einbezogen, können vielerlei gewesen sein: Die thematische Fokussierung der Aktivitäten wurde auf die Anschläge in New York und die Terrorismusvorwürfe gegen Afghanen aus Sangatte gelegt; die sprachliche Abstimmung der Planung ist unter Angehörigen einer Nationalität und Sprache einfacher; es besteht eine vorgängige Separierung der Nationalitäten im Rote-Kreuz-Zentrum in Sangatte. Der letzte Aspekt verweist auf das zum Teil konfliktbeladene Zusammenleben zwischen Angehörigen verschiedener Nationalitäten in Sangatte. Immer wieder kam es zu (Massen-)Schlägereien und körperlichen Angriffen mit Verletzten und zum Teil Toten, vor allem zwischen irakisch-kurdischen und afghanischen

MigrantInnen.[14] Eine Konfliktursache lag – neben der Enge im Zentrum – in der Konkurrenz verschiedener Gruppen untereinander im Schatten-Migrationsregime. Die AfghanInnen waren von den irakischen Kurden abhängig, die das Migrationsnetz kontrollierten, das heißt die nächtlichen Fluchtversuche nach Großbritannien organisierten. Aufgrund dieser Konfliktkonstellation war es schwer vorstellbar, dass es ohne professionelle und längerfristige Vermittlung zu gemeinsamen politischen Aktivitäten gekommen wäre. Auf die unterschiedlichen Beweggründe der afghanischen MigrantInnen geht das CSP 59 nicht ein.

Zweitens kritisierte das CSP 59 den positiven Bezug der AfghanInnen auf das Asylrecht und die damit verbundenen politischen Implikationen: »Man muss berücksichtigen, dass seit Monaten vorsätzlich eine schädliche Verwirrung aufrecht gehalten wird durch die trügerische Differenzierung zwischen dem Kampf der *Sans-Papiers* und der Bewegung der Asylsuchenden« (ebd.). Die Differenzierung führe sowohl zu einer Spaltung zwischen Asylsuchenden und *Sans-Papiers*, als auch dazu, dass eine individuelle Prüfung jedes Asylantrags gefordert wurde, anstelle der kollektiven Forderung nach Bleiberecht für alle.

»Das ist der gleiche Typ von Unterscheidung, der in den 80er/90er Jahren aus den Laboratorien der OFPRA *[Office français de protection des réfugiés et a-patrides,* hs] zwischen ›politischen und ökonomischen Flüchtlingen‹ kam, der Zehntausende *Sans-Papiers* fabrizierte. Diese Unterscheidung drohte zur Falle für die demokratische antirassistische Bewegung zu werden, die sich einer Gesetzesoffensive gegenüber sah, rassistischen Dekreten der Regierung, denen nach und nach Rechte und Linke im Namen des ›Kampfes gegen illegale Immigration‹ zustimmten« (ebd.).

Der französische Premierminister Lionel Jospin – so die Einschätzung des CSP 59 – will heutzutage damit den

»bürgerlichen und demokratischen Kampf der *Sans-Papiers* für die Regularisierung beenden und macht die Unterscheidung in ›Asylbewerber‹, ›Wirtschaftsflüchtlinge‹ und zu allerletzt ›Illegale‹ wieder auf. Das CSP 59 verurteilt mit Nachdruck diese Falle, da eines der größten Eroberungen das Konzept der *Sans-Papiers* ist, welches die ›Illegalen‹ ideologisch wirkungslos macht!« (Ebd.)

Dieser Kritikpunkt des CSP 59 weist auf eine Tendenz in der französischen Politik hin. Allerdings beinhaltet der Aufruf der afghanischen MigrantInnen zur Demonstration am 31.10.2001, wenn auch nur implizit, eine Kritik an dieser politisch folgenreichen Unterscheidung. Im Titel wird durch die Nennung der möglichen Bezeichnungen der Personen in Sangatte, »Migranten? Flüchtlinge? Illegale?« (Réfugiés Afghans/Herin

---

14 Vgl. Le Monde 13.2.2001, 19.5.2001, 22.11.2001, 17.4.2002, 3.5.2002, 19.5.2002, 7.6.2002.

2001), indirekt auf das Problem der richtigen Bezeichnung und der politischen Implikationen eingegangen. Insofern ist anzunehmen, dass die afghanischen MigrantInnen die Kritik des CSP 59 teilen, jedoch nicht über die politisch langjährige Erfahrung in Frankreich verfügen, um die derzeitige Politik in diesem Kontext einzuordnen.

Unterschiede politischer Mobilisierungen

Am Beispiel der Absage der Demonstration und der Kritik des CSP 59 am Vorgehen der afghanischen MigrantInnen lassen sich einige Unterschiede der Protestmobilisierung der MigrantInnen in Sangatte zu den Formen des Protests von *Sans-Papiers*, die in Frankreich mittlerweile als eigene soziale Bewegung gelten, aufzeigen.

Eine Ursache der unterschiedlichen Strategien liegt in der nicht vorhandenen inhaltlichen wie auch personellen Kontinuität der vom Rote-Kreuz-Zentrum ausgehenden Proteste. In Sangatte waren die Möglichkeiten der politischen Organisierung schlecht: Es fehlte an politisch erfahrenen Personen, Infrastruktur, finanziellen Ressourcen und einer längerfristig im Rote-Kreuz-Zentrum lebenden Personengruppe, um eine Kontinuität der Aktivitäten zu gewährleisten. Einer multiethnischen Organisierung stand die vor allem entlang ethnischer Linien verlaufende Segregation innerhalb des Zentrums, die Interessensunterschiede im Schatten-Migrationsregime sowie unterschiedliche Sprachen und nicht vorhandene ÜbersetzerInnen entgegen.

Die Mobilisierungen der *Sans-Papiers*-Bewegung Ende der 1990er Jahre waren nicht zuletzt deshalb so öffentlichkeitswirksam und erfolgreich, weil es mehrere charismatische Personen gab, die als SprecherInnen auftraten, wie beispielsweise Madjiguene Cissé, die durch ihr vehementes Engagement auch die Aktivität von Frauen und geschlechtsspezifische Forderungen in der Bewegung und in der Öffentlichkeit sichtbar machte (vgl. Cissé 2002). Die *Sans-Papiers*-Bewegung konnte zahlreiche Menschen zu Solidaritätsbekundungen mobilisieren, unter anderem weil sie sich als Opfer der Politik in der Öffentlichkeit darstellten (Lindemann 2001: 22, 146). Die afghanischen MigrantInnen in Sangatte verfolgten bei der Organisation der Demonstration nicht diese Strategie, um BündnispartnerInnen und öffentliche Unterstützung zu mobilisieren. Im Gegenteil, sie forderten die Öffnung der europäischen Grenzen und ihre Aktionsformen waren offensiv. In der weltpolitischen Lage nach den Terroranschlägen in den USA vom September 2001 und aufgrund der bei einem Teil der lokalen Bevölkerung vorhandenen Ressentiments gegen MigrantInnen (vgl. Delegationsberichte CCFD et al.

2000a, Gisti 2001b), galten sie daher in der Öffentlichkeit als Sicherheitsrisiko.

Ein weiterer Unterschied zwischen den Protesten der in Sangatte lebenden MigrantInnen und der *Sans-Papiers*-Bewegung besteht in der ungleichen Legitimität von Forderungen zwischen den Anliegen von langjährig in Frankreich lebenden *Sans-Papiers* und den gerade illegal Eingereisten in Sangatte. Die *Sans-Papiers*-Bewegung hat ihre Forderungen von einer anderen Ausgangslage her formulieren können: Sie leben seit Jahren in Frankreich, haben zum Teil Kinder mit französischer Staatsangehörigkeit oder können Arbeit und soziale Einbindungen nachweisen. Ihre Begründung zielt darauf ab, zu zeigen, wie die französische Einwanderungspolitik sie zu Papierlosen gemacht hat. Die MigrantInnen in Sangatte hingegen haben sich nach Ansicht der Öffentlichkeit bewusst in die Situation der Illegalität gebracht und geben sich noch nicht einmal mit der Möglichkeit zufrieden, in Frankreich Asyl zu beantragen, sondern haben das ›gute Leben‹ in Großbritannien vor Augen. In dieser Situation ist es deutlich schwerer, in der Öffentlichkeit um Sympathie und BündnispartnerInnen zu werben, die nicht nur aus einer karitativen Einstellung heraus Unterstützung leisten, sondern politisch die Ziele der MigrantInnen in Sangatte unterstützen.

Die Konfliktlinien zwischen den Ansätzen politischer Mobilisierung der *Sans-Papiers* und den afghanischen MigrantInnen in Sangatte verlaufen somit auf mehreren Ebenen: einer des organisatorischen Selbstverständnisses (ethnisch/national vs. multinational), einer politisch-strategischen (ungewollter Bezug zur aktuellen Politik) und einer legitimatorischen (wer stellt welche Forderungen; Sprechposition). Die Konflikte verdeutlichen, dass sich nicht nur zwischen ›legalen‹ und ›illegalen‹ MigrantInnen, sondern auch unter verschiedenen Gruppen von irregulären MigrantInnen die aus den politischen Kontextstrukturen ergebenden Möglichkeiten anders darstellen.

Fazit: Praktische und strategische Interessen bündeln

Die strategische Kombination und Integration ökonomischer, sozialer und frauenpolitischer Ansätze ist beim RESPECT-Netzwerk wie bei anderen Frauenorganisationen im informellen Sektor charakteristisch. Die praktischen Bedürfnisse der Frauen werden mit strategischen Interessen der Veränderung hierarchischer Arbeits- und Geschlechterbeziehungen verbunden. Diese Verbindung entspricht dem *empowerment*-Begriff von Jill Bystydzienski (1992) sowie einer Kombination aus den von Foucault benannten drei Typen von Kämpfen, »die gegen Formen der (ethnischen, sozialen und religiösen) Herrschaft; die gegen Formen der Ausbeutung [...]; die gegen all das, was das Individuum an sich selber fesselt und dadurch anderen unterwirft« (Foucault 1999 [1983]: 167). Die Organisierung der Frauen ist dabei die zentrale Strategie des Netzwerks, die auch den Unterschied zu individuellen Bewältigungsstrategien darstellt. Die Arbeit des RESPECT-Netzwerks steht in der Tradition von anderen *empowerment*-Bewegungen wie der amerikanischen *Black-Power-* und Bürgerrechtsbewegungen, Paolo Freires »Pädagogik der Unterdrückten« und Organisierungsbemühungen im informellen Sektor.

Das RESPECT-Netzwerk versucht, bisher hemmende Faktoren auf der Makroebene durch die Ausbildung einer neuen Akteursgruppe und politische Interventionen zu beeinflussen. Das konventionelle System der Interessenvertretung wird durch eine neue Akteursgruppe erweitert, da die MigrantInnen aber weder über Staatsbürgerschaftsrechte noch als Illegalisierte überhaupt über Aufenthaltsrechte verfügen, läuft die Einflussnahme z.b. informell über Medien bzw. über Vermittlungsinstanzen. Die Organisationsfähigkeit von Interessen wenig machtvoller Akteure ist daher nicht zu unterschätzen und kann sich, wie im Fall der französischen *Sans-Papiers*-Bewegung, über längere Zeit auf der politischen Agenda halten. Durch die Herausbildung neuer AkteurInnen können auf Dauer die Muster der politischen Kultur eine Veränderung erfahren. MigrantInnen bringen über Widerstandserfahrungen in den Herkunftsländern neue Formen politischer Mobilisierung mit und fordern als Nicht-StaatsbürgerInnen Partizipation und erweiterte Rechte ein. Yasemin Soysal geht so weit zu behaupten, dass sich durch die Präsenz und das Engagement von Drittstaatsangehörigen in der EU postnationale Rechte herausbilden (Soysal 1994). Ob dem zuzustimmen ist – insbesondere mit Blick auf irreguläre MigrantInnen – ist hier nicht die (bereits viel diskutierte) Frage, vielmehr wird an ihrer Untersuchung deutlich, dass das politische System und die politische Kultur sich auf MigrantInnen einstellen. Aus Praxen wie der des RESPECT-Netzwerks entsteht auf zwei Ebenen eine neue Konfliktkultur: MigrantInnen fordern zum einen gegenüber ihren ArbeitgeberInnen grundlegende Rechte ein, zum anderen auf Ebene des Staates. Im Kapitel »Mehr Rechte für illegalisierte MigrantInnen« werden weitere Faktoren identifiziert, die zur politischen Handlungsfähigkeit auf europäischer Ebene beitragen: Das RESPECT-Netzwerk arbeitet zu Themen, in denen die EU Kompetenzen besitzt bzw. daran interessiert ist, ihre Kompetenzen gegenüber den Nationalstaaten auszuweiten. Das Netzwerk versteht es, seine Anliegen in die dafür passenden *framings* zu stellen und *best practice*-Vorschläge zu erarbeiten, die bei den politischen Akteuren auf Resonanzen stoßen.

Darüber hinaus schafft es das Netzwerk, inhaltliche und strategische Koalitionen mit Partnern auf europäischer Ebene einzugehen. Der Fall des *European Union Migrants Forum* verweist auf zweierlei: Erstens wurde deutlich, dass die EU durch die *top-down*-Gründung des EUMF einen wesentlichen Einfluss auf die Form der zivilgesellschaftlichen Organisierung von MigrantInnen hatte und die Organisationsform über die Repräsentationsfrage Gegenstand politischer Auseinandersetzungen zwischen Mitgliedsorganisationen verschiedener nationaler Herkunft war. Zweitens lässt sich anhand der Auseinandersetzungen im EUMF die These von Eder et al. (1998) relativieren, dass transnationale Netzwerke ein Gefühl von Gemeinschaftlichkeit stiften. Die als starke Verbindung empfundene gleiche nationale oder ethnische Zugehörigkeit fördert zwar den Zusammenhalt, führt aber zur Abgrenzung gegenüber anderen, die auf längere Sicht die Entstehung eines nationalitätsübergreifenden politischen Zusammenhangs behindert. Nira Yuval-Davis hat darauf in ihrer Kritik an einem euphorischen *empowerment*-Begriff hingewiesen (Yuval-Davis 1994). Konkurrenzen, Entsolidarisierungen und auf ethnische Repräsentation beharrende Politiken sind auch im europäischen Kontext längst nicht überwunden. Das von der Europäischen Kommission *top-down* gegründete Forum schaffte es nicht, einen Modus für eine gemeinsame politische Arbeit zu finden. Die Probleme des EUMF verdeutlichen die Notwendigkeit der Verallgemeinerung partikularer Perspektiven. Einige wichtige Elemente dessen sind bei der Praxis des RESPECT-Netzwerks zu erkennen: die Formulierung von gemeinsamen Zielen, die explizite Arbeit über die Grenzen von Nationalitäten hinaus und die Reflexion einer zunächst auf philippinische MigrantInnen konzentrierten Arbeit.

Im Fall der irregulären MigrantInnen in Sangatte wurde deutlich, wie sehr ›französische‹ illegalisierte MigrantInnen ihre politische Arbeit mit der Kenntnis des politischen Systems Frankreichs, einer kontinuierlichen politischen Widerstandserfahrung und dem Bezug auf spezifische Legitimationen, die sich aus der langen – wenn auch irregulären – Aufenthaltsdauer ableiten, führen. Den aus dieser Position heraus artikulierten Anforderungen werden die afghanischen MigrantInnen aus Sangatte nicht gerecht, sie agieren ohne genaue Kenntnis der politischen Kontextstruktur. Dennoch ist der von den französischen *Sans-Papiers* geäußerte Kritikpunkt relevant, dass eine auf eine Nationalität beruhende Mobilisierung zur Spaltung in ›gute Flüchtlinge aus Afghanistan‹ und ›kriminelle und gefährliche kurdisch-irakische Schleuser‹ führen kann.

Sangatte: Umkämpfte Grenzen

Die Kernfrage, wie sich illegalisierte MigrantInnen trotz ihres prekären rechtlichen Status für ihre Rechte und Interessen – durchaus erfolgreich – einsetzen, kann nur dann beantwortet werden, wenn sie sowohl für den irregulären Aufenthalt (vgl. das folgende Kapitel) als auch den irregulären Grenzübertritt gestellt wird. Die Analyse des politischen Ansatzes von in Brüssel angesiedelten *pro-migrant*-Organisationen in Bezug auf irreguläre Migration hat ergeben, dass die meisten Organisationen davon absehen, die Frage des Zugangs zur EU zu thematisieren. Stattdessen thematisieren sie ausschließlich die prekären Lebensbedingungen irregulärer MigrantInnen. Durch die De-Thematisierung werden der erwünschte Grad der Durchlässigkeit der Grenzen der EU sowie die politische und moralische Bewertung von irregulärer Migration bewusst ausgeklammert. Bei einem Konflikt wie dem um das Rote-Kreuz-Zentrum in Sangatte ist es hingegen nicht möglich, Zugangsfragen auszuklammern. Der Grad der Offenheit von Grenzen stellt den Kern des Konflikts dar. Da sich an ›Sangatte‹ von sehr unterschiedlichen Akteuren politische Mobilisierungen entzündet haben, lassen sich die Unterschiede in den Thematisierungs- und Legitimationsweisen sowie das Verhältnis der Akteure untereinander herausarbeiten. Dies ist insbesondere relevant, weil aus der Perspektive der irregulären MigrantInnen die anderen Akteure ermöglichende oder behindernde Faktoren darstellen, um ihre Interessen zu artikulieren.

Der in diesem Kapitel zu beantwortende Teil der Fragestellung besteht darin, inwieweit sich durch die Diskrepanz zwischen den erklärten politischen Zielen der Migrationskontrolle und der sozialen Realität irregulärer Migration in Grenzräumen Ansatzpunkte für das Agieren von irregulären MigrantInnen und *pro-migrant*-Organisationen ergeben. Meine These ist, dass diese Ansatzpunkte insbesondere für den Deutungsrahmen und die politische Praxis der irregulären MigrantInnen bestehen. Diesen *frame* bezeichne ich als (relative) »Autonomie der Migration«, da er sich weitestgehend respektlos gegenüber Versuchen der Migrationskontrolle zeigt. Vier Mobilisierungsbedingungen sind zum Beleg der These sowie für den Konfliktverlauf ausschlaggebend:

Erstens stellte der soziale und territoriale Raum – der Grenzraum um Sangatte und den Ärmelkanal – eine ermöglichende Bedingung für die politische und soziale Praxis der MigrantInnen dar. Den Grenzraum um Sangatte bezeichne ich als »terrain of resistence« (Routledge 1993), in dem hegemoniale und gegenhegemoniale Kräfte und Diskurse aufeinander treffen. Widerstands- oder Konflikträume zeichnen sich durch Konfrontation aus und nicht durch eine Konsensorientierung, die für den in Brüssel lokalisierten Raum der europäischen Lobbypolitik kennzeichnend ist. Daher sind der *frame* und die sozialen Praxen der »Autonomie der Migration« gegenüber anderen Deutungsrahmen im Vorteil, die auf Dialog, Verhandlung und Lobbyarbeit beruhen.

Die zweite entscheidende Mobilisierungsbedingung ist die der Migrationskontrollpolitiken der Regierungen Großbritanniens und Frankreichs sowie der Europäischen Union, in der die Bekämpfung irregulärer Migration oben auf der Agenda steht. Intendiert ist die Unterbindung irregulärer Migrationsbewegungen, jedoch ist die Migrationskontrollpolitik auch die Vorraussetzung für diese Migrationen.

Drittens bestimmt das Changieren zwischen Elitenkonsens und Elitendissens den Konfliktverlauf. Gespaltene Eliten können soziale Bewegungen ermutigen und *windows of opportunities* eröffnen. Der zunächst nicht vorhandene Elitenkonsens zwischen den Regierungen von Großbritannien und Frankreich führte zu der politisch zugespitzten Situation. In Sangatte wussten die irregulären MigrantInnen und *pro-migrant*-Organisationen die Zeit des Elitendissenses zu nutzen, sowohl politisch wie auch praktisch durch die Realisierung von über 80.000 individuellen irregulären Migrationsprojekten. Allerdings veränderte sich die Situation grundlegend durch den Regierungswechsel in Frankreich. Es wurde schnell ein Konsens zwischen den Regierungen beider Staaten erzielt, der zur Schließung Sangattes führte und damit die räumlichen Bedingungen zum Nachteil der MigrantInnen veränderte.

Die vierte – und komplexeste – Mobilisierungsbedingung ist die der Allianz- und Bündnisstrukturen. In der Bewegungsforschung wird im Konzept gesellschaftlicher Kontextstrukturen angenommen, dass sich die Existenz zahlreicher und einflussreicher Verbündeter günstig auf die Realisierung der Anliegen einer Bewegung auswirkt. Beim Fall Sangatte gibt es von Seiten der MigrantInnen und der *pro-migrant*-Organisationen die Suche nach BündnispartnerInnen aus der europäischen Industrielobby, in den Institutionen der Europäischen Union, bei Internationalen Organisationen und Intellektuellen. Die Enttäuschung über einige der als klassische BündnispartnerInnen angesehenen Organisationen überwog allerdings. Das »europäische Vokabular der Inklusion« (Eder, Trenz und Hellmann 1998) wurde von den humanitären und antirassistischen Gruppen zwar als diskursiver Ansatzpunkt genutzt, um asyl- und menschenrechtliche Mindeststandards einzufordern, war aber gegenüber den Politiken im Nachteil, die auf der Diskursverschränkung von Sicherheitspolitik und irregulärer Migration beruhen. Trotz der begrenzten Unterstützung verlief die politische Mobilisierung für die betroffenen MigrantInnen weitestgehend positiv. Dies liegt meines Erachtens an der Beschaffenheit des *frames* der »Autonomie der Migration« und den damit verbundenen Zielen der MigrantInnen.

Das Rote-Kreuz-Zentrum in Sangatte

Chronologie des Konfliktes[1]

Das Dorf Sangatte (Pas-de-Calais) mit rund 850 EinwohnerInnen liegt in der Nähe des Hafens von Calais und in fußläufiger Entfernung zum Eingang des Eurotunnels. Am 24. September 1999 wurde in Sangatte in einer 25.000 m² großen Lagerhalle, ursprünglich für den Tunnelbau errichtet, das Rote-Kreuz-Zentrum für Flüchtlinge und irreguläre MigrantInnen eröffnet. Es stellte die Reaktion auf die Räumung eines Lagerhauses im Juni 1999 dar, in dem kosovarische Flüchtlinge provisorisch wohnten und die nach dessen Räumung obdachlos wurden und sich in den Parks von Calais sowie in der Umgebung niederließen (CCFD et al. 2000b). Die Betriebskosten für Sangatte trug das französische Arbeits- und Sozialministerium, der Träger war das Rote Kreuz.

Von 1999 bis zur Schließung im November 2002 fanden in Sangatte unterschiedliche Gruppen von MigrantInnen Unterkunft, vor allem aus dem Nahen Osten, dem ehemaligen Jugoslawien, Mittel- und Osteuropa und Afrika. Das Lager war für 600 Personen ausgelegt, beherbergte zeitweise jedoch bis zu 1 600 MigrantInnen. Die BewohnerInnen wurden nicht registriert und konnten sich frei bewegen. Das Ziel der in Sangatte beherbergten MigrantInnen bestand in der irregulären Weiterreise nach Großbritannien. In der Zeit seines Bestehens, durchliefen schätzungs-

---

1 Grundlage ist die mithilfe der Ereignisverlaufsdatenbank durchgeführte Rekonstruktion der politischen Auseinandersetzungen um das Rote-Kreuz-Zentrum in Sangatte.

weise über 80.000 Personen das Rote-Kreuz-Zentrum, die fast alle ihren Weg erfolgreich nach Großbritannien fortsetzten. Nur wenige beantragten Asyl in Frankreich.

In der Region Pas-de-Calais gab es zivilgesellschaftliche UnterstützerInnen, KritikerInnen und GegnerInnen des Zentrums. Eine Reihe von christlichen, humanistischen und antirassistischen Organisationen unterstützte die MigrantInnen und setzte sich in der Öffentlichkeit für sie ein. Die politischen Parteien, auch die sozialistische und kommunistische, die in der Region traditionell stark sind, forderten zumeist die Schließung Sangattes. Bereits kurz nach der Eröffnung des Zentrums gründete sich ein fremdenfeindliches Komitee, das politisch gegen das Zentrum mobilisierte, rechtsextreme junge Männer verübten zudem Übergriffe auf in Sangatte beherbergte MigrantInnen.

Nach zwei Jahren der Existenz des Zentrums in Sangatte intensivierte die britische Regierung die Aufforderungen zur Schließung. Die französische Regierung lehnte dies ab und verwies auf die Notwendigkeit einer europäischen Harmonisierung der Asylpolitik, an der sich Großbritannien beteiligen solle. Im Arbeits- und Sozialministerium Frankreichs wurden zu diesem Zeitpunkt Überlegungen für weitere Flüchtlingslager an der Kanalküste angestellt, auf Intervention der britischen Regierung und des französischen Innenministers wurde davon jedoch Abstand genommen.

Ende 2001 und im Frühjahr 2002 wurde das Rote-Kreuz-Zentrum in Sangatte zu einem wichtigen Wahlkampfthema der bürgerlichen Rechten und der extremen Rechten. Gefordert wurde die Schließung und von einigen die Abschiebung aller ›Illegalen‹. Weihnachten 2001 verursachten die MigrantInnen in Sangatte weltweit Medienschlagzeilen als Hunderte von ihnen kollektiv in den Eurotunnel eindrangen. Die Präsidentschafts- und Parlamentswahlen im Frühjahr 2002 wurden von der bürgerlichen Rechten gewonnen, Le Pen vom *Front National* fand überraschend viele WählerInnen.

Nach der Regierungsübernahme durch die bürgerliche Rechte strebte Innenminister Nicolas Sarkozy schnellstmöglich die im Regierungsprogramm stehende Schließung des Zentrums in Sangatte an. Dazu kooperierte er eng mit der britischen Regierung. Die MigrantInnen und *pro-migrant*-Organisationen mobilisierten für den Erhalt des Zentrums. Das UN-Flüchtlingshilfswerk bot seine Hilfe bei den Schließungsbestrebungen an, alle MigrantInnen sollten registriert werden, um festzustellen, wie viel originäre Flüchtlinge unter ihnen seien. Zwischen den Regierungen von Afghanistan und Frankreich sowie dem UNHCR wurde ein Vertrag über die zunächst freiwillige, später erzwungene Rückkehr von Flüchtlingen abgeschlossen. Die Regierungen Großbritanniens und

Frankreichs erließen restriktivere Asyl- und Einwanderungsgesetze. Anfang November 2002 wurden in Sangatte keine neuen MigrantInnen aufgenommen. Zweihundert abgewiesene Personen besetzen daraufhin verschiedene öffentliche und kirchliche Einrichtungen, nach einigen Tagen der Konflikteskalation wurde eine Kirche gewaltsam geräumt. Die britische und französische Regierung vereinbarten einen Schließungsmodus, nach dem Großbritannien 1 000 irakische KurdInnen und 200 AfghanInnen mit Familienbindung aufnehmen und ihnen einen befristeten Arbeits- und Aufenthaltsstatus (kein Asyl) anbieten sollte. Frankreich übernahm rund 400 verbleibende MigrantInnen. Am 14. Dezember 2002 verließ der letzte Migrant Sangatte in Richtung Großbritannien.

Für beide Regierungen galt das Problem mit dem Abriss der Lagerhalle am 31.12.2002 als gelöst. Die Hilfsorganisationen vor Ort versorgen jedoch auch noch über zwei Jahre nach der Schließung Sangattes mehrere Hundert irreguläre MigrantInnen täglich mit warmen Mahlzeiten, Unterkunft und Kleidung. In den Wäldern um Calais herum richteten sich die MigrantInnen in provisorischen Unterkünften ein. Polizeirazzien, Festnahmen, das Verbringen an entlegene Orte sowie Abschiebungen werden regelmäßig durchgeführt. Humanitären HelferInnen wurde die Unterstützung zum illegalen Aufenthalt vorgeworfen und zwei von ihnen wurden juristisch verfolgt. An anderen Orten, vor allem Paris und der belgischen Kanalküste, wurde eine relevante Zunahme an irregulären MigrantInnen mit dem Ziel Großbritannien festgestellt.

Sozio-demografische Daten der MigrantInnen in Sangatte

Die Herkunft der in Sangatte beherbergten Personen war zum Zeitpunkt der einzigen empirischen Erhebung Ende 2001/Anfang 2002 klar entlang zweier Nationalitätszugehörigkeiten strukturiert.[2] Etwas mehr als die Hälfte war afghanischer Staatsangehörigkeit, ein Drittel irakischer, davon die meisten kurdischer Herkunft (Laacher 2002: 29). Das Durchschnittsalter lag bei 25 Jahren. Da die klandestine Reise aus den Herkunftsgebieten lang, anstrengend und risikoreich ist, wurde diese eher von jungen, ledigen Männern ohne Familienverantwortung auf sich genommen. Dies schlägt sich in der Zusammensetzung der Geschlechter in

---

2 Die Daten basieren auf der Auswertung von 284 Fragebögen sowie rund fünfzig Interviews bzw. Gesprächen, die zwischen September 2001 und April 2002 erhoben wurden (Laacher 2002). Die Studie ist eine Momentaufnahme, da die nach Sangatte kommenden Flüchtlingsgruppen jeweils den aktuellen kriegs- und krisengeschüttelten Ländern entsprachen.

Sangatte nieder: 95 Prozent waren Männer und nur fünf Prozent Frauen, davon die meisten Ehefrauen, die gemeinsam mit ihrem Mann und Kindern gekommen waren (ebd.: 27ff.). Die Flucht von Frauen und Kindern findet in der Regel krisennah und in Gruppen unter Aufsicht internationaler Organisationen statt. Ein Unterschied zwischen dem Fluchtverhalten von Männern und Frauen liegt auch in der Unterstützung mit finanziellen und symbolischen Ressourcen durch die Familie im Herkunftsland sowie familiäre und andere soziale Netzwerke im Ausland. Oft ist es kulturell unüblich, dass sich eine Frau alleine auf den Weg macht. Die Befragung des Soziologen Smaïn Laachers stützt die von der Migrationsforschung analysierte wichtige Rolle der erweiterten Familie bei der Migrationsentscheidung: 76,8 Prozent gaben an, dass die Flucht auf einer gemeinsamen Familienentscheidung beruhe, 21,1 Prozent verneinten dies (Laacher 2002: 40-44). Die meisten der in Sangatte Befragten waren Pioniermigranten, das heißt die ersten aus ihrer Familie, die das Land verließen (ebd.: 43). Pioniermigration zieht zumeist weitere Migrationsbewegungen nach sich.

Das Bildungsniveau der Befragten war ausgesprochen hoch, nur sechs Prozent waren ohne Ausbildung.[3] Die IrakerInnen verfügten über eine etwas bessere Ausbildung als die AfghanInnen. Die meisten MigrantInnen gehörten zur Mittelschicht oder oberen Unterschicht, dies lässt sich an den erlernten und ausgeübten Berufen festmachen. Kaufleute und Handwerker stellten die größte Gruppe, gefolgt von Studierenden, ArbeiterInnen und Angehörigen freier Berufe, Intellektuellen und KünstlerInnen (Laacher 2002: 32f.). Ein Teil der Befragten gab an, die Ausbildung aufgrund der ökonomisch desaströsen Lage umsonst gemacht zu haben bzw. für das Angebot an Arbeitsplätzen überqualifiziert zu sein. Die soziodemografischen Daten der MigrantInnen in Sangatte zeigen, dass eine soziale und ökonomische Selektion derjenigen stattfindet, die migriert sind. Dazu tragen vor allem zwei Mechanismen bei, die Schließung der europäischen Außengrenzen für irreguläre MigrantInnen und oft auch Flüchtlinge und die damit verbundenen hohen Geldzahlungen an Schleuser. Aufgrund der hohen Migrationskosten und der geschlossenen Grenzen wird die Migration von den Betroffenen als einmaliger und endgültiger Akt betrachtet (ebd.: 33).

Die Hauptherkunftsländer deuten auf die Migrationsursachen hin, Krieg (39,4 Prozent), politische Verfolgung (34,2 Prozent) und – zu ei-

---

3   Das Bildungsniveau der Befragten in Sangatte: Sekundaria (12 Jahre Schule): 39,1 Prozent, mehr als Abitur (Abitur plus weitere 1-7 Jahre Ausbildung): 26,1 Prozent, Abitur: 14,8 Prozent, Primaria (6 Jahre Schule): 13 Prozent, ohne Ausbildung: 6,3 Prozent (Laacher 2002: 31).

nem überraschend geringen Prozentsatz – Gründe wie Arbeitslosigkeit (7 Prozent) (Laacher 2002: 36). Dabei gibt es beträchtliche Unterschiede zwischen den Nationalitäten, die meisten irakischen KurdInnen gaben an, aufgrund politischer Verfolgung geflohen zu sein, die AfghanInnen aufgrund von Krieg. Diese Ergebnisse aus Smaïn Laachers Studie bestätigen den Trend, dass es aufgrund der veränderten Rechtslage (z.B. sichere Drittstaatenregelung) für Kriegsflüchtlinge und politisch Verfolgte schwierig geworden ist, regulär Zugang zur EU zu finden, der ihnen tatsächlich die Asylantragstellung ermöglichen würde. Daher reisen sie irregulär mithilfe von Schmugglernetzwerken ein. Es wird von einigen auch als unrealistisch erachtet, dass dem Asylantrag stattgegeben wird, so dass ein Leben in der Irregularität vorgezogen wird (vgl. auch Koser 2001). Die Dauer der Reise betrug in 80 Prozent der Fälle bis zu sechs Monaten (Laacher 2002: 45).[4] Die Kosten lagen in den meisten Fällen zwischen fünftausend und zehntausend US Dollar (ebd.: 46).[5]

Mobilisierungen der MigrantInnen in Sangatte

Das zu realisierende Ziel der im Rote-Kreuz-Zentrum in Sangatte beherbergten MigrantInnen bestand in der erfolgreichen Fortsetzung ihrer Migration nach Großbritannien. Das heißt, die meisten beabsichtigten nicht, in Frankreich Asyl zu beantragen. Durch die britische Politik der Migrationsabwehr und die Konflikte zwischen der französischen und britischen Regierung, wurde die zuvor wenig beachtete Praxis der MigrantInnen zum Politikum und Medienereignis und die MigrantInnen sowie lokale und überregionale *pro-migrant*-Organisationen verhielten sich politisch zum Konflikt und setzten eigene Akzente. Der Grenzraum wurde so zum Raum des Politischen.

Wie begründen und stellen die illegalisierten MigrantInnen in Sangatte ihre Anliegen und ihre Praxis der irregulären Migration in der Öffentlichkeit dar? Gibt es Anschlussstellen zu den Politiken der staatlichen Akteure oder der Nichtregierungsorganisationen, mithilfe derer die MigrantInnen versuchen, ihre Interessen zu realisieren?

---

4   Dauer der Reise: weniger als 1 Monat 20 Prozent, 1-3 Monate 30 Prozent, 3-6 Monate 30 Prozent, 6-12 Monate 13 Prozent, 1-2 Jahre 5 Prozent und mehr als 2 Jahre 2,5 Prozent (Laacher 2002: 45).
5   99 Personen zahlten bis zu 5 000 US Dollar, 214 Personen (= 75 Prozent) 5 000 bis 10.000 US Dollar und 10 Personen 15.000 bis 50.000 US Dollar. Der Median lag bei 6 000 US Dollar pro Person (Laacher 2002: 46).

Das Möglichkeitsspektrum für das *framing* der illegalisierten MigrantInnen ist recht weit. Aus der Literatur zu ähnlich gelagerten politischen Mobilisierungen sowie der Durchsicht des empirischen Materials zu Sangatte lassen sich unter anderem folgende mögliche Deutungsrahmen identifizieren:

- Der »Ungerechtigkeits- oder Opfer-*frame*« thematisiert die Folgen von Kriegen und Kolonialismus und das weltweite Wohlstandsgefälle. Dieser Deutungsrahmen wurde u.a. von der Sans-Papiers-Bewegung in Frankreich (Cissé 2002: 33, Lindemann 2001: 122), der Flüchtlingsorganisierung um den Zusammenschluss *The Voice* in Deutschland (The Voice 2001) und bereits in den 1970er Jahren in Großbritannien vom *Asian Youth Movement* (Hayter 2000: 17) verwendet.
- Der »(Menschen-)Rechts-*frame*« fordert Rechte auch für illegalisierte MigrantInnen. In Frankreich wird oft auf die Französische Revolution Bezug genommen. Eine Untervariante bezieht sich auf Familienzusammenführung als Menschenrecht oder religiöser und moralischer Wert.
- Der »Flüchtlingsschutz-*frame*« fordert Schutz und Asyl für Flüchtlinge und politische Verfolgte gemäß der Genfer Flüchtlingskonvention, dies wird von liberalen Nationalstaaten erwartet (vgl. Hollifield 2003).
- Der »ökonomische-Nutzen-*frame*« thematisiert die Doppelmoral, nach der es einen gesellschaftlichen Konsens der Ablehnung und Bekämpfung irregulärer Migration gibt und zugleich Privatleute und Firmen auf die billige Arbeitskraft irregulärer MigrantInnen zurückgreifen.
- Die VertreterInnen des »Autonomie der Migration-*frame*« gehen davon aus, dass sich Migrationsbewegungen nie vollständig steuern lassen und folglich irreguläre Migration eine soziale Tatsache ist, mit der gesellschaftlich umgegangen werden muss, etwa durch die nachträgliche rechtliche Regularisierung und dem Gewähren von sozialen Rechten.
- Der »Freizügigkeits-*frame*« kann in zweierlei Varianten auftreten: Erstens wird die Freizügigkeit für alle Menschen, beispielsweise in der EU nicht nur für die UnionsbürgerInnen, gefordert, eventuell findet ein Bezug auf die vier Freiheiten der Europäischen Union statt; zweitens soll die Freizügigkeit nicht nur für Kapital und Waren, sondern auch für Arbeitskraft und Dienstleistungen gelten (vgl. Geddes 2000).
- Der »Wahlfreiheits-*frame*« hebt darauf ab, dass allen Personen die freie Wahl ihres Wohnortes möglich sein sollte, da es Zufall sei, wo auf der Welt jemand geboren wird bzw. weil Menschen generell die Wahl über existenzielle Dinge haben sollten (vgl. Benhabib 1999).

Das empirische Material wurde nach diesen und anderen möglichen Deutungsrahmen hin analysiert. Es ergab sich ein doppeltes und spannungsreiches *framing* der illegalisierten MigrantInnen: Den ersten dominanten Deutungsrahmen bezeichne ich als »Autonomie der Migration«, den zweiten als »Flüchtlingsschutz«.

Frame I: »Autonomie der Migration«

Der Deutungsrahmen »Autonomie der Migration« wird von den MigrantInnen eingesetzt, um ihr Hauptziel – die Weiterreise nach Großbritannien – zu artikulieren. Der *frame* ist wenig dialogorientiert, da er den Willen der MigrantInnen als absolut setzt und suggeriert, unabhängig von anderen Akteuren und unbeeindruckt von der Migrationskontrollpolitik zu sein. Die Benennung des *frames* als »Autonomie der Migration« ist an eine theoretische und politisch-praktische Diskussion vor allem französischer Intellektueller und antirassistischer AktivistInnen angelehnt, die sich seit den 1990er Jahren im Konztext der *Sans-Papiers*-Bewegung herausgebildet hat. Ausgangspunkt des Konzeptes ist die Tatsache, dass irreguläre Migration weltweit Realität ist und Ausdruck des faktischen Scheiterns von Migrationskontrolle und -management. Forderungen bestehen in der Regularisierung irregulärer MigrantInnen und dem Slogan »Recht auf Rechte«. Der Deutungsrahmen der »Autonomie der Migration« ist vor allem in den Praxen der irregulären MigrantInnen in Sangatte zu identifizieren. Der *frame* wird nur selten bewusst diskursiv artikuliert oder von den Akteuren strategisch diskutiert, wie es in der sozialen Bewegungsforschung eigentlich ein Kennzeichen des *framing* ist.[6] Dennoch handelt es sich in bewegungssoziologischer Terminologie um einen *frame*, da gerade bei prekären Mobilisierungen und in den ersten Stadien einer sozialen Bewegung »Taten mehr zählen als Worte« (McAdam 1994: 195). Daher analysiere ich zunächst das Aktionsrepertoire der MigrantInnen in Sangatte, das zeigt, dass ein relevanter Teil der Praxen dem Deutungsrahmen der »Autonomie der Migration« entspricht.

Das Aktionsrepertoire der MigrantInnen in Sangatte

Aktionen sind nach außen gerichtet, sie beabsichtigen die Beeinflussung von politischen MachtträgerInnen sowie der öffentlichen Meinung und sind Ausdruck des *framing* einer Bewegung. Der Bewegungsforscher Joachim Raschke unterscheidet zwischen zwei Grundrichtungen von Aktionen: 1. Aktionen im Rahmen von Selbsthilfestrategien, welche sich auf

---

6   Mir liegen nur wenige Hinweise auf politisch-strategische Diskussionen unter den MigrantInnen in Sangatte vor, da diese Prozesse, anders als bei verstetigten und institutionalisierteren Bewegungen, nicht dokumentiert wurden. In einigen Quellen wird jedoch deutlich, dass die MigrantInnen im Zentrum in Sangatte auf Versammlungen ihr Vorgehen und ihre politischen Forderungen diskutierten.

die Veränderung der Lebenspraxis richten, und 2. Aktionen im Rahmen der Strategie politischer Intervention, die zumeist auf politische Kontroll- und Vermittlungssysteme gerichtet sind (Raschke 1985: 274). Des Weiteren lassen sich Aktionen anhand des Vermittlungsgrades unterscheiden, das heißt anhand des Grades, »mit dem die Aktion auf institutionalisierte Vermittlung angewiesen ist oder sich direkt gegen Kontrollinstanzen richtet« (Raschke 1985: 278). Unterschieden werden intermediäre Aktionen, demonstrative bzw. appellative Aktionen und direkte bzw. erzwingende Aktionen. Die gesamte Bandbreite Aktionsformen findet in Sangatte von Seiten der MigrantInnen Anwendung.

Abbildung 7: Aktionsformen der MigrantInnen aus Sangatte

Aktionen zur Selbsthilfe		Niederlassen in Parks; Gebäudebesetzungen; Unterstützungsnetzwerke; gegenseitige finanzielle Unterstützung
Aktionen zwischen Selbsthilfe und politischer Artikulation		Betreten des Geländes des Eurotunnels bzw. von Bahnanlagen; Besetzung kommunaler Gebäude, Einrichtungen und Kirchen
Aktionsformen zur politischen Intervention	**Direkte bzw. erzwingende Aktionen**	Sitzblockade; Hungerstreik; Besetzung von kommunalen Gebäuden und Einrichtungen, Kirchen; Betreten des Geländes des Eurotunnels bzw. von Bahnanlagen; (Drohung kollektiver) Selbstanzündung
	Demonstrative und appellative Aktionen	Demonstrationen; Aufstellen und Vertretung von Forderungen; Filmvorführungen; demonstratives Campieren
	Intermediäre Aktionen	Treffen von Flüchtlingsdelegationen mit Repräsentanten aus Großbritannien, Frankreich, der UN; schriftliche Stellungnahmen; Petitionen und Briefe mit Forderungen; Aufstellen und Vertretung von Forderungen

Quelle: modifizierte Systematisierung nach Raschke (1985: 278ff.)

Besonders stechen Aktionen zur Selbsthilfe hervor – vor allem Tunnelerstürmungen, Gebäudebesetzungen, öffentliches Campieren. Der Absicht nach sind es je nach Motivation Selbsthilfeaktionen oder politische Aktionen, vom Charakter her direkte Aktionen mit politischer Außenwirkung. Intermediäre und demonstrative Aktionen, vor allem Delegationsgespräche und Demonstrationen, ziehen sich in unregelmäßigen Abständen durch den gesamten Zeitraum. Bei den direkten bzw. erzwingenden Aktionen – Besetzungen, Selbstanzündungsandrohung, Hungerstreik, Durchbrechen von Umzäunungen – ist eine Zunahme zu dem Zeitpunkt festzustellen, an dem die endgültige Schließung des Rote-Kreuz-Zentrums in Sangatte bevorsteht und Gegenstand der politischen Auseinandersetzung ist.

Praxen der Autonomie der Migration in Sangatte

Eine Aktivität der MigrantInnen in Sangatte, die zwischen Selbsthilfe und politischer Artikulation angesiedelt ist, bestand darin, individuell oder kollektiv Wege nach Großbritannien zu finden. Neben den von Schleppern angebotenen Dienstleistungen im Schatten-Migrationsregime gab es immer wieder größere Gruppen, die im Rahmen kollektiver Aktionen den Tunnel erstürmten oder Bahngelände betraten. Die Aktionen können so interpretiert werden, dass sie aufgrund der intensiven polizeilichen Kontrollen kaum mit der Absicht geschehen sein konnten, tatsächlich nach Großbritannien zu gelangen, sondern um Aufmerksamkeit in den Medien zu erreichen und eine politische Lösung zu erzwingen. Zwei dieser kollektiven Erstürmungen des Tunnels werden nun im Hinblick auf die Dimensionen der politischen Artikulation und der Selbsthilfe als mögliche Praxis einer »Autonomie der Migration« analysiert.[7]

Die größte kollektive Aktion dieser Art, über die auch in den internationalen Medien berichtet wurde, fand Weihnachten 2001 statt. Die Polizei wurde am 25.12.2001 abends alarmiert, dass sich in Sangatte Hunderte von MigrantInnen auf den Weg in Richtung des Eurotunnels machen würden. Sie überwanden drei Absperrungen, davon eine elektrifizierte, und gelangten auf das Eurotunnelgelände. Etwa 130 Personen

---

7 Ähnliche Ereignisse: Am 30.8.2001 gelangten 44 Migranten 300 Meter in den Tunnel. Am 1.9.2001 wurde eine Gruppe von 100 Migranten in Terminalnähe aufgegriffen (Le Monde 4.9.2001, Washington Post 3.9.2001). In der Nacht vom 29. auf den 30. Oktober 2001 – einen Tag vor einer von den afghanischen MigrantInnen geplanten Demonstration – wurde eine Gruppe von 150 bis 200 Personen, zumeist Afghanen, von der Polizei auf dem Güterbahnhofsgelände von Calais-Fréthun gestoppt (Le Monde 1.11.2001). Der zeitliche Zusammenhang zur geplanten Demonstration kann mit der Strategie verbunden gewesen sein, auf die Situation der MigrantInnen in Sangatte auf verschiedene Weise aufmerksam zu machen. Berichte über das Eindringen einer größeren Anzahl an MigrantInnen in den Tunnel bzw. die Erstürmung von Zügen gibt es für die zweite Jahreshälfte 2001 (La Voix du Nord 17.11.2001, Home Office 2001a) und Mitte Januar 2002 (Le Monde 22.1.2002).

betraten den Tunnel. Der Präfekt von Calais zog 350 Polizisten zusammen, darunter Luft- und Grenzpolizei. Einige MigrantInnen marschierten sieben Kilometer in den Tunnel und wurden kurz vor der Grenze zu Großbritannien gestoppt. Um ein Uhr morgens bestürmten dann weitere 400 MigrantInnen, die von den bereits geöffneten Zäunen profitierten, einen Graben. Um 1.30 Uhr wurde der zweite Versuch der MigrantInnen mit dem Einsatz von Tränengas unterdrückt. In der Nacht war das Rote-Kreuz-Zentrum in Sangatte verwaist. Die Lokalzeitung *La Voix du Nord* interpretierte die kollektive Aktion wie folgt: »Die Illegalen scheinen organisiert zu sein. Aber hofften sie wirklich, nach England zu kommen, oder wollten sie letztendlich gegen den Weg ohne Ausweg demonstrieren?« (La Voix du Nord 27.12.2001). Zu einer ähnlichen Einschätzung kam die Zeitung *Le Monde*, in der hervorgehoben wurde, dass es das erste Mal gewesen sei, dass sich die irregulären MigrantInnen in dieser starken kollektiven Form organisierten (Le Monde 27.12.2001). Die Aktion war von den MigrantInnen geplant worden, ohne dass *Eurotunnel* oder die Polizei gewarnt gewesen wären: »Wir waren überrascht vom massiven Charakter des Eindringens« (Le Monde 27.12.2001), so Generaldirektor Alain Bertrand. »Dieser Versuch war ein mediengerechtes Mittel um öffentliche Aufmerksamkeit für ihre Situation zu gewinnen« (Le Monde 27.12.2001). Da die MigrantInnen die geringere Präsenz von Polizei und Wachdienst an Weihnachten zu nutzen wussten, herrschte Silvester eine erhöhte Alarmbereitschaft.[8]

An einem weiteren Beispiel wird die strategische Planung der kollektiven Aktionen deutlich. Im Mai 2002 stürmten 300 MigrantInnen die Züge durch den Eurotunnel, einigen Dutzend gelang es, nach Großbritannien zu kommen. Dabei nutzten sie einen aufgrund der allgemeinen Re-Organisation der französischen Polizei nach den Wahlen länger als gewöhnlich dauernden Schichtwechsel aus. Zudem gab es in Frankreich zu dem Zeitpunkt eine Übergangsregierung sowie eine Reihe langer Wochenenden im Mai, an denen Polizisten bevorzugt Urlaub nehmen, so dass – wie an Weihnachten 2001 – das Gelände weniger als üblich be-

---

8   Erst am 18./19. Januar 2002 fand dieser erneute Versuch statt. 500 Personen versuchten einen Zug zu stürmen, ein 20-Jähriger kam dabei durch einen Stromschlag ums Leben (Le Monde 22.1.2002). Die AfghanInnen aus dem Rote-Kreuz-Zentrum finanzierten gemeinsam die Rückführung des Leichnams nach Afghanistan (ai 2002a). Diese Aktion einer *community* in Sangatte ist eine weitere Form der Selbsthilfe. Zum Ausdruck kommt die Solidarität einer Gruppe von MigrantInnen in Bezug auf die Risiken irregulärer transnationaler Migration.

wacht war (BBC 17.5.2002). Über die Routinen der Polizei und Wachdienste gibt es unter den MigrantInnen ein profundes Wissen.

Die Aktionsform der Erstürmung des Tunnels oder der *Eurostar*-Züge ist durch einen hybriden Charakter zwischen Selbsthilfe und politischer Artikulation gekennzeichnet. Bei den an der Planung Beteiligten überwiegt das Interesse, eine möglichst große Außenwirkung zu erzielen. Bei den bis zu mehreren Hundert Teilnehmenden spricht vieles für eine gemischte Motivation, da es einige tatsächlich schaffen, mithilfe dieser Aktionen einen Weg nach Großbritannien zu finden. Für sie steht der politische Charakter der Aktion nicht im Vordergrund. Die Aktionsform kann nur mit dem Wissen um die Möglichkeit des machtvollen Agierens und der eigenen großen Anzahl gewählt werden. Der Begriff der Öffentlichkeitsarbeit im Fall der irregulären MigrantInnen in Sangatte sollte daher weit gefasst und die kollektiven Aktionen der mehrfachen Erstürmung des Eurotunnels als eine Form der aktiven Öffentlichkeitsarbeit begriffen werden. Sie wurden teils mit dieser Intention geplant und es waren stets Medien am Ort des Geschehens bzw. wurden JournalistInnen vorab von den MigrantInnen informiert. Die Formen der Aktionen in Sangatte unterscheiden sich in diesem Punkt von den in der sozialen Bewegungsliteratur vorherrschenden, weisen aber durchaus auch Ähnlichkeit auf mit spektakulären und überraschenden Aktionen etwa von *Greenpeace*, über die zuvor allein MedienvertreterInnen informiert werden.

Es gab einige Ereignisse, bei denen der *frame* »Autonomie der Migration« von den irregulären MigrantInnen auch verbalisiert wurde. Auf einer Demonstration im August 2001 forderten sie PolitikerInnen auf, Entscheidungen zu fällen, damit sie schneller nach Großbritannien kämen (La Voix du Nord 3.8.2001). Im Oktober 2001 forderten die afghanischen MigrantInnen offene Grenzen (Réfugiés Afghans 2001, Réfugiés Afghans/Herin 2001). In der heißen Phase der Schließung Sangattes Anfang November 2002, als keine neuen MigrantInnen mehr aufgenommen wurden, besetzten neuankommende MigrantInnen und französische UnterstützerInnen eine Sporthalle und eine Kirche (vgl. die intensive Berichterstattung in Le Monde und La Voix du Nord im November 2002). Die MigrantInnen, vor allem irakische KurdInnen, forderten eine Transiterlaubnis mit einem Monat Gültigkeit (Le Monde 12.11.2002), um ausreichend Zeit und Gelegenheit zu haben, klandestin nach Großbritannien zu gelangen, ohne in permanentem Konflikt mit der Grenzpolizei zu stehen.

Die Analyse des Aktionsrepertoires hat gezeigt, dass die bewusste Grenzverletzung – das kollektive Eindringen größerer Gruppen von irregulären MigrantInnen in den Eurotunnel und Gütertransportanlagen

– eine wichtige Aktionsform der MigrantInnen in Sangatte darstellte. Sie wird sowohl im Rahmen einer Selbsthilfestrategie wie auch als nach Außen gerichtete politische Aktionsform im weiteren Kontext des Kampfes für die ›Autonomie der Migration‹ eingesetzt. Mit den immer wieder vollzogenen Grenzverletzungen ist der massive Einsatz von Sicherheits- und Polizeikräften verbunden, die irregulären Grenzübertritte sind somit hochgradig symbolträchtig und umkämpft. Dieser Befund stützt die Hypothese dieser Arbeit, dass territoriale Grenzen zu einem zentralen Ort der migrationsbezogenen Protestmobilisierung werden.

Der Grenzraum als Widerstandsraum

Am Beispiel von Sangatte und dem *frame* der »Autonomie der Migration« sowie der damit verbundenen Aktionsformen lässt sich die Bedeutung der Raumfrage für die politischen Mobilisierungen und die Problemkonstitution verdeutlichen. Meine These ist, dass die irregulären MigrantInnen aus dem Rote-Kreuz-Zentrum in Sangatte nur darum individuell und politisch erfolgreich agieren konnten, weil sich der Konflikt in einem spezifischen räumlichen Kontext abspielte, der nicht ein konsens- und dialogorientiertes Verhalten positiv sanktioniert, sondern Akteure, die offensiv eine konfrontative Haltung einnehmen.

Raumfragen sind für die soziale Bewegungsforschung in zweierlei Hinsicht interessant: Erstens können sie zur Erklärung beitragen, warum an welchem Ort politische Mobilisierungen entstehen, zweitens können sie aufgrund der sozialstrukturellen Beschaffenheit des Raums Hinweise auf den Charakter und die Dynamiken des Protests geben. Im bewegungstheoretischen Konzept der politischen Kontextstruktur (Rucht 1994), welche die Offen- oder Geschlossenheit eines politischen Systems für soziale Bewegungen skizziert, sollten – neben beispielsweise der Regimestruktur oder der Existenz offener Medien und BündnispartnerInnen – daher auch die räumlichen Kontextbedingungen berücksichtigt werden. Bestimmte Orte, an denen »social structures and relations of power, knowledge, domination and resistance intersect« (Routledge 1997: 70), werden prädestiniert zu Konfliktorten, wenn bestimmte Bedingungen erfüllt werden, etwa die Kommunikation über Widerstandspraxen und eine Organisierung von Interessen. Für die Analyse der politischen Mobilisierungen um Sangatte möchte ich daher den vom Geographen Paul Routledge geprägten Begriff der »terrains of resistance« vorschlagen. Er eignet sich, um die stark räumlich bestimmten Prozesse im Grenzraum um Sangatte – und in Räumen generell – zu fassen: »A terrain of resistance refers to the sites of contestation and the multiplicity of [dialectic, hs] relations between hegemonic and counter-hegemonic powers and discourses, between forces and relations of domination, subjection, exploitation and resistance« (Routledge 1996: 516). Die Praxen der MigrantInnen, ohne Rücksicht auf nationalstaatliche Souveränität den Ort ihres Lebens zu bestimmen, sind gegenhegemoniale Praxen, welche wenig Chancen haben, in der Gesellschaft auf Konsens zu stoßen bzw. diesen herzustellen. Das Verhältnis zwischen Staat und sozialen Bewegungsakteuren ist im Fall des irregulären Grenzübertritts antagonistisch. Der Grenzraum zwischen Großbritannien und dem europäischen Festland ist einer dieser Räume, obgleich in ihm nicht die besten Bedingungen einer Organisierung gegeben sind. So ist der Grenzraum für die MigrantInnen kein dauerhafter Lebensmittelpunkt als mögliche Quelle von Solidarität und Handlungsfähigkeit, aus dem heraus Widerstand organisiert und Erfahrungen gesammelt werden können. Vielmehr ist der Grenzraum charakterisiert durch Konkurrenz und Gewalt zwischen den ethnischen Gruppen und dem Bestreben, ihn möglichst schnell durch die geglückte Weiterreise zu verlassen.

Dennoch entstehen aus diesem transnationalen sozialen Transitraum heraus widerständige und kollektive Praxen, die gleichzeitig zu politischen Konflikten über den Raum selbst und seine migrationspolitische Bedeutung werden. Der Raumtheoretiker Henri Lefebvre hat den Zusammenhang wie folgt gefasst: »[I]t is only *in* space that such conflicts come effectively into play, and in doing so they become contradictions *of* space« (Lefebvre 1991 [1974]: 365, Herv. i. Orig.). Das »Widerstandsterrain« Grenzraum ist zum einen der geografische Raum, in dem der Konflikt stattfindet, und zugleich ein Repräsentationsraum, in dem die kollektiven Aktionen verstanden und interpretiert werden. Für die eingangs aufgestellte These, dass die Analyse von Auseinandersetzungen um periphere Räume für die Bearbeitung allgemeinerer Fragestellungen, z.B. die europäische Migrationspolitik, weiterführend ist, hat Lefebvres Aussage Konsequenzen: Eine alleinige Beschäftigung mit dem europäischen Grenzregime anhand von Ausschuss-, Regierungs- und Parlamentsverhandlungen in Brüssel und Interventionen von Nichtregierungsorganisationen bleibt eine eingeschränkte Perspektive, die sowohl die Subjekte, die Formen wie auch die für die MigrantInnen existenzielle Bedeutung der Auseinandersetzungen nicht erfasst.

Frame II: »Flüchtlingsschutz«

Die politischen Praxen und Äußerungen der irregulären MigrantInnen im Rote-Kreuz-Zentrum in Sangatte lassen sich nicht reduzieren auf den *frame* der »Autonomie der Migration«. Es beziehen sich sowohl die illegalisierten MigrantInnen wie auch antirassistische und humanitär orientierte Unterstützungsgruppen argumentativ stark auf den Flüchtlingsschutz. Sie nutzen das breit legitimierte transnationale Vokabular der Menschenrechte als Chance für öffentliche Mobilisierungen. Aufgrund der Verquickung mit der sicherheitspolitischen Maxime der Grenzkontrollpolitik, ist dieses Vokabular der Menschenrechte und des Asylrechts – so meine These – jedoch in den Auseinandersetzungen um Sangatte sowie um eine europäische Migrations- und Asylpolitik im Nachteil, das heißt sowohl in diskursiver wie materieller Hinsicht weniger erfolgreich.

Asylpolitische Kontextualisierung

Die asylpolitischen Auseinandersetzungen in Sangatte sind kontextualisiert in einer breiteren Debatte um die Zukunft des Asylrechts in den westlichen Nationalstaaten und über seine Harmonisierung innerhalb der Europäischen Union sowie um das Verhältnis von Nationalstaat und EU in diesem Bereich. Im Wesentlichen konzentriert sich die Debatte auf zwei Punkte: erstens auf das Verhältnis von Migrationskontrolle und Asylrecht und zweitens auf das Niveau des Schutzes und die Frage, in welchem Land Asylsuchende ihren Erstantrag stellen dürfen.

Es findet eine Verknüpfung der Diskursstränge von Migrationskontrollpolitik und Asylpolitik statt. Diese Verknüpfung ist in der Öffentlichkeit wie in migrations- und völkerrechtlicher Hinsicht hoch umstritten: Darf das Recht auf Asyl dadurch eingeschränkt werden, dass durch Migrationskontrollen originäre Flüchtlinge am Verlassen ihres Landes und an der Einreise in ein Aufnahmeland gehindert werden? Der Jurist Kay Hailbronner befürwortet diese von PolitikerInnen oft bestrittene Funktion der Grenzabschottung als Maßnahme der Asylpolitik: »Interdiction, visa requirements, and carrier sanctions have one common feature: their primary function is to reduce the number of asylum seekers. Each technique works to block all potential asylum seekers, whether bona fide or bogus« (Hailbronner 1998: 196). Auch Khalid Koser kommt in seinen empirischen Arbeiten über Flüchtlinge, Illegalität und Menschenschmuggel zu dem Ergebnis, dass die Trennung von irregulärer Migration und Fluchtmigration nicht möglich sei, sie ginge insbesondere bei Schleusungen durcheinander, auf die beide Gruppen zurückgreifen (Koser 2001). Caritas Europa vermutet, dass mindestens die Hälfte der Asylsuchenden ohne gültige Papiere nach Europa, nach Deutschland gar 80 bis 90 Prozent, kommt (IRU et al. 2001: 67), ein bis zwei Drittel der geschleusten Personen sind nach Einschätzung einer Studie für den UNHCR Flüchtlinge »according to Europe's own determination procedures« (Morrison/Crosland 2001: 80). Anders als Hailbronner warnt Koser davor, originären Flüchtlingen den Weg zu verschließen, dies führe zum Anwachsen von kriminellen Praktiken bei Schleusungen und zur Verschärfung der Situation, dass Flucht eine Kostenfrage ist.

Kernstück der britischen Regierungsposition ist, dass Flüchtlinge keine Wahl haben sollen, in welchem Land sie Schutz finden. Thomson hat diese Position der Negierung jeglicher Wahlfreiheit für Asylsuchende seitens der britischen Regierung sowie der Medienöffentlichkeit im Fall Sangatte gut nachgewiesen (Thomson 2003: 13f.). Die Harmonisierung der europäischen Asylpolitik soll auch dazu dienen, ›Asyl-*Shopping*‹ zu verhindern, das heißt das Nutzen länderspezifischer Disparitäten in der Asylanerkennungspraxis beispielsweise bei nicht-staatlicher Verfolgung und unterschiedlich hohen Anerkennungsquoten für bestimmte Fluchtregionen. Dieses Ziel wird sowohl in den französischen wie britischen Dokumenten immer wieder artikuliert, realisiert werden soll es durch einheitliche Regelungen, insbesondere die strikte Durchsetzung der Dubliner Konvention[9] bzw. durch die Bekämpfung von *pull*-Faktoren.

Der »Flüchtlingsschutz-*Frame*«: »We want Geneva Agreement«

Der »Flüchtlingsschutz-*frame*« bezieht sich auf die Verantwortung des Nationalstaats und der Gesellschaft, verfolgten Personen Schutz zu gewähren. Er beinhaltet das Recht auf Asyl und andere Schutzmaßnahmen wie sie die Genfer Flüchtlingskonvention von 1951 vorsieht. In Sangatte wird der Deutungsrahmen des Flüchtlingsschutzes von den undokumentierten MigrantInnen vor allem diskursiv in Petitionen, Deklarationen, Slogans und Bannern auf Demonstrationen artikuliert.

Am 2. August 2001 forderten auf einer Demonstration 250 afghanische, kurdische, tschetschenische und iranische MigrantInnen aus Sangatte die Vermittlung durch die UN (Libération 3.8.2001, La Voix du Nord 3.8.2001). Zwei Wochen später schrieben sie einen Brief an das UN-Flüchtlingshilfswerk UNHCR, in dem sie ihre Gründe für die Flucht – Krieg, Vertreibung, Armut – ausdrückten (Le Monde 23.8.2001). Sie forderten gerechte und humane Asylverfahren und die Unterstützung, nach Großbritannien zu gelangen. In einer Deklaration der afghanischen

---

9 Die »Konvention über die Bestimmung des zuständigen Staates für die Prüfung eines Asylbegehrens« (Dubliner Konvention, am 1.9.1997 in Kraft getreten) gilt für die EU-Mitgliedsstaaten. Die Konvention ersetzt das Asylkapitel des Schengener Abkommens (nicht das Abkommen selbst). Es soll sichergestellt werden, dass AsylbewerberInnen weder gleichzeitig noch nacheinander mehrere Asylanträge in verschiedenen EU-Staaten stellen (»One-Chance-Only-Prinzip«). AsylbewerberInnen können nicht selber entscheiden, in welchem Staat sie um Asyl nachsuchen (EG 1990).

Flüchtlinge, die sie nach dem 11. September 2001 verfassten, verurteilten sie die terroristischen Anschläge und schilderten ihre Erfahrungen mit dem Talibanregime, diese seien der Hauptgrund, auch für Frauen, gewesen, das Land zu verlassen (Immigrés Afghans 2001, Réfugiés Afghans du camp 2001, Réfugiés Afghans/Herin 2001, Le Monde 20.9.2001, La Voix du Nord 19.9.2001). Auf zahlreichen Pressefotos von Demonstrationen der MigrantInnen in Sangatte ist die Artikulation des Flüchtlingsschutz-*frames* auf selbstgemalten Pappschildern und auf den Körpern gemalten Parolen zu sehen: »We want Geneva Agreement«, »Help us«, »We want our right«, »We are Afghan, we don't want return to war«, »We are refugees«, »UNHCR, please help us«.

Der Flüchtlingsschutz-*frame* ist aufgrund seiner Offenheit, Elastizität und hohen kulturellen Resonanz ein typischer *master frame*. *Master frames* sind nicht notwendigerweise an eine soziale Bewegung gekoppelt, sondern können ein bewegungsübergreifender Bezugsrahmen sein (Benford/Snow 2000: 618f.). In Sangatte bezogen sich sowohl die MigrantInnen wie auch die humanitären und antirassistischen Organisationen und Kirchen auf den Flüchtlingsschutz als Angelpunkt ihrer Argumentation in der politischen Auseinandersetzung. Er ist dazu geeignet, *frame alignment*-Prozesse zu ermöglichen, da er aufgrund der großen kulturellen Resonanz und Legitimation auch für andere Akteure anschlussfähig ist. Trotz dieses Potenzials des *master frames* ist er im Fall Sangatte von großen *frame*-Inkonsistenzen geprägt. Widersprüche zwischen den diskursiven Anteilen des *framing* und den Aktionen sind zu beobachten. Die undokumentierten MigrantInnen forderten gerechte Asylverfahren, aber nur sehr wenige beantragten tatsächlich Asyl in Frankreich. Von den zehntausenden Personen, die bis September 2001 Sangatte durchliefen, haben nur 120 in Frankreich Asyl beantragt. Dem Antrag einer einzigen Person, einem irakischen Kurden, wurde stattgegeben, die meisten AntragstellerInnen reisten weiter nach Großbritannien bevor über den Antrag entschieden wurde (Le Monde 6.9.2001, Gisti 2001b: 2). Nach Auskunft der Präfektur von Pas-de-Calais beantragten weniger als fünf Prozent der von der Polizei Festgehaltenen in Frankreich Asyl (House of Commons 2002a).

Die Aktionen und die Migrationspraxis entsprachen dem anderen *frame*, dem der relativen »Autonomie der Migration«. Auch sind die SprecherInnen und Hauptakteure der illegalisierten MigrantInnen nicht glaubwürdig, ein weiteres Kriterium für die Güte eines *framing*, insbesondere aufgrund der häufigen gewaltsamen (Massen-)Auseinandersetzungen zwischen Afghanen und irakischen Kurden und ihre Involviertheit in das Schatten-Migrationsregime, zu dem die Organisierung der irregulären Grenzübertritte gehört.

Vergleich der Deutungsrahmen: Konfrontation versus Appellation

Die Aktionen der MigrantInnen zeigen, dass der *frame* »Autonomie der Migration« die politische Artikulation und Wahrnehmung der undokumentierten MigrantInnen in Sangatte bestimmt hat. Die in der sozialen Bewegungsforschung als zentral hervorgehobene Kongruenz von Konsistenz und die Glaubwürdigkeit des *frame* ist hoch, da die Inhalte und die Aktionen (vor allem die Erstürmungen des Eurotunnels) übereinstimmen. Allerdings zeigt die Studie zu Sangatte, dass die Konsistenz und Glaubwürdigkeit einer Bewegung kein Garant für positive Resonanzen ist. Der zweite *frame*, die Einforderung des Gewährens von Schutz für Flüchtlinge, weist einen gänzlich anderen Charakter auf. Beide *frames* beziehen sich aber direkt oder indirekt auf internationale Normen und Rechte. Der *frame* »Autonomie der Migration« bezieht sich auf die Annahme des Rechts auf Bewegungsfreiheit, jede/r habe das Recht, ihren oder seinen Wohnort selbst zu wählen. Der *frame* des Flüchtlingsschutzes argumentiert mit der verbreiteten Norm der Asyl- und Schutzgewährung für Verfolgte.

Obgleich beide *frames* rechtsbasiert sind, ist ihre Legitimationsbasis sehr unterschiedlich. Der *frame* der »Autonomie der Migration« kann kaum auf kulturelle Resonanzen zurückgreifen und verfügt nur über eine geringe Legitimation, da eine Grundfeste der nationalen Souveränität in der Entscheidung besteht, wer das Territorium betreten darf und wer nicht. Daher ist dieser *frame* nicht geeignet, breite Unterstützung in der Öffentlichkeit und Zivilgesellschaft zu finden. Der *frame* ist eng gekoppelt an die Trägerschaft der irregulären MigrantInnen und einigen antirassistischen Gruppen und Intellektuellen, für andere hat der *frame* nur eine geringe Anziehungskraft, eher ist aufgrund der Unterminierung nationalstaatlicher Grundprinzipien eine explizite Gegnerschaft anzunehmen. Der *frame* der »Autonomie der Migration« ist also durch eine geringe Offenheit und Elastizität gekennzeichnet, welche es erschwert, strategische Prozesse der Ausweitung des *frame* in Gang zu setzen, die für eine erfolgreiche Mobilisierung hilfreich sind. Die Verwendung eines zweiten Deutungsrahmens, des Flüchtlingsschutzes, erfüllt diese Anforderungen an einen resonanten *frame* wesentlich besser.

Interessanterweise werden beide *frames* parallel[10] verwandt, obgleich ihre Prämissen in einem Spannungsverhältnis stehen und Ausdruck ei-

---

10 Es handelt sich nicht, wie die der Ereignisdatenbank zugrunde liegenden Dokumente zeigen, um *frames* für zwei aufeinanderfolgende Phasen oder unterschiedliche Gruppen innerhalb der MigrantInnen.

nes entgegengesetzten Staatsverständnisses sind: Die ›Autonomie der Migration‹, das heißt die ungefragte Präsenz und Faktizität irregulärer Migration, steht der Bitte um Schutzgewährung entgegen, die Unterminierung des souveränen Staates versus seine explizite Anerkennung. Ob die Parallelität der *frames* absichtsvoll gewählt oder zufällig ist, kann aufgrund der Quellenlage nicht entschieden werden, sie eröffnet jedoch eine interessante Konstellation, die eine gewisse Ähnlichkeit mit den Formen zivilen Ungehorsams und den politischen Forderungen nach Inklusion in den Nationalstaat durch die französische *Sans-Papiers*-Bewegung in den 1990er Jahren aufweist (Abdallah 2000, Balibar et al. 1999, Cissé 2002, Lindemann 2001, Morice 1997).

Britische und französische Migrationspolitiken als ambivalente Mobilisierungsbedingungen

Die wohl augenfälligste Bedingung, unter der die politischen Mobilisierungen stattfanden und die zugleich Gegenstand des Konfliktes ist, ist die Kontrolle von Wanderungsbewegungen. Die Verstärkung der Sicherheitsmaßnahmen an der britisch-französischen Grenze ist Beispiel und Teil der gegenwärtigen Transformation von Grenzen, insbesondere der Delegation der Kontrollen auf Privatakteure, der Ausweitung von Grenzräumen und der geografischen Verlagerung von Überwachung und Kontrolle mit dem Ansinnen, den immer ›intelligenter‹ werdenden irregulären MigrantInnen und Menschenschmugglern mit ›intelligenterer‹ Technologie zu begegnen. Die Hafenbetreiber des Personenterminals in Calais bezeichnen es als »absurd that the Port of Calais spent more time on people who wanted to leave France than on those who wanted to enter it« (House of Commons 2002a, Abs. 29). Die technologischen und personellen Maßnahmen gegen die irreguläre Einreise nach Großbritannien wurden von der britischen Regierung ausdrücklich als Transformation und gar als territoriale Vorverlagerung ihrer Außengrenzen in Worte gefasst: »The new measures [...], and our plans to extend them elsewhere in Europe, will over time bring about a transformation of our borders. People will be refused entry to the UK before they cross the Channel« (Home Office 2003b). Auf diese Weise werde die britische Grenze faktisch »on the other side of the English Channel« (Home Office 2002d) anfangen. Die Vorverlagerung der Grenze wird jedoch nicht als Angriff auf die französische Souveränität begriffen, sondern als Ausdruck einer engeren Kooperation. Auf diese Weise ist in der Europäischen Union als Kehrseite der Freizügigkeit ein Geflecht sich überlappender Grenzen im Entstehen, welches sich gegen irreguläre MigrantInnen, aber auch gegen anerkannte AsylbewerberInnen richtet, die ihren Wohnort innerhalb der EU verlegen wollen (Home Office 2003a). Die Maßnahmen der Migrationskontrolle wurden in der Zeit der Existenz Sangattes und darüber hinaus – sowohl in Großbritannien wie auch in Frankreich – mit der Erfahrung von Sangatte begründet.

Die Errichtung von Barrieren konnte jedoch nicht verhindern, dass die meisten der Sangatte passierenden MigrantInnen eines Tages erfolgreich Großbritannien erreichten. Der Präfekt des Départements vertrat gegenüber einer Menschenrechtsdelegation die Auffassung, dass die MigrantInnen sich durch nichts aufhalten ließen (CCFD et al. 2000b), zumal der Großteil aufgrund der Situation in den Herkunftsländern nicht rückführbar sei. Gemäß der an der Delegation beteiligten NGOs ist »die Null-Durchlässigkeit eine Illusion« (CCFD et al. 2000c). Dennoch hatten die verschärften Sicherheitsmaßnahmen für die MigrantInnen spürbare Folgen:

1. Im Laufe der Jahre ist am Hafen von Calais, am Güterbahnhof Fréthun und am Eurotunnel eine Vervielfachung der (vorübergehenden) Festnahmen irregulärer MigrantInnen zu verzeichnen (vgl. Abbildung 8).[11] Innerhalb von drei Jahren verzehnfachten sich die Festnahmen.

2. Durch die intensivierten Kontrollen erhöhte sich die Anzahl der Versuche bis zum erfolgreichen irregulären Grenzübertritt: 1999 dauerte es (bei ca. täglichen Versuchen) etwa eine Woche, 2000 bereits drei Wochen (CCFD et al. 2000b), Anfang 2002 nennt ein Bericht von *Amnesty International* die durchschnittliche Dauer von sechs Wochen, für Familien gar sechs Monate (ai 2002a). Die Zahl der in Sangatte längerfristig untergebrachten Personen stieg seit dem Winter 2000/2001, als die CO_2-Kontrollen[12] im Fährhafen von Calais eingeführt wurden und dadurch

---

11 Der Anstieg der Festnahmen kann verschiedene Ursachen haben: Die Maßnahmen hatten keinen Abschreckungseffekt auf die MigrantInnen und ihre Zahl hat zugenommen und/oder es stieg aufgrund der zunehmenden Sicherheitsmaßnahmen die Anzahl der Versuche. Die nähere Diskussion der Ursachen ist jedoch nicht Gegenstand dieses Kapitels.

12 Der LKW kann, auf zunächst freiwilliger Basis, von der 2001 rund 70 Prozent der LKW-Fahrer Gebrauch machten, mithilfe von CO_2-Messgeräten nach blinden Passagieren untersucht werden. Diese Methode ist mit vielen Fehlern behaftet, da die Person sich bereits seit etwa anderthalb Stunden im Laderaum befinden muss, damit der Sauerstoffverbrauch messbar ist; auch Lebensmittel-, Blumen- oder Möbeltransporte weisen veränderte Sauerstoffwerte auf. Weitere Maßnahmen, die eingeführt wurden, sind Videoüberwachung, Alarmsysteme, Bewegungsmelder, der teure Einsatz von Hunden und zum Teil die genehmigungspflichtige und aufwendige Verwendung von Röntgengeräten.

die Passage nach Großbritannien versteckt in einem LKW erschwert wurde.

Abbildung 8: Festnahmen irregulärer MigrantInnen (Region Pas-de-Calais)

Jahr	Anzahl der Festnahmen[13]
1999	8.000
2000	25.000
2001	80.000
2002 (1. Halbjahr)	56.000

Quelle: Präfektur Pas-de-Calais, 25.6.2002, House of Commons (2002a)

3. Der Grenzübertritt wurde gefährlicher, da die bislang günstigsten Stellen einer erhöhten Überwachung ausgesetzt waren und die MigrantInnen auf andere ausweichen mussten. Die verschärften Sicherheitsvorkehrungen direkt am Eingang der Tunnelröhre und die Umzäunung des Güterbahnhofgeländes führten zu einer Verlagerung des Ortes, an dem die MigrantInnen versuchten, auf den Zug zu gelangen. Sie versuchen zunehmend früher auf den schneller als im Tunneleingangsbereich fahrenden Zug aufzuspringen. Die grüne Partei in Roubaix und Umgebung schätzt die Zahl der Toten auf dem Weg nach Großbritannien innerhalb von drei Jahren auf rund 70 Personen (Les Verts 2002b).

4. Eine weitere Folge der Verschärfung der Grenzkontrollen und der Grenzüberwachung ist die zunehmende Angewiesenheit der MigrantInnen auf irreguläre Transportdienstleister und die damit einhergehenden höheren Kosten für die Reise und physische und psychische Vulnerabilität der MigrantInnen. Die Einschätzung, wie sich das Menschenschmuggelgewerbe in und um Sangatte entwickelt hat, ist aufgrund der Datenlage nicht einfach. Es scheint jedoch eine Verschiebung gegeben zu haben von zumeist britischen »small-time people-smugglers« (CCFD et al. 2000b), von deren Festnahme in der ersten Zeit der Existenz des Zentrums in Sangatte häufig berichtet wurde, zu größeren, hierarchisch strukturierten Gruppen, vor allem irakischer Kurden. Diese waren im Zentrum in Sangatte in Kabinen präsent, die eigentlich für Mütter mit Kindern bestimmt waren und Reisebüros genannt wurden (The Observer 26.5.2002). Da auch die grenznahen Parkplätze für LKW in der

---

13 Es liegen keine genauen Angaben darüber vor, ob die Festnahmen zur Abschiebung führten oder die MigrantInnen wieder freigelassen wurden.

Hand bestimmter Schleuser waren, die ihr Gebiet gegebenenfalls gewaltsam verteidigen (ließen), wurde es schwer, unorganisiert nach Großbritannien zu gelangen (ebd.). Fälle von Menschenhandel sind in Sangatte sehr gering, der Soziologe Smaïn Laacher nannte die Zahl von zwei bis drei Fällen, in denen minderjährige Frauen zur Prostitution gezwungen werden sollten (House of Commons 2002a, Abs. 14).

Der Zusammenhang zwischen intensivierten Grenzüberwachungen und der Zunahme an Personen, die auf die Angebote der Menschenschmuggler angewiesen sind, wird in den analysierten Regierungsdokumenten nicht hergestellt. Wohl aber wird dem Kampf gegen Menschenschmuggel und -handel von britischer wie französischer Seite eine hohe Priorität beigemessen. Die Bekämpfung von Menschenschmuggel und -handel ist der Konsens, auf den sich die französische, britische und ab 2002 auch die belgische Regierung einigen konnten und anlässlich dessen sie Kooperationen eingingen (vgl. Blunkett 2001, Ministère de l'Intérieur 2002a, 2002d, AP 26.9.2002). Großbritannien erhöhte mit dem *Immigration and Asylum Act 1999* die Strafen für Menschenhändler *(trafficking)* von zehn auf bis zu 14 Jahre Haft (Home Office 2002e, Home Office 2003a). In der Europäischen Union wurde 2001 ein Mindeststrafmaß für Menschenschmuggel *(smuggling)* von acht Jahren vereinbart, welches auf sechs Jahre reduziert werden kann, wenn es das nationale Gesetz zulässt (Home Office 2001b).

Es wurden nicht nur die Strafen für Menschenhandel und -schmuggel erhöht, sondern es fand durch die auf Migrationskontrolle orientierte Politik, die politischen Mobilisierungen und durch die skandalisierende Medienberichterstattung um einen Ort wie Sangatte in Großbritannien eine Verschärfung der Asyl- und Migrationsgesetze statt. Die politischen Debatten um Sangatte sind von einem »security narrative« (Thomson 2003: 14) durchzogen. Dass Sangatte ursprünglich aus einer humanitären Notlage heraus entstanden war (CCFD et al. 2000b), fand in den Medienberichten und den Stellungnahmen der britischen und französischen Innenministerien keine Erwähnung mehr, vielmehr wurde suggeriert oder explizit ausgedrückt, dass durch Sangatte die Sicherheitsprobleme erst entstanden seien. Die gesamte Zeit der Existenz des Zentrums in Sangatte war begleitet von der Einführung neuer, modernster technologischer und infrastruktureller Maßnahmen zur Verbesserung der Immigrationskontrolle am Eurotunnel, am Hafen von Calais und allen Orten, von denen potenziell irreguläre MigrantInnen vom Festland auf die Insel gelangen können. Ein bemerkenswerter und damit in Verbindung stehender Aspekt ist, dass Analysen aus der Migrationsforschung in der Politik verkürzt rezipiert und auf die Verhinderung von *pull*-Faktoren reduziert werden.¹⁴ Die französische Regierung teilt mit der britischen die Perspektive der Zentralität der *pull*-Faktoren, da die MigrantInnen Großbritannien als Ziel klar vor Augen hätten, muss ihnen Frankreich kein Asyl gewähren. Symptomatisch ist dafür eine Aussage aus dem Kabinett des französischen Innenministers Daniel Vaillant: »Es ist nicht Sangatte, das die Flüchtlinge anzieht, sondern die britische Gesetzgebung in Asylangelegenheiten« (Le Monde 6.9.2001). Ähnlich argumentiert auch das Gericht in Lille in der Begründung der Abweisung einer Klage des Unternehmens *Eurotunnel* auf Schließung Sangattes. Nicht die Existenz des Zentrums in Sangatte stelle das Problem dar, sondern die Attraktivität des Tunnels und die relativ liberalen britischen Asylgesetze (BBC 1.2.2002, The Guardian 2.2.2002). In der Migrationsforschung wurden einfache Erklärungsmodelle – wie das *push- and pull*-Modell – für die Richtung von Migrationsbewegungen schon früh kritisiert und durch komplexere Modelle, etwa der multikausalen Verursachung, abgelöst. Bezieht man sich auf das *push-* und *pull*-Modell, so ist im Fall Sangatte zu konstatieren, dass es vor allem die *push*-Faktoren sind, welche die Migration verursachen, da die meisten der in Sangatte beherbergten MigrantInnen vor Krieg und Armut im Irak und in Afghanistan geflohen sind.

Durch die in Großbritannien und Frankreich dominierende Politik wird die Illusion bekräftigt, dass verschärfte Migrationskontrollen tatsächlich Migration verhindern können. Allerdings werden spezifische Migrationsdynamiken auf diese Weise von der Politik nicht wahrgenommen bzw. sind der Öffentlichkeit nicht vermittelbar. Zu den ausgeblendeten Prozessen gehören die Eigensinnigkeit von Migrationsbewegungen sowie die Folgen zunehmender Grenzkontrolle, die unter anderem im Anstieg von Menschenschmuggel und Gewalt im Migrationsprozess liegen. Der einmal eingeschlagene Weg der repressiven Migrationskontrolle wird wider besseren Wissens über seine Defizite und Kosten nicht verlassen. Diese Verschärfung ist eine unintendierte Folge der politischen Mobilisierungen. Die allgemeine Migrationskontrollpolitik sowie die sich aus der Existenz des Rote-Kreuz-Zentrums in Sangatte

---

14 Der *Border Controls Report* des *Parliamentary Home Affairs Committee* (2001) schlägt beispielsweise vor, die *pull-immigration* zu stoppen (James 2001). Die britische Regierung zählt die englische Sprache, den Zugang zu monetären Wohlfahrtsleistungen, die lange Asylverfahrensdauer, die schleppenden Abschiebungen und den Zugang zu öffentlichen Dienstleistungen ohne Identitätsnachweis zu den *pull*-Faktoren, die Großbritannien für Asylsuchende und undokumentierte MigrantInnen attraktiver als viele andere europäische Staaten mache (ebd.).

ergebenen Maßnahmen veränderten – zumeist verschlechterten – somit die Bedingungen der (Transit-)Migration und der politischen Mobilisierung in Sangatte. Die dahinter stehenden Politiken sind von irregulären MigrantInnen nur schwer zu beeinflussen. Trotz des Wissens um die Unzulänglichkeit der auf Abschottung setzenden Grenzsicherungspolitik besteht die Antwort der britischen – und bis zum Regierungswechsel im Frühjahr 2002 weniger stark auch der französischen – Regierung darin, die Grenze technologisch aufzurüsten.

Warum existierte Sangatte drei Jahre? Elitendissens und Elitenkonsens

Sangatte war eine wichtige Zwischenstation für die rund 80.000 irregulären MigrantInnen auf dem Weg nach Großbritannien. Es ist daher erstaunlich, dass das Zentrum in Sangatte über Jahre hinweg, von Herbst 1999 bis Dezember 2002, existierte. Die Erklärung des Phänomens Sangatte setzt am Verhältnis zwischen den Regierungen von Großbritannien und Frankreich an.

In Frankreich entfalteten sich durch die *cohabitation*[15] vom neogaullistischen Präsidenten Jacques Chirac mit der sozialistischen Regierung Lionel Jospins spezifische Dynamiken, die dazu führten, dass Sangatte zunächst lange Zeit überraschend wenig skandalisiert, dann aber im Jahr 2002 im Wahlkampf zum Profilierungsgegenstand wurde. Die Analyse der französischen Einwanderungs- und Ausländerpolitik seit den 1990er Jahren (Abbildung 13) zeigt, dass der Umgang mit der eingewanderten Bevölkerung in Frankreich zur Markierung unterschiedlicher Politiken zwischen bürgerlicher Rechter und Sozialisten verwandt wird. Dies trifft in idealtypischerweise auf den Fall Sangatte zu.

---

15   Seit 1986 ist die französische Innenpolitik von Zeiten der Kohabitation bestimmt. Die Wahlen 1993 zur *Assemblée nationale,* bei der die Rechtsparteien die Mehrheit errangen, führte zur *cohabitation* der Mitte-Rechts-Regierung von Édouard Balladur (RPR) mit dem Präsidenten François Mitterand (PS). Beendet wurde die *cohabitation* 1995, als durch die Wahl Jacques Chiracs (RPR) zum Staatspräsidenten die Einheit von Regierung und Präsidialamt wieder hergestellt wurde. Nach der vorzeitigen Auflösung der *Assemblée nationale* 1997 gewannen die Linksparteien die Mehrheit, so dass es bis 2002 zur neuerlichen *cohabitation* unter Lionel Jospin (PS) mit Chirac als Präsidenten kam. Nach den Präsidents- und Parlamentswahlen im Jahr 2002 konnte die bürgerliche Rechte mit Jacques Chirac und Jean-Pierre Raffarin *(Démocratie Libérale)* wieder sowohl den Präsidenten als auch die Regierung stellen.

Frankreichs Ausländer- und Migrationspolitik ist insbesondere seit dem Regierungswechsel 1993 von langfristigen restriktiven Entwicklungen geprägt (bspw. *Loi Pasqua* und *Loi Méhaignerie* 1993, *Loi Debré* 1997), in der die Bekämpfung irregulärer Migration (Einreise, Aufenthalt und Beschäftigung) im Zentrum ausländer- und innenpolitischer Diskussionen steht.[16] Die Gesetzesänderungen und öffentlichkeitswirksamen Polizeikontrollen und Razzien sollten der Öffentlichkeit vermitteln, dass die Zeit des sozialistischen *laissez-faire* vorbei ist und die bürgerliche Rechte Sicherheit und Ordnung wiederherstellt. Doch gerade am Beispiel der irregulären Migration zeigt sich, dass dieses Bild der Wiederherstellung einer kontrollierten Migration durch die bürgerliche Rechte nicht zutrifft. Ein kontinuierlich hohes Maß an zeitweiser, über lange Zeiträume hinweg geduldeter und häufig nachträglich legalisierter Irregularität von MigrantInnen scheint ein Strukturmerkmal der französischen migrationspolitischen Gesamtsituation zu sein (Manfrass 1997: 138f.). Zugleich ist die französische Ausländerpolitik von einer repressiven Kontinuität geprägt, die »sogar Gegenstand einer wechselseitigen Überbietung beim Streit um die innere Sicherheit und die Verteidigung der nationalen Interessen« (Balibar 2003: 77)[17] ist und in der »sich die Konvergenz der politischen Klasse verrät und die Parteien der Linken und der Rechten als Verständigungsbasis in Zeiten der Kohabitation dient« (ebd.: 78). Die repressiven Praxen und Diskurse bezeichnet Balibar in Foucaultscher Terminologie als Dispositiv des Nationalrepublikanismus *(national-républicanisme)*, in dem der republikanische Staat

---

16 Klaus Manfrass identifiziert fünf Motivkomplexe der Verschärfung der Migrationspolitik: 1. die arbeitsmarktpolitische und demografische Entwicklung, 2. die ›Banlieu-Problematik‹, 3. die politischen Auswirkungen des Erstarken des *Front National* (FN), 4. die Entstehung des Islams als eigenständige politische Größe und 5. außenpolitische Spannungen mit Herkunftsländern wie Algerien (Manfrass 1997: 141ff.). Allerdings ist in der Politik des *Réconciliation, rénovation, refondation* (RPR) auch die Forderung der Regularisierung von *Sans-Papiers* möglich. Am 14. Juli 1998 forderte Pasqua überraschend ihre Regularisierung sowie eine auf Quoten basierende Einwanderungspolitik. Nach Einschätzung von Roland Höhne ging es Pasqua jedoch darum, sich in der Einwanderungsfrage deutlich vom *Front National* abzuheben, damit republikanischer Patriotismus nicht mit dem ethnischen Nationalismus des FN verwechselt werde (Höhne 1998: 186f.).

17 Als Beispiel nennt Balibar den Plan der Jospin-Regierung, wesentliche Bestimmungen der Pasqua-/Debré-Gesetze wieder in Kraft treten zu lassen, gegen die in der vorherigen Amtszeit große Teile der Linken demonstrierten und deren Abschaffung die Sozialisten im Wahlkampf versprachen (Balibar 2003: 77).

»von den wirtschaftlichen Kräften der ›Globalisierung‹, von ›kriminellen‹ Einwanderernetzen, vom religiösen oder kulturellen ›Kommunitarismus‹ und endlich von kosmopolitischen Intellektuellen und Nichtregierungsorganisationen« (ebd.: 78) bedroht sei.

Lange versuchte nur die extreme Rechte um Bruno Mégret von der FN-Abspaltung *Mouvement National Républicain* (MNR) sowie Bruno Gollnisch vom *Front National*, Sangatte zu Mobilisierungszwecken zu nutzen. Während der Kohabitation konnte keine harte Politik gegen Sangatte geführt werden, da weder innerhalb der Koalition noch innerhalb der Sozialistischen Partei Einigkeit über einen Umgang mit dem Rote-Kreuz-Zentrum in Sangatte bestand. So schlug Anfang September 2001 Arbeits- und Sozialministerin Elisabeth Guigou aufgrund der Überbelegung Sangattes vor, ein weiteres Zentrum für irreguläre MigrantInnen in Bailleul zu eröffnen. Dies stieß auf die entschiedene Gegenrede von Innenminister Daniel Vaillant sowie seitens der britischen Regierung (La Voix du Nord 4.9.2001, Le Monde 5.9.2001, 6.9.2001). Zehn Tage später dementierten der französische und der britische Innenminister auf einem gemeinsamen Treffen die Pläne (Blunkett/Vaillant 2001). Parteiintern setzte sich bei den Sozialisten die Linie des Innenministers durch, die gleichzeitig einer Verschlechterung der französisch-britischen Beziehungen entgegenwirkte.

Doch auch unabhängig von der (partei-)politischen Positionierung zur Schließung Sangattes stellte sich die stillschweigende Tolerierung lange als günstig für Frankreich heraus. Sangatte hatte eine Kanalisierungsfunktion, da sich Frankreich nicht um die irregulären MigrantInnen und Flüchtlinge kümmern musste, sondern diese eigenständig ihren Weg nach Großbritannien fortsetzten. Daher musste die Regierung die kriegsbedingten kosovarischen, afghanischen und irakischen Flüchtlingswellen nicht als möglicherweise strittiges Thema aufgreifen. Insofern kann geschlussfolgert werden, dass die Tolerierung Sangattes auf der *hidden agenda* der sozialistischen Regierung stand. Diese Kanalisierungsfunktion wurde öffentlich nicht offensiv propagiert, jedoch von Großbritannien als mangelnde Motivationsgrundlage der französischen Regierung hinsichtlich einer Schließung Sangattes betrachtet. Es handelt sich bei der nicht erfolgten Schließung Sangattes somit nicht um ein Politikversagen oder eine staatliche Schwäche, welches von Medien für die Diskrepanz zwischen erklärter Migrationskontrolle und dem Scheitern ebendieser Maßnahmen oft angeführt wird (Castles 2004: 207). Die Existenz Sangattes verdankt sich selbst auf britischer Seite zunächst möglicherweise einer *hidden agenda* bzw. die britische Regierung – anders als die Opposition und die Medien – schenkte Sangatte keine große Aufmerksamkeit. Die Verantwortung, effektive Maßnahmen gegen irreguläre Einreisen zu ergreifen, wurde vielmehr gänzlich dem Unternehmen *Eurotunnel* angelastet, das heißt privatisiert. Die britische Regierung versuchte die Bedeutung Sangattes noch im März 2001 herunterzuspielen, indem dem Ansinnen der Konservativen, mit Verweis auf Sangatte die Asylgesetze zu verschärfen, entgegen gehalten wurde, dass die Zahl der Asylanträge pro Einwohner Großbritanniens geringer sei als in vielen europäischen Ländern und sich die Zahl der Asylantragstellenden in 2000 und 2001 nicht erhöht habe.[18]

Die *Labour*-Regierung konnte den Versuch, Sangatte zu ignorieren aufgrund der Thematisierung durch die konservative Opposition sowie der Medien nicht aufrechterhalten. Der Druck zu Handeln wurde massiv aufgebaut. *Home Secretary* David Blunkett erbat sich in seinem in *The Observer* erschienenen Beitrag »*Give me time to get asylum right*« Zeit.

»We have reached a point in the media circus where a Minister cannot pause for careful thought without being branded ›uncertain‹ or, in the words of one leader writer, ›bewildered‹. [...] We face big challenges which are more important than any newspaper headline. I am prepared to listen, learn and respond to these issues if, through the British media, we can debate them in a manner worthy of a civilised country in the twenty-first century« (The Observer 9.11.2001).

Mark Thomson fasst die an Sangatte entzündete öffentliche Diskussion so zusammen: »Calls for a rational debate on asylum simply fell on deaf ears« (Thomson 2003: 13), da die Asylfrage als Sicherheits- und Kriminalitätsproblem verhandelt wurde und der Opposition zur Profilierung diente. Der britischen Medienberichterstattung über Asylsuchende wird nicht erst seit Sangatte vorgeworfen, Vorurteile und Rassismus gegenüber Flüchtlingen zu befördern (Hayter 2000: 30, 80ff., James 2001, The Guardian 24.5.2002 über einen Bericht des EUMC).

Die faktische Tolerierung Sangattes über Jahre hinweg fand in Frankreich ein Ende, als Frankreich am 14. Juli 2001 mit der Fernsehansprache Chiracs in das Superwahljahr 2002 eintrat. Chirac übernahm die Rolle des Oppositionsführers und kritisierte die Politik der Jospin-Regierung insbesondere im Hinblick auf eine steigende Kriminalitätsrate, sinkendes Wirtschaftswachstum, wachsende Arbeitslosigkeit und das Ausbleiben der Rentenreform (Kimmel 2003: 9). Das beherrschende Thema des Wahlkampfes wurde die innere Sicherheit, Chirac stellte sich als Anwalt einer sich bedroht fühlenden Bevölkerung dar und versprach im Falle seiner Wiederwahl energische Maßnahmen, die unter anderem

---

18 2000: 1. Quartal: 18.900; 2. Quartal 20.125; 3. Quartal 20.435; 4. Quartal 20.855; 2001: 1. Quartal: 18.905; 2. Quartal 15.895; 3. Quartal 18.860; 4. Quartal 17.705 (Quelle: Hughes 2003).

die Einrichtung eines dem Präsidenten direkt unterstellten Rates für Innere Sicherheit, ein Superministerium für Innere Sicherheit sowie die Einstellung von Polizisten umfasste (ebd.: 17). Im populistischen Rekurs auf repressive Politiken und Schlagworten, wie *impunité zéro*, lag eine Ursache des Erstarkens der extremen Rechten und der Wahl Le Pens im ersten Wahlgang der Präsidentschaftswahl auf den zweiten Platz hinter Chirac und vor Jospin. Das Verhältnis der bürgerlichen zur extremen Rechten Frankreichs ist eine weitere Ursache für die Politik im Fall Sangatte. Als der *Front National* für die bürgerliche Rechte Ende der 1980er Jahre bei Wahlen zur Bedrohung wurde, begann sich der *Rassemblement pour la République* (RPR) vom *Front National* abzugrenzen, die Strategie stellte sich jedoch als wenig erfolgreich dar. Insbesondere nach den für die bürgerliche Rechte verlorenen Wahlen von 1997 wurde die Forderung in einem Teil von RPR und *Union pour la Démocratie française* (UDF) laut, eine flexiblere Haltung, die (lokale) Zweckallianzen beinhalte, gegenüber dem *Front National* einzunehmen (Höhne 1998: 196f.). Das Verhältnis zu den extremen Rechten bleibt für die bürgerliche Rechte eine Problematik, die auch im Fall Sangatte spürbar war.

Die Sozialisten fragten nach den verlorenen Präsidentschaftswahlen und kurz vor den Parlamentswahlen Tony Blair und *New Labour* um Hilfe zur Lösung des Problems in Sangatte. Schließlich bestand die Gefahr, der Sozialist Jacques Lang, ehemaliger Bildungsminister, könne seinen in der Region sicher geglaubten Sitz an den *Front National*-Kandidaten Carl Lang verlieren. Der *Front National* nutzte Sangatte als Mobilisierungsthema und Präsidentschaftskandidat Jean-Marie Le Pen überrundete im ersten Wahlgang auch in der Region Boulogne-Calais, in der Sangatte liegt, Jospin (The Observer 19.5.2002). Die Initiative der Sozialisten, die befreundete Regierung in Großbritannien um Hilfe zu bitten, kam zu spät – das Thema der Inneren Sicherheit und Bekämpfung irregulärer Migration war längst durch die bürgerliche und extreme Rechte besetzt.

Die schnelle, aber umkämpfte Schließung Sangattes

Gleich nach dem Rücktritt der Jospin-Regierung am 6. Mai 2002 profilierte sich der neue Innenminister Nicolas Sarkozy mit dem Thema Sangatte. Er entfaltete Aktivitäten, die zur Schließung führen sollten, und kooperierte eng mit dem britischen Innenminister David Blunkett. Bereits am 23. Mai 2002 besuchte Sarkozy, als erstes französisches Regierungsmitglied überhaupt, Sangatte. Marc Gentilini, Präsident des Roten Kreuzes Frankreichs, zeigte sich hoch erfreut über den Besuch: »Ich warte seit zweieinhalb Jahren auf diesen Moment« (Le Monde 25.5.2002). *Le*

Monde bezeichnete den Besuch Sarkozys als gelungenen *coup médiatique* (Le Monde 25.5.2002). Sarkozy nahm aufgrund des Verlaufs des Wahlkampfes und dem Erfolg der extremen Rechten in der Regierung eine wichtige Position ein.

Das Thema Sangatte diente als Glaubwürdigkeitsbeweis einer Politik, die durch repressive Maßnahmen versucht, sich von der Vorgängerregierung abzusetzen. Die neue Regierung bekam bei den Schließungsplänen Unterstützung von unverdächtiger Seite, dem UN-Flüchtlingswerk (UNHCR), das sich anbot, festzustellen, welche der in Sangatte registrierten Personen den Kriterien des Flüchtlingsstatus entsprachen (The Guardian 6.7.2002, Le Monde 9.7.2002, 13.7.2002). Sarkozy nahm das Angebot gerne an. Die Partei *Les Verts*, Asyl- und Menschenrechtsorganisationen kritisierten das Vorgehen, da es zur Abschiebung von Personen in unsichere Länder wie Irak und Afghanistan führe (Flautre MdEP/Ferré/Desenclos 2002). Am 12. Juli 2002 kamen die französischen und britischen Innenminister in Paris zusammen und kündigten die Schließung Sangattes für Dezember 2002 oder Anfang 2003 an (Home Office 2002b, La Voix du Nord 13.7.2002, Le Monde 14.7.2002). Der schnelle Schließungsbeschluss wurde in einem politischen Kontext gefällt, der von weiteren repressiven Plänen der neuen Regierung in punkto Innerer Sicherheit geprägt war. So stellte Sarkozy am 16.7.2002 im Parlament das Gesetzespaket *Loi d'Orientation et de Programmation pour la Sécurité Intérieure* vor (Ministère de l'Intérieur 2002e). Die Bekämpfung illegaler Einwanderung und die Schließung Sangattes waren Bestandteile dessen. Die britische Regierung begrüßte die neue Kooperation mit Frankreich und verschärfte ihrerseits – wie von Frankreich gewünscht – die Asylgesetzgebung (Le Monde 31.7.2002). Die Aktivitäten der neuen Regierung beschränkten sich nicht auf nationale und bilaterale Vorhaben im Bereich der Bekämpfung irregulärer Migration, sondern weiteten sich auf die europäische Ebene aus. Sarkozy kündigte im September 2002 auf einem informellen Treffen der europäischen Innenminister in Kopenhagen an, den europäischen Kampf gegen illegale Migration zu verstärken. Er schlug vor, dass Frankreich die Verantwortung für die Koordination der Bekämpfung krimineller Immigrationsnetzwerke übernehmen könne (Ministère de l'Intérieur 2002a, Ministère de l'Intérieur 2002d). Kurz darauf fand ein trilaterales Treffen der britischen, belgischen und französischen Innenminister am Hafen in Zeebrugge (Belgien) und im *Eurostar*-Zug zwischen London und Brüssel statt. Es wurde ein Kooperationsabkommen zur Verhinderung der irregulären Einwanderung nach Großbritannien geschlossen. Anschließend besuchten Blunkett und Sarkozy gemeinsam Sangatte. Alle Personen in Sangatte sollten künftig registriert werden und eine Zugangskarte erhalten.

Nach dem 15.11.2002 sollten keine Neuaufnahmen mehr stattfinden (Le Monde 27.9.2002, 28.9.2002, Ministère de l'Intérieur 2002c, Ministère de l'Intérieur 2002f). Zeitgleich traten in Großbritannien restriktivere Ausländer- und Asylgesetze in Kraft. Schätzungsweise 80.000 Personen passierten bis dato Sangatte auf dem Weg nach Großbritannien, einige Dutzend wurden auf dem Weg verletzt, mindestens zwanzig getötet. Zur gleichen Zeit besuchte der afghanische Flüchtlingsminister Enayatullah Nazari Sangatte. Ein *accord tripartite* wurde zwischen Afghanistan, Frankreich und dem UNHCR über die dauerhafte freiwillige Rückkehr von in Frankreich sich aufhaltenden AfghanInnen vereinbart.[19] Dieser Vertrag stellte eine wichtige Voraussetzung für die Schließung Sangattes dar, da nur so diejenigen Personen, die vom UNHCR als nicht den Flüchtlingskriterien entsprechend eingestuft wurden, zur Rückkehr nach Afghanistan ermutigt bzw. später auch genötigt werden konnten.

Gegen die Schließung wurde auf verschiedenen Ebenen protestiert, so gab es Mitte Oktober 2002 in Dover, Calais, Sangatte, Paris und Belgien eine grenzüberschreitende Demonstrations- und Aktionswoche von Menschenrechtsorganisationen, antirassistischen Gruppen und *Les Verts* (Agence France Press 16.10.2002, La Voix du Nord 19.10.2002, noborder 2002a, ARC 2002). Am 5. November 2002, zehn Tage früher als von Sarkozy angekündigt, wurden in Sangatte keine Neuankömmlinge mehr aufgenommen. Während Großbritannien diesen Schritt als Meilenstein begrüßte (Home Office 2002c), protestierten PolitikerInnen von *Les Verts*, des PS, des PCF und ein Flüchtlingsunterstützungsbündnis aus Calais gegen die »übereilte Schließung«.[20] Weitere Flüchtlinge kamen an und irrten in der Gegend herum. Nach dem Aufnahmestopp kam es zu massivem Widerstand von betroffenen Flüchtlingen und einigen der unterstützenden Gruppen. Am 7. November 2002 besetzten Flüchtlinge und Unterstützungsgruppen eine Sporthalle in Calais, diese wurde einen Tag später geräumt. Eine weitere Halle sowie am 10.11.2002 die Kirche Saint Pierre-Saint Paul wurden von 200 Personen besetzt. Die Präfektur versuchte, die Flüchtlinge zur Stellung eines Asylantrags zu bewegen, rund hundert lehnten dies kategorisch ab. Sie drohten mit Hungerstreik und Selbstanzündung und forderten Zugang zu Sangatte bzw. die Gewährung von Asyl in Großbritannien. Am 14.11.2002 wurde die Kirche

---

19   Le Monde 29.9.2002, France/Afghanistan/HCR 2002. Zur Kritik: Coordination pour le droit d'asile 2002.
20   Le Monde 7.11.2002, La Voix du Nord 5.11.2002, 6.11.2002, Cimade et al. 2002, Les Verts 2002c.

durch die Polizei geräumt.[21] Die Proteste und ihre Eskalation konnten die Schließung des Zentrums nicht aufhalten. Am 2. Dezember 2002 trafen sich Sarkozy und Blunkett erneut und beschlossen die komplette Schließung Sangattes zum 30.12.2002. Das Zentrum wurde wieder seinem Eigentümer *Eurotunnel* übergeben und die sofortige Zerstörung in die Wege geleitet (Official Report 16.1.2003, Column 765W). Für alle in Sangatte regulär Erfassten wurde folgende Regelung gefunden: 1 023 Personen, irakische KurdInnen und AfghanInnen mit Familienbindung, erhielten in Großbritannien einen befristeten Aufenthaltsstatus – jedoch kein Asyl – (Official Report 20.1.2003, Column 184W). Insgesamt 900 der 1 023 Personen, die irakischen KurdInnen, erhielten ein Arbeitsvisum (Official Report 6.2.2003, Column 430W).[22] Frankreich übernahm die rund 400 verbleibenden Personen (Ministère de l'Intérieur 2002b). David Blunkett kommentierte die Schließung Sangattes lakonisch: »Sangatte, c'est fini« (zit. nach Le Monde 3.12.2002). In Großbritannien fand daraufhin eine bemerkenswerte Umdefinition der irregulären MigrantInnen statt, von der Sicherheitsgefahr hin zu ökonomisch nützlichen Arbeitsmigranten. So antwortete die Staatssekretärin im Innenministerium, Beverly Hughes, auf die Frage des konservativen Abgeordneten Roger Gale, welche Kosten die MigrantInnen aus Sangatte verursachten: »We expect them to make a contribution to our economy, not to impose a burden« (Hughes 2002).

Sarkozy besuchte zum dritten Mal in seiner Amtszeit Sangatte und dankte dem UNHCR und dem Roten Kreuz für ihre Arbeit. Der letzte Flüchtling verließ am 14.12.2002 das Rote-Kreuz-Zentrum in Sangatte. Tags darauf demonstrierte ein Bündnis aus Antirassismus- und Menschenrechtsorganisationen gegen die Schließung und rief zum zivilen Ungehorsam auf, herumirrende Flüchtlinge zu beherbergen (Kent Committee to Defend Asylum Seekers 2002).

»Sangatte, c'est fini«?

Für die bürgerlich-rechte Regierung kann Sangatte als Glücksfall bezeichnet werden, der sich dazu eignete, entschlossen gegen illegale Einwanderung vorzugehen und mit der Schließung Sangattes kaum ein halbes Jahr nach der Regierungsübernahme einen schnellen Erfolg vorwei-

---

21 Vergleiche zu den Besetzungen die ausführliche Berichterstattung in der Lokalzeitung *La Voix du Nord* vom 7. bis 14.11.2002.
22 Die britische Regierung wies darauf hin, dass es sich um eine Ausnahmeregelung handelte, die andere irakische Staatsangehörige in Großbritannien nicht beträfe (Official Report 5.12.2002, Column 974W).

sen zu können. ›Sangattes‹ wird es, wenn vielleicht auch nicht in dieser Form, an geografisch prädestinierten Orten an den Außengrenzen der Europäischen Union immer wieder geben, wie die Ereignisse in den spanischen Enklaven Ceuta und Melilla im Herbst 2005 eindrucksvoll unter Beweis stellten (siehe bspw. Zeiler 2006, picum-Rundbriefe 10/2005, 11/2005, 2/2006); mit dem Unterschied, dass es sich nicht um ein Land der Europäischen Union handelt, welches als Transitraum für MigrantInnen auf dem Weg in die EU fungiert, sondern um Marokko, das bereits eine lange Geschichte als Transitland hat.

In Frankreich ist es jedoch unwahrscheinlich, dass es noch einmal zu so einer Situation wie der in Sangatte kommt, da sich die Voraussetzungen, vor allem die durch die Kohabitation begründete innenpolitische Konstellation, verändert haben. Die Schließung Sangattes und die Verhinderung weiterer Sangattes wurde zum Symbol politischer Handlungsfähigkeit der Regierung, in der Nicolas Sarkozy eine zentrale Rolle spielte und er durch eine entschiedene Politik gegen irreguläre Einwanderung und Asyl seine weiteren politischen Ambitionen bekräftigte.

Allerdings sticht die Kurzsichtigkeit der von der britischen und französischen Regierung gefeierten Schließung des Rote-Kreuz-Zentrums in Sangatte ins Auge. Neu ankommende irreguläre MigrantInnen wichen auf andere Orte aus, etwa das belgische Zeebrugge. Anfang November 2003 hatte die Polizei in Zeebrugge ein leerstehendes Restaurant geräumt, das seit Längerem durch rund hundert Flüchtlinge besetzt war. Lange wurde toleriert, dass sie dort Unterschlupf fanden. Daraufhin besetzten fünfzig der irregulären MigrantInnen die Kirche Sint-Donaas in Zeebrugge, die wiederum durch die Polizei geräumt wurde. Die MigrantInnen wurden verhaftet. Das flämische Flüchtlingsaktionskomitee kommentierte, dass die »Jagd auf Illegalisierte in Zeebrugge eröffnet« (Vluchtelingen Aktie Komitee 2003) sei. Situationen wie die am französischen Teil der Küste wiederholen sich nun am belgischen Küstenabschnitt. Folglich wird auch die Verlagerung der britischen Grenze auf das Festland weiter ausgedehnt. So klärte David Blunkett Details über die Stationierung britischer Immigrationsbeamter in Belgien mit dem belgischen Innenminister. Damit könnten britische Grenzkontrollen auch bald nach Holland ausgedehnt werden, um MigrantInnen ohne Papiere daran zu hindern, den Kanal zu überqueren (The Guardian 16.4.2004).

Flüchtlings- und Obdachlosenorganisationen in Paris registrierten nach der Schließung Sangattes einen deutlichen Anstieg an neuankommenden MigrantInnen, vor allem aus dem Irak und Afghanistan. Sie gingen nach Paris, da sie dort besser als in anderen Landesteilen auf Hilfsangebote und *community*-Netzwerke zurückgreifen konnten. Die in

Paris eintreffenden MigrantInnen wären, nach Aussage der Organisation *Gisti*, nach Sangatte gegangen, wäre es nicht geschlossen worden. Auch um Calais herum hat sich an der Präsenz von irregulären MigrantInnen mit dem Ziel Großbritannien nicht viel verändert. Die Anzahl der in der Region Pas-de-Calais registrierten unbegleiteten minderjährigen Flüchtlinge hielt sich auf einem hohen Niveau mit rund 500 Kindern und Jugendlichen pro Jahr.[23] Zum Jahrestag der Schließung zog in Calais im November 2003 die Flüchtlingsunterstützungsgruppe *C'Sur* Bilanz: täglich kamen rund 150 bis 200 Personen zu ihnen, es wurden mehr als 100.000 Mahlzeiten und viele Tonnen Kleidung in dem Jahr ausgegeben und mehr als 10.000 Stunden medizinische und hygienische Versorgung geleistet (Association Salam 2003). Auch zwei Jahre nach Schließung Sangattes versorgt *C'Sur* rund 300 irreguläre MigrantInnen pro Tag mit Mahlzeiten und Kleidung (CSUR 2004).

Im Mai 2003 reiste eine Menschenrechtsdelegation nach Sangatte. Sie bestätigten, dass KurdInnen, IrakerInnen, IranerInnen und AfghanInnen zwischen der Côte d'Opale und Paris herumirrten. Vor Ort bemühten sich karitative Gruppen zwar um die Bereitstellung von Schlafstätten und Essen, die Lebensbedingungen seien jedoch katastrophal. Es herrschte Argwohn gegenüber denjenigen in Calais, die Flüchtlinge beherbergten, ihnen wird vorgeworfen, sie schützten Schlepper.[24] Die Delegation kam zu dem Ergebnis, dass die Flüchtlinge von Calais nur für das lokale Unterstützungskomitee *C'Sur* und die Polizei existierten. Für den Innenminister gebe es keine Flüchtlinge mehr in Calais, seit Sangatte geschlossen wurde (L'Humanité 8.5.2003). Eine intendierte Folge der Schließung Sangattes stellt somit die Unsichtbarmachung einer großen Anzahl an undokumentierten MigrantInnen und Flüchtlingen an einem Ort dar. Durch die Präsenz in Paris sowie die Bildung einer eigenen Organisation, dem *Collectif des exilés du 10ème arrdt de Paris*, die Selbsthilfe und politische Artikulation verfolgt, steuern die betroffenen MigrantInnen sowie sie unterstützende Gruppen wie *Gisti* der Unsichtbarmachungsstrategie entgegen. Das *Collectif* fragte, ob die neuen Aufnahmezentren für Asylsuchende sich auf den Gehwegen befänden und veröffentlichte einen Appell zum Übernachten unter freiem Himmel (Exi-

---

23 Anzahl minderjähriger unbegleiteter Flüchtlinge in Calais/Sangatte: 1999: 27, 2000: 108, 2001: 209, 2002: 525, bis Oktober 2003: 366, erwartet werden bis Jahresende 500 (Angaben gemäß des *Procureur de Boulogne, Service Socio-éducatif de l'Antenne Départementale de l'Action Sanitaire à Calais*, Quelle: Le Figaro 8.11.2003).

24 Vergleiche die WDR-Dokumentation »Verräterischer Herzschlag. Treibjagd auf Flüchtlinge in Calais« von Ingeborg Haffert (Haffert 2004).

les10 2003a, Exiles10 2003b). Der Appell entwickelte sich zu einer Kampagne, während der sich von Dezember 2003 bis Mai 2004 Kirchen, Gewerkschaften und Nichtregierungsorganisationen bereit erklärten, die obdachlosen Sangatte-MigrantInnen für jeweils mehrere Nächte aufzunehmen, den Rest verbrachten sie draußen (Exiles10 2004). Die Kampagne diente der symbolischen Wiedersichtbarmachung der MigrantInnen aus Sangatte, nachdem das Lager geschlossen wurde.

Sangatte ist somit das Symptom, welches bekämpft wurde, der innenpolitische und diplomatische Erfolg der Schließung macht die Region um Calais wieder zu einem Nicht-Ort, der in den Augen Pariser PolitikerInnen erst dann wieder zum bevorzugten Ort für Wahlkampfveranstaltungen und symbolische Ortstermine wird, wenn es die politische Situation erfordert. Für betroffene Flüchtlinge stellt sich der täglich erlebte Aufwand der Bekämpfung irregulärer Migration als wenig erfolgreich und in ihren Augen unverhältnismäßig dar: »Warum lässt man uns nicht einfach reisen? Wir sind weder Banditen noch Diebe noch Dealer. Reisen existiert solange die Menschheit existiert. [...] Sie können nicht alles kontrollieren. Dazu haben sie die Zeit nicht« (zit. nach Libération 5.11.2003). Der *frame* der »Autonomie der Migration« wird von den MigrantInnen auch nach der Schließung des Rote-Kreuz-Zentrums in Sangatte weiter artikuliert.

Begrenzte Bündnisoptionen

Die offensichtlichste Unterstützung der Anliegen der irregulären MigrantInnen wurde von humanitären, kirchlichen und antirassistischen Organisationen und französischen Intellektuellen geleistet. Es gelang nicht, andere Organisationen und die Parteien – außer den Grünen – zu überzeugen. Dies liegt meines Erachtens an der Beschaffenheit der politischen Kontextstruktur, der Ausrichtung europäischer Migrationspolitik und dem Wahlkampf 2001/2002 in Frankreich, in dem sicherheitspolitische Positionen und die Angst vor dem Erfolg der extremen Rechten dominierten. Der so entstandene Konsens der Bekämpfung irregulärer Migration war von den *pro-migrant*-Organisationen und MigrantInnen nicht aufzubrechen, insbesondere da das Ziel der MigrantInnen im Fall Sangatte eindeutig war: die irreguläre und massenhafte Übertretung der Grenze. Es wurde zwar von Seiten der Bündnispartner versucht, über das *framing* des Flüchtlingsschutzes die Legitimität der irregulären Migrationsbewegungen herzustellen, dies gelang jedoch nicht, da sowohl auf nationaler wie europäischer Ebene das Recht auf Asyl gegenüber der Migrationskontrolle zurückgestellt wird.

Pro-migrant-Organisationen: Asylrecht und humanitäre Hilfe

Zur Unterstützung der MigrantInnen im Rote-Kreuz-Zentrum in Sangatte bildeten sich vor Ort Gruppen bzw. bestehende humanitäre Organisationen fingen an, sich um die MigrantInnen zu kümmern. Im Laufe der Zeit ging das Engagement von den lokalen Gruppen in und um Calais auf überregionale Organisationen über, auf britischer Seite mobilisierten Asylrechtsgruppen vor allem gegen die denunzierende Darstellung der MigrantInnen in den Medien. Später wurde ›Sangatte‹ auch für europaweite Netzwerke und Akteure relevant. Die unter dem Begriff der *pro-migrant*-Organisationen zusammengefassten Organisationen und Einzelpersonen kamen somit aus verschiedenen politischen Spektren: humanitär und christlich orientierte Gruppen und Personen, antirassistische Gruppen, die zum Teil in der französischen *Sans-Papiers*-Bewegung aktiv sind, traditionsreiche Menschen- und Asylrechtsorganisationen, antikapitalistische und anarchistisch-libertäre Gruppen sowie einzelne Partei- und Gewerkschaftsgliederungen.[25]

---

25 *Pro-migrant-Organisationen auf französischer Seite:* Collectif de soutien d'urgence aux réfugiés (C'Sur); Groupe d'information et de soutien des immigrés (Le Gisti); La Belle Étoile, Calais; Ligue des droits de l'homme; ai; Les Verts; Les Alternatifs, Pas-de-Calais; Comité Catholique Contre la Faim et pour le Développement; Syndicat des Avocats de France; Service œecuménique d'entraide (Cimade); Association Salam; Coordination Nationale des Sans Papiers; Comité des Sans Papiers (59, d'Amiens); Mgr Jean Paul Jaeger (Évêque d'Arras); Commission ›Migrant du Calais‹; Jean-Pierre Boutoille (Doyen de Calais et vicaire épiscopal); Hélène Flautre MdEP Les Verts; Mouvement contre le racisme et pour l'amité entre les peuples (MRAP); CGT; C.N.T. (Boulogne/mer, Calais); SUD Education, SUD PTT; Collectif Anti Sécuritaire, Lille; Act up!, Paris; Forum Réfugiés; Groupe accueil solidarité; Service National de la Pastorale des Migrants; Service social d'aide aux émigrants; Agir ensemble contre le Chômage!; Attac (Lille, Littoral); Action catholique ouvrière; Action des chrétiens pour l'abolition de la torture et des exécutions capitales; Artisans du Monde; Opale écologie; Collctif Anti Expulsion, Paris u.a.
Pro-migrant-Organisationen auf britischer Seite: Kent Committee to Defend Asylum Seekers; Barbed Wire; Asylum Rights Campaign; National Coalition of Anti-Deportation Campaigns; Socialist Workers Party; Immigration Law Practitioners Association u.a.
Auf europäischer Ebene: Kollektiv für das Recht auf Asyl, Brüssel; European no border network; Network Barbed Wire Europe; Mitglieder der Fraktion United European Left/Nordic Green Left und der Grünen im EP; diverse lokale antirassistische Gruppen und Flüchtlingsunterstützungsgruppen in verschiedenen europäischen Staaten.

Der wichtigste politische Anklagepunkt der *pro-migrant*-Organisationen bestand darin, dass Frankreich durch Nicht-Information gezielt die Asylantragstellung der irregulren MigrantInnen in Sangatte verhinderte und dadurch internationales Recht brach. Sie forderten ein »echtes Asylrecht«, sowohl in Frankreich wie in der Europäischen Union. Die Forderungen leiteten sich aus langen Erfahrungen mit der französischen Asylpolitik her. Sie schlussfolgern, dass die Liquidierung des französischen Asylrechts mit den Auseinandersetzungen um Sangatte weiter vorangegangen sei (Cimade et al. 2002). Die Kritik und Aktivitäten humanitärer und antirassistischer Organisationen setzten an der Nicht-Information der MigrantInnen über das französische Asylrecht an. Die geringe Anzahl an Asylanträgen lag nicht allein an einem Desinteresse, in Frankreich zu bleiben, sondern auch an fehlenden Informationen in Sangatte über das Recht auf Asyl in Frankreich und den ungünstigen Bedingungen für die Antragstellung. Smaïn Laacher befragte in seiner Studie die MigrantInnen in Sangatte auch zum Thema Asyl. Die große Mehrheit (83,5 Prozent) hatte vom Asylrecht in Frankreich keine Ahnung (Laacher 2002: 61). Der Asylantrag konnte nur in der hundert Kilometer entfernten Stadt Arras gestellt werden (La Belle Étoile 2001, Cimade et al. 2002) und nur ein Angestellter ohne juristische Ausbildung war in Sangatte für juristische Beratungen zuständig (CCFD et al. 2000b). Auf einer Pressekonferenz kritisierte die grüne Europaabgeordnete Hélène Flautre die schlechten Bedingungen für Asylsuchende allgemein in Frankreich (La Voix du Nord 23.5.2002). Die Beratung der MigrantInnen in Sangatte durch einen dafür nicht ausgebildeten Mitarbeiter »kommt Frankreich sehr zupass« (Gisti 2001b: 2). Stellten MigrantInnen Asylanträge, so sei es immer wieder zu Verfahrensfehlern und zur Zurückweisung bestimmter Anliegen gekommen (Les Verts 2002c). Der *diagnostic frame* der antirassistischen Organisationen bestand also in der Interpretation, dass es sich bei den irregulären MigrantInnen um originäre Flüchtlinge handelte und diese aufgrund des Informationsdefizits nicht in Frankreich um Asyl nachsuchten. Folglich entschieden sie sich für den *prognostic frame*, die Missstände anzuprangern und Maßnahmen zu ergreifen, die es den MigrantInnen ermöglichen sollten, vor Ort in Sangatte Asyl zu beantragen.

Einige nicht-staatliche Organisationen begannen in Sangatte für das Recht auf Asyl in Frankreich zu informieren und zu werben. Die Fraktion der Grünen im Europaparlament erstellte extra für Sangatte eine mehrsprachige Broschüre, in der das französische Asylrecht erklärt und Anlaufstellen in der Region genannt wurden (Groupe des Verts 2002, House of Commons 2002a, Abs. 16). Eine Delegation grüner Europaabgeordneter, die Sangatte besuchte, bezeichnete Informationen über die zu dem Zeitpunkt recht hohen Anerkennungschancen von Afghanen, Iranern und Irakern[26] in Frankreich als »Staatsgeheimnis«. Als sie es vor Ort verkündeten, »träumten« die MigrantInnen davon, »echte Flüchtlinge« in Frankreich zu werden (Gisti 2001b: 4). Die Asylkoordination Frankreich – ein Bündnis aus den wichtigsten Organisationen, die mit Flüchtlingen arbeiten, – stellte fest, dass die Situation des Asylrechts in Frankreich »kritisch« sei. Sie formulierten zehn Mindestbedingungen für ein reales Recht auf Asyl in Frankreich, von einer EU-einheitlichen Flüchtlings-Definition über die Ausweitung der Unterbringungsmöglichkeiten für Asylsuchende bis hin zum Schutz von abgelehnten Personen, deren Rückkehr nicht möglich ist (Coordination pour le droit d'asile 2001). Die Forderung nach der Wiederherstellung eines echten Rechts auf Asyls in Frankreich bzw. auf europäischer Ebene entspricht ihrem Selbstverständnis als in Frankreich tätige Menschenrechtsorganisationen, deren Aufgabe es ist, den eigenen Staat kritisch zu adressieren.

Die *pro-migrant*-Organisationen auf lokaler Ebene leisteten praktische humanitäre Hilfe. Die humanitäre Unterstützung bestand in der Bereitstellung von warmen Mahlzeiten, Kleidung, Übernachtungs- und Duschmöglichkeiten, medizinischer Hilfe und juristischer Beratung. Das humanitäre Engagement wurde von den Regierungen als Beihilfe zum illegalen Aufenthalt begriffen und, indem Kontakte zu Schleusern unterstellt wurden, versucht, sowohl juristisch zu verfolgen wie auch in der Medienöffentlichkeit zu diskreditieren. Gegen zwei Mitglieder der Gruppe *C'Sur* liefen Verfahren wegen »bandenmäßiger Organisierung der Beihilfe zu irregulärer Einreise oder illegalem Aufenthalt eines Ausländers« (Voix du Nord 16.3.2004, FR 14.8.2003, Pro Asyl 2003, Haffert 2004, CSP 59/Gisti/u.a. 2003). Auf einer Pressekonferenz am 7. Juni 2003 stellte *C'Sur* als Reaktion auf ein Gesetzesvorhaben von Sarkozy[27]

---

26   Le Gisti nennt für das Jahr 2000 die Zahl von 76,5 Prozent anerkannten Flüchtlingen bei 241 Anträgen für AfghanInnen, 46,8 Prozent bei IrakerInnen (von 297 Anträgen), bei IranerInnen 27,3 Prozent von 320 AntragstellerInnen und 17,4 Prozent erfolgreiche Anträge von TürkInnen (bei 3 597 Anträgen) (Gisti 2001b: 4).

27   Eine Verordnung vom 2.11.1945 bedroht jeden, der AusländerInnen ohne Aufenthaltsstatus den Aufenthalt in Frankreich ermöglicht oder erleichtert, mit Strafen von bis 30.000 Euro und fünf Jahren Haft. Ein von Innenminister Sarkozy vorgelegtes Gesetz (Art. 17, 18 des ›*Loi Sarkozy*‹), das die Nationalversammlung vor der Sommerpause im Jahr 2003 verabschiedete, weitet die Strafen aus: Wer irregulären MigrantInnen hilft (Privatpersonen, Organisationen, Gewerkschaften etc.), muss mit der Konfiszierung des gesamten Vermögens und Eigentums rechnen (FR 14.8.2003, Gisti et al. 2003).

und die Kriminalisierung in Calais das »Manifest der Solidaritätsdelinquenten« der Öffentlichkeit vor, das von mehr als 3 000 Personen, unter anderem SchriftstellerInnen, MusikerInnen, SchauspielerInnen, FilmemacherInnen und Universitätsangehörigen, unterzeichnet wurde. In dem Text heißt es: »Wir erklären, dass wir AusländerInnen in irregulärer Situation geholfen haben. Wir erklären, dass wir den festen Willen haben, dies weiterhin zu tun. [...] Wenn Solidarität ein Delikt ist, will ich wegen dieses Delikts verfolgt werden« (Gisti et al. 2003). Hier zeigt sich erneut eine Parallele zur zivilgesellschaftlichen Mobilisierung mit der französischen Sans-Papiers-Bewegung in den 1990er Jahren. 1997 sollte mit dem so genannten Loi Debré das »Delikt der Gastfreundschaft« *(délit d'hospitalité)* eingeführt werden, das besagte, dass französische Privatpersonen den lokalen Behörden mitteilen müssen, wenn sie privat nicht-EU-BürgerInnen beherbergten (Gisti et al. 1998). Damals bezichtigten sich viele Privatpersonen und Prominente (vor allem aus den Medienberufen und Intellektuelle) der verbotenen Gastfreundschaft für MigrantInnen ohne regulären Aufenthaltsstatus.

Das politische Agieren der *pro-migrant*-Organisationen war also zweigeteilt: Sie leisteten humanitäre Hilfe, artikulierten gleichzeitig die Defizite der französischen Asylpolitik und forderten innerhalb der Europäischen Union wirksame Schutzmechanismen für Flüchtlinge, das heißt sie rahmten ihre Aktivitäten mit dem »Flüchtlingsschutz-*frame*«. Die Konsequenz, mit der vor allem das Kollektiv *C'Sur* humanitäre Hilfe leistete, setzte eine Gegenmobilisierung in Gang, die die Glaubwürdigkeit des »Flüchtlingsschutz-*frame*« und der humanitären und antirassistischen Organisationen in Frage stellen sollte. Die Diskreditierung gelang jedoch nur zum Teil, da einige der Organisationen und Einzelpersonen über eine hohe moralische Reputation verfügten und in den Medien auch persönliche Schicksale dargestellt wurden. Einzelschicksalsberichte in den Medien begünstigen die Unterstützung für humanitäre *frames*. Insgesamt ist es schwierig, die Mobilisierungswirkung der *pro-migrant*-Organisationen zu bestimmen: für die MigrantInnen stellten sie eine praktische und politisch-diskursive Unterstützung dar, aufgrund der Gegenmobilisierungen durch die Regierungen, rechte Organisationen und Parteien sowie einige Medien blieb ihr öffentlicher Einfluss und die politische Resonanz begrenzt.

Die Europäische Union: Asylrecht oder Festung Europa?

Die NGOs, die sich für die MigrantInnen in Sangatte einsetzten, nehmen widersprüchlich Bezug auf die EU: Zum einen wird kritisiert, dass die Asylpolitik der EU von Abschottung und Ablehnung geprägt ist, zum anderen enthalten die politischen Forderungen stets eine Harmonisierung der Asylpolitik in der EU auf »höchstem Niveau«. Warum fallen *diagnostic* und *prognostic frame* auseinander?

Trotz der Harmonisierungsrhetorik in der EU herrsche faktisch das Prinzip der heißen Kartoffel vor, anstatt einer positiven Kooperation werden die »Flüchtlinge in die Nachbarländer geschubst« (CCFD et al. 2000b: 3). Diese Politik führe zur Entstehung von Flüchtlingslagern an geografischen Orten wie Sangatte, Melilla oder Ceuta, die MigrantInnen die Hoffnung geben, in die EU zu gelangen. *Le Gisti* kritisiert, dass Asylsuchende aufgrund der geschlossenen Grenzen in der EU automatisch zu irregulären MigrantInnen würden und als solche auch in der Öffentlichkeit wahrgenommen werden. Die Regierungen der EU ließen es hingegen nicht aus, ritualisiert über Schlepperbanden und Mafia zu klagen, welche die Flüchtlinge ausbeuteten, ohne ihre eigene Verantwortung für das Phänomen zu hinterfragen, die durch das Schließen der Grenzen entsteht (Gisti 2001a).

Trotz der kritischen Position gegenüber der EU-Politik bezieht sich ein Großteil der Forderungen derselben Organisationen auf die EU. Die *Asylum Rights Campaign* aus Großbritannien fordert eine gemeinsame Asylpolitik auf hohem Niveau, in deren Rahmen die EU ein Gleichgewicht zwischen Grenzsicherung und dem Kampf gegen illegale Migration und Flüchtlingsschutz finden muss, wie es von den Mitgliedsstaaten der EU 1999 auf der Konferenz des Europäischen Rates in Tampere vereinbart wurde (ARC 2002). *Le Gisti, C-Sur, Les Verts*, die französische Asylkoordination und weitere Organisationen fordern eine eindeutige und akzeptable EU-weite Regelung der Aufnahme von Asylsuchenden auf hohem Niveau bzw. ein europäisches Flüchtlingsstatut sowie die Freizügigkeit von anerkannten Flüchtlingen innerhalb der EU, um Situationen wie die in Sangatte zu vermeiden.[28] Anlässlich eines Delegationsbesuches in Sangatte stellt *Amnesty International* fest, dass die von ihnen geforderte Freizügigkeit für Flüchtlinge bereits an den Gesetzen und Kontrollen vorbei faktisch praktiziert wird:

»Die Situation [in Sangatte, hs] ist insofern nicht außergewöhnlich, als dass Flüchtlinge tagtäglich von einem Land ins andere ziehen seit der Aufhebung der internen Grenzkontrollen in der Europäischen Union. Sierra Leonesen aus Roissy gelangen in den Niederlanden wieder zu ihren Familien. Bosnier, Kurden oder Kosovaren aus Italien haben in großer Zahl Frankreich durchquert ohne anzuhalten. Viele Kurden, die im April 2001 an Bord der East Sea an den

---

28 Nachweise u.a. zu finden in: Gisti 2001a, Gisti 2002, CSUR 2001, CSUR 2002, Le Monde 30.10.2002, Flautre MdEP/Ferré/Desenclos 2002, Les Verts 2002a/c, Les Alternatifs 2002, Act Up 2002, Kent Committee to Defend Asylum Seekers 2002, Kollektiv für das Recht auf Asyl 2002.

Stränden von Fréjus gestrandet sind, sind heute in Deutschland. Kein noch so ausgeklügeltes Sicherheitssystem kann sie aufhalten, irgendein ›Sangatte‹ macht sie sichtbar« (ai 2002a: 2).

An diese Feststellung relativ autonomer Praxen der MigrantInnen anknüpfend fordern die Nichtregierungsorganisationen, auf europäischer Ebene diese Praxis aus humanitären Gründen, etwa der Familienzusammenführung, nachträglich zu legalisieren. Es gibt somit eine Berührung der Diskurse um die Autonomie der Migration und die Asylpolitik der EU.

Das Auseinanderfallen von *diagnostic frame* (»Die EU schottet sich gegen Flüchtlinge ab«) und *prognostic frame* (»Wir fordern eine Harmonisierung des Asyls in der EU auf höchstem Niveau«) lässt sich damit erklären, dass das EU-Integrationsvokabular trotz der restriktiven Praxis für NGOs anschlussfähig bzw. alternativlos ist. Es bietet diskursive Möglichkeiten, die eigenen Forderungen pro-aktiv zu rahmen, das heißt sich selber als Akteure zu präsentieren, die konsequent für die europäische Einigung eintreten, und gleichzeitig die Regierungen als Bremser ebendieser darzustellen. Gerungen wird dabei um den Gehalt der europäischen Integration. Allerdings bleibt die Macht der Diskursintervention der die Flüchtlinge unterstützenden Organisationen begrenzt.

Der Transportsektor: Gemeinsame Interessen?

Alle MigrantInnen nutzen Transportmittel, um irregulär nach Großbritannien zu gelangen. Auf den ersten Blick scheint es unwahrscheinlich, dass sich Transportunternehmen für ihre blinden Passagiere lobbypolitisch einsetzen, da sich die Unternehmen ihrerseits dem Verdacht ausgesetzt sehen, sich aktiv an Schleusungen zu beteiligen oder von Schleusern genutzt zu werden. Transportunternehmen werden von den Mitgliedsstaaten in der Europäischen Union für den Transport irregulärer MigrantInnen mit finanziellen Sanktionen belegt (vgl. ECRE 1999) und die Kontrolle von Grenzübertrittspapieren wird zunehmend auf die Unternehmen, das heißt private nicht-staatliche Akteure, verlegt.[29] Durch die Externalisierung bzw. die Privatisierung der Kontrollen weitet sich der Raum (indirekter) staatlicher Intervention über den klassischen Grenzraum hinweg aus und staatliche Kontrolle verschiebt sich von der

---

29 In der Europäischen Union haben die Schengenstaaten in Artikel 26 des 1985 unterzeichneten Zusatzprotokolls beschlossen, dass Transporteure als Grenzkontrolleure agieren. Wenn sie irreguläre MigrantInnen transportieren, müssen sie für deren Rücktransport sorgen (Art. 26, 1. a) und finanzielle Strafen zahlen (Art. 26, 2., Art. 27, 1.).

öffentlichen zur privaten Sphäre. Das sehen auch die Transportunternehmen kritisch. Gibt es in dieser Konstellation punktuelle Kooperationen zwischen Unternehmen und NGOs?

Lange Zeit stellte der Schienenverkehr eine erstaunliche Ausnahme bei der Sanktionierung mit Strafen für den Transport irregulärer MigrantInnen dar (Lahav 1998: 686, EP 2001a).[30] Die Ausnahme wurde insbesondere von Schifffahrts-, Bus- und Straßengüterverkehrsunternehmen als diskriminierend kritisiert (IRU 2000b: 2). Mitte Juli 2001 forderte der britische Innenminister David Blunkett mit dem Argument eines steigenden Problemdrucks[31], Frankreich solle Maßnahmen gegen die illegale Migration ergreifen und finanzielle Strafen für den Transport undokumentierter Personen über das Unternehmen *Eurotunnel* verhängen (Le Monde 6.9.2001). *Eurotunnel* wehrte sich dagegen, wobei es allein die eigenen Wirtschaftsinteressen betonte. Humanitäre Aspekte oder die asylrechtliche Frage fanden keinerlei Berücksichtigung. Das Unternehmen *Eurotunnel* versuchte als zentrale Strategie, auf dem gerichtlichen Weg die Schließung des Rote-Kreuz-Zentrums in Sangatte

---

30 Ein plausibler Grund für die Ausnahme liegt darin, dass die meisten der europäischen Eisenbahnen in staatlicher Hand sind bzw. bis vor kurzem waren und es im grenzüberschreitenden Schienenverkehr zu Uneinigkeiten führt, welches Unternehmen für die Kosten aufkommen muss.

31 Die Zahlenangaben derjenigen, die versuchen, durch den Eurotunnel nach Großbritannien zu gelangen, sind umstritten. Das britische *Home Office* nennt für August 2001 eine Zahl von 726 in den Eurotunnel eingedrungenen Personen (Home Office 2001a), *Eurotunnel* für den gleichen Monat rund 6 500 Personen, die in oder um Coquelle, dem Güterbahnhof in der Nähe des Tunneleingangs, festgehalten worden (The Guardian 12.9.2001, Le Monde 13.9.2001). *Eurotunnel* nennt die Zahl von 18 500 irregulären MigrantInnen, die von *Eurotunnel* im ersten Halbjahr 2001 gestoppt worden seien (The Guardian 12.9.2001, Le Monde 13.9.2001), gar 30.000 hätten versucht, in den Terminal zu gelangen (The Guardian 12.9.2001, 19.9.2001). Der Präfekt der Region Pas-de-Calais, Cyrille Schotte, beziffert die Zahl der Festnahmen mit 8 000 (1999), 25.000 (2000), 80.000 (2001) und 56.000 (erste Hälfte 2002) und belegt die These des gesteigerten Migrationsdrucks trotz erhöhter Sicherheitsvorkehrungen (House of Commons 2002b). Zum einen kann mit den Zahlen ein politischer Zweck verfolgt werden, zum anderen unterscheidet sich die Zählweise (aufgegriffene Personen im Tunnel, auf britischer Seite bzw. in Tunnelnähe). Die Zahl der Aufgegriffenen sagt zudem wenig über die Personenzahl aus, da die meisten mehrere Anläufe unternehmen. Ein Anstieg aufgegriffener Personen kann auch an der Verschärfung der Kontrollen oder Verbesserung der Sicherheitsvorkehrungen liegen.

durchzusetzen. Dadurch sollte die Zahl der Personen verringert werden, die versucht durch den Tunnel nach Großbritannien zu gelangen. *Eurotunnel* reichte daher im Jahr 2001 eine Eilklage ein, das Rote-Kreuz-Zentrum in Sangatte zu schließen. Diese wurde vom Gericht in Lille am 11. September 2001 mit der Begründung zurückgewiesen, die Sache sei nicht eilig genug (The Guardian 12.9.2001, Le Monde 13.9.2001). Jean-Marc Boivin, Rechtsanwalt von *Eurotunnel*, argumentierte, dass der private Sektor in den Tunnelbau investiert habe, aber nur, nachdem in den Verträgen festgehalten worden sei, dass beide Staaten für die Sicherheit des Tunnels garantierten. Daher solle der Staat seiner Verpflichtung nachkommen und die Sicherheit für einen reibungslosen Verkehrsfluss garantieren. Die Nähe von Sangatte koste *Eurotunnel* einige Millionen Pfund für zusätzliche Sicherheitsmaßnahmen und unterbrochene Geschäfte. Die Anwälte der französischen Regierung machten in ihrer Verteidigung das liberale britische Asylrecht verantwortlich für die Lage, in der sich das Unternehmen *Eurotunnel* befände. Das Gericht argumentierte, dass die französischen Behörden einen Ort der Unterbringung hatten finden müssen und es gäbe keinen Beweis, dass die Nähe Sangattes zum Tunnel Ursache für das wachsende Asylbewerberproblem sei.

Zeitgleich zu der juristischen Niederlage kündigte *Eurotunnel* die nächste Klage an. Die britische Regierung plante, einen Gesetzentwurf zur Verbesserung der Einwanderungskontrolle ins Parlament einzubringen, nach dem *Eurotunnel* pro irregulär beförderter Person 2 000 britische Pfund Strafe zahlen müsse (Home Office 2001a, Washington Post 3.9.2001, The Guardian 12.9.2001, 19.9.2001). Zudem seien Einwanderungskontrollen für alle geplant, die den Zug *Eurostar* benutzten, auch innerhalb Frankreichs (Home Office 2001a). Bislang war es britischen Grenzbeamten nicht erlaubt, außerhalb des britischen Territoriums Kontrollen durchzuführen. Fahrgäste, deren Papiere nicht zum Grenzübertritt nach Großbritannien, wohl aber zur Nutzung des Zuges in Frankreich berechtigten, wurden daher erst bei Ankunft des Zuges in London kontrolliert. Nach Angaben des britischen *Home Office* nutzten 80 Prozent derjenigen, die auf diesem Weg irregulär Großbritannien erreichten, diese Lücke (Home Office 2002a). Äußerer Anlass für die britische Gesetzesinitiative stellten die terroristischen Angriffe in den USA am 11. September 2001 dar (Home Office 2001a). Großbritannien begründete die geplante Einführung der Strafen für den Schienenverkehr durch den Eurotunnel mit der Wirksamkeit finanzieller Sanktionen gegen Transportunternehmen auf dem Land- und Seeweg. *Eurotunnel* kündigte gegen die Einführung der Strafen eine Klage an, mit dem Argument, es würden drei Truppenbataillone benötigt, um die das Terminal umgebenden zwanzig Meilen Stacheldrahtzaun zu sichern (ebd.).

215

Eurotunnel, das französische Bahnunternehmen SNCF sowie Großbritanniens größtes Frachtunternehmen *English Welsh & Scottish Railways* (EWS) traten in der Folgezeit mit Meldungen über das Ausmaß des finanziellen Verlusts durch den Ausfall von Zügen durch den Eurotunnel an die Öffentlichkeit.[32] Kurze Zeit später schaltete sich der EU-Kommissar für Handel, Pascal Lamy, ein und äußerte sich in *France Inter* zu dem für ihn zuständigkeitsfernen Thema Asyl- und Einwanderungspolitik. Es sollte in der EU einheitliche Politiken geben, damit die Regeln der Antragstellung überall die gleichen wären (Le Monde 27.12.2001). Lamys zuständigkeitsferne Intervention erklärt sich vor dem Hintergrund der im Herbst 2001 aktuellen Kontroversen um die Verhängung von Sanktionen gegen das Transportgewerbe, insbesondere den französischen Schienenverkehr.

Einige Monate später wies das zuständige französische Gericht am 1. Februar 2002 die Klage von *Eurotunnel* zur Schließung des Rote-Kreuz-Zentrums in Sangatte auch in der Sache ab. Das Gericht folgte den Argumenten lokaler Autoritäten, dass nicht das Zentrum das Problem sei, sondern die Attraktion des Tunnels für die Flüchtlinge. *Eurotunnel* argumentierte, dass sich seit der letzten erfolglosen Klage die Situation geändert habe. Die Massenstürmung des Tunnels an Weihnachten 2001 – dem Gericht wurden Bilder einer Sicherheitskamera vom 25.12.2001 gezeigt –, als MigrantInnen Zäune niederrissen, beweise das Sicherheitsrisiko und das Unternehmen müsse hohe Kosten tragen (Le Monde 3.2.2002, BBC News 1.2.2002, 17:18 GMT).

Ein Aussetzen der finanziellen Strafen für den Transport undokumentierter Personen auf dem Schienenweg wurde von David Blunkett am 4. Februar 2002 verkündet, wenige Tage, nachdem *Eurotunnel* den Gerichtsprozess verloren hatte. Da die Zahl derjenigen Personen abgenommen habe, die mit der Fracht durch den Eurotunnel kämen[33] und *Eurotunnel* ernsthafte Sicherheitsmaßnahmen unternommen habe, ziehe die britische Regierung die Strafandrohung zurück. Bei einer erneuten Zunahme können die Strafen wieder eingeführt werden (Home Office 2002a). Der Erfolg für *Eurotunnel* basierte also weder auf einem Gerichtsurteil noch auf lobbypolitischer Einflussnahme von *Eurotunnel*

---

32 Die Anzahl der Züge müsste oft von 15 bis 25 pro Nacht auf drei bis sechs reduziert werden, dies bedeutete einen Rückgang um ein Viertel bis ein Drittel für das Jahr 2001 (La Voix du Nord 17.11.2001, House of Commons 2002b).

33 Die Zahl irregulärer Einreisen in der Fracht sank nach Angaben des britischen Innenministeriums von 808 im Juli 2001 auf 54 im Oktober 2001 und auf 32 im Dezember 2001 (Home Office 2002a).

oder den betroffenen Bahn- und Frachtunternehmen, sondern ist Ausdruck einer Politik, die Erfolge – der Rückgang registrierter irregulärer Einreisen – belohnt und die Garantien im Falle des erneuten Misserfolgs zurücknehmen kann. Für die Unternehmen besteht also keine Rechtssicherheit. Die Entwicklungen scheinen politischen und medialen Konjunkturen zu unterliegen. Die Datengrundlage ist, wie zuvor ausgeführt, höchst flexibel und politisch einsetzbar. Schließlich hätte eine gegenteilige Politik – das Fortbestehen der Sanktionen – ebenso mit dem Fortbestehen der Gefahr oder mit gleichbleibenden oder gestiegenen Zahlen festgehaltener Personen auf der französischen Seite begründet werden können. Die britische Regierung kündigte das Aussetzen der Strafen zu dem Zeitpunkt an, als das Thema der Bekämpfung irregulärer Einwanderung und Grenzsicherung eine wichtige Rolle einnahm und es schien geboten, dass von Seiten der Politik erste Erfolge der zuvor eingeführten Verschärfungen in der Überwachung der Grenzen gezeigt werden konnten. Davon profitierte das Unternehmen *Eurotunnel*.

Einige Monate nach dem Aussetzen der Strafen für *Eurotunnel* reichte das britische Frachtunternehmen *English Welsh & Scottish Railways* eine Beschwerde beim Europäischen Parlament ein, um die französische Regierung zu zwingen, die Sicherheitsvorkehrungen am Eurotunnel zu verbessern (BBC News 22.5.2002, 15:38 GTM). *English Welsh & Scottish Railways* argumentierte, dass Frankreich europäisches Recht bricht, weil es versagt, Asylbewerber von den Güterzügen fern zu halten. Die Verträge von Rom enthielten die Regelung, dass der freie Güterverkehr in Europa durch die Aktivitäten privater Individuen, der Asylsuchenden, nicht behindert werden dürfe (ebd.). Der Zeitpunkt der Eingabe durch das Unternehmen war klug gewählt, schließlich wurde kurz zuvor die neue, konservative französische Regierung unter anderem mit dem Wahlversprechen gewählt, das Problem Sangatte zu lösen. Auf der Ebene der Europäischen Union zu intervenieren, bot die Legitimation, sich auf europäische Verträge berufen zu können, die der Wirtschaft den freien Verkehr zusichern. Auch hier bezog sich das Transportunternehmen auf die bereits im Falle des Unternehmens *Eurotunnel* identifizierte Rahmung, dass die Sanktionen gegen Transportunternehmen den europäischen Wirtschaftsinteressen schade. Der *frame* von *Eurotunnel* war bei den Regierungen resonanzfähig, da die ProtagonistInnen im Rahmen der Grenzabschottung argumentierten, Wirtschaftsinteressen artikulierten und sich positiv auf die Europäische Integration bezogen.

Die europäische und internationale Lobby der Transportunternehmen verfolgte eine etwas andere politische Linie als das Unternehmen *Eurotunnel*. Die *International Road Transport Union* (IRU) ist Teil der Brüsseler Industrielobby und stärker auf die Suche nach Bündnispartnern und auf politischen Dialog ausgerichtet. Dabei ist die IRU auf in Brüssel tätige Flüchtlingsorganisationen gestoßen und es gab Versuche des *frame alignment*, das heißt die Verknüpfung der eigenen Interessen mit denen anderer Akteure, um gemeinsam stärker agieren zu können und mithilfe anderer Argumente auch auf Seiten der Politik neue AnsprechpartnerInnen zu erreichen.

Von der IRU und den Transportunternehmen wird mit dem Bezug auf Menschenrechte versucht, die Flüchtlingslobby anzusprechen. In der Argumentation der IRU ist ein Wandel nachzuvollziehen: In zwei frühen Stellungnahmen der IRU (IRU 1998, 1999) wird auf einer reinen Interessenvertretungsebene argumentiert, die Fahrer und Unternehmen seien unschuldig und polizeiliche Kontrollen müssten gewährleisten, dass illegale MigrantInnen nicht an Bord gelängen. Erst nachdem die Brüsseler Kontakte in die Europäische Kommission, das Europäische Parlament und zu nicht-staatlichen Organisationen intensiviert wurden – der europäische Flüchtlingsrat ECRE und die *Churches Commission for Migrants in Europe* befassen sich bereits seit den frühen 1990er Jahren mit den Auswirkungen der Sanktionen für Transportunternehmen auf Flüchtlinge –, wurden humanitäre Argumente und das Schicksal der Flüchtlinge von der IRU aufgegriffen. Diese Abfolge spricht für ein bewusstes *frame alignment* bzw. deutet auch auf das Interesse von Menschenrechts- und Flüchtlingsorganisationen hin, neue Koalitionspartner aus einem anderen Segment – der Industrielobby – zu finden. An der französischen Vorlage zu einer EU-weiten Pflicht zum Rücktransport irregulär Beförderter (EU-Council 2000)[34] äußert die IRU menschenrechtliche Bedenken: »Human beings, even if illegal immigrants, cannot simply be regarded as pieces of goods transported here and there without their consent« (IRU 2000b: 3). Daher schließe sich die IRU der Forderung des UNHCR an, der die Bestrafung auf diejenigen Fälle beschränken will, in denen intentional die illegale Einreise direkt oder indirekt unter materiellem Nutzen ermöglicht wurde (IRU 2000b: 3). Auf einer Exkursion der IRU nach Calais[35] wurde das Thema der irregulären Migration vom Generalsekretär der *International Road Transport Union*, Martin Marmy, als »eines der komplexesten humanitären Probleme« (IRU 2000a) eingeführt. Der Tod der 58 Chinesen in einem Container in Dover im Juni 2000 sei ein tragisches Ereignis. Obgleich die Chinesen

---

34 Vgl. Stellungnahmen von ECRE 2000, EP 2001a, 2001b, UNHCR 2000.
35 Im Dezember 2000 lud die IRU zu einer Exkursion für EuroparlamentarierInnen und MedienvertreterInnen nach Calais ein, an der rund 100 Personen teilnahmen. Die folgende Darstellung beruht auf der teilnehmenden Beobachtung der Autorin.

durch skrupellose Praxen krimineller Banden zu Tode gekommen seien, sei das Thema von den Regierungen der EU-Mitgliedsstaaten ausgenutzt worden (»hijacked«), um einheitliche Gesetze durchzusetzen, die sich gegen ehrliche Transportunternehmen richteten (IRU 2000a: 2).

Trotz dieser Rekurse auf humanitäre Aspekte ergibt die Analyse der Veröffentlichungen der Transportunternehmen, dass das eigene Interesse an Straffreiheit und ein dazu dienender Sicherheits- und Kontrolldiskurs im Vordergrund steht. Beispielsweise bezogen sich bei der Exkursion nach Calais nach der Eröffnungsrede Marmys nur noch die Mitglieder des Ausschusses für bürgerliche Rechte und Freiheiten des Europaparlaments auf die Situation der Flüchtlinge. Der Sicherheits- und Kontrolldiskurs bestimmte alle weiteren Präsentationen, in der die Akteure ausführlich die durch sie initiierten Sicherheitsvorkehrungen schilderten und unisono mehr Kontrollen forderten. Auch die Eingabe eines betroffenen Transportunternehmers argumentiert im Spannungsfeld von Grenzsicherung, Menschenrechten und Profitinteresse:

»[Der Fahrer] informierte sofort die Immigration in Dover. Die schickten die Polizei, welche die ›Illegalen‹ aus dem Sattelschlepper holte. Als Dank beschlagnahmte die Immigration unseren Lastwagen. Was sollen wir in Zukunft machen? Nichts melden? [...] Anhalten und die Tür öffnen und die ›Illegalen‹ fortschicken oder, wie es unser Fahrer gemacht hat, seine Pflicht erfüllen und die Immigration anrufen? [...] Wir hatten keine andere Wahl, als die verlangten 14.000 Pfund (2 000 Pfund pro ›Illegalen‹) zu bezahlen, da wir Terminwaren [...] geladen hatten« (Dons 2000).

Die Eingabe zeigt, äußerer Druck und ökonomische Geschäftsinteressen führen dazu, dass die humanitären Aspekte ins Hintertreffen geraten, oder – eine weitergehende Interpretation – dass der humanitäre diskursive Bezug auf die Flüchtlinge gar instrumentellen Charakter annimmt. Für Bruno Kapfer, Migrationsbeauftragter von Caritas Europa, ist das Dilemma und seine einseitige Auflösung bereits in den gesetzlichen Vorgaben angelegt. In vielen Regelungen zur Sanktionierung des Transports von irregulären Personen sei zwar eine humanitäre Klausel vorgesehen, allerdings sei diese nichts anderes als »finally telling the carriers that they have to decide according to their specific criteria, which is an economic criteria. [...] So finally there is no other solution than to decide on an economic basis« (IRU et al. 2001: 67).

Die asylrechtliche Bedeutung der Sanktionen für Transportunternehmen wird von den Flüchtlingsorganisationen hervorgehoben, fließt in die Argumentation der IRU jedoch nicht ein. Diese Problematik wurde bei der Formulierung von Menschen- und Asylrechten berücksichtigt. So wird in der UN Flüchtlingskonvention in Artikel 31 festgehalten, dass Flüchtlinge nicht wegen ungültiger Reisedokumente bestraft werden sollen. In der Konsequenz bedeutet die Übertragung der Dokumentenkontrollen auf Privatakteure, dass nicht nur die Kontrollen privatisiert werden, sondern auch die Entscheidung darüber, ob eine Person aus dem Land fliehen und Zugang zum Asylverfahren finden kann. Das bedeutet, dass FahrerInnen, Fluggesellschaften und BusbegleiterInnen einschätzen müssen, ob Personen, die angeben, einen Asylantrag stellen zu wollen, anzuerkennende Gründe dafür haben oder nicht. Wenn die legalen Einreisewege durch diese Sanktionen und Kontrollen versperrt sind, müssen sich Asylsuchende in immer mehr Fällen an kommerzielle Fluchthelfer wenden (Peschke 2001, Gil-Bazo 2001, Koser 1998, 2001), sind diesem oft schutzlos ausgeliefert und die Kosten für die Flucht steigen immens. Die Praxis der *Carriers' Liability* fördert somit den Menschenschmuggel und skrupellose Praxen. In einigen Ländern gibt es Regelungen, dass die Strafen nicht gezahlt werden müssen bzw. zurückerstattet werden, wenn die Personen zum Asylverfahren zugelassen werden (Belgien, Frankreich, Luxemburg) bzw. das Asylverfahren erfolgreich abgeschlossen wurde (Finnland, Deutschland) (ECRE 1999: 30). In Großbritannien müssen hingegen die Strafen auch dann gezahlt werden, wenn es sich um anerkannte Asylsuchende handelt (ECRE 1999: 28). Diese humanitäre und asylrechtliche Tragweite der Strafen wurde von den Transportunternehmen nicht als Argument verwandt. Es waren Flüchtlingsorganisationen und der Ausschuss für die Freiheiten und die Rechte der Bürger, Justiz und innere Angelegenheiten des Europäischen Parlaments, die auf diese Einschränkung des Rechts auf Asyl hinwiesen. Doris Peschke vom christlichen Dachverband der Migrationsorganisationen CCME kritisiert, dass die Einzelfallprüfung nicht mehr garantiert sei, da die Transportunternehmen, wollen sie auf der sicheren Seite sein, den Transport von irregulären MigrantInnen immer ablehnen müssten (Peschke 2001: 57). Der Ausschuss des Europaparlaments widerspricht dem ebenfalls: »If a carrier is required to assess the motives of an asylum-seeker, this will adversely affect the latter's right and mean that the carrier wrongly takes on the role which is proper to the State in asylum procedures, for the State alone is responsible for examining requests for asylum« (EP 2001a: 6).

Trotz des Fokus auf die Wahrnehmung wirtschaftlicher Interessen geht Peschke auf die Transportunternehmen zu und regt sie dazu an, sich verstärkt mit ethischen Fragen zu befassen (Peschke 2001: 59). Dieser Aufruf lässt das Changieren zwischen einem auf strategischen Erwägungen beruhenden *frame alignment* und einem auf inhaltlichen Gründen beruhenden *frame bridging*, das heißt der Verknüpfung von ideologisch kongruenten, aber bislang unverbundenen Rahmungen erkennen. Die Problematik macht deutlich, dass es durchaus naheliegende Verknüpfungen zwischen den Anliegen von Flüchtlings- und Menschenrechtsorganisationen und den Interessen der Transportunternehmen gibt. Allerdings lässt die Analyse der Argumentationsstrategien erkennen, dass der Aufruf Peschkes unrealistisch ist, dass sich die Transportunternehmen und FahrerInnen in Zukunft als interkulturelle ExpertInnen daran beteiligen, das mediale Bild des ›Asylbetrügers‹ zu korrigieren. Jean Wyns, Präsident der internationalen Busgesellschaft *Eurolines*, expliziert die nicht nur ideologischen, sondern vor allem materiellen Differenzen zwischen NGOs und Transportunternehmen: »I fear a bit when people of the NGOs are saying that we could come into the same position, because we are threatened with fines by the UK« (IRU et al. 2001: 66). Ein provokanter Vorschlag wird vom Transportsektor angeregt: die NGOs sollten sich im Sinne eines *burden sharing* an den Strafen finanziell beteiligen (IRU et al. 2001: 70). Auch Beschwerden und Eingaben von Fahrern, die betroffen sind, lassen erwarten, dass der bislang ausgebliebene Umschlag von der Betrachtung der Flüchtlinge als Opfer in Täter-Flüchtlinge bevorsteht, wenn die Praxis der Belegung mit existenziellen Strafen und der Beschlagnahmung von LKWs bestehen bleibt. Robert Davidson von der *International Air Transport Association* (IATA) sieht daher die Transportindustrie zwischen Staaten und NGOs stehend:

»The states are basically indicating to the transport industry that they should control the documents. The NGOs and others saying that if you do that you are violating people's rights. So we are not receiving any comfort here because we have now opposing viewpoints and again the transport industry finds itself in the middle« (IRU et al. 2001: 69).

Mit dieser Beschreibung des ratlosen Stehens zwischen zwei (vermeintlich) machtvollen Interessengruppen nähert das Transportgewerbe sich wieder der eingangs als *diagnostic frame* identifizierten Rahmung an, dass die Transportunternehmen die Opfer seien.

Als Ergebnis ist festzuhalten, dass sich die von der IRU beabsichtigte Allianz zwischen Transportunternehmen und Menschenrechts- und Flüchtlingsorganisationen als sehr schwierig erweist, da sich die Gegnerschaft beider Akteursgruppen in Bezug auf die Strafen für Transportunternehmen aus zum Teil gegenläufigen Gründen speist.

Internationale Organisationen: Bündnispartner oder Gegner?

In Sangatte arbeiten die *International Organization for Migration* (IOM) und die *United Nations High Commission for Refugees* (UNHCR) sowie das französische Rote Kreuz als Träger der Unterkunft in Sangatte.³⁶ Ein Teil der Aktivitäten der Internationalen Organisationen wurde von antirassistischen Organisationen und grünen Europaabgeordneten als Mittel zur Legitimitätsbeschaffung für restriktive Politiken der französischen Regierung gegenüber den undokumentierten MigrantInnen in Sangatte angegriffen. Neben Sangatte hat es in den letzten Jahren eine Reihe von Beispielen gegeben, in denen Internationale Organisationen und humanitäre Hilfsorganisationen in die Kritik von nicht-staatlichen Flüchtlingsorganisationen geraten sind, zum Beispiel, weil ihre Aktivitäten in Bezug zu militärischen Interventionen in (Bürger-)Kriegsregionen standen und mit nationalstaatlichen Interessen verquickt waren, die sich nicht in erster Linie – oder nur vorgeblich – am Schutz für die betroffenen Flüchtlinge orientierten (vgl. Dietrich/Glöde 2000).

Der 1950 gegründete UNHCR versuchte eine neutrale Rolle – auch im Ost-West-Konflikt – einzunehmen und internationale Vereinbarungen zum Schutz von Flüchtlingen zu erzielen. Die Vorgängerorganisationen der IOM hingegen waren als Gegenorganisation zum UNHCR gegründet worden und stellten ein Instrument der USA im Kalten Krieg dar. Mitglieder waren mit den USA verbündete Staaten, ausschließlich US-amerikanische Direktoren leiteten die IOM und die Arbeitsgrundlage waren bilaterale Vereinbarungen. Die Arbeit zielte auf die Kontrolle von Migrationsbewegungen ab, ökonomisch-politische Faktoren wurden höher gewichtet als humanitäre (Düvell 2002a: 101). Im Laufe der Zeit erweiterte die IOM, die 1989 ihren derzeitigen Namen erhielt, ihre Tätigkeiten. Die IOM ist nicht Teil des UN-Systems³⁷, arbeitet aber mit einer Reihe von UN-Organisationen zusammen. Derzeit hat die

---

36   Im Folgenden berücksichtige ich nur am Rande die tatsächlichen Aktivitäten und Äußerungen von IOM und UNHCR in Sangatte, im Mittelpunkt der Analyse steht vielmehr die Frage, ob die Internationalen Organisationen von den *pro-migrant*-Organisationen und MigrantInnen als BündnispartnerInnen und/oder GegnerInnen betrachtet werden, das heißt ich analysiere die Einwände, die von Seiten der undokumentierten MigrantInnen und NGOs gegen sie vorgebracht werden.
37   Es ist wichtig, die formale Stellung der IOM zu beachten, da in migrationspolitischen Diskussionen die politischen Akteure – und ebenso IOM-VertreterInnen – oftmals in einer Weise von der IOM sprechen, als sei sie Teil des UN-Systems oder eine internationale Hilfsorganisation und nicht eine intergouvernementale Organisation, die als Dienstleister und *Think Tank* für ihre Mitglieder agiert. Das UN-System ist das Netzwerk der Internationalen Organisationen, Verträge und Konventionen der UN. Zusätzlich gibt es Sonderorganisationen, die für spezielle Aufgaben gegründet wurden (z.B. UNHCR, ILO, FAO, WHO) (Übersicht: www.un.org/aboutun/unchart.pdf, 11.7.2004).

IOM als intergouvernementale Organisation 116 Mitgliedsstaaten (alle EU-Mitgliedsstaaten, außer Spanien), 21 Staaten mit Beobachterstatus sowie zahlreiche beobachtende Internationale Organisationen, UN-Organisationen und Nichtregierungsorganisation (www.iom.org, 4.6.2006, Stand: Dezember 2005).

In Sangatte war die IOM seit August 2001 mit einem kleinen Büro präsent, in dem die MigrantInnen über die Gefahren der Weiterreise nach Großbritannien und Rückkehrmöglichkeiten informiert wurden. Die Präsenz, das Material und die Form der Beratung durch die IOM waren umstritten. *Le Gisti* hob den widersprüchlichen Charakter der Arbeit der IOM hervor. »Auf dem Papier gelingt es der IOM ›bei der Suche nach menschlichen Lösungen der Migrationsprobleme zugleich auf der Seite der Migranten und der Regierungen zu stehen‹« (Gisti 2001b: 3). In Wirklichkeit arbeite die IOM jedoch nur dann im Sinne der MigrantInnen, wenn ihre Forderungen denen der Regierungen entsprächen, etwa bei freiwilligen Rückkehrprogrammen. Die IOM verfolgte in Sangatte eine »Politik der Abschreckung« (Gisti 2001b: 2). Die Einschätzungen von *Le Gisti* stützen zwei in Sangatte verbreitete Veröffentlichungen der IOM: Ein von der französischen und britischen Regierung finanziertes Video, welches im Büro der IOM in Sangatte vorgeführt wurde, zeigt die Schwierigkeiten für Asyl- und Arbeitsuchende in Großbritannien sowie das schlechte britische Wetter (Nord Eclair 3.8.2001, Libération 3.8.2001, The Independent 7.1.2002).[38] In der Broschüre »Dignity or Exploitation: the Choice is in your hands« (IOM 2001, Gisti 2001b: 3) wird ebenfalls in drastischen Worten und Bildern die Gefährlichkeit der illegalen Reise nach Großbritannien und die dort herrschenden schlechten Bedingungen für undokumentierte MigrantInnen geschildert.[39] Auf einer Demonstration und gegenüber Repräsen-

---

38   Bereits in den 1950er und 1960er Jahren versuchte Großbritannien – vergeblich – mit einem Film über schlechtes Wetter und Schwierigkeiten auf dem Arbeitsmarkt, MigrantInnen aus der Karibik von der Reise abzuhalten (Hayter 2000: 47). In Australien versucht die Regierung dasselbe mit der Warnung vor den Gefahren durch Krokodile und Haie (The Independent 7.1.2002). Belgiens Innenminister Dewael ließ zur Abschreckung kongolesischer Flüchtlinge vom bekannten kongolesischen Journalisten Zacharie Bababaswe in belgischen Abschiebegefängnissen den Film »Vanda na Mboka – Bleib in deinem Land« drehen (FR, 10.5.2006).

39   »Travelling illegaly to the United Kingdom is difficult and dangerous. […]; Real dangers: The barbed wire is razor wire. It contains thousands of metal blades. These can cause you deep injuries. The railway is electrified. It carries 25.000 volts. If you get too close, you risk electrocution. Hiding under a lorry, you can be crushed or choked to death. […] Asy-

tanten der britischen Botschaft drückten rund 250 undokumentierte MigrantInnen in Sangatte ihren Ärger über den Film der IOM aus, er sei »eine Provokation«. Sie empfänden insbesondere die Bilder von durch Elektroschock getöteten oder vom Zug überrollten Personen als provozierend (Nord Eclair 3.8.2001, La Voix du Nord 3.8.2001). Anlässlich einer antirassistischen Aktionswoche gegen Migrationsmanagement, in der Aktionen in Dover, Sangatte, Paris und Belgien durchgeführt wurden, zeigten sich die MigrantInnen in Sangatte sehr interessiert an Informationsbroschüren, die kritisch über die Arbeit der IOM und die Schließungspläne für ›Sangatte‹ berichteten, da sie über nahezu keine Informationen jenseits den von der IOM bereitgestellten verfügten (noborder 2002a).

Zu politischen Auseinandersetzungen um die Rolle einer weiteren Internationalen Organisation, in diesem Fall dem dem UN-System zugehörigen UNHCR, kam es ab Juli 2002. Der UNHCR kündigte an, zur Überwindung der Meinungsverschiedenheiten zwischen Großbritannien und Frankreich beizutragen, indem er die Flüchtlinge identifiziere (Le Monde 9.7.2002, The Guardian 6.7.2002). Der UNHCR hatte in Sangatte drei Hauptaufgaben zu erledigen: Erstens die Personenerfassung, zweitens die Weitergabe von Informationen über die Situation in Afghanistan und die Vorbereitung auf die freiwillige Rückkehr und drittens die Identifikation unbegleiteter Minderjähriger und das Ausfindigmachen der Eltern zur Rückführung (La Voix du Nord 17.7.2002).

Die wichtigsten nationalen und regionalen Flüchtlings- und Menschenrechtsorganisationen starteten eine Kampagne gegen das Engagement des UNHCR in Sangatte und seine Funktionalisierung durch die französische Regierung, um einen Teil der in Sangatte anwesenden MigrantInnen abschieben zu können. Die Auseinandersetzung zeigt, dass die NGOs den UNHCR als einen Verbündeten ansahen, von dem sie ein von staatlichen Interessen unabhängiges Engagement für Flüchtlinge erwarteten. Die IOM war nicht gleichermaßen von der Kritik betroffen, da bei ihrem Gegenüber eine andere Erwartungshaltung und eine negativere Einstellung vorherrschte.

Die grüne Europaabgeordnete Hélène Flautre, die Präsidentin der Organisation *Le Gisti*, Nathalie Ferré, und Véronique Desenclos von *Bel-*

---

lum Procedures in the UK. There are many rumours about the asylum systems in the UK. These are the facts: High refusal rates: […]; Faster decisions […]; Limited support: […] If you obtain support, you have no right to choose where you live. Most authorised accomodation is hundreds of miles from London« (IOM 2001: 3f.).

le Etoile und *C'Sur* aus Calais kritisierten das Engagement des UNHCR in Sangatte folgendermaßen:

»Wenn die Methode des UNHCR akzeptiert wird, stellen sich viele Fragen. Wie werden ›falsche‹ von ›richtigen‹ Flüchtlingen unterschieden [...]? Wer garantiert die Objektivität der Weisungen, ihre juristische Validität [...]? [...] Schließlich, wäre der UNHCR bereit, diejenigen, – die meisten, so Ruud Lubbers – die keinen Flüchtlingsstatus bekommen, gewaltsam abzuschieben? Würde der UNHCR die Abgewiesenen der Polizei ausliefern? Wie wird man so eine Operation durchführen ohne Sangatte von einer heute offenen Struktur in ein Abschiebelager zu verwandeln? Der Vorschlag des UNHCR ist nicht nur unpassend, sondern zugleich gefährlich« (Flautre MdEP/Ferré/Desenclos 2002).

Insbesondere die freiwillige und erzwungene Rückkehr nach Afghanistan war Gegenstand der Kritik. Die Nichtregierungsorganisationen wiesen darauf hin, dass der UNHCR noch kurz vor seinem angekündigten Engagement in Sangatte die Auffassung vertrat, die Rückkehr nach Afghanistan sei nicht ratsam (ebd.). Als Anreiz zur freiwilligen Rückkehr afghanischer MigrantInnen stellte die französische Regierung unter Beteiligung der britischen Regierung 2 000 Euro pro Erwachsenen und 500 Euro pro Kind zur Verfügung (AP 26.9.2002, Ministère de l'Intérieur 2002f, La Voix du Nord 4.10.2002). In Sangatte wurden ab Ende September 2002 vom UNHCR Identifizierungsmaßnahmen durchgeführt, um einerseits AfghanInnen von KurdInnen zu trennen und andererseits innerhalb der kurdischen Personen zu unterscheiden zwischen nicht abschiebbaren irakischen Kurden und syrischen und türkischen, bei denen kein Abschiebehindernis vorliegt (Le Monde 27.9.2004, 28.9.2004). Der afghanische Flüchtlingsminister Enayatullah Nazari besuchte Sangatte und Paris, um einen Dreiparteienvertrag zwischen Frankreich, Afghanistan und dem UNHCR zur Durchführung der Rückkehr afghanischer Staatsbürger nach Afghanistan zu unterzeichnen (France/Afghanistan/HCR 2002) und um seine Landsleute in Sangatte über die Rückkehr zu informieren und sie dazu zu ermutigen (La Voix du Nord 27.9.2002, Le Monde 29.9.2002). Die Aufgabe des UNHCR bestand laut Vertrag darin, den Prozess zu beobachten und sicherzustellen, dass die Rückkehr freiwillig verlaufe (France/Afghanistan/HCR 2002, Art. 8). Mit der Durchführung wurde die IOM beauftragt (Ministère de l'Intérieur 2002f, Le Monde 26.9.2002).

In einem offenen Brief an den UN-Flüchtlingshochkommissar äußerten fünf Europaabgeordnete ihre Bedenken an der Beteiligung des UNHCR bei der Schließung Sangattes, da sie die gleiche dramatische Situation provoziere, die der Eröffnung des Zentrums vorausging, bezüglich des Dreiparteienabkommens gebe es Nachfragen zum Begriff der freiwilligen Rückkehr und ob die Flüchtlinge die Interviews verweigern könnten und wie die Vertraulichkeit gesichert sei (Flautre et al. 2002). Die französische Asylkoordination forderte vom UNHCR die schriftliche Bestätigung, dass dieser nicht an unfreiwilligen Rückkehrmaßnahmen beteiligt sei, da das Abkommen neben der freiwilligen Rückkehr auch »andere Lösungen« vorsehe (Coordination pour le droit d'asile 2002). Eine Reihe von Menschenrechtsorganisationen beschuldigte indirekt den UNHCR, an der »Liquidierung des Asylrechts« in Frankreich durch Schweigen beteiligt gewesen zu sein (Cimade et al. 2002). Die vorgebrachten Vorwürfe gegen den UNHCR waren somit weitreichend.[40] Sie thematisierten die Problematik, dass der UNHCR und die IOM technische Hilfen bereitstellten bzw. mit der Durchführung beauftragt wurden, ohne welche die freiwillige und erzwungene Rückkehr nach Afghanistan nicht möglich gewesen wäre.

Es ist festzuhalten, dass die Internationalen Organisationen einerseits humanitäre Hilfe leisteten und den MigrantInnen Unterstützung bei der freiwilligen Rückkehr in ihre Herkunftsländer anboten und andererseits deutlich in die Migrationskontrollpolitiken der Regierungen eingebunden waren. Somit stellt sich die auch in anderen Regionen und Politikfeldern relevante Frage nach dem Mandat und der Funktion Internationaler Organisationen sowie dem Verhältnis und der Definition von Menschenrechten und staatlichen Interessen. Für die Mobilisierungen der MigrantInnen und *pro-migrant*-Organisationen stellten die Internationalen Organisationen eher einen Teil des Problems dar, als dass sie als vergleichsweise einflussreiche Bündnispartnerinnen agierten.

Intellektuelle Diskursintervention: »Autonomie der Migration«

Intellektuelle sind für soziale Bewegungen wichtig, entweder als direkt Beteiligte oder kommentierende BeobachterInnen. Sie nehmen durch die Bewegungen thematisierte politische und sozial-moralische Sinnfragen auf und machen allgemeine Zeitdeutungen (Peters 1994: 57f.). Der/die Intellektuelle versucht, so Pierre Bourdieu, die dominierenden »Wahrnehmungs- und Bewertungskriterien« einer Weltsicht zu problematisieren, also »die Konstruktionsprinzipien von sozialer Welt, die Definition dessen, was wesentlich und was unwesentlich ist, was würdig ist, repräsentiert, dargestellt zu werden, und was nicht« (Bourdieu 1992:

---

40 Hier soll keine Evaluation der tatsächlichen Politik des UNHCR geleistet werden, ein Dokument weist jedoch auf Widerspruch gegenüber der Abschiebung von AfghanInnen hin, da es eine Verletzung der in Paris unterzeichneten Vereinbarung sei (Le Monde 1.12.2002).

165). Intellektuelle wirken in die Öffentlichkeit, aber auch in die Bewegungen hinein. Sie verfügen über symbolische Macht, dafür sind ihnen die Techniken anderer Machtfelder wie Kompromiss, Aushandlung und Interessenausgleich weniger geläufig (ebd.). Die Rolle von Intellektuellen für die politischen Mobilisierungen im Konflikt um das Rote-Kreuz-Zentrum in Sangatte lässt sich auf die Diskussion und den Deutungsrahmen der »Autonomie der Migration« zuspitzen.

Die Benennung des *frame* »Autonomie der Migration« ist einer migrationstheoretischen Perspektive von vor allem französischen Intellektuellen entlehnt. Gegenstand der intellektuellen Diskursintervention ist die Faktizität der ungefragten Einreise von MigrantInnen als Ausgangspunkt für Forderungen nach Rechten und der Legalisierung von undokumentierten MigrantInnen und der Umgestaltung der (europäischen) Migrationspolitik. Diese Diskussion unter dem Schlagwort der ›Autonomie der Migration‹ oder der ›freien Zirkulation‹ *(libre circulation)* läuft vor allem unter Intellektuellen im französischsprachigen bzw. italienischen post-operaistischen Kontext.[41] Sie wird in Deutschland vor allem von antirassistischen (MigrantInnen-)Gruppen wie *Kanak Attak* (bspw. Kusser/Panagiotidis/Tsianos 2002) und in der Diskussion um »Empire« von Michael Hardt und Antonio Negri (2002) geführt. Dem Ansatz der ›Autonomie der Migration‹ entgegen steht die Vorhersage, Steuerung und Kontrolle von Migration. Die »Autonomie der Migration zeigt sich in ihrer Selbständigkeit gegenüber den politischen Maßnahmen, die darauf zielen, sie zu kontrollieren« (Moulier Boutang 2002: 1), so Yann Moulier Boutang, der den Begriff mitgeprägt hat.

»Auch wenn sich Myriaden von Experten und Beamten in den Behörden und staatlichen und internationalen Einrichtungen mit der Emigration beschäftigen, haben sie keine Ahnung von dieser Selbständigkeit, dieser Autonomie der Migrationsflüsse. [...] Man kann zwar der Emigration mit repressiven Mitteln begegnen, die Rückkehr der Immigranten ›fördern‹, aber man kann nicht die Flüsse nach Programmierung und Dafürhalten öffnen und sperren. [...] Es gibt also gewichtige Einschränkungen bei dieser Art von Regulierungsmaßnahmen« (Moulier Boutang 1993: 38f.).

Eine zentrale These der ›Autonomie der Migration‹ besteht darin, Migration als eine Form sozialer – nicht unbedingt als erklärtermaßen politischer – Bewegung zu begreifen, da sie die globale Wohlstandsverteilung in Frage stellt: »In der ›Autonomie der Migration‹ drückt sich eine soziale Form von Widerstand [...] aus. Sie verkörpert eine Form des Kampfes für globale Verteilungsgerechtigkeit. Migration repräsentiert den An-

---

41 Bspw. Yann Moulier Boutang, Étienne Balibar, Alain Morice, Monique Chemillier-Gendreau oder Sandro Mezzadra.

spruch auf das Recht [...] Grenzen zu überschreiten, und [...] an einem bestimmten Ort zu bleiben« (Düvell 2002a: 70f.). Diese Position verknüpft die Feststellung der Praxis irregulärer MigrantInnen mit der Debatte um das Recht auf Ein- und Ausreise (vgl. Benhabib 1999: 104-108). Boutang fasst die Botschaft der MigrantInnen negativ, aus ihrem Handeln als MigrantInnen heraus: »Haben etwa die Emigranten mit ihrem Exit ›nichts gesagt‹?« (Moulier Boutang 1993: 38). Aus der These der ›Autonomie der Migration‹ erwachsen politische Forderungen, die auf grundlegenden Veränderungen von Staat und Ökonomie beruhen:

»Wir müssen [...] die Idee der Öffnung der Grenzen durchsetzen, die gesellschaftliche Arbeitsteilung wieder in Frage stellen, eine Aufspaltung, die [...] zu einer ethnischen, zu einer Spaltung in Kasten geworden ist. [...] Wenn wir uns damit nicht von der Wurzel her auseinandersetzen – und der Kern liegt in der gesellschaftlichen Arbeitsteilung –, dann können wir's gleich bleiben lassen, von Menschenrechten und Gemeinschaftsrechten zu reden« (Moulier Boutang 1993: 49).

Anders als in Forderungskatalogen, in denen vor allem der Zugang zur EU gefordert wird, wird das Recht auf Bleiben betont: »Anerkannt werden müsste schließlich nicht so sehr das Recht auf freie Bewegung und zeitweilige Migration als vielmehr das endgültige Recht zu bleiben« (Moulier Boutang 2002: 6). Der Grund für das Augenmerk auf das Bleiben liegt in eben jener Autonomie der Migration, welche die Tatsachen in Form der anwesenden illegalisierten MigrantInnen selber schafft.

Mit dem Konzept der ›Autonomie der Migration‹ werden von den Intellektuellen die dominanten »Wahrnehmungs- und Bewertungskriterien« (Bourdieu 1992: 165) – Migration hat in geregelten Bahnen und mit gültigen Papieren zu verlaufen – in Frage gestellt. Der Begriff der ›Autonomie der Migration‹ erlaubt eine Zuspitzung, um in der migrationspolitischen Diskussion Prämissen und Positionierungen der Migrationskontrolle diskutierbar zu machen. Dem Handeln der MigrantInnen in Sangatte wird mithilfe des Konzeptes Sinn verliehen, ihre Motive werden in einen größeren und legitimeren Zusammenhang als dem der individuellen Bedürfnisbefriedigung durch Migration gestellt. Der Diskurs um die Bewegung einer Globalisierung von unten bietet dafür die konzeptionelle Einbettung. Durch diese Rahmung, die die Radikalität des Handelns der MigrantInnen nicht kanalisiert oder bestrebt ist, staatlich zu regulieren, sondern die Sperrigkeit hervorhebt, stellen die Intellektuellen Bezüge zu anderen sozialen und politisch-expliziteren Bewegungen her. Durch die Formulierung medienwirksamer Manifeste (Gisti/et al. 2003) knüpfen sie an die Interventionen der französischen Intellektuellen und Medienschaffenden während der *Sans-Papiers*-Bewegung in den 1990er Jahren an (vgl. Cissé 2002). Über die europäische

Vernetzung und die Diskussion der Praxen der ›Autonomie der Migration‹ auf den Europäischen Sozialforen in Florenz, Paris und London (Assemblée européenne dei migrants 2002, Gisti 2003, noborder 2004) wird eine stärkere Verbindung intellektueller und sozialer Praxis angestrebt.

Die intellektuelle Intervention mit dem Konzept der ›Autonomie der Migration‹ weist allerdings auch Beschränkungen auf, die bei der Wirkung auf die Mobilisierung der irregulären MigrantInnen berücksichtigt werden sollten. Unter anderem wegen der real feststellbaren Auswirkungen von Migrationspolitiken auf Verlauf, Bedingungen und Ausmaß von Migration sollte daher höchstens von einer relativen Autonomie oder Eigensinnigkeit der Migration gesprochen werden. Im unreflektierten oder euphorischen Gebrauch des Konzeptes besteht die Gefahr der Überhöhung der rechtlosen Subjekte und ihrer Praxen als HeldInnen einer Globalisierung von unten. Zudem ist das Konzept vergleichsweise blind gegenüber sozialer Ungleichheit und Selektion. Nur potenzielle MigrantInnen mit ausreichend finanziellen Ressourcen und transnationalen Netzwerken können sich die ›Autonomie der Migration‹ leisten, da die autonome Migration so autonom nicht ist, sondern in Abhängigkeit vom Markt für irreguläre Migrationsdienstleistungen steht und auf funktionierenden sozialen und verwandtschaftlichen Netzwerken beruht. Insofern kann das Konzept eine Nähe zu neoliberalen Vorstellungen haben, in denen der Markt die Migration regelt, auch wenn diese Interpretation nicht im Sinne der herrschafts- und kapitalismuskritischen ErfinderInnen ist (ausführlicher: Benz, M./Schwenken 2005).

Fazit: Migrationsmanagement versus Eigensinnigkeit der Migration

Die wichtigsten Deutungsrahmen der Regierungen und der MigrantInnen in der politischen Mobilisierung um die Durchlässigkeit von Grenzen stehen sich diametral gegenüber: Die Vorstellung des Managements und der Kontrolle von Migration ist leitend für die Politik vor allem Großbritanniens und eingeschränkt Frankreichs. Dem entgegen steht die Maxime der Bewegungsfreiheit (»Autonomie der Migration«-*frame*) bzw. die Einforderung staatlich garantierten Schutzes (Flüchtlingsschutz-*frame*) durch die illegalisierten MigrantInnen.

In der Ausrichtung der Migrationskontrollpolitiken gibt es zwischen Großbritannien und Frankreich aber auch Unterschiede. Großbritannien versucht sich – in Weiterführung der Tradition der lange relativ erfolgreichen Grenzkontrolle durch die Insellage (Freeman 1994) – gegen unerwünschte Einwanderung abzuschließen. Frankreich verfolgt eine Externalisierungsstrategie, indem das Land sich aktiv als Transitland versteht. Mit dem Regierungswechsel in Frankreich gab es eine Annäherung an die britische Politik, insbesondere eine Hinwendung zur ›technologischen Option‹, das heißt die Aufrüstung der Grenzüberwachung. Aus dem Dissens zwischen den Regierungseliten wurde ein Konsens, der zur Schließung des Zentrums führte. An diesen Entwicklungen konnte gezeigt werden, dass eine selektive Rezeption von Migrationstheorien in beiden Ländern stattfand. Die migrationstheoretischen Erkenntnisse wurden nicht zur Korrektur der Politiken verwandt, sondern flossen nur insoweit ein, als dass sie die bisherige Politik bestätigten.

Die Herstellung von Handlungsfähigkeit der illegalisierten MigrantInnen geschah auf zweierlei Weise: Zum einen durch das Agieren mit dem Bewusstsein der eigenen Masse und die Präsenz an einem Ort, der ihnen zugleich Sichtbarkeit und Anonymität ermöglichte; zum anderen durch die Herstellung von Anschlussfähigkeit an eine ihnen wohl gesonnene Akteursgruppe, die der humanitären und antirassistischen Organisationen, und durch den Appell an den Staat, ihnen als Flüchtlingen Schutz zu gewähren. In ihrem *framing* appellierten die MigrantInnen an den Staat und setzten sich zugleich über ihn hinweg, indem sie Grenzen übertraten. Diese Strategie kann zugespitzt so verstanden werden, dass der Staat ihnen entweder Schutz gewährt oder sie ihn sich selbst nehmen. Das *framing* der MigrantInnen erhielt symbolische Unterstützung durch französische Intellektuelle und eine im Aufbau befindliche europäische Vernetzung von illegalisierten MigrantInnen und antirassistischen Gruppen, die mit dem Konzept der ›Autonomie der Migration‹ agieren.

An dieser widersprüchlichen Gleichzeitigkeit der Deutungsrahmen wird deutlich, dass die politischen Diskurse bzw. das Grenzregime eine Hierarchisierung zwischen irregulären MigrantInnen und potenziell legitimen Flüchtlingen herstellen. Dies ist eine Herausforderung sowohl für die soziale Organisierung der MigrantInnen untereinander wie auch für die potenziellen UnterstützerInnen. Dies spiegelt sich in der in den Dokumenten immer wieder auftauchenden Unterschiedlichkeit der Benennung wider, beispielsweise Flüchtlinge, *would-be-migrants,* Illegale, *clandestins, Sans-Papiers.* Die Konstruktion und Wahrnehmung der MigrantInnen als Akteure ist ein entscheidender Faktor für das *framing:* Von Seiten der Regierungen wird ein Bild der MigrantInnen als abstrakte Masse produziert, welche sich mithilfe von Schleppern und Kriminellen den Weg nach Großbritannien bahnt bzw. ein Bild, in dem die MigrantInnen selber Kriminelle sind. Diese Wahrnehmungssperre führt zu einer verzerrten Analyse der Situation. Die MigrantInnen als Masse wahrzunehmen bedeutet, der Illusion der Migrationssteuerung aufzusitzen, in der sich eine Masse nach einem zuvor entworfenen Plan verschieben lässt. Diese Problemwahrnehmung führt zu spezifischen Problemlösungsvorschlägen, einem auf Repression fokussierten Migrationsmanagement, und aufgrund der Negierung der Eigensinnigkeit von Migrationsbewegungen zur Diskrepanz zwischen den Zielen und Ergebnissen der Migrationskontrollpolitik.

Eng mit der Frage des *framing* verbunden ist die der Identitätsbildungen und Repräsentation kollektiver Akteure. In der Öffentlichkeit präsentierten sich die irregulären MigrantInnen als Flüchtlinge. Die statistische Erhebung von Smaïn Laacher zur sozialstrukturellen Erfassung der in Sangatte Beherbergten (Laacher 2002) bestätigt, dass es sich in der großen Mehrzahl um Flüchtlinge aus akuten Kriegs- und Nachkriegsgebieten handelte. Durch eine Gruppenidentität als Flüchtling kann es gelingen, trotz der durch Weiterreise verursachten wechselnden Trägerschaft, von einem Kollektivsubjekt auszugehen, ›den Flüchtlingen aus Sangatte‹. Diese Identitätskonstruktion wird gebrochen durch von Schleusern angeheizten, gewaltsamen Kämpfen zwischen zum Teil Hunderten von Migranten in Sangatte. Sie wird auch in der Öffentlichkeit in Frage gestellt. Während der Kirchenbesetzung im November 2002 durch MigrantInnen, die in Sangatte nicht mehr aufgenommen wurden, hieß es in den Medien, Provokateure seien unter den Besetzern, wodurch die Auseinandersetzungen eskalierten. Für die politische Mobilisierung mit dem »Flüchtlingsschutz-*frame*« und die letztendlich gefundene Lösung der Übernahme der MigrantInnen durch Großbritannien und Frankreich war es notwendig, die Identität des Flüchtlings glaubhaft zu vertreten, da sie dem Agieren einen legitimen Rahmen gab. Irreguläre MigrantInnen auf der Suche nach einem besseren Leben oder gar Schleuser entsprechen nicht dem Bild der Schutz suchenden Opfer und können weniger auf Unterstützung hoffen. In der sozialen Bewegungsforschung wird in identitätsorientierten Ansätzen zwar davon ausgegangen, dass in einer Bewegung Identitäten kollektiv hergestellt werden, es wird jedoch die Wirkung strategischer Identitätskonstruktionen zu gering geschätzt.

Bis hier lässt sich zusammenfassen, dass die Herstellung einer kollektiven Identität, die Artikulation, die Koordination von Alltagspraxen und politischen Aktionen und die Positionierung in Machtnetzwerken Faktoren sind, die dazu beitrugen, dass aus den vielen individuellen Widerstandshandlungen im Grenzraum politische Mobilisierungen wurden. Die Mobilisierungen waren somit aus einer bewegungstheoretischen Perspektive erfolgreich. Ob die Mobilisierungen Effekte hervorriefen und von den Betroffenen als erfolgreich eingeschätzt werden, ist damit noch nicht gesagt. Ein weiteres Ergebnis der Fallstudie stellen nämlich die höchst unterschiedlichen und widersprüchlich bewerteten Ergebnisse des Konflikts um Sangatte dar, welche mit den *framing*-Prozessen verknüpft sind.

Der Konflikt endete mit einem positiven Ergebnis für einen Großteil der zuletzt in Sangatte beherbergten MigrantInnen. Aus der Perspektive der ›Autonomie der Migration‹ bedeutete die Lösung, dass Großbritannien und Frankreich die MigrantInnen aufnehmen und damit für die erfolgreiche Realisierung der Interessen der MigrantInnen sorgen, welche die MigrantInnen durch unkontrollierbare Grenzübertretungen erzwangen. Das Ergebnis zeugt aus dieser Position davon, dass sich Migrationsbewegungen nicht in planbare Bahnen lenken lassen und das Erfolgsmaximum das Einlenken von Regierungen darstellt, welche bereit sind, die MigrantInnen aufzunehmen, um Handlungsfähigkeit zu demonstrieren.

Aus der Perspektive derjenigen MigrantInnen, die nach dem 5. November 2002, dem letzten Tag der Aufnahme Neuankommender, mit den gleichen Träumen und Großbritannien als Ziel vor Augen nach Sangatte kamen, ist der Erfolg hingegen keiner. Sangatte ist geschlossen und wurde abgerissen, die Bedingungen, auf die andere Seite des Ärmelkanals zu gelangen, sowie die Asylgesetze in Großbritannien haben sich weiter verschlechtert. Das heißt aus dieser Perspektive war die Strategie der ProtagonistInnen des *frames* »Autonomie der Migration« nicht nachhaltig, sondern hat nur denjenigen genutzt, die zum richtigen Zeitpunkt in Sangatte waren.

Aus einer dritten Perspektive, die der britischen und französischen Regierungen, steht die Lösung des Problems von Sangatte mit den politischen Mobilisierungen der irregulären MigrantInnen in keinem Zusammenhang. Es handelte sich vielmehr um eine Vermittlung und Aushandlung der Interessen zwischen zwei Staaten. Beide zeigen sich erleichtert, dass das Problem trotz kleiner Zugeständnisse vom Tisch ist.

Diese unterschiedlichen Perspektiven auf die Schließung von Sangatte zeigen, dass Erfolg und seine Einschätzung relativ ist. Wie ich noch ausführlicher darstellen werde, ist eine Bewertung von Einfluss, Wirkung und Erfolg von zwei Seiten zu leisten, derjenigen der Akteure und aus dem Forschungsinteresse heraus. Die Bewertungen können wie im Fall von Sangatte höchst unterschiedlich ausfallen.

Es ist zu bilanzieren, dass sich trotz – oder gerade wegen – der Argumente für die eingeschränkte Gültigkeit der »Fortress Europe«-Formel, die ungewollten MigrantInnen und Flüchtlinge weder auf ein Europäisches Vokabular der Inklusion (vgl. Eder/Hellmann/Trenz 1998) noch auf die europäische Norm der Freizügigkeit berufen können. Diese beiden Faktoren werden von AutorInnen zur europäischen Dimension politischer Mobilisierung im Bereich der Migration immer wieder vertreten. Geddes (2000) stellte die These auf, dass die Norm der Freizügigkeit für UnionsbürgerInnen institutionelle Dynamiken freigesetzt habe, die MigrantInnen als Argumentationsbezug dienten, die Freizügigkeit auf andere Gruppen als die der EU-BürgerInnen auszudehnen (*spill-over*-Effekt). Die Auseinandersetzungen um Sangatte und irreguläre Migration allgemein machen jedoch deutlich, dass die These schnell an ihre Grenzen kommt, nicht nur bezüglich irregulärer MigrantInnen sondern auch für AsylantragstellerInnen und Familiennachzug. Das gleiche gilt für das Argument des »Europäischen Integrationsvokabulars«, welches im Bereich der Migrationskontrolle nicht existiert, für andere Bereiche wie den der Antidiskriminierungspolitik hingegen schon.

Die Auseinandersetzungen um ›Sangatte haben die Relevanz einer auf konflikthafte Auseinandersetzungen orientierten Analyse gezeigt, die weder periphere Orte noch wenig machtvolle AkteurInnen ausspart.

Mehr Rechte für illegalisierte Migrantinnen?

Zur Beantworung der Frage, wie undokumentierte MigrantInnen trotz ihres weitgehend rechtlosen Status und einer relativ geschlossenen politischen Kontextstruktur politisch agieren können, wurde im Kapitel »Selbstorganisation und Repräsentation« zunächst die Herstellung von Handlungsfähigkeit analysiert. Es wurde deutlich, dass die Organisationen des RESPECT-Netzwerkes von und für Haushaltsarbeiterinnen Wege gefunden haben, wie aus unorganisierten und ausgebeuteten Frauen politische Akteurinnen wurden. In diesem Kapitel gehe ich einen Schritt weiter und analysiere die aus dem Netzwerk heraus entstehenden politischen Mobilisierungen. Der Ansatz des RESPECT-Netzwerkes – so meine These – ist dazu geeignet, weitgehende Verbesserungen für Migrantinnen einzufordern, die zumeist ohne Papiere im informellen Sektor der Hausarbeit arbeiten, und den Spielraum der Mobilisierung zu erweitern. Daneben gibt es andere politische Ansätze und Strategien, die eher auf eine Schließung der Möglichkeiten hinauslaufen. Auf die Implikationen und Folgen dieser Politikansätze gehe ich in diesem Kapitel detailliert ein. Das heißt nicht, dass die politischen Mobilisierungen des RESPECT-Netzwerk auch tatsächlich erfolgreich sind. Vielmehr verfolgt das Netzwerk Strategien, die sowohl an der Ermächtigung der Betroffenen ansetzen, als auch es verstehen, auf europäischer Ebene lobbypolitisch so zu agieren, dass sich die politische Kontextstruktur etwas öffnet. Die einschränkenden Formulierungen deuten bereits auf die Grenzen hin: Die Fallstudie zeigt auch, dass die politischen Bedingungen für eine Verbesserung der Situation illegalisierter MigrantInnen in der EU nicht gut sind und eine europäische Vernetzung nur mit entsprechenden Ressourcen funktioniert.

Im ersten Teil analysiere und diskutiere ich anhand einer mehr als zwanzig Jahre dauernden Kampagne zur Verbesserung der Situation von in Haushalten arbeitenden MigrantInnen in Großbritannien den *impact* sozialer Bewegungen und die Ambivalenzen von Einfluss und Erfolg. Obgleich die Kampagne letztendlich auf einer Reihe von Ebenen Wirkungen erzielen konnte, bedeutete sie für die meisten der betroffenen Frauen keine materielle Verbesserung. Dennoch, so argumentiere ich, kann gerade auf lange Sicht von einem Erfolg gesprochen werden, zumindest insofern, als dass die Kampagne einen organisierenden Effekt auf in Haushalten arbeitenden Migrantinnen und Unterstützungsorganisationen in anderen europäischen Ländern hatte. Aus den organisatorischen und inhaltlichen Erfahrungen in Großbritannien heraus entstand das europäische Netzwerk RESPECT. Dessen politische Artikulation steht im zweiten Teil des Kapitels im Mittelpunkt. Ich analysiere das *framing* des Netzwerkes und kontrastiere es mit dem *framing* anderer Akteure. Es wird deutlich, dass das RESPECT-Netzwerk sich geschickt in der europäischen politischen Landschaft positioniert und so in der Lage ist, das Thema erfolgreich auf der Tagesordnung zu platzieren und gewisse Erfolge zu erzielen. Aufgrund einer relativ geschlossenen politischen Kontextstruktur für die Anliegen irregulärer MigrantInnen, gelingt es dem Netzwerk aber nur partiell, politische Veränderungen zu erreichen.

Im dritten Teil schließlich greife ich einen Aspekt heraus, der für die britischen wie auch für die europäischen Mobilisierungen der Haushaltsarbeiterinnen eine wichtige Rolle gespielt hat, das Engagement von Gewerkschaften. Da die Analyse weltweiter Gewerkschaftspolitik zu weit führen würde, konzentriere ich mich auf das Verhältnis zwischen dem RESPECT-Netzwerk und Gewerkschaften und die Identifikation von Potenzialen und Grenzen der Kooperation.

Ambivalenzen einer Kampagne von Haushaltsarbeiterinnen

Nach einer über ein Jahrzehnt dauernden Kampagne zur Beendigung der Misshandlung von *Overseas Domestic Workers* ließ sich im Sommer 1998 die neu gewählte britische *Labour*-Regierung auf Verhandlungen ein und kündigte zwei Vorhaben an: Erstens die Änderung von Gesetzen zum Schutz von ausländischen Hausangestellten, zweitens eine einmalige Regularisierung von misshandelten Hausangestellten die ihren an den Arbeitgeber gekoppelten Aufenthaltsstatus verloren hatten (Ariyadasa 1998b: 1, Anderson, B. 2000: 104). Dies war ein klarer Erfolg für die Kampagne – doch eine genauere Betrachtung eröffnet die komplizierte Diskussion um Kriterien und Einschätzung von Erfolg.

Die Operationalisierung der Messung von Einfluss, Wirkung und Erfolg wird oft reduziert auf erfolgte politische Resultate. Es ist jedoch meines Erachtens geboten, stärker zu differenzieren, d.h. auch bewegungsinterne Effekte zu betrachten und nach widersprüchlichen und unscharfen Ergebnissen zu fragen.

Daher möchte ich vorab für drei Klärungen plädieren: Erstens sollte methodisch getrennt werden zwischen der Beschreibung der Veränderungen, der Analyse der Erklärungs- und Wirkungszusammenhänge und der Diskussion der Grade von Erfolg. Zweitens sollte unterschieden werden zwischen *success, impact* und *outcome* (Kriesi et al. 1995: 211). Der Begriff des *impacts* scheint mir für eine Beschreibung zunächst am besten geeignet, da er neutraler ist als der des Erfolgs, nicht ohne empirische Überprüfung von Einfluss spricht und auch unintendierte Folgen beinhaltet. Drittens sollte die Bestimmung der Kriterien für Erfolg und dessen Einschätzung sowohl aus der Forschungslogik heraus als auch der Selbsteinschätzung der Akteure erfolgen. In Piven und Clowards wegweisender Arbeit »Aufstand der Armen« wird der daraus erwachsende Erkenntnisgewinn deutlich:

»Die NWRO [National Welfare Rights Organization, hs] hat ihr selbstgestecktes Ziel nie erreicht: eine dauerhafte Massenorganisation aufzubauen, durch die die Armen Einfluß hätten ausüben können. [...] Ebenso misslang ihr Versuch, eine Massenbasis zu gewinnen [...]. Auch glauben wir, daß ihre Bedeutung als Lobby relativ gering war [...]. Wir messen die NWRO vielmehr an einem anderen Kriterium, nämlich ob sie die momentane Unruhe unter den Armen ausnutzte, um ein Maximum an Konzessionen als Gegenleistung für die Wiederherstellung der Ruhe zu erringen. Es ist dieses Kriterium, das die NWRO zum Fehlschlag stempelt« (Piven/Cloward 1986 [1977]: 389f.).

An der Fallstudie der illegalisierten Haushaltsarbeiterinnen in Großbritannien werde ich die skizzierten Ebenen und Schritte nachvollziehen. Das heißt ich zeige auf, auf welchen Ebenen Veränderungen festzustellen sind, wie diese zu erklären sind und diskutiere schließlich damit verbundene Ambivalenzen und unintendierten Folgen, die für die Bewertung des Erfolgs relevant sind.

Einfluss und Erfolg messen

Aus der Perspektive der sozialen Bewegungsforschung ist die in den Phasenmodellen der Politikfeldanalyse vorgeschlagene Messung von Einfluss und Erfolg nur bedingt hilfreich. Die Messung von Einfluss und Erfolg wird an die Phasen des *policy*-Zyklus gekoppelt. Einfluss und Erfolg können in allen Phasen des Politikprozesses stattfinden – idealtypisch: Problemdefinition, *agenda-setting*, Politikformulierung, Implementierung, Evaluierung. Die letztendliche Bewertung erfolgt in der Phase der Evaluation. Dort wird überprüft, welche direkten Wirkungen *(impact)* und indirekten Auswirkungen *(outcome)* die Politiken zeigen (vgl. Jann/Wegrich 2003, Schubert 1991). In deskriptiver Hinsicht erlauben Phasenmodelle die Zuordnung von Bewegungshandeln zu bestimmten Phasen des Politikprozesses, doch fallen in der Realität die Phasen oft zusammen, fehlen oder kehren sich um. In konzeptioneller Hinsicht gibt es keine Hilfestellung für die Analyse von Kausalzusammenhängen (Jann/Wegrich 2003: 96). Ein weiterer wichtiger Einwand liegt in der *top-down*-Perspektive des *policy*-Zyklus, in der Impulse durch soziale Bewegungen konzeptionell ebenso wenig erfasst werden wie die Bedeutung von Ideen, Wissen und Informationen. Politik wird auf die hierarchische Steuerung durch staatliche Instanzen reduziert. Dennoch sind phasenbasierte Modelle in der Politikfeldanalyse und zum Teil auch in der sozialen Bewegungsforschung (immer noch) weit verbreitet, da sie trotz der Defizite eine systematische Analysestruktur bereithalten, mithilfe derer ein Verständnis für Prozesse der Einflussnahme und des Erfolgs zumindest teilweise ermöglicht werden kann.

Margaret Keck und Kathryn Sikkink benennen in ihrer für die NGO- und Bewegungsforschung einflussreichen Arbeit »Activists beyond borders: advocacy networks in international politics« (Keck/Sikkink 1998) Typen und Stationen des Einflusses transnationaler *advocacy*-Netzwerke:

»1. issue creation and agenda setting;
2. influence on discursive positions of states and international organizations;
3. influence on international procedures;
4. influence on policy change in ›target actors‹ which may be states, international organizations [...], or private actors [...]; and
5. influence« on state behavior« (Keck/Sikkink 1998: 25).

Obgleich es sich bei den Akteuren von Keck und Sikkink in erster Linie um nicht-staatliche Akteure, vor allem Menschenrechtsorganisationen, handelt, wird von ihnen nur das als Einfluss gewertet, was auf staatliches Handeln zielt. Nicht berücksichtigt wird der langfristig nicht zu unterschätzende Einfluss auf politische Öffentlichkeiten, das Werben neuer BündnispartnerInnen oder eine Verschiebung öffentlichen Bewusstseins wie langfristige Modernisierungs- oder Demokratisierungsprozesse. Die Staatszentrierung ist zun Teil damit zu erklären, dass (Menschen-)Rechte durch den Staat garantiert werden und Erfolg somit in ihrer Implementierung und Durchsetzung auf nationalstaatlicher Ebene liegt. Für die Analyse von Bewegungshandeln sowie das Beispiel der Haushaltsarbeiterinnen ist der Ansatz von Keck und Sikkink allerdings nur bedingt anwendbar, da – wie ich noch zeigen werde – er den Blick für wichtige Veränderungen verstellt.

Eine für die Bewegungsforschung angemessenere – und im Folgenden angewandte – Operationalisierung leisten Kriesi, Koopmans, Dyvendak und Guigni (Kriesi et al. 1995). Sie haben die bruchstückhaften Versuche der Operationalisierung in der Bewegungsforschung zusammengetragen und unterscheiden zwischen externen und internen Effekten. Das heißt, die Wirkung der Bewegung auf sich selbst und die in ihnen aktiven Akteure werden ebenso betrachtet wie die in den anderen Modellen zentralen Effekte auf Prozeduren, Strukturen und Politikergebnisse (vgl. Kriesi et al. 1995: 209-212). Mit dem Modell lässt sich jedoch auch nicht erklären, warum es zu den Veränderungen gekommen ist und wie diese zu bewerten sind. Auf diese Aspekte gehe ich in den nächsten Abschnitten ein.

Impacts einer Kampagne in Großbritannien

Analysiert man die Dimensionen des möglichen Einflusses sozialer Bewegungen mit dem Raster von Kriesi et al. so können im Fall der undokumentierten Haushaltsarbeiterinnen in Großbritannien Einfluss und Veränderungen auf allen Ebenen festgestellt werden, die zumeist in einem deutlichen zeitlichen und logischen Zusammenhang mit den Mobilisierungen der Kampagne stehen. Die beiden wichtigsten Organisationen der Kampagne sind *Kalayaan* und *Waling-Waling*. *Kalayaan* ist eine in London ansässige Unterstützungsorganisation für in Haushalten arbeitende Migrantinnen, das Wort heißt auf Tagalog Freiheit. *Waling-Waling* ist eine Londoner Selbsthilfeorganisation – oder »underground trade union« (Interview RESPECT/Solidar, 28.11.2000) – irregulärer Migrantinnen mit bis zu 5 000 Mitgliedern (Pearce 2000) aus dreißig Nationalitäten, davon rund 70 Prozent von den Philippinen (Interview mit Kalayaan/United Workers' Association, 20.1.2002).

Die legale Einreise von ausländischen Hausangestellten nach Großbritannien mit einer Arbeitserlaubnis wurde 1979 gestoppt. Die konservative Thatcher-Regierung, die als eine ihrer ersten Amtshandlungen die Einwanderungsgesetze verschärfte, führte 1980 jedoch eine Ausnahmegenehmigung *(concession)* für wohlhabende ArbeitgeberInnen ein, die außerhalb der Einwanderungsgesetze stand (Kalayaan 1996: 1, Interview Kalayaan-Mitbegründerin, 21.1.2002). Die Aufenthalts- und Arbeitserlaubnis der Frauen war an die Beschäftigung als Köchin, Pflegekraft oder Kindermädchen bei dem entsprechenden Arbeitgeber gekoppelt (genauer: Anderson, B. 2004: 90ff.). Im Fall, dass ihnen z.b. der Lohn nicht gezahlt wurde, sie körperlich oder psychisch misshandelt wurden, konnten sie nicht den oder die ArbeitgeberIn wechseln, da dieser namentlich in Visum und Pass vermerkt war. Viele Frauen liefen von ihren ArbeitgeberInnen weg und verloren so ihren bis dato legalen Aufenthaltsstatus und ihre Arbeit. Oftmals behielten die ArbeitgeberInnen die Pässe ein, so dass viele derjenigen, die sich hilfesuchend an *Kalayaan* und *Waling-Waling* wandten, über keinerlei Dokumente verfügten. Für sie war es schwierig und illegal, ohne gültige Papiere einen neuen Job zu finden. Zudem waren sie bei ihren zweiten (zumeist britischen) ArbeitgeberInnen besonders von Ausbeutung bedroht, weil diese mit der Polizei drohen konnten (ebd.: 92f.).

Die Ziele der Kampagne, die aus der Perspektive der beiden Organisationen und der betroffenen Frauen erreicht werden sollten, bestanden somit erstens in der Veränderung der bisherigen Praxis, dass die Aufenthalts- und Arbeitserlaubnis an den Arbeitgeber gebunden ist, vielmehr sollten die ausländischen Haushaltsarbeiterinnen nach Großbritannien als ArbeiterInnen einreisen können und ein Recht auf das Wechseln des Arbeitsplatzes haben; zweitens in der nachträglichen Regularisierung der betroffenen Frauen, deren Anzahl auf einige tausend geschätzt wurde.[1]

Stichpunktartig führe ich nun die von Kriesi et al. benannten Dimensionen von Einfluss und Erfolg im Fall der Kampagne durch Nichtregierungsorganisationen in Großbritannien aus. Unterschieden werden interne Wirkungen auf die Bewegung und externe Auswirkungen auf Öffentlichkeit und Politik.

Interne *Impacts*

Die Kampagne veränderte die individuelle und kollektive Identität: *Waling-Waling* wurde schnell zu einem wichtigen sozialen Ort für Frauen, die zuvor aufgrund der Isoliertheit in den Privathaushalten über wenig soziale Netzwerke verfügten. Die bei *Waling-Waling* aktiven Migrantinnen leisteten praktische und emotionale Selbsthilfe, z.B. durch eine Basisunterstützung nach dem Wegrennen, Verleihen von Geld oder informelle Wohnungs- und Arbeitsvermittlung. *Kalayaan* leistete psychologische Hilfe und Unterstützung. Die politische Kampagnenarbeit wurde im Wesentlichen von *Kalayaan* geleistet, im Vorstand von *Kalayaan* befanden sich immer auch Migrantinnen von *Waling-Waling*, nicht aber umgekehrt. Durch das Engagement wuchs das politische und individuel-

---

1 Die *Commission for Filippino Migrant Workers/Kalayaan* interviewte viertausend Personen, von der Existenz weiterer potenzieller AntragstellerInnen ist auszugehen (Kalayaan 1998: 8).

le Selbstbewusstsein bei den Migrantinnen. Eine neue kollektive Identität als *migrant domestic worker*, als Arbeiterinnen, entstand bei vielen der Frauen, aus der heraus Menschen-, Frauen- und Arbeiterinnenrechte gefordert wurden. Symbolisch wird die Relevanz der kollektiven Identität als Arbeiterin daran deutlich, dass nach der Ankündigung der Regularisierung *Waling-Waling* seinen Namen in *United Workers Association* änderte (Interview mit Kalayaan/United Workers' Association, 20.1.2002).

Auch die organisatorische Struktur veränderte sich mit der Kampagne: Seit 1980 engagierte sich die *Commission for Filipino Migrant Workers* (CFMW) für die undokumentierten Haushaltsarbeiterinnen und andere philippinische MigrantInnen. Aufgrund der Zunahme der Fälle sowie der großen Resonanz auf erste Medienberichte über das Schicksal undokumentierter Hausangestellter ergab sich im Laufe der Zeit der Bedarf an spezialisierten Neugründungen. Es wurden zwei Organisationen mit unterschiedlichen Trägerinnen, Aufgaben und Rollen gegründet: *Waling-Waling* wurde 1984 als Selbsthilfeorganisation ins Leben gerufen. Als klar wurde, dass es einer spezifischen Kampagnenorganisation bedurfte, wurde 1987 *Kalayaan* als Unterstützungs- und Kampagnenorganisation gegründet (Interview Kalayaan-Mitbegründerin, 21.1.2002).

Ein verstärkter und langfristiger Kontakt zu anderen Organisationen im In- und Ausland und zu Gewerkschaften, Menschen- und Frauenrechtsorganisationen und Kirchen wurde aufgebaut. Bei der zu der Zeit größten britischen Gewerkschaft *Transport and General Workers Union* (TGWU) wurden viele – bis Frühjahr 1998 etwa 700 – der in den Haushalten arbeitenden Migrantinnen Gewerkschaftsmitglied (Ariyadasa 1998a: 4). Die Gewerkschaft nahm sie sehr offen auf, unterstützte sie, informierte über Arbeitsrechte Undokumentierter und ermutigte ihre Teilnahme an Branchenaktivitäten und den Weiterbildungen (Morris 1995: 4, Anderson, B. 2000: 98). Die Migrantinnen brachten ihre Themen auf Basis- und Funktionärsebene in die TGWU ein. Mithilfe der Gewerkschaftsmitgliedskarte konnten sie sich bei polizeilichen Kontrollen, im Krankenhaus oder bei anderen Institutionen ausweisen (Interview Kalayaan-Mitbegründerin, 21.1.2002).

Externe *Impacts*

Drei zentrale prozedurale Veränderungen konnten durch die politischen Mobilisierungen 1990/1991[2] und 1994[3] erreicht werden: Die Einführung neuer gesetzlicher Regelungen für ausländische Hausangestellte und im Jahr 1998 die Ankündigung einer einmaligen Regularisierung für Haushaltsarbeiterinnen, die von ihren ArbeitgeberInnen aufgrund von Misshandlung und Ausbeutung weggelaufen waren und sich in einem undokumentierten Status befanden (vgl. Anderson, B. 2000: 104).

Die Kampagne strebte positive Veränderungen zur Verbesserung der Situation der ausländischen Hausangestellten an, damit war ihre Strategie offensiv und nicht reaktiv ausgerichtet. Durch die langfristige Arbeit der Kampagne wurden die »discoursive political opportunity structures« (Marx Ferree 2003) in Großbritannien und auf europäischer Ebene verändert. Die Einführung neuer Migrationskontrollen zum Schutz der ausländischen Hausangestellten, zwei Gesetzesänderungen und ein neues Gesetz stellten institutionelle Strukturveränderungen dar. Auch die Allianzstrukturen veränderten sich durch die Kooperation von *Kalayaan* und *Waling-Waling* mit einer großen Gewerkschaft, Kirchen, konservativen und *Labour*-Abgeordneten, Europaabgeordneten und Teilen der Medien. Einige parlamentarische Dynamiken konnten genutzt werden, dazu zählte das Wahlversprechen der (damals noch) oppositionellen *Labour*-Partei, sich im Falle eines Wahlsieges für die Migrantinnen einzusetzen.

Darüber hinaus wurden durch die Öffentlichkeits- und Bündnisarbeit andere soziale und politische Akteure für die Anliegen der Migrantinnen sensibilisiert. Dies äußerte sich u.a. in einem *frame bridging* mit der Gewerkschaft auf Grundlage des »Arbeitsrechte-*frame*« und mit Menschenrechtsorganisationen auf Grundlage des »moderne Sklavereibekämpfungs-*frame*«. Durch Beharrlichkeit und strategische Reorientierungen konnte das Thema der Ausbeutung ausländischer Haushaltsangestellter zwanzig Jahre (seit 1984) auf der politischen Tagesordnung Großbritanniens gehalten werden. Viele Male war es konkret auf der Tagesordnung von Regierung, *Home Office*, Parlament und *House of Lords*. Der britische Fall erleichterte es ebenfalls, dass sich das Europaparlament, insbesondere der Ausschuss für die Rechte der Frau, die Eu-

---

2 Fortan war ein Gespräch und die Weitergabe eines Informationsblattes an Beschäftigte und ArbeitgeberInnen in den Botschaften Bedingung für die Visavergabe (Kalayaan 1996).
3 ArbeitgeberInnen mussten schriftlich eine angemessene Bezahlung und Unterkunft versichern (Kalayaan Newsletter, 3, 1995).

ropäische Kommission und zahlreiche Nichtregierungsorganisationen auf europäischer Ebene mit der Situation von ausländischen Haushaltsarbeiterinnen zu beschäftigen begannen. Durch die Arbeit von CFMW, *Kalayaan* und *Waling-Waling* kam das Thema ebenfalls auf die Agenda anderer Organisationen und der Gewerkschaften. Durch bewusste Medienarbeit war das Thema in der Öffentlichkeit präsent.

Abbildung 9: Impacts *der britischen Kampagne*

Impacts sozialer Bewegungen			
Interne *impacts*		**Identität:** Praktische und emotionale Selbsthilfe, politisches und individuelles Selbstbewusstsein, Identität als Arbeiterinnen	
		Organisation: CFMW, Gründung *Kalyaan* 1987, *Waling-Waling* 1984; Kooperation mit TGWU; wechselseitiger Einfluss	
Externe *impacts*	Prozedurale *impacts*	**Einmalig:** Regularisierung 1998	
		Dauerhaft: Gesetzesänderungen 1990, 1994, 1998	
	Substantielle *impacts*	**Reaktiv:** Verhinderung von Misshandlungen etc.	
		Proaktiv: Verbesserungen	
	Strukturelle *impacts:* Herstellung neuer (diskursiver) Gelegenheitsstrukturen in GB und der EU	**Institutionalisierte Strukturen:** neue Gesetze und Verfahren (Visa)	
		Bündnisstrukturen: Kooperation mit Gewerkschaften, Kirchen, Abgeordneten *(Conservatives* und *Labour),* Medien etc.	
	Sensibilisierende *impacts*	**Politische Agenda:** **Systematisch:** Thema ist seit zwanzig Jahren auf der Agenda **Institutionelle/formelle Agenda:** Regierungen, Ausschüsse, Parlamente befassten sich mit der Kampagne	
		Öffentliche Meinung: Medien *frame bridging, amplification, extension, transformation*	

Quelle: eigene Zusammenstellung nach Kriesi et al. (1995)

Die Erklärungsfaktoren des *Impacts*

Die zuvor beschriebenen Veränderungen stehen mit der politischen Mobilisierung der illegalisierten Migrantinnen und ihrer UnterstützerInnen in einem zeitlichen und inhaltlichen Zusammenhang und betreffen verschiedene Phasen des *policy*-Zyklus bzw. der von Keck und Sikkink benannten Schritte. Daher kann von Einfluss, Wirkung und Erfolg der Kampagne ausgegangen werden. Ohne das pro-aktive Vorgehen, insbesondere von *Kalayaan*, wäre das Thema der misshandelten und ausgebeuteten ausländischen Haushaltsarbeiterinnen in Großbritannien nicht oder nicht zu dem Zeitpunkt und in der Intensität auf die politische Tagesordnung gekommen. Es kann zudem nachgewiesen werden, dass immer dann eine Reaktion politischer Akteure festzustellen war, wenn *Kalayaan* und *Waling-Waling* das Thema wieder in der Öffentlichkeit platzieren konnten. Sobald die Aktivitäten nachließen, stoppten Regierung und Parlament ihre diesbezüglichen Aktivitäten. Trotz des offentsichtlichen Zusammenhangs von politischer Mobilisierung und politischen Veränderungen möchte ich unterscheiden zwischen bewegungs- und kampagneninternen Erklärungen und bewegungsexternen Erklärungen.

Kampagneninterne Faktoren

Ein wesentlicher Baustein der erfolgreichen Kampagne war eine kampagneninterne Arbeitsteilung, d.h. das strategische Einnehmen verschiedener Rollen und die Nutzung der unterschiedlichen Potenziale bei den Hauptträgern *Kalayaan, Waling-Waling* und der Gewerkschaft TGWU. Die Entscheidung der undokumentierten Haushaltsarbeiterinnen, sich in *Waling-Waling* selbst zu organisieren und sich öffentlich für ihre Rechte einzusetzen, stellte einen zentralen Faktor für den Erfolg und die Dauerhaftigkeit der Kampagne dar (Kalayaan 1998). »Migrant domestic workers were not cast as victims, to be rescued by campaigners; rather the groups worked together, using their different skills and social positions« (Anderson, B. 2000: 95). Die betroffenen Migrantinnen hatten jederzeit Einfluss auf die Inhalte und Formen der Kampagne. Allerdings verstand sich *Waling-Waling* als »underground organisation«, für die es aufgrund der Aktivität von undokumentierten Migrantinnen nicht ungefährlich ist, in der Öffentlichkeit aufzutreten und sich möglicherweise der Gefahr der Festnahme und Abschiebung auszusetzen (Susa 1998: 13). Die TGWU, seit 1993 in die Kampagne involviert (Morris 1995: 4), konnte als Gewerkschaft materielle Unterstützung bieten, trug zum *capacity-building* der Migrantinnen bei und brachte auf politischer Ebene ihre Erfahrung im Lobbying und *campaigning* sowie gute Kontakte zur *International Labour Organisation* und zur damals noch in der Opposition befindlichen *Labour*-Partei ein (Anderson, B. 2000: 98). Die Gewerkschaft vermittelte zwischen den verschiedenen Akteuren (»brokering role«, Smith, J. 2000). Sie war auch insofern für den Erfolg relevant, als dass sie der weit verbreiteten Auffassung offensiv entgegentrat, die in Haushalten arbeitenden Migrantinnen würden Arbeitsplätze für die einheimische Bevölkerung gefährden (Ariyadasa 1998a). Auch *Kalayaan* beherrschte das Spiel der Ebenen und lancierte parlamentarische Anfragen und *Early Morning Motions*, brachte Ausschüsse und Kommissionen in Großbritannien und der EU dazu, das Thema zu bearbeiten und musste sich intensiv mit der Funktionsweise des *Home Office* befassen, um den Prozess der Regularisierung zu begleiten und Druck auf das Verfahren auszuüben. Die Lobbyarbeit stellte nicht die alleinige Arbeit von *Kalayaan* dar, vielmehr wurde darauf geachtet, dass der direkte Kontakt zu den Arbeiterinnen – Rechtsberatung, Krisenintervention, alltägliche Unterstützung und Zusammenarbeit mit *Waling-Waling* – Priorität behielt. Ein weiterer Bestandteil der Arbeitsteilung waren intellektuelle Impulse und eine wissenschaftliche Begleitung durch Wissenschaftlerinnen wie Bridget Anderson und Annie Phizacklea. Die Hauptakteure der Kampagne waren also eine Selbstorganisierung von Migrantinnen, eine Unterstützungsorganisation, eine Gewerkschaft und Wissenschaftlerinnen, die sich bewusst für eine Arbeitsteilung und spezifische Form der Kooperation entschieden.

In der sozialen Bewegungsforschung trägt der *framing*-Ansatz zu einer Erklärung von Resonanz und Erfolg von Bewegungsanliegen bei. In dem hier analysierten Beispiel agierten die TrägerInnen der Kampagne in Bezug auf ein aktives *framing* fast idealtypisch. Die Problem- und Ursachenbeschreibung wurde klar benannt: Die bisherigen Gesetze und Einwanderungspraxen führten zu Ausbeutung und Misshandlung der ausländischen Hausangestellten. Es wurden Lösungsvorschläge eingebracht und verschiedene politische Gruppierungen erfolgreich mobilisiert. Zudem fanden erfolgreiche Ausweitungen des *frames (frame amplification* und *frame bridging)* auf nationaler und internationaler Ebene statt. Allerdings wurde ein weitergehender *prognostic frame* von der Kampagne zwar noch als eigentlich gewünschte Forderung mitgetragen, aber nicht weiter gegenüber der Regierung vertreten:

»What we are doing is accepting that we cannot get a new immigration rule that means that large numbers of domestic workers can come into the country and have legal status and the right to change employers. We think that legal rights as workers is the most important demand – both for the workers already here illegal and for those coming in. We have had to make some compromises« (Jean Gould, Kalayaan, zit. in: Kalayaan 1998: 8).

Um die Erfolgsaussichten zu erhöhen, wurden die Forderungen der Kampagne auf eine bestimmte Gruppe von Migrantinnen beschränkt, misshandelte Frauen vor allem ausländischer Arbeitgeber (Aodh O'Halpin, Kalayaan, zit. in: Kalayaan 1998: 9).

Die Strategie der Kampagne beim *framing* kann ebenfalls an der Medienarbeit gut nachvollzogen werden, wie das folgende Zitat veranschaulicht. »It is a combination of never letting the media control you and not being overawed by them« (Jean Gould, Kalayaan, zit. in: Kalayaan 1998: 6). Durch das Erzählen ihres Falls und das Auftreten im Fernsehen – trotz ihrer undokumentierten Situation – (Anderson, B. 2000: 96) versuchten die betroffenen Migrantinnen, aktiv das Bild der ausländischen Hausangstellten in der Öffentlichkeit zu beeinflussen. Zunächst scheuten sich die *Waling-Waling*-Mitglieder und betroffenen Frauen Interviews zu geben, »but we realised that we would never win the campaign until we went public« (Interview Kalayaan-Mitbegründerin, 21.1.2002). Sie wollten nicht als hilflose Opfer dargestellt werden, welche sich von wohlmeinenden Hilfsorganisationen und PolitikerInnen retten lassen, sondern als Arbeiterinnen, deren Rechte verletzt werden, als Personen mit eigener Stimme und eigenen Forderungen. Um das in den Medien verbreitete Bild so weit wie möglich selbst zu bestimmen, wurden alle Medienanfragen diskutiert, zudem war immer ein *Kalayaan*-Mitglied bei den Interviews mit den betroffenen Frauen anwesend, um im Fall von unangemessenen Fragen einschreiten zu können (Anderson, B. 2000: 96). Durch das *framing* wollten sie zudem der Kriminalisierung entgegentreten und als Menschen und nicht als ›Illegale‹ wahrgenommen werden (Anderson, B. 2000: 97). Folglich war ein dominanter und vielseitig anschlussfähiger Deutungsrahmen *(masterframe)* der »Menchenrechts-*frame*«. Der Umgang mit der Präsentation von Fällen und Betroffenen unterscheidet sich im Fall von *Kalayaan* und *Waling-Waling* von dem anderer Menschenrechtsgruppen, in dem ein wichtiges Ziel das Erregen von Emotionen und Mitleid ist. In dieser Kampagne gab es ebenfalls emotionale Reaktionen, die aber nicht auf Kosten des Subjektstatus der betroffenen Migrantinnen gingen.

Der zweite wichtige Deutungsrahmen basiert ebenfalls auf der Einforderung von Rechten, Rechten als Arbeiterin. Dazu zählen das Recht auf Entlohnung, Gesundheitsversorgung, das Wechseln des Arbeitsplatzes (Anderson, B. 2000: 95) und die Anerkennung von Haushaltsarbeit als Arbeit, des Privathaushalts als Arbeitsplatz sowie die Integration in das britische Arbeitsrecht (Kalayaan 1998: 8). Dem entgegen wurde das unfreie Arbeitsverhältnis der Sklaverei gestellt. Viele der Stellungnahmen Anfang der 1990er argumentieren mit dem Thema der Sklaverei, welche in Großbritannien formal abgeschafft sei, aber in den Praktiken gegenüber den ausländischen Hausangestellten weiter fortlebe.[4] »Kalayaan's response is that the Government are continuing to run a policy of slavery in Britain today« (Kalayaan Newsletter, 2, 1994). Der Deutungsrahmen »Sklaverei« wurde von Medien und PolitikerInnen äußerst bereitwillig aufgegriffen und verhalf der Kampagne zu einer Popularität, die ohne diesen Begriff unwahrscheinlicher gewesen wäre. Der Deutungsrahmen ist geeignet, klare politische Forderungen zu implizieren: Die Situation von SklavInnen ist inakzeptabel, nicht zivilisiert und muss daher abgeschafft werden. Der Vergleich bot sich auch aufgrund des Verhältnisses von »mistress/employer« und »slave/worker« (Anderson, B. 2000: 136) an. Später fand eine kritische Reflexion der Verwendung des Begriffs der Sklaverei und der Arbeit mit UN- und ILO-Konventionen gegen *slave labour*[5] statt und die Kooperation mit *Anti-Slavery International* wurde beendet, da eine Tendenz der Entsubjektivierung der Migrantinnen bestand (vgl. auch das folgende Unterkapitel). Bridget Anderson wendet selbstkritisch gegen die Verwendung des Begriffs der Sklaverei ein: »[S]lavery and wage labour (›wage slavery‹) are not diametrically opposed. Second, contemporary domestic workers' experiences vary widely« (Anderson, B. 2000: 128). Anstelle des Sklavereidiskurses setzte die Kampagne Ende der 1990er Jahre den der spezifischen Fähigkeiten von Haushaltsarbeiterinnen: »We are arguing that domestic workers have skills and experience, especially in caring for children and older people, which means that they cannot be replaced by resident domestic labour« (Jean Gould, zit. in: Kalayaan 1998: 8).

Die Analyse des *framings* zeigt, dass ein wesentliches Element der Strategie die bewusste Herstellung der Anschlussfähigkeit für verschiedene Frauen- und Migrantinnenbilder darstellte, das der Arbeiterin so-

---

4 Beispielsweise der Titel der Studie von Bridget Anderson »Britain's Secret Slaves« (Anderson, B. 1993), der Titel der Kampagnenkonferenz 1995 »Slavery Still Alive« (Kalayaan 1995), die in Kooperation mit *Kalayaan* entstandene BBC2-Dokumentation/Drama »A Secret Slave« (Kalayaan Newsletter, 5, 1996), der Titel der Serie »Slavery in Britain« in *The Independent* und die Kooperation mit der NGO *Anti-Slavery International*, welche u.a. die britischen Fälle 1990, 1991 und 1995 bei der *UN Working Group on Contemporary Forms of Slavery* vorbrachte.

5 Bezogen wurde sich auf die folgenden internationalen Instrumente: UN *Convention on Slavery* 1926, *International Labour Organisation Convention Concerning Forced Labour* No. 29, *Supplementary Convention on the Abolition of Slavery, the Slave Trade and Institutions and Practices Similar to Slavery* 1956.

wie der misshandelten Migrantin. Meine These ist, dass diese doppelte Anschlussfähigkeit einen wesentlichen Schlüssel zur erfolgten Einflussnahme darstellte, weil verschiedene potenzielle BündnispartnerInnen erreicht werden konnten und Lösungen auf unterschiedlichen politischen Feldern denkbar waren.

Dazu gehörte auch die Herstellung von empirischer und persönlicher Glaubwürdigkeit (Benford/Snow 2000). Dies erreichte die Kampagne durch die Berichterstattung über Einzelfälle und den Auftritt der betroffenen Frauen in den Medien. Untermauert wurden die Fälle durch die seit 1990 durchweg geführten Statistiken und Falldokumentationen von *Kalayaan* (Anderson, B. 2004: 92, 97) über die Schwierigkeiten, mit denen Migrantinnen in Haushalten konfrontiert waren. Die Statistiken erlaubten *Kalayaan* zudem ein Monitoring der erzielten Veränderungen und auf deren Grundlage eine Einschätzung von Erfolg und Defiziten.

Bestandteil eines erfolgreichen Lobbying ist eine pro-aktive Strategie (Lahusen/Jauß 2001), das heißt das Einbringen des eigenen Themas, der Problemdeutung und (Verfahrens-)Vorschläge zur Lösung. Re-aktive politische Mobilisierungen sind vor allem auf die Verhinderung von Gesetzesvorhaben o.ä. ausgerichtet. Die Mehrzahl der Lobbyaktivitäten ist re-aktiv ausgerichtet, da für eine pro-aktive Strategie mehr Ressourcen notwendig sind und es für eine Organisation nur bei einer begrenzten Anzahl an Themen möglich ist, diese aktiv voranzubringen. In dem hier analysierten Fall handelt es sich um eine pro-aktive Strategie, die über mehr als zehn Jahre durchgehalten wurde. Auf Grundlage der Erfahrungen von *Kalayaan* verfasste das europäische Netzwerk RESPECT ein »10 point handbook for an effective lobby« für engagierte Migrantinnen und UnterstützerInnen (RESPECT o.J.). Die Aussage einer Europaabgeordneten, die Zielperson des Lobbyings von *Kalayaan* war, bestätigte die Wirksamkeit des Lobbyings:

»Kalayaan has lobbied and has used and exploited, in the best use of the word, the political cross party systems here, it's a real example of how struggles and causes can actually make things happen. Kalayaan has been to see me and spoken to me, and rang me up and written to me again. Because of that pressure, obviously I'm going to respond; and other MEPs, excited and angry by the issues that Kalayaan has raised will also respond« (Crawley 1995: 2).

Die Strategie beruhte auf mehreren Säulen, unter anderem dem »selective use of the media, speaking at relevant conferences and broadening our support across Europe« (Kazantzis 1998: 2). Die TrägerInnen der Kampagne fällten aktiv Entscheidungen über den Fortgang der Kampagne und gingen nicht bedingungslos auf die als Angebot an die Kampagne gemachten Vorschläge der Regierungen ein, sondern lehnten bewusst diejenigen ab, die nicht in die richtige Richtung wiesen (Kalayaan

1998: 8). Zunehmender internationaler Druck, unter anderem durch die Arbeit der internationalen NGO *Anti-Slavery International*, sollte dazu führen, dass Großbritannien seine Praxis änderte (Anderson, B. 2000: 100). Damit zielte die Kampagne auf den von Keck und Sikkink als Bumerangeffekt bezeichneten Mechanismus ab (Keck/Sikkink 1998), d.h. über den Umweg internationaler NGOs und anderer Staaten auf einen Nationalstaat Druck auszuüben, der – insbesondere im Menschenrechtsbereich – zu Veränderungen führt. Am 24. Juli 1990 äußerte das *Home Office* Bedauern über die Fälle von Misshandlung und Ausbeutung und erließ neue Migrationskontrollen (Anderson, B. 2000: 100). Allerdings änderte sich auch nach der Einführung von Neuerungen zum Schutz der Hausangestellten (vgl. Fußnote 2) an den Problemen wenig. Als entscheidendes Ereignis, welches die ablehnende Haltung der konservativen Regierung verdeutlichte, wird ein Treffen zwischen Lord Hylton und dem konservativen Abgeordneten Dudley Fishburn, die die Kampagne unterstützten, bei Immigrationsminister Wardle gesehen. Hylton und Fishburn brachten gemeinsam mit der damaligen Vorsitzenden von *Kalayaan*, Patricia Ready, die Anliegen der Kampagne vor, wurden aber brüsk abgewiesen: »He was insistent that he would do nothing to, in his own words, ›dismantle‹ the immigration rules and that a change of the sort suggested would be completely counter to policy« (Kalayaan Newsletter, 2, 1994). Der Delegationsbesuch beim Immigrationsminister hatte ein großes Medienecho. Als Ende 1994 dann zusätzliche Schutzbestimmungen für *Overseas Domestic Workers* verabschiedet wurden (vgl. Fußnote 3), kritisierte *Kalayaan* die Änderungen als »Fine Words... Empty Gestures« (Kalayaan Newsletter, 3, 1995). Die Migrantinnen würden aus einer machtlosen Position heraus den Vertrag schließen und sie seien mit den in Großbritannien gültigen Gesetzen und Arbeitsbedingungen nicht vertraut, würden nicht den für eine Bewertung der Lohnhöhe notwendigen Wechselkurs kennen, zudem sei kein Monitoring-Mechanismus vorgesehen, der Fortschritte überprüfe. Auf eine Parlamentarische Anfrage der *Labour*-Abgeordneten Barbara Roche entgegnete der Immigrationsminister, dass Arbeitsverträge eine Sache zwischen den Vertragsparteien seien, in die Großbritannien nicht eingreife, dass keine Modifizierung der Richtlinien stattfinde, die Einhaltung des Vertrags nicht überprüft werde und auch kein Monitoring vorgesehen sei (ebd.).

Da die bis dato beschlossene Strategie, die Regierung zu einem Richtungswechsel zu bewegen, wenig Wirksamkeit zeigte, wurde eine Verlagerung der Aktivitäten auf zwei Ebenen vollzogen. Zum einen wurde der europäischen Ebene eine erhöhte Aufmerksamkeit gewidmet und zweitens wurde das Lobbying auf die oppositionelle *Labour*-Partei konzentriert (Anderson, B. 2000: 103). Dabei agierte die Kampagne sehr vorausschauend: »About two years before the change-over of the government, we […] very tactically went up to Labour, we really zoomed on Labour and through the trade unions we got fringe meetings organised at their conferences« (Interview Kalayaan-Mitbegründerin, 21.1.2002).

Die Kampagne versuchte sich somit zwei Dynamiken zunutze zu machen: Zum einen hatte sich gezeigt, dass in Großbritannien vor allem Frauenorganisationen über die europäische Ebene positive Veränderungen einleiten bzw. über den Europäischen Gerichtshof erzwingen konnten (Bretherton/Sperling 1996, Walby 2003) und zum anderen bewies die Kampagne ein gutes Gespür für die politische Entwicklung Großbritanniens, die Ablösung der konservativen Regierung durch die *Labour*-Partei. Die pro-aktive Strategie bestand somit in der Nutzung von europäischen wie nationalen *windows of opportunities*.

Kampagnenexterne Faktoren

Der voranstehende Abschnitt hat gezeigt, dass der Erfolg der Kampagne nicht unabhängig vom Handeln der AkteurInnen stattgefunden hat, sondern diese strategisch klug und vorausschauend agiert haben. Dennoch sind vier bewegungsexterne Faktoren zu berücksichtigen: die allgemeine politische Kontextstruktur, in die Interessen anderer Akteure eingelassen sind, die steigende Relevanz des Themenfeldes Migration und Geschlecht, transnationale Mobilisierungskontexte sowie die Mobilisierung eines frauenpolitischen Advocacy-Netzwerkes.

Political Opportunity Structures und Interessen anderer Akteure

Die Diskussionen um den Umgang mit der Ausbeutung ausländischer Haushaltsangestellter fand in Großbritannien in einem politischen Kontext statt, in dem eine stetige, wenn auch wellenförmig verlaufende Verschärfung von Einwanderungs-, Staatsbürgerschafts-, Asyl- und Ausländergesetzen stattfand (vgl. Hayter 2000, Layton-Henry 1994, Meyers 2004, vgl. Anhang). Insofern kann bei der britischen Regierung möglicherweise das Interesse bestanden haben, weitere striktere Migrationskontrollen einzuführen, welche unter dem Vorwand des Schutzes der ausländischen Hausarbeiterinnen eine Legitimation fanden. Bei der Wirkungsanalyse von Erfolgen von bzw. Zugeständnissen gegenüber sozialen Bewegungen sollte daher gefragt werden, ob und wie diese möglicherweise der Regierung als Legitimation für die Durchsetzung von *hidden agendas* oder langfristigeren politischen Vorhaben dienen.

Die Profilierung einer Oppositionspartei gegenüber der Regierung ist ein weiterer Faktor, der den Verlauf der Kampagne beeinflusste. Die bis 1997 oppositionelle *Labour*-Partei konnte sich im Kontext der Kampagne über ein frauenspezifisches Thema im Wahlkampf gegenüber der Politik der konservativen Regierung als moderne Partei profilieren und ging auf Druck der Kampagne wiederholt entsprechende Wahlversprechen ein. Bereits auf dem Parteitag am 4. Oktober 1994 in Blackpool versprach die Abgeordnete – und spätere Immigrationsministerin im *Home Office* – Barbara Roche, dass die nächste *Labour*-Regierung dem Thema eine hohe Priorität einräume und es innerhalb der ersten Regierungswochen lösen würde (Kalayaan Newsletter, 2, 1994). Zwei Jahre später konnte *Kalayaan* mit der Unterstützung der TGWU auf dem Labour-Parteitag 1996 in Blackpool eine Resolution platzieren, die der Parteitag annahm und welche die Hauptziele der Kampagne enthielt (Ariyadasa 1998b: 1). Viele führende *Labour*-PolitikerInnen unterstützten die Kampagne und schlugen entsprechende Gesetzesänderungen vor (Kalayaan 1998). Auch der Schattenimmigrationsminister, Mike O'Brien, bot der Kampagne 1996 seine volle Unterstützung an (Anderson, B. 2000: 103). Auf der letzten *Labour*-Konferenz vor dem Regierungswechsel 1997 intensivierte *Kalayaan* die Lobby-Aktivitäten: »We spoke to the shadow secretary for women at that time and we asked her to make a commitment to the Kalayaan campaign, she said yes, and we said we want her to publicly being spoken at the conference, and she did« (Interview Kalayaan-Mitbegründerin, 21.1.2002). Nach den gewonnenen Wahlen am 1. Mai 1997 wurde die *New Labour*-Regierung diesbezüglich allerdings nicht aus eigenem Antrieb heraus aktiv und negierte gar die Wahlversprechen:

»We got a meeting with the Home Office, with the Minister Michael Brian. He actually was denying, they had forgotten that they made the commitment to us. We said, ›we have all this documentation, this is evidence that you've done this‹. And we sent it to him. And within a week we had another meeting. And they have changed their minds, they have realised that they couldn't get out of it. But then it took a good two years of consistent stay and go and back« (Interview Kalayaan-Mitbegründerin, 21.1.2002).

Zudem wurden Lösungen vorgeschlagen, die von der Kampagne als ebenso halbherzig und wirkungslos wie die der drei konservativen Vorgängerregierungen abgelehnt wurden.[6] Eine *Kalayaan*-Mitarbeiterin zog

---

6   Der erste Vorschlag sah ein Pfand-System vor, bei dem ArbeitgeberInnen eine Summe bei der britischen Immigrationsbehörde hinterlegen. Wenn Arbeitgeber und Hausangestellte zusammen wieder das Land verlassen, wird die Summe zurückgezahlt. Wenn die Hausangestellte den Arbeitgeber aufgrund von schlechter Behandlung verlässt, wird aus dem Pfand ihr Verdienst und die Rückkehr finanziert. Die Organisation *Ka-*

den Schluss: »I have learnt some hard lessons from these negotiations; [...] it is dangerous to put too much faith in what politicians say when they are in opposition!« (Kalayaan 1998: 7).

Die Zähigkeit des Prozesses, nachdem *Labour* an die Regierung gekommen ist, kann auch mit einer systemimmanenten und thematischen Konstellation in Zusammenhang stehen, nämlich der Bearbeitung des Themas von drei Regierungsabteilungen, deren Agenden konfligieren – dem *Home Office*, dem *Foreign and Commonwealth Office* sowie dem *Department for Employment and Education:*

»The Home Office's main concern is to control immigration; the Foreign and Commonwealth Office, on the other hand, is keen to accommodate wealthy entrants who wish to bring their domestic staff with them into the UK; whilst the main consideration of the Department for Employment and Education is to protect the jobs of the resident labour force« (Ariyadasa 1998b: 1f., vgl. auch Kalayaan 1998: 8).

Bei der Regelung, dass wohlhabende Personen aus dem Ausland ihre Haushaltsangestellten nach Großbritannien mitnehmen dürfen, handelte es sich um ein einwanderungspolitisches Zugeständnis, das die britische Regierung aus Angst vor ökonomischen Konsequenzen zuließ und welches ein besonderes Anliegen des *Foreign and Commonwealth Office* war. Großbritannien wollte mögliche ausländische Unternehmer nicht durch das Verwehren dieser Privilegien abschrecken. Dieser Kontext deutet auf die Relevanz migrations-ökonomischer Faktoren hin und erklärt vielleicht die für die Betroffenen oft wenig wirksamen Reformen. Da diese Ausnahmeregelung für Hausangestellte wohlhabender ArbeitgeberInnen in Großbritannien im Unterschied zu anderen europäischen Ländern institutionalisiert war (Kalayaan 1998), war es einfacher, dagegen eine Kampagne zu initiieren, als wenn es eine informelle Praxis gewesen wäre.

Ein Faktor, der bereits des öfteren Erwähnung gefunden hat und in dem sich die Situation in Großbritannien von anderen Ländern unterscheidet, ist die Existenz einer Gewerkschaft, die sich für die undokumentierten MigrantInnen einsetzt und von ihren Möglichkeiten Ge-

---

layaan kritisierte, dies sei »a small price for rich employers to pay and would do nothing to prevent abuse« (Kalayaan 1998: 8). Der darauf folgende Vorschlag sah vor, dass eine begrenzte Anzahl an ausländischen Haushaltsarbeiterinnen als Arbeitsmigrantinnen zugelassen würde und diese begrenzte Rechte des Arbeitsplatzwechsels hätten, die Mehrzahl würde aber weiterhin im Rahmen der Ausnahmeregelung einreisen (ebd.). *Kalayaan* blieb bei der Ablehnung: »We said that the concession encouraged human rights abuse and we were against it« (ebd.).

brauch macht. Die Aufgeschlossenheit lag nicht zuletzt darin, dass der Generalsekretär der TGWU Bill Morris als Schwarzer die Solidarität mit den Frauen für politisch wichtig hielt (Interview RESPECT/Solidar, 28.11.2000). Die hier ansatzweise skizzierte politische Kontextstruktur hält für die Aktiven in diesem Fall somit sowohl ermöglichende als auch hemmende Faktoren bereit.

Steigende Relevanz des Themas ›Migration und Geschlecht‹

Die politische Mobilisierung zog sich über mehr als zehn Jahre hin. Ein Erklärungsansatz für die letztendlich erfolgte Gesetzesänderung und Regularisierung kann auch in einer verstärkten gesellschaftlichen und politischen Wahrnehmung der spezifischen Situation von Frauen mit Migrationshintergrund liegen. Mit der Zeit fand zudem eine Veränderung des Bildes der Migrantin durch die Frauenforschung statt (vgl. Huth-Hildebrand 2002). Migrantinnen werden nicht mehr nur als abhängige und mitreisende Familienangehörige wahrgenommen, sondern auch als eigenständig migrierende Arbeiterinnen, die aufgrund ihrer Geschlechtszugehörigkeit und den Arbeitsbedingungen spezifischen Risiken ausgesetzt sind. Auf europäischer Ebene wurden verstärkt Forschungen über die Situation von Migrantinnen in den europäischen Mitgliedsstaaten durchgeführt, welche die Generaldirektion für Beschäftigung und die in ihr aktiven frauenbewegten Beamtinnen (›Femokratinnen‹) in Auftrag gaben, unter anderem über *migrant domestic workers* (bspw. Anderson, B./Phizacklea 1997). Die Aufmerksamkeit für Migrantinnen, die in Privathaushalten arbeiten, hat sich langsam erhöht. Das britische Beispiel war wichtig für die Aufmerksamkeit in der Europäischen Union und anderen Ländern. Gleichzeitig wirkte die Herstellung von Aufmerksamkeit in anderen Ländern positiv auf den Fall in Großbritannien, da die Kampagne nun versuchte, mithilfe des Bumerangeffektes Druck von internationaler Seite zu organisieren, dass in Großbritannien die physische und psychische Integrität der Frauen nicht gewährleistet sei und Großbritannien dafür die Verantwortung trage, wie das folgende Zitat des Gewerkschaftsgeneralsekretärs der TGWU verdeutlicht:

»We must also expose our government's failure and its record of human rights, the Government must take in my view a stronger line towards ensuring that the relevant Conventions are in fact maintained. Our Government must be taken to task for its contravention of the various articles of the UN Declaration on Human Rights« (Morris 1995: 4).

Transnationale Mobilisierungskontexte

Die inhaltliche Ausgestaltung des *framings* enthielt lokale, europäische und globale Elemente. Unter anderem bezog sich *Kalayaan* auf die Losung »Frauenrechte sind Menschenrechte«, auf die internationale Diskussion um Gewalt gegen Frauen (vgl. Schäfer 2001) und auf die *Beijing Platform for Action* der Weltfrauenkonferenz 1995. Vier Delegierte von *Kalayaan* nahmen an der Konferenz in Beijing teil. Sie setzten sich mit anderen Organisationen und Regierungen der G77-Länder zusammen erfolgreich dafür ein, dass in der Aktionsplattform die Klammern um den einzigen Artikel, der Hausarbeiterinnen und ihren Beitrag für die Herkunfts- und Zielländer enthielt, gegen den Widerstand der EU und den USA entfernt wurde (Healy 1996: 3).[7]

Wichtiger noch als die globale Komponente war die europäische. 1997 ergriffen die Mitglieder der britischen Kampagne die Initiative und stießen mit der *Commission for Filipino Migrant Workers* (CFMW) und dem *Transnational Institute* aus den Niederlanden, mit der philippinischen ArbeiterInnenorganisation KASAPI aus Griechenland, *Solidar* aus Belgien, der dominikanischen Organisation *Voluntariado Madres Dominicanas* (Vomade) aus Spanien und *Nostri Donni* aus Italien die europäische Vernetzung an (CFMW/RESPECT 2000: 2). Das europäische RESPECT-Netzwerk[8] wurde 1998 nach nationalen Vorbereitungsprozessen in Athen gegründet. »Kalayaan was the brain behind the RESPECT-network« (Interview RESPECT/Solidar, 28.11.2000). Anträge auf Förderung europäischer und nationaler Organisierungs- und Vernetzungsprozesse wurden gestellt und bewilligt. Europa war Teil der bereits erwähnten Bumerang-Strategie.[9]

Die Kampagne bedeutete auch eine kritische Auseinandersetzung mit der Beschäftigung von HaushaltsarbeiterInnen durch eine ›globale Klasse‹ transnationaler hochqualifizierter MigrantInnen (vor allem Dip-

---

7 Migrantinnen, »insbesondere Hausangestellte, tragen durch ihre Geldsendungen zur Wirtschaft des Herkunftslandes und durch ihre Erwerbstätigkeit zur Wirtschaft des Aufnahmelandes bei. In vielen Aufnahmeländern sind jedoch Migrantinnen zu einem höheren Grad erwerbslos als landesansässige Arbeitnehmer und männliche Wanderarbeitnehmer« (Vereinte Nationen 1995, Aktionsplattform, Kapitel IV, F. Die Frau in der Wirtschaft, Ziffer 154).

8 RESPECT – *European network of migrant domestic workers*; RESPECT ist die Abkürzung für *Rights, Equality, Solidarity, Power in Europe & Cooperation Today.*

9 Eine Aktivistin erläutert die Strategie: »We felt one way in the campaign would be to shame Britain. And the only way to do that would be through Europe« (Interview *Kalayaan*-Mitbegründerin, 21.1.2002).

lomatInnen und UnternehmerInnen). Durch die Betonung dieses Globalisierungselementes bestand aber auch die Gefahr, dass in der Öffentlichkeit Anschluss an einen rassistischen Deutungsrahmen hergestellt wurde, nämlich, dass die Misshandlungen Ausdruck von »bad ›foreign‹ cultural practices« (Anderson, B. 2000: 97) seien, da die Mehrzahl der ArbeitgeberInnen aus dem Ausland kam.

Die unterschiedlichen Bezüge in der Kampagne verdeutlichen die Relevanz einer kontextbezogenen Analyse, die Lokales und Globales berücksichtigt. Transnationale Faktoren bedeuten in diesem Fall vor allem die Verbreiterung der Mobilisierungsbasis, die Herstellung einer transnationalen Öffentlichkeit, die das Schicksal der in Großbritannien arbeitenden Migrantinnen verfolgt und die Strategie des daraus abgeleiteten Bumerang-Effekts, Großbritannien über die europäische Ebene zu einem Politikwechsel zu bringen.

Mobilisierung eines frauenbewegten *advocacy*-Netzwerkes

Während der Kampagne wurde, vor allem im europäischen Kontext, auf ein bereits existierendes *advocacy*-Netzwerk oder »samtenes Dreieck« (Woodward 2001) von Frauenorganisationen, ›Femokratinnen‹, Abgeordneten, Medien und Geschlechterforscherinnen zurückgegriffen, um Kontakte, Einfluss und Expertise zu bündeln. Die Kampagne war allerdings nicht von vornherein als frauenspezifische konzipiert, sondern hat sich aufgrund der fast rein weiblichen Beschäftigung im Haushaltssektor als solche ergeben. Durch die Herstellung der Identität Arbeiterin ist die Identität jedoch nicht ausschließlich auf Frauen beschränkt, sondern offen für ähnlich betroffene Arbeiter. Gut neunzig Prozent der Mitglieder von *Kalayaan* sind Frauen, knapp zehn Prozent Männer, vor allem aus Indien und Sri Lanka, die als Fahrer, Gärtner oder Reiniger in den Häusern arbeiten.[10]

Erfolg, aber keine Verbesserungen?

Wiliam A. Gamson benennt vier Varianten von Erfolg: »full success«, »cooptation (acceptance but no benefits)«, »preemption (benefits but no acceptance)« und »failure« (Gamson 1975, zit nach: Rucht 1994: 95). Rucht ergänzt zwei weitere: soziokulturelle Wirkungen und »globalere, empirisch schlecht fassbare Effekte« (z.B. Modernisierungsprozesse) (Rucht 1994: 95). Wie fällt nun die Bewertung des Erfolgs im Fall der

---

10 Interview mit *Kalayaan/United Workers' Association*, 20.1.2002 und Beobachtung durch die Autorin auf der *Transnational Conference* von RESPECT, London, 19.-21.1.2002.

irregulären Haushaltsarbeiterinnen in Großbritannien aus? Es wurde deutlich, dass es signifikante Veränderungen auf allen Ebenen gegeben hat. Dennoch ist der Erfolg kein »full success«, sondern ein ambivalenter und begrenzter, der aber auch »globalere, empirisch schlecht fassbare« positive Auswirkungen auf künftige Kampagnen illegalisierter Migrantinnen hatte, wie ich im Folgenden zeige.

Nach dem ersten Feiern des Erfolgs trat in der Folgezeit Ernüchterung über die Zähigkeit der Reformen und später dann auch über deren Inhalte und Wirksamkeit ein (Ariyadasa 1998b: 1). *Kalayaan, Waling-Waling* und die betroffenen Frauen bewerteten die Erfolge anhand zweier Indikatoren: 1. die Anzahl der erfolgreichen Regularisierungen und 2. die Abnahme von Fällen, in denen in Haushalten arbeitende Migrantinnen sich wegen Ausbeutung und Misshandlung an Hilfs- und Beratungsorganisationen wendeten.

Regularisierung der MigrantInnen

Die Bewertung anhand des ersten Erfolgsmaßstabs fällt bescheiden aus: Fünfzehn Monate nach der Ankündigung der Regularisierungsoption im Juli 1998 hielten weniger als 200 der Migrantinnen tatsächlich gültige Papiere in ihren Händen (Anderson, B. 2004: 89). Im Innenministerium stapelten sich die unbearbeiteten Anträge und unter den Antragstellerinnen breiteten sich Unsicherheit über ihre Erfolgsaussichten aus und, aufgrund der Preisgabe ihrer persönlichen Daten, Angst vor Abschiebung und Depressionen. Viele hatten ihren Familienangehörigen in den Herkunftsländern ihren baldigen Besuch angekündigt, den sie immer wieder aufschieben mussten.

Es gab nicht nur eine geringe Anzahl an erfolgreichen Anträgen, auch die Zahl der Antragstellerinnen war überraschend gering. Ein Jahr nachdem im Juli 1998 die Ankündigung der Regularisierung gemacht wurde, registrierten sich weniger als 2 000 Arbeiterinnen bei *Kalayaan*, um eine Regularisierung zu beantragen (Anderson, B. 2004: 93). Dies lag zum einen an der geringen Öffentlichkeitsarbeit der Regierung, da diese Angst davor hatte, sich dem öffentlichen Vorwurf auszusetzen, die Tore für illegale MigrantInnen zu öffnen (Anderson, B. 2004: 93f.). Es gab kaum ein öffentliches Echo auf die Regularisierungskampagne, Migrantinnen außerhalb von London und diejenigen, die kein Englisch sprachen, erreichten die Informationen nur schlecht, zumal der Arbeitsplatz Privathaushalt von einer großen sozialen Isolation geprägt ist. Zum anderen lag die geringe Resonanz an den Bedingungen der Regularisierung, noch ein halbes Jahr nach dem Beginn der Regularisierungen waren die Kriterien unklar. Dies führte dazu, dass nur die eindeutigsten

Fälle eingereicht wurden (Anderson, B. 2004: 95), was wiederum die nachfolgenden Fälle schwächte, weil die stärksten Fälle den Maßstab hoch setzten. Die Kriterien für eine Regularisierung schienen klar und einfach zu erfüllen, entpuppten sich für die meisten Migrantinnen jedoch als nicht zu nehmende Hürden, da sie den Arbeits- und Lebensverhältnissen als Hausangestellte nicht entsprachen. Beigebracht werden musste ein gültiger Pass, ein Nachweis über die aktuelle Beschäftigung als Hausangestellte, ein Nachweis über das Nichtangewiesensein auf staatliche Unterstützung und der Nachweis darüber, dass die Antragstellerin als abhängige Hausangestellte eingereist ist (Anderson, B. 2004: 95).

»Like many regularisation procedures in Europe, you have to produce so many papers, very difficult for women, because women are usually the persons who do not get formal contracts. They needed to get prove that you are actually renting an apartment. But when you are living, working with your employer, you don't have any prove that you are actually renting an apartment« (Interview RESPECT/Solidar, 28.11.2000).

Der Erfolg der Regularisierungskampagne blieb für die meisten Migrantinnen somit aus bzw. die Verfahren zogen sich sehr lange hin, was zu den bereits erwähnten negativen psychischen Begleiterscheinungen führte. Für *Kalayaan* und andere Beratungsorganisationen bedeutete die Regularisierungskampagne in erster Linie einen enormen organisatorischen Aufwand, da die Frauen beraten, ihre Fälle auf Erfolg und die Dokumente auf Vollständigkeit geprüft werden mussten. Innerhalb von *Kalayaan* wurde lange diskutiert, ob sie sich auf diese Form der Kooptation, die neben der erwähnten Arbeitsbelastung auch eine Verschärfung der Einwanderungsgesetzgebung beinhaltete, einlassen sollten. Da es um das Wohl der Migrantinnen ging, entschied sich *Kalayaan* dafür (Anderson, B. 2000: 105). Aus Perspektive des Staates handelte es sich hingegen um eine erfolgreiche Kampagne, es wurde zwar dem Druck von Nichtregierungsorganisationen nachgegeben, aber es handelte sich um eine begrenzte – und im Vergleich zu anderen Ländern mit Legalisierungsmaßnahmen verschwindend geringe – Anzahl an Personen, durch deren Regularisierung sich Großbritannien von einer menschenrechtlich sensiblen Seite zeigen konnte und als Ausgleichsmaßnahme andere Gesetze verschärfte.

Verbesserung der Arbeits- und Lebensbedingungen

Auch hinsichtlich des zweiten Erfolgsindikators, der Verbesserung der Lebensbedingungen der Betroffenen, fiel die Bewertung durch *Kalayaan* und *Waling-Waling* negativ aus.

Vor der Regularisierungskampagne berichteten 1996/1997 84 Prozent von den bei *Kalayaan* erfassten Frauen, die von ihren ArbeitgeberInnen weggelaufen waren, von psychologischer, 34 Prozent von körperlicher Misshandlung, zehn Prozent von sexuellen Übergriffen. Eingeschlossen waren 54 Prozent, kein eigenes Bett hatten 55 Prozent und 38 Prozent bekamen kein regelmäßiges Essen (Anderson, B. 2004: 92, Kalayaan 1996). Ein Bestandteil der gesetzlichen Veränderungen, die im Kontext der politischen Mobilisierungen erlassen wurden, war die Einführung strengerer Einwanderungskontrollen, um die Fälle des Missbrauchs zu minimieren, die folgende Maßnahmen umfassten:

1. Alle Hausangestellten müssen vor der Einreise ein Gespräch mit einem britischen Beamten führen, der fallspezifisch prüft, ob das Arbeitsverhältnis [...] den Vorgaben entspricht;
2. Die Hausangestellten müssen mindestens seit einem Jahr in einem durchgängigen, bezahlten Arbeitsverhältnis zum Arbeitgeber stehen;
3. Das Mindestalter beträgt 17 Jahre;
4. An ArbeitgeberInnen und Hausangestellte wird ein Informationsblatt ausgegeben, in dem die Rechte und Schutzmöglichkeiten der Angestellten erläutert werden (Anderson, B. 2000: 100).

Die strengeren Kontrollen führten aber nicht zur Senkung der Fälle von Ausbeutung und Misshandlung, da sie die Probleme nicht adäquat zu lösen imstande waren. Einreisegespräche wurden zumeist im Beisein der ArbeitgeberInnen geführt, wodurch die von ihnen abhängigen Hausangestellten keine Klagen über die Arbeitsbedingungen äußerten. Die ununterbrochene Beschäftigungsdauer stellte keine Garantie für ein gutes Arbeitsverhältnis dar – viele Hausangestellte wurden über Jahre hinweg misshandelt und ausgebeutet. Die Altersbeschränkung konnte ebenfalls einfach umgangen werden und das Informationsblatt wurde lediglich einem Viertel der Einreisenden ausgehändigt. *Kalayaan* kritisierte zudem den Inhalt des Informationsblattes: »[B]ecause it laid its principal emphasis on the employee's immigration situation and made it clear that, in law, a domestic worker can work for nobody other than her abusing employer, the campaign felt it could only encourage exploitation« (Anderson, B. 2000: 101). *Kalayaan* stellte fest, dass die Misshandlungen unter denen, die nach Einführung der neuen Regelungen einreisten, sogar zunahmen. Das Einsperren der Arbeiterinnen nahm von 18,6 auf 25 Prozent zu, das Konfiszieren des Passes stieg von 46 auf 69 Prozent und das monatliche Einkommen sank von 195 auf 184 US Dollar (ebd.: 102).

Diese Entwicklung veranlasste die Träger der Kampagne zu der Einschätzung, dass verschärfte Einwanderungskontrollen keine adäquate Antwort auf die Situation und Arbeitsverhältnisse ausländischer Hausangestellter sind. Die im Kontext der Kampagne eingeführten Gesetzesverschärfungen können aus Perspektive der Kampagne als unintendierte Folge charakterisiert werden.

Einschätzung des *impacts*

Die Kampagne hatte einen Einfluss, jedoch wenig positive Folgen für die Mehrzahl der betroffenen Migrantinnen. Der Begrenztheit des möglichen Erfolgs waren sich die TrägerInnen der Kampagne jedoch bewusst. »It was clear from the start that a work permit was not an option« (Anderson, B. 2000: 105). Bei der Bewertung gibt es unterschiedliche Einschätzungen, die weniger mit den materiellen Veränderungen denn auf politisch-symbolischer Ebene argumentieren. Bill Morris, Generalsekretär der Gewerkschaft TGWU, hebt das erfolgreiche *agenda-setting* hervor: »In recent years the plight of Overseas Domestic Workers has gained significance in terms of exposure, so your campaign is a campaign of success. It's a campaign of success because it's highlighting the evil system of slavery which exists in this country« (Morris 1995: 5).

Ein weiteres Kriterium für einen erzielten (Teil-)Erfolg liegt in der besseren Ausgangsposition für künftige Mobilisierungen. So waren die Erfahrungen mit dem britischen Fall äußerst wichtig für die europaweite Organisierung. Die britische Kampagne wurde auf europäischen Treffen regelmäßig vorgestellt und galt als Beispiel, dass sich Politik und Öffentlichkeit für die Belange ausgebeuteter Migrantinnen sensibilisieren und mobilisieren lassen.

Zudem können aus den britischen Erfahrungen Lehren für zukünftige Kampagnen gezogen werden. Erfahrungen mit Regularisierungskampagnen in anderen Ländern haben gezeigt, dass es fast immer zu dem Effekt kam, dass mit der Regularisierung undokumentierter MigrantInnen eine Verschärfung der Einwanderungs- oder Ausländergesetze verbunden war (vgl. Jurado Guerrero 2000, AutorInnenkollektiv 2000, PDS 2001). So zieht Bridget Anderson aus den Erfahrungen mit dem britischen Fall folgende Schlussfolgerung für erfolgreichere Regularisierungskampagnen (Anderson, B. 2004: 100):

1. Erzielen einer größeren öffentlichen Aufmerksamkeit zum Zeitpunkt der Regularisierung, um die Reichweite des Programms zu erweitern.
2. Anstatt der fallweisen Regularisierung sollte eine Generalamnestie angestrebt werden.
3. Berücksichtigung der Probleme beim Erbringen von Dokumenten für undokumentierte MigrantInnen, speziell im Haushaltssektor.
4. Die Botschaften der Herkunftsländer sollten die Regularisierung unterstützen, etwa durch das Ausstellen von Passersatzpapieren oder neuen Pässen beim Verlust des Originals.

Fazit der britischen Kampagne

Im Fall der undokumentierten Haushaltsarbeiterinnen in Großbritannien bestehen Erklärungen für den Einfluss der Kampagne im Zusammenwirken von europäischen frauenpolitischen Allianzen und nationalen *windows of opportunities*, allerdings erwiesen sich die nationalen Faktoren als die bestimmenden. Ferner zeigten die TrägerInnen der Kampagne einen enorm langen Atem und setzten an strategischen Punkten wichtige Impulse, die den Schluss zulassen, dass ohne die Beharrlichkeit von *Kalayaan* und *Waling-Waling* keine Initiativen seitens der Regierung ergriffen worden wären. Aufgrund der Nichterfüllung der beiden von den AkteurInnen gesetzten Erfolgskriterien – Regularisierung und Verringerung der Fälle von Ausbeutung – steht die Ambivalenz des Erfolgs der Kampagne jedoch im Vordergrund.

Das Fallbeispiel stützt meine These, wonach Forderungen von Migrantinnen dann auf eine gewisse Offenheit bei PolitikerInnen und möglichen BündnispartnerInnen stoßen, wenn sie sowohl mit traditionellen Rollenzuschreibungen von Frauen wie auch mit feministischen Anliegen kompatibel sind.

Eine methodische Schlussfolgerung besteht darin, bei der Analyse von Erfolg sozialer Bewegungen eine doppelte Perspektive der Bewertung einzunehmen, zum einen die Maßstäbe der unterschiedlichen Akteure selbst und zum anderen die sich aus dem Erkenntnisinteresse und der Forschungslogik heraus ergebenden. Zudem ist es analytisch hilfreich, die Ebenen der Einflussbestimmung, der Einflusserklärung und der Erfolgsbewertung zu trennen. Bezüglich der Einflusserklärung ist auf die politischen Kontextstrukturen wie auf das aktive Bewegungshandeln einzugehen, um ein Bild des tatsächlich *durch die Bewegung* erzielten Einflusses zeichnen zu können.

Öffnungen und Grenzen des *Framing* in der EU

Im letzten Kapitel wurde herausgearbeitet, dass es auf verschiedenen Ebenen einen nachweisbaren *impact* der Kampagne in Großbritannien gegeben hat, dieser aber nicht zu spürbaren Verbesserungen für die Migrantinnen geführt hat. Seit Mitte der 1990er Jahre arbeiteten Organisationen von und für Haushaltsarbeiterinnen mit den britischen Erfahrungen im Hinterkopf am Aufbau des europäischen Netzwerks RESPECT. In der europäischen Integrationsforschung wird davon ausgegangen, dass sich für Nichtregierungsorganisationen und europäische Netzwerke neue Chancen der Intervention im europäischen Mehrebenensystem ergeben. Daher setze ich mich nun mit der Frage auseinander, inwieweit die EU tatsächlich eine Ermöglichungsstruktur für die politische Mobilisierung zur Verwirklichung von mehr Rechten für undokumentierte Migrantinnen bedeutet. Nachgegangen wird dem anhand der politischen Mobilisierung des RESPECT-Netzwerks in der EU.

Meine These ist, dass über das frauenpolitische *advocacy*-Netzwerk die erfolgreiche Thematisierung der Bekämpfung von Frauenhandel und die Subsumtion der Situation von undokumentierten Haushaltsarbeiterinnen in das Konzept Frauenhandel in der Mitte der 1990er Jahre in der EU zunächst einen ermöglichenden Effekt hatte, später aber aufgrund der Beschaffenheit des *frames* »Frauenhandel« und der Diskursstrangverschränkung mit der Bekämpfung irregulärer Migration in eine gegenteilige Situation umgeschlagen ist.

In diesem Kapitel verfolge ich zunächst die parallele Thematisierung von Frauenhandel und Haushaltsarbeit in der Europäischen Union, die von einer nahezu identischen Akteurskonstellation geleistet wurde und Synenergieeffekte hatte. Anschließend markiere ich den Wendepunkt und die Diskussionen im RESPECT-Netzwerk. Anhand des Vergleichs von Dokumenten unterschiedlicher Ausrichtung zeichne ich nach, warum sich das RESPECT-Netzwerk vom Begriff des Frauenhandels abgewendet hat und sich für ein auf Rechte basierendes *framing* und die Selbstorganisierung der Betroffenen entschieden hat. An dieser Entwicklung diskutiere ich die Grenzen eines aktiven *framing* und die sich daraus ergebenden politischen Implikationen.

Die Ausbeutung von Haushaltsarbeiterinnen: Ermöglichung der Thematisierung über ›Frauenhandel‹

Ab Mitte der 1990er Jahre entwickelte die Europäische Union vielfältige Maßnahmen zur Bekämpfung von Frauen- und Menschenhandel. Innerhalb weniger Jahre entwickelte sich das Thema des Frauenhandels in der EU von einem kaum wahrgenommenen zu einem dringenden politischen Problem, das mittlerweile einen festen Platz auf der Agenda der EU und der Mitgliedsstaaten hat. Die erfolgreiche Thematisierung ist auch für das Problem der Ausbeutung und Misshandlung von undokumentierten Haushaltsarbeiterinnen von Bedeutung.

Eine Reihe von Organisationen subsummiert das Thema der Ausbeutung im Sektor informeller Haushaltsarbeit unter den Begriff des Frauenhandels bzw. als Form moderner Sklaverei. Lange wurde Frauenhandel definiert als eine Kombination von Zwang, Täuschung, Ausbeutung und Prostitution, das heißt die sexuelle Ausbeutung stellte ein Kriterium für Frauenhandel dar. Folglich fielen Migrantinnen, die in Privathaushalten arbeiteten und nicht oder zu gering entlohnt und/oder misshandelt wurden, nicht darunter. Frauen- und Menschenrechtsorganisationen stellten in ihrer Arbeit jedoch fest, dass das Kriterium der sexuellen Ausbeutung auf viele Fälle von Zwang und Gewaltanwendung nicht zutraf, was zu einer Ausweitung des Konzeptes führte. Die meisten NGOs orientierten sich an der Definition der *Global Alliance Against Trafficking in Women*. Diese versteht unter dem Handel mit Personen alle Handlungen unter Einsatz von (Drohung mit) Gewalt, Machtmissbrauch, Schuldknechtschaft, Täuschung oder anderen Formen von Zwang, die in Zusammenhang mit der Anwerbung oder dem Transport einer Person zu Arbeits- oder Dienstleistungszwecken stehen, unabhängig davon, ob Grenzen überschritten werden (Eritt/Prasad 1998: 6). Nach jahrelangem internationalem Lobbying vor allem von Frauenorganisationen wie der *Global Alliance Against Trafficking in Women* und auf der Weltfrauenkonferenz in Beijing 1995 ist von den Vereinten Nationen 2000 eine erweiterte Definition verabschiedet worden (»PalermoProtokoll«), nach der die Ausbeutung nicht nur auf sexuelle Dienstleistungen beschränkt ist, sondern auch andere Bereiche wie Haushaltsarbeit und Ehe *(»Mail-order-brides«)* umfasst (UN 2000).[11]

Frauenhandel als neues Politikfeld der EU

Den Auftakt der Thematisierung von Frauenhandel auf europäischer Ebene bildete im Sommer 1996 eine hochrangige Konferenz, die auf Initiative der neu ernannten schwedischen Kommissarin für Justiz und Inneres, Anita Gradin, zustande gekommen war und an der EU-BürokratInnen, ExpertInnen und NGOs teilnahmen (Locher 2002: 64). Im Herbst 1996 wurde in einer Mitteilung der Kommission eine Bestandsaufnahme der Situation in den Mitgliedsstaaten veröffentlicht und wenig später das erste Aktionsprogramm der EU gegen Menschenhandel und die sexuelle Ausbeutung von Kindern, STOP, verabschiedet. Frauenhandel wurde nicht nur als Problem irregulärer Migration, sondern auch als Menschenrechtsverletzung und Gewalt gegen Frauen dargestellt (ebd.). Im Jahr 2000 wurde von der Europäischen Kommission ein zweites Ak-

---

11 »›Trafficking in persons‹ shall mean the recruitment, transportation, transfer, harbouring or receipt of persons, by means of the threat or use of force or other forms of coercion […] or of a position of vulnerability or of the giving or receiving of payments or benefits to achieve the consent of a person having control over another person for the purposes of exploitation. Exploitation shall include, at a minimum, the exploitation of the prostitution of others or other forms of sexual exploitation, forced labour or services […]« (UN 2000, Art. 3 (a)).

tionsprogramm, DAPHNE, beschlossen. Frauen- und migrationsbezogene Projekte in der EU sowie in den damals assoziierten mittel- und osteuropäischen Ländern, wurden über vorbeugende Maßnahmen zur Bekämpfung von Gewalt, u.a. Menschenhandel, gegen Kinder, Jugendliche und Frauen finanziell gefördert (EP/Rat 2000, DAPHNE-Programm 2002: 1). Anfang 2000 fand im Europäischen Parlament eine viel beachtete Anhörung zum Thema Frauenhandel statt. Im Mai 2000 legte die belgische Parlamentarierin und Frauenrechtsaktivistin Patsy Sörensen einen Bericht vor (EP 2000a). Ebenfalls im Jahr 2000 präsentierte die Europäische Kommission ein umfassendes Konzept für eine integrierte Strategie zur Bekämpfung von Frauenhandel (EC 2000d) und brachte einen Vorschlag für eine *Council Framework Decision* (EC 2000a) ein. Am 8. März 2001 organisierten die KommissarInnen für Beschäftigung und Soziales, Diamantopoulou, und Justiz und Inneres, Vitorino, gemeinsam einen Informationstag zum Thema Frauenhandel (EC 2001a). Bei den Beitrittsverhandlungen mit den Kandidatenländern aus Mittel- und Osteuropa spielte die Problematik des Frauenhandels ebenfalls eine Rolle.

Die unvollständige Auflistung zeigt, dass seit Mitte der 1990er Jahre das Thema des Frauen- und Menschenhandels konstant auf der politischen Agenda der europäischen Organe gehalten wurde und in politischen Maßnahmen mündete, die von den Mitgliedsstaaten in nationales Recht umzusetzen waren bzw. für die Kandidatenländer zur Eintrittskarte in die EU gehörten. Für Frauenrechtsorganisationen bedeutete insbesondere das DAPHNE-Programm die Möglichkeit, finanzielle Ressourcen zu mobilisieren und sich europaweit zu vernetzen, da insbesondere multinationale Kooperationen gefördert wurden.

Faktoren für die erfolgreiche Thematisierung von Frauenhandel

Wie seit Mitte der 1990er Jahre das plötzliche und intensive Engagement der EU im Politikfeld des Frauenhandels zustande kam, obgleich bereits seit den 1970er Jahren Frauenhandel als Problem präsent ist, versucht Birgit Locher zu erklären. Sie kommt aus einer feministisch-konstruktivistischen theoretischen Perspektive zu dem Ergebnis, dass drei Faktoren zur erfolgreichen Thematisierung führten (Locher 2002): Erstens setzten sich engagierte AkteurInnen eines *advocacy*-Netzwerks inner- und außerhalb der EU-Institutionen gegen Frauenhandel ein. Zweitens bot eine Norm-Kopplung, das heißt die Verknüpfung der Anti-Frauenhandelsnorm mit anderen gesellschaftlich akzeptierten Normen, einen effektiven *frame* und drittens gab es Mitte der 1990er Jahre günstige politische Gelegenheitsstrukturen, etwa kritische Ereignisse (z.B. Dutroux-Skandal[12]) und geänderte institutionelle Regeln der EU.

Das frauenpolitische advocacy-Netzwerk

Wie bereits für die Entwicklung der Sichtbarkeit von Migrantinnen in der europäischen Frauenpolitik nachgezeichnet, führt das strategische und inhaltlich motivierte Zusammenspiel von verschiedenen Gruppen von Akteurinnen in der EU zu frauenpolitischen Erfolgen. Der Frauenrechteausschuss befasste sich über lange Zeit mit dem Thema Frauenhandel und benannte engagierte Berichterstatterinnen. Bei den Politikerinnen stellte die Ernennung der schwedischen Kommissarin für Justiz und Inneres, Anita Gradin, den entscheidenden Schritt dar, denn sie knüpfte strategische Allianzen mit nationalen Justizministerinnen im Rat. Diese Kontakte waren mitentscheidend, dass der Rat der EU die Politik gegen Frauenhandel mittrug. Mit dem Rücktritt der Santer-Kommission im März 1999 musste auch Gradin zurücktreten. Ihr Nachfolger Vitorino setzte jedoch das Engagement gegen Frauenhandel fort, allerdings wieder stärker im Kontext der Bekämpfung irregulärer Migration und weniger aus einer Frauenrechtsperspektive. Die griechische Kommissarin für Soziales und Beschäftigung, Anna Diamantopoulou, übernahm von Gradin die Funktion im ›samtenen Dreieck‹. Die Gründung der Europäischen Frauenlobby 1990 als Dachverband der Frauenorganisationen in der EU bedeutete für die Konsolidierung des frauenpolitischen *advocacy*-Netzwerks einen wichtigen Schritt. Mitte der 1990er Jahre wurde in Folge der UN-Weltfrauenkonferenz in Beijing ein spezialisiertes europäisches Netzwerk gegen Frauenhandel *(European Network Against Trafficking in Women)* gegründet, dem nationale Koordinationen wie in Deutschland der Koordinationskreis gegen Frauenhandel angehören. Das Netzwerk schlug den Bogen zwischen Frauen- und Menschenrechtsorganisationen und betonte das Thema der Gewalt gegen Frauen (Locher 2002: 71).

Für das *advocacy*-Netzwerk, das sich um das Thema Frauenhandel bildete, war eine kollektive feministische Identität ausschlaggebend und bildete die Grundlage für starke Allianzen über nationale und institutio-

---

12 In Belgien verschwanden 1995 und 1996 sechs Mädchen. Sie wurden von Marc Dutroux und seiner Lebensgefährtin entführt, zwei wurden ermordet, zwei verhungerten. Bei einem Weißen Marsch demonstrierten am 20.10.1996 in Brüssel 300 000 Menschen für die Aufklärung der Verbrechen und prangerten Ermittlungspannen und Justizversagen an. 1998 floh Dutroux zwischenzeitig, die belgischen Innen- und Justizminister mussten zurücktreten, im Juni 2004 wurde er verurteilt.

nelle Grenzen hinweg (Locher 2002: 69), auch wenn in der Frage der Prostitution die Positionen weit auseinanderliegen.[13]
Keck und Sikkink (Keck/Sikkink 1998) messen den Erfolg der *advocacy*-Netzwerke daran, ob sie ein Thema auf die politische Tagesordnung setzen und die diskursive Position eines Staates bzw. internationaler Organisationen beeinflussen können, die wiederum in institutionelles und staatliches Handeln umgesetzt wird. Das Zusammenwirken der verschiedenen Fähigkeiten und Wissenstypen der Mitglieder des ›samtenen Dreiecks‹ trug dazu bei, dass beim Thema des Frauenhandels diese Ziele erreicht werden konnten. Die ›Femokratinnen‹ und feministischen Politikerinnen verfügten über ein prozedurales Wissen über die Verfahren, Regeln und Normen der EU-Institutionen; die *Gender*-Expertinnen und Wissenschaftlerinnen brachten technokratisches und Expertenwissen ein; die NGO-Vertreterinnen hingegen konnten durch die Arbeit mit lokalen Organisationen und betroffenen Frauen ein testimoniales Wissen beisteuern (z.B. Präsentation von Zeuginnenaussagen, Statistiken), welches die Glaubwürdigkeit der Anliegen untermauerte (Locher 2003: 54, 74). Es gab auch Überschneidungen der Akteurinnen, so ernannte der Frauenrechtsausschuss im Herbst 1999 die Belgierin Patsy Sörensen zur Berichterstatterin, sie war zugleich NGO-Aktivistin und Abgeordnete und verfügte über beide Typen von Wissen und Engagement (Locher 2003: 57). Das Mehrebenensystem der EU bietet für derart strukturierte *advocacy*-Netzwerke einige Ansatzpunkte der politischen Intervention. Wie die weiteren Ausführungen zum Thema Frauenhandel und irreguläre Migrantinnen zeigen, sind diese jedoch vor allem struktureller Art und nur in einem begrenzten thematischen Korridor möglich.

Norm-Reaktivierung und Norm-Kopplung

Die Norm gegen Frauenhandel ist keine neue, sondern geht auf die Jahrhundertwende zurück.[14] Durch internationale Abkommen sollte

---

13 Die Europäische Frauenlobby vertritt explizit eine abolitionistische Position und betrachtet jede Form der Prostitution als erzwungene. Diese Position wird aber nicht von allen Mitgliedsorganisationen vertreten.

14 1902 fand in Paris die erste internationale Konferenz statt, deren Ergebnis das *International Agreement for the Suppression of the White Slave Traffic* darstellte. Es folgten 1920, 1921, 1933 und 1949 weitere Abkommen (vergleiche Locher 2002: 66f.). Es bildete sich ein historisches internationales Regime gegen Frauenhandel heraus. In der ersten Hälfte des 20. Jahrhunderts war das Thema Frauenhandel Gegenstand kontroverser Diskussionen zwischen SozialreformerInnen, religiösen Gruppen, AbolitionistInnen, PuritanistInnen und den verschiedenen Strömungen der ersten internationalen Frauenbewegung (Rupp 1997).

dem Problem der »white slavery«[15] begegnet werden. Nach dem Zweiten Weltkrieg geriet das Thema in Vergessenheit. In der Europäischen Union gelang es ab Mitte der 1990er Jahre, die Norm zu reaktivieren. Die Thematisierung im Rahmen der UN-Menschenrechtskonferenz 1993 in Wien sowie der Weltfrauenkonferenz 1995 und eine innovative Norm-Kopplung spielten dafür eine wichtige Rolle. Es fand eine Verschiebung von der ausschließlichen Subsumtion unter die Bekämpfung irregulärer Migration hin zu einem Problem der Gewalt gegen Frauen statt. Die Aktionsplattform der Weltfrauenkonferenz (Vereinte Nationen 1995) diente als Referenzrahmen, um die Forderungen gegenüber dem Rat und der Kommission zu legitimieren, da es auf europäischer Ebene noch keine erklärten Politiken und Zuständigkeiten gab. Grundlage des *framings* war die Gleichheitsnorm zwischen den Geschlechtern sowie ein Rekurs auf eine ebenfalls revitalisierte Norm gegen Sklaverei, indem Frauenhandel als Form moderner Sklaverei angeprangert wurde. Diese Verknüpfung erinnert an die frühe Rahmung der britischen Kampagne gegen die Ausbeutung von Hausangestellten ebenfalls als moderner Form der Sklaverei. Durch die Kopplung der verschiedenen Normen gelang es, eine breite politische Unterstützung gegen Frauenhandel zu erlangen.

Politische Gelegenheitsstrukturen

Drei Ereignisse und Entwicklungen trugen Mitte der 1990er Jahre dazu bei, dass in Politik und Medien Frauenhandel thematisiert wurde: Mit den Umbruchprozessen in Mittel-, Ost- und Südosteuropa, Zentralasien und der ehemaligen Sowjetunion ging ein Anstieg von Frauenhandel und irregulärer Migration einher. Die Dutroux-Skandale Mitte der 1990er Jahre in Belgien erhöhten zudem den Handlungsdruck, nicht allein auf nationaler Ebene der sexuellen Ausbeutung von Mädchen und Frauen entgegenzutreten. Auf den UN-Menschenrechts- und Weltfrauenkonferenzen 1993 und 1995 wurde das Thema nicht nur von Frauenorganisationen aus Europa, sondern weltweit als drängendes politisches Problem eingebracht.

Darüber hinaus gab es institutionelle Neuerungen in der EU, die eine dezidiert europäische Politik gegen Frauenhandel beförderten. Im Vertrag von Maastricht 1993 wurde die dritte Säule der EU, Justiz und Inneres, eingeführt. Die Kommission konnte fortan auch in vormals rein nationalstaatlich regulierten Bereichen initiativ werden. Darunter fielen auch Frauenhandel und Migration. Im Amsterdamer Vertrag schließlich

---

15 Der Begriff »white slavery« zeigt den rassistischen und kolonialistischen Hintergrund, der den Abkommen zugrunde lag. Nur weiße Frauen konnten Opfer von illegitimen Frauenhandel sein.

wurde Frauenhandel explizit erwähnt und die Bekämpfung als Ziel der EU definiert. Zudem bedeutete der Amsterdamer Vertrag durch das Mitentscheidungsverfahren[16] eine Stärkung des Europäischen Parlaments, eine Institution, die in dieser Frage hohes Engagement zeigte. Mit dem Gipfel von Tampere 1999 beschloss der Rat der Kommission im Bereich Asyl und Migration weitgehendere Kompetenzen zuzugestehen. Diese seit Mitte der 1990er Jahre vollzogenen Veränderungen bedeuteten, dass es fortan legitim war, als Europäische Union Aktivitäten zur Bekämpfung von Frauenhandel zu entfalten.

Dies geschah in relativ enger Kooperation mit den nicht-staatlichen Akteursgruppen des ›samtenen Dreiecks‹. Mitte der 1990er Jahre bestand ein Interesse seitens der Europäischen Kommission, die Zusammenarbeit mit NGOs zu intensivieren, insbesondere da sie zur Implementation von Politikprogrammen auf nationaler und lokaler Ebene beitragen konnten. Durch eine erfolgreiche Implementation wiederum konnte die EU in den Mitglieds- und Beitrittsstaaten ihre Sichtbarkeit steigern und Legitimation erhöhen. Der Zugriff auf die Expertise der NGOs ermöglichte der EU zudem die Formulierung von fundierten Politiken.

Die Situation Mitte der 1990er Jahre bedeutete somit für alle Seiten günstige politische Gelegenheitsstrukturen: Das Europäische Parlament und die Kommission konnten ihre Kompetenzen ausweiten, pro-europäische Bündnisse eingehen und auf nicht-staatliche Akteure zurückgreifen, die bereitwillig Expertise beisteuerten. Die NGOs wiederum profitierten von der Bereitstellung von Forschungs- und Projektgeldern und konnten sich auf europäischer Ebene als ernstzunehmende Akteure profilieren. Infolge dieser Konstellation konnte die Bekämpfung des Frauenhandels auf die europäische politische Agenda gesetzt werden und mündete in der Verabschiedung einer Rahmenentscheidung und der Implementation auf nationaler und lokaler Ebene, sowohl in den Mitgliedsländern der EU als auch in den Hauptherkunftsländern der betroffenen Frauen.

Zurückweisung des *Frames* »trafficking« durch das RESPECT-Netzwerk

Die Thematisierung der Bekämpfung von Frauenhandel stellte bis zu diesem Punkt eine Politikermöglichung dar und schuf neue Thematisie-

---

16 Durch die *co-decision procedure* kommt dem Europäischen Parlament durch zwei Lesungen größeres Gewicht zu, nach den Lesungen wird die endgültige Entscheidung durch das Parlament und den Rat gefällt.

rungsbedingungen. Dennoch: Das europäische RESPECT-Netzwerk hat sich im Februar 2001 vom Konzept des Frauenhandels und Kampagnen zur Bekämpfung von Frauenhandel distanziert (Schultz 2001). Die Auseinandersetzung innerhalb des Netzwerkes mit dem Begriff des Frauenhandels bzw. die Konfrontation mit den damit verbundenen Forderungen wurde mehrere Jahre geführt. Hingewiesen wird auf unterschiedliche Bedürfnisse von vom Frauenhandel betroffenen Frauen und Haushaltsarbeiterinnen sowie die Tatsache, dass es bei Haushaltsarbeiterinnen selbst auf Unverständnis stößt, wenn sie gefragt werden, ob sie vom Frauenhandel betroffen seien.

»We have discussed the whole issue of trafficking [...]. The whole issue of domestic workers in the private household is about workers rights. What we really try to do is to get domestic work recognised as work and include it in employment legislation. [...] There are other organisations who work with trafficked women, specifically. [...] And I think you need a different approach, a whole different way of working. We shared with the domestic workers, it came up in our discussions, even they said they were in a different situation« (Interview Kalayaan-Mitbegründerin, 20.1.2002).

Eine Koordinatorin des europäischen RESPECT-Netzwerkes erläutert die weitreichenden politischen Implikationen, die es hat, wenn NGOs im Bereich der Haushaltsarbeit mit dem Konzept von Frauenhandel arbeiten und begründet damit ihre Ablehnung:

»The Committee Against Modern Slavery, and in somehow also Antislavery international[17] which are not groups of self organised women, which are not empowerment organisations, which are male dominated organisations, and they decided to follow a completely different track – which was the one of trafficking. [...] They always emphasised [...] women domestic workers working in embassies and the worst cases of torture, rape and so – which is a strategy, advertising on these most extreme cases of violence, then to bring it to court, then to show that that's modern slavery, that's trade in human beings and then to ask for these women for temporary residence permit on humanitarian ground. [...] But what we found out, that this is an approach which doesn't take into account the migrants, because you systematically see the migrants as a victim. [...] While we found out, spending so much time on the ground, that most of the women, whether we like it or not, never heard of the word ›traffic‹, maybe some of them are smuggled but most of them arrive completely legally in Europe« (Interview RESPECT/Solidar, 28.11.2000).

Ein entscheidender Unterschied ist, wie das Zitat verdeutlicht, ob für die Betroffenen eine dauerhafte Legalisierung ihres Status angestrebt wird oder nur ein zeitlich befristeter Aufenthaltstitel für Opfer von Menschenhandel aus humanitären Gründen ohne Arbeitserlaubnis. Für viele

---

17 *Anti-Slavery International* ist eine Menschenrechtsorganisation, die 1839 gegründet wurde, um das System der Sklaverei weltweit abzuschaffen.

der Organisationen, die mit dem Begriff des Frauenhandels arbeiten, ist die Forderung nach einer Legalisierung zu weitgehend und radikal, so die Einschätzung des RESPECT-Netzwerks: »For example the *Comité contre l'esclavage moderne* are not in the position of regularisation of illegals for example, they don't want to touch that issue at all, they find it much too controversial« (Interview RESPECT/Solidar, 28.11.2000). Die Regularisierungsforderung entspricht nicht ihrem politischen Verständnis, welches im Anprangern von Menschenrechtsverletzungen und der Verfolgung der Täter aus der Organisierten Kriminalität besteht. Die Forderung nach einer temporären Aufenthaltsgenehmigung für die Opfer wird folglich damit begründet, dass diese vor Gericht aussagen sollen. Vielfach sind Zeuginnenaussagen und somit die Bestrafung der Täter nicht möglich gewesen, weil die Zeuginnen nach den Razzien und vor den Prozessen bereits in ihre Herkunftsländer abgeschoben worden waren. Es wird kritisiert, dass die Bekämpfung des Frauenhandels nicht allein mit dem Wohlergehen der Frauen, sondern mit staatlichen Interessen verbunden ist (vgl. Niesner 2001). Die Bekämpfung von Frauenhandel wird funktionalisiert oder als Legitimationsstrategie genutzt, um (sichere und unsichere) Migrationswege im Kontext der Einwanderungsbegrenzung zu beseitigen[18] und um restriktivere Politiken durchzusetzen. In Bezug auf die Migration nach Westeuropa ist dies vor allem in Mittel- und Osteuropa sowie Zentralasien zu beobachten. Frauenhandel ist zudem ein willkommenes Thema für den Ausbau grenzüberschreitender internationaler Polizeikooperation zur Bekämpfung transnationaler Organisierter Kriminalität. Dabei wird oft mit zu hohen Zahlen gearbeitet. So geht der Europarat von jährlich einer halben Million gehandelten Frauen aus Mittel- und Osteuropa in Westeuropa aus (Europarat 2003). Für die Bundesrepublik Deutschland registrierte das Bundeskriminalamt im Jahr 2000 jedoch nur 926 Opfer von Menschenhandel (BKA 2000). Insofern ist das Strafrecht zu Menschenhandel zur Zeit für nur eine kleine Zahl von Migrantinnen ein Instrument, sich gegen Gewalt und Ausbeutung zu wehren (Schultz 2001: 24). Die Zunahme von Razzien und Kontrollen wegen Frauenhandels wirkt sich nicht nur positiv für die Frauen aus, sondern geht mit einer Kriminalisierung einher.

---

18 Die zwischenstaatliche *International Organisation for Migration* (IOM) hat ein breit angelegtes Programm zur Bekämpfung von Frauenhandel vorgelegt, in dessen Rahmen die Zerschlagung von Migrationsrouten ebenfalls intendiert ist (www.iom.int; zur Kritik: noborder 2002b). Hier wird die Vermischung von Menschenhandel *(trafficking)* und Schleusen *(smuggling)* deutlich.

Ein weiteres Problem beim Begriff des Frauenhandels, das von den im RESPECT-Netzwerk zusammengeschlossenen Gruppen kritisiert wird, ist die Viktimisierung der Betroffenen, denen damit jegliche eigene Entscheidung abgesprochen wird. Eine Einreise in die EU ist oft nur noch mit illegalen Praktiken und der Organisierung durch Dritte möglich, da die Vergabe von (Schengen-)Visa zunehmend restriktiver gehandhabt wird. In den meisten Fällen wurde von der Migrantin und/oder der Familie die bewusste Entscheidung für die Arbeitsmigration getroffen, trotz oder in Unkenntnis der damit verbundenen Risiken (Asiengruppe 2000: 33). Diese gemeinsamen Entscheidungen sind charakteristisch für haushaltsbasierte Migrationsstrategien.

Aufgrund dieser Kritikpunkte an der Thematisierung der Ausbeutung von illegalisierten Haushaltsarbeiterinnen über den Begriff des Frauenhandels, hat das RESPECT-Netzwerk seine Argumentation auf die Forderung nach Rechten, insbesondere Arbeiterinnenrechten, zugespitzt.

›Domestic slavery‹ versus ›Arbeiterinnenrechte‹

Im Fall des RESPECT-Netzwerkes ist der *masterframe* rechtsbasiert, es gibt die nachgeordneten *frames* der »Menschenrechte«, »Arbeiterinnenrechte« und »Frauenrechte«. Der »Rechts-*frame*« entstand in Abgrenzung zu opferbasierten *frames*. Die politische Relevanz des Unterschieds zwischen Positionen, die die Bekämpfung von Sklaverei und Frauenhandel auf der einen und die Verbesserung von Migrations- und Arbeitssituation auf der anderen Seite fordern, zeigen idealtypisch die Dokumente von drei Akteuren, die ich im Folgenden stellvertretend für die jeweiligen Positionen analysiere: Erstens der »Report on regulating domestic help in the informal sector«, der vom Ausschuss für die Rechte der Frau und Chancengleichheit erarbeitet, einstimmig verabschiedet und am 30. November 2000 vom Europäischen Parlament mit großer Mehrheit parteiübergreifend angenommen wurde (EP 2000b, Official Journal of the European Communities, 13.8.2001, C 228/113-118), zweitens der Bericht »Domestic Slavery« des Europarates (Council of Europe 2001) und drittens ein Handbuch von und für in Haushalten arbeitenden Migrantinnen des europäischen RESPECT-Netzwerkes, das eine »Rechtscharta für ausländische Hausangestellte in Europa« (RESPECT 1999, siehe Dokumentation im Anhang) enthält. Den beiden Berichten gingen Konsultationen in Ausschüssen voraus, sie stellen die Position der jeweiligen Institution dar. Die Rechtscharta wird vom RESPECT-Netzwerk auf vielfältige Weise genutzt und verbreitet. Migrantinnen sollen pointiert über ihre Rechte aufgeklärt werden und sie wird in der politischen Lobbyarbeit eingesetzt. Entwickelt und diskutiert wurden die Positionen von Migrantinnen, die in Haushalten arbeiten, mit der Unterstützung von NGOs. Die Dokumente enthalten unterschiedliche Problemwahrnehmungen, eine differierende Beschreibung von handlungsfähigen Akteuren und Lösungsvorschläge. Es liegt eine teilweise Übereinstimmung der Perspektive bei zwei der Dokumente vor, dem des RESPECT-Netzwerkes und des Europäischen Parlaments, auf deren Gründe ich weiter unten eingehe.

Widersprüchliche Problemdiagnose

Der Bericht des Europäischen Parlaments sowie die Charta des RESPECT-Netzwerks gehen von Problemen der Erwerbsarbeit in Privathaushalten aus und sehen Möglichkeiten der Verbesserung der Rechtssituation. Der Bericht des Europarats benennt das bestehende Problem als eines von Frauenhandel und Sklaverei.

Der Gegenstand des Berichts des Europaparlaments ist nichtdeklarierte, bezahlte Arbeit in Privathaushalten, die in der Regel durch Frauen geleistet wird (EP 2000b: 9). Diese Form der Erwerbsarbeit findet im Verborgenen statt, die Verhandlung von Lohn und Arbeitsbedingungen ist abhängig von lokalem Angebot und Nachfrage. Der Bericht wurde ursprünglich nicht mit dem Ziel verfasst, prioritär die Situation von Migrantinnen zu behandeln, im Laufe der Beratungen wurde dies jedoch zu einem wichtigen Aspekt: »Finally, we cannot ignore the situation of the very large proportion of female migrant workers employed as domestic help. The last part of this report will also cover their status as paid but undeclared domestic help« (EP 2000b: 9). Es wird keine Schätzung der Zahlen vorgenommen, sondern auf das Fehlen von aussagekräftigen Statistiken verwiesen. Die steigende Zahl von Hausangestellten geht auf die demografische Entwicklung zurück – vor allem die Pflege Pflegebedürftiger –, auf die Zunahme von Einelternfamilien und Vollzeitbeschäftigung beider Eltern sowie allgemein auf die Zunahme an illegaler Beschäftigung. Der Bericht beschreibt kurz die Lebenssituation der Hausangestellten in verschiedenen Ländern der EU. Die von den Hausangestellten zu erledigenden Arbeiten werden verglichen mit der ILO-Konvention C 177 zu Hausarbeit (ILO 1996)[19] und der ILO-Standardklassifikation von Berufen (ILO 1990), welche ein recht enges Feld der

---

19 Nur Albanien, Finnland, Irland und die Niederlande unterzeichneten die Konvention (www.ilo.org, Stand: 4.6.2006).

Tätigkeiten umschreibt.[20] Es werden Misshandlung und das Fehlen sozialer Sicherung als Hauptprobleme der Beschäftigten beschrieben. Die Arbeitsbedingungen hängen vom aufenthaltsrechtlichen Status ab.

Der Bericht des Europarates spricht ausschließlich über in Privathaushalten arbeitende illegale Migrantinnen und »victims of a new form of slavery« (Council of Europe 2001: 1) als Bestandteil des Menschenhandels. Eine Haushaltssklavin sei ein »vulnerable individual forced, by physial and/or moral coercion, to work without any real financial reward, deprived of liberty and in a situation contrary to human dignity« (ebd.). Vier Millionen Frauen würden pro Jahr in diesem Sinne verkauft. Die Pässe würden systematisch konfisziert, ihre Arbeit erfolge unter- oder unbezahlt, Arbeits- und Unterkunftsbedingungen verletzten die Menschenwürde, die tägliche Arbeitszeit betrüge 15 bis 18 Stunden, oft dürften sie nur die Reste essen, keinen Kontakt zur Familie halten und seien kulturell isoliert. Es werden drei Typen von Haushaltssklaverei identifiziert: 1. Personen, die im Herkunftsland von einer Agentur rekrutiert werden und die Gebühren zahlen müssten; 2. Erwachsene oder Minderjährige, die durch Menschenhändler zur Arbeit gezwungen werden; 3. Personen, die bereits im Herkunftsland für den Arbeitgeber arbeiteten und ihm nach Europa folgen (ebd.: 3).

Die Charta für die Rechte der in Haushalten arbeitenden Migrantinnen spricht von »Menschen und Arbeitnehmerinnen«, zumeist Frauen, die sich in verschiedenen sozialen Situationen befinden (dokumentiert/undokumentiert, *live-in/live-out*[21], erste/zweite Generation, geboren in Afrika, Asien, Südamerika, Europa). Haushaltsarbeit wird als »anstrengende Arbeit, die eine Reihe von Fähigkeiten erfordert« (RESPECT 1999: 7) beschrieben, die jedoch nicht als Arbeit anerkannt sei. Der Rest der Charta besteht aus einer Auflistung der geforderten Rechte, das Handbuch aus Erfahrungsberichten und Tipps von Haushaltsarbeiterinnen in verschiedenen europäischen Ländern.

Beide offiziellen Berichte beziehen sich für Großbritannien auf die gleichen empirischen Grundlagen. Dessen Daten wurden von Wissenschaftlerinnen bzw. von der RESPECT-Mitgliedsorganisation *Kalayaan*

---

20 Die ILO definiert den Beruf der Haushaltsangestellten wie folgt: »Domestic Helpers and Cleaners sweep, vacuum clean, wash and polish, take care of the household linen, purchase houshold supplies, prepare food, serve meals and perform various other duties« (ILO 1990).

21 Erwerbsarbeit in Privathaushalten kann unterschieden werden in *live-in* und *live-out*. *Live-in* bedeutet, im Haus der ArbeitgeberInnen zu wohnen und nur für den Haushalt zu arbeiten. *Live-out* heißt in der Regel, stundenweise für mehrere ArbeitgeberInnen zu arbeiten, unabhängiger zu sein und mehr zu verdienen (Anderson, B. 2000: 28, 39-47).

erhoben (vgl. Anderson, B. 2000, Anderson, B./Phizacklea 1997). Interpretiert werden die Daten jedoch unterschiedlich. Im Bericht des Europarates wird als Quelle die NGO *Kalayaan* genannt, die mehr als 4 000 Hausarbeiterinnen beraten habe, von denen 84 Prozent psychologische Misshandlung erlitten und 54 Prozent eingeschlossen wurden (Council of Europe 2001: 2). Die Zahlen werden als Nachweis der Existenz von Haushaltssklaverei gewertet. In den Forschungen von Bridget Anderson und Annie Phizacklea werden die gleichen Probleme und dieselben Daten als »worker's problems« (Anderson, B./Phizacklea 1997: 2f.) bezeichnet. An diesem Umgang mit den Zahlen seitens des Europarates wird das zuvor beschriebene Problem deutlich, dass Zahlenangaben oft deutlich in die Höhe getrieben werden, um Handlungsdruck in Richtung der Bekämpfung illegaler Einreise und Beschäftigung zu erzeugen.

Die Unterschiede zwischen den beiden Positionen setzen sich bei der Artikulation politischer Forderungen fort und leiten sich aus der Problemdiagnose ab.

Prognostic-Framing: ›Bekämpfung von Menschenhandel‹

Der Bericht des Europarats macht vor allem Vorschläge, die eine verstärkte polizeiliche Kooperation, Grenzsicherung und Vereinheitlichung der Gesetze zur Bekämpfung grenzüberschreitender Kriminalität und somit des Frauenhandels vorsehen. Für die potenziellen Opfer soll es in den Herkunftsländern Präventionsprogramme geben, die Informationen über das Zielland (z.b. Arbeitsbedingungen, Rassismus, ökonomische Unsicherheit) und über Menschenhandelsnetzwerke enthalten. Eine zeitlich befristete Aufenthaltsgenehmigung soll denjenigen erteilt werden, die in einem Prozess gegen die Schleuser und Ausbeuter aussagen. Danach soll eine ›freiwillige Rückkehr‹ durch die IOM unterstützt werden, bzw. eine Abschiebung im Falle der Verweigerung. Neben den auf Repression zielenden Maßnahmen wird die Bekämpfung von Armut in den Herkunftsregionen gefordert. Eine der Empfehlungen für die internationale Ebene ist die Vorbereitung einer »domestic employment charter« (Council of Europe 2001: 12f.). Als Referenzpunkt wird die vom RESPECT-Netzwerk entwickelte Charta angeführt. Sie sei geeignet, Regeln festzulegen, die vor Versklavung schützten, etwa durch Arbeitsverträge.[22] In der Schlussfolgerung des Europaratberichtes wird noch ein-

---

22   Der Widerspruch, dass die Charta des RESPECT-Netzwerkes eine andere Strategie verfolgt als der Bericht des Europarates, bleibt unberücksichtigt. Vielmehr steht der Vorschlag unkommentiert neben repressiven Maßnahmen gegen irreguläre Migration.

mal auf die Zentralität der internationalen Kooperation zur Bekämpfung des Menschenhandels eingegangen.

Die Ausrichtung eines Positionspapiers ist auch daran zu messen, welche Akteure als handlungsfähig wahrgenommen werden. Die im Bericht des Europarates erwähnten Akteure lassen sich unterscheiden in Täter (Anwerbeagenturen, Menschenhändler, Diplomaten und internationale Geschäftsleute als Ausbeuter), Opfer (Migrantinnen), Regulateure (Staaten, Europarat, EU, UN) und HelferInnen (Polizei, Strafverfolgungsbehörden, NGOs). Die in den Haushalten arbeitenden Migrantinnen werden im Europaratsbericht durchgängig als »victims«, »domestic workers«, »domestic slaves« oder »these women« bezeichnet. Ihre Lebenssituation führe zu Depression und Inaktivität, die Minderjährigen seien aufgrund fehlender sozialer Bindungen unfähig eine normale Persönlichkeit zu entwickeln (Council of Europe 2001: 6). Ein einziges Mal werden die Migrantinnen als Subjekte erwähnt: Die Mehrheit der Opfer wolle nicht in das Herkunftsland zurückkehren, sondern von den Ausbildungs- und Bildungsangeboten im Gastland Gebrauch machen (ebd.). Dies wird festgestellt, aber nicht in eine Empfehlung überführt, die etwa die Gewährung von Langzeitaufenthaltstiteln oder Qualifizierungsmaßnahmen beinhaltet.

Prognostic-Framing: ›Mehr Rechte für Migrantinnen‹

Der Bericht des Europaparlaments bzw. die Charta des RESPECT-Netzwerkes argumentieren mit Arbeits-, Frauen- und Menschenrechten. Der Schwerpunkt liegt auf der Formulierung von Arbeitsrechten aus einer geschlechtssensiblen Perspektive. Es werden Vorschläge zu ihrer materiellen Verwirklichung gemacht. Der Bericht des Europaparlaments spricht sich aus für eine EU-weite Definition von Haushaltsarbeit, die Anerkennung als eigenständigen Beruf, eine auf den Beruf abgestimmte soziale Absicherung sowie die Festlegung von Höchstarbeitszeiten und den Zugang zu Qualifizierungsmaßnahmen (EP 2000b: 6f.). Durch die Anerkennung von Haushaltsarbeit als Beruf soll die Erteilung von regulären Arbeitserlaubnissen (ebd.: 8) eingeführt werden. So sollen »quality jobs« geschaffen werden und die Sozialpartner bei der Regulierung des Sektors einbezogen werden (ebd.: 7). Informationskampagnen für ArbeitgeberInnen und Angestellte sollen zu einem Bewusstsein über Rechte und Pflichten beitragen (ebd.). Der EP-Bericht empfiehlt die Einrichtung eines regulierten Marktes für bezahlte Haushaltsarbeit in den EU-Mitgliedsstaaten, etwa durch lokale Beschäftigungsagenturen, Nichtregierungsorganisationen oder Dienstleistungsunternehmen (ebd.). Zur Bekämpfung der illegalen Beschäftigung in Privathaushalten wird eine

Vereinfachung der Anmeldung von Angestellten durch Privatpersonen, die Anpassung der Löhne und Kosten an die individuellen finanziellen Ressourcen sowie die steuerliche Absetzbarkeit von Haushaltshilfen vorgeschlagen (ebd.). Die Erteilung von Visa für bei Diplomaten tätige Haushaltsangestellte soll an die Garantie von Mindestarbeitsbedingungen gekoppelt sein (ebd.: 8). Die Forderungen basieren auf positiven Erfahrungen der Regulierung des Haushaltsarbeitssektors in einigen der europäischen Mitgliedsstaaten, diese sollen die Grundlage für EU-weite Regeln darstellen und eine Quelle für neue Arbeitsplätze sein (ebd.: 9).

Die Rechtscharta des RESPECT-Netzwerks thematisiert die individuellen Arbeitsrechte der Migrantinnen und den Einwanderungsstatus d.h. weniger den Regulierungsaspekt auf dem Arbeitsmarkt, wie im Dokument des Europaparlaments. Es wird ein vom Arbeitgeber unabhängiger Einwanderungsstatus für Haushaltsangestellte als Arbeitsmigrantinnen gefordert, der die Freizügigkeit in der EU beinhaltet (RESPECT 1999: 8). Die Erwerbstätigkeit soll sozial abgesichert sein (Mutterschafts- und Krankengeld etc.), Mindestanforderungen genügen (z.b. Mindestlohn) und Rentenansprüche erlangt werden. Die Anerkennung von Abschlüssen und Berufserfahrungen aus dem Ausland soll verhindern, dass (hoch-)qualifizierten Frauen nur die Erwerbstätigkeit im informellen Sektor offen steht (ebd.).

Die Regularisierung von Frauen mit zeitlich begrenzten Aufenthaltstiteln und die strafrechtliche Verfolgung der Täter müsse ermöglicht werden, zudem sind Beratungsstellen vorgesehen (EP 2000b: 8). Die Rechtscharta benennt diese Aspekte der Strafverfolgung nicht, sondern formuliert positiv Rechte, die auch für Migrantinnen ohne legalen Aufenthalts- und Arbeitstitel gelten sollen. Die Rechtscharta legt zudem einen hohen Wert auf den Bereich der Familie (z.B. Recht auf Gesundheit und Bildung), da ein Teil der betroffenen Frauen Verantwortung für Kinder trägt, sei es im Herkunfts- oder Aufenthaltsland. Die politischen Akteure, die in beiden Dokumenten genannt werden, sind: die ArbeitgeberInnen, die ArbeitnehmerInnen, die Sozialpartner als die institutionalisierte Vertretung von ArbeiterInnen und ArbeitgeberInnen, NGOs als Anwälte der Interessen der Hausangestellten sowie der Staat und die EU als regulierende Kräfte.

Zusammenfassen lassen sich die politischen Forderungen aus dem Bericht des Europaparlaments und der Rechtscharta des RESPECT-Netzwerks auf sechs Ebenen:

1. Allgemeine Aufenthaltsrechte (z.B. durch Regularisierung);
2. An die Arbeit gekoppelte Aufenthaltsrechte (bspw. Green Card);

3. Arbeitsrechte unabhängig vom Aufenthaltsstatus (Einklagen von Lohnzahlungen trotz fehlender Aufenthaltsrechte o.ä.)[23];
4. Bessere Arbeits- und Lebensbedingungen;
5. Zugang zu Jobs in Privathaushalten (informell oder reguliert);
6. Zugang zu anderen Berufen durch die Anerkennung von Qualifikationen.

Die Schwerpunkte der beiden Akteure liegen auf verschiedenen Ebenen. In der Rechtscharta werden allgemeine bzw. an die Arbeit gekoppelte Rechte höher bewertet als beim Europaparlament. Das Europaparlament konzentriert sich besonders auf die politische Regulierung des Sektors, das heißt die Regelung des Zugangs zu den Jobs und die Rolle der ArbeitgeberInnen.

Die Grenzen des Framing

Aus Sicht des RESPECT-Netzwerkes ist die mit der Fokussierung auf der Bekämpfung des Frauenhandels verbundene Strategie ein Holzweg. Jedoch ist er momentan auf europäischer Ebene wie auch in den meisten EU-Ländern selbst gegenüber dem anderen deutlich im Vorteil, obwohl das Europäische Parlament in weiten Teilen ähnliche Vorschläge wie das RESPECT-Netzwerk formuliert hat. Der Grund liegt in der Ausrichtung der Migrationspolitik, die über den Ministerrat von den Nationalstaaten bestimmt ist und keine Öffnung für unqualifizierte ArbeiterInnen bzw. mehr Rechte für MigrantInnen überhaupt vorsieht. Das Europäische Parlament ist ein vergleichsweise schwacher Akteur, zu dem aber von Seiten des RESPECT-Netzwerks über Frauen des ›samtenen Dreiecks‹ Zugang bestand. Über informelle Lobbyarbeit und offizielle Anhörungen war das Netzwerk intensiv in die Formulierung des Berichts einbezogen und konnte inhaltlich Akzente setzen. Da der Bericht ursprünglich die Erwähnung von Migrantinnen gar nicht vorsah,[24] sondern sich

---

23 Verwiesen wird auf internationale Konventionen, etwa die ILO-Konvention 143 (1975) zur statusunabhängigen Entlohnung, sozialen Sicherheit und Einklagen von Lohn oder die UN-Konvention zum Schutz der Rechte der WanderarbeitnehmerInnen (1990). Diese sieht unabhängig vom Aufenthaltsstatus grundlegende Menschenrechte und Vertrags-/Arbeitsrechte vor (z.B. Beitritt zu Gewerkschaften, Lohnansprüche, gleiches Entgelt wie Staatsangehörige). Allerdings sind die Konventionen bis heute wenig wirkungsvoll, da sie fast nur von Entsendeländern ratifiziert wurden. In Bezug auf frauenspezifische Arbeitsbereiche sind sie defizitär, da weder spezifische Arbeitsbedingungen, ungleiche Entlohnung noch Schutzvorschriften gegen sexuelle Ausbeutung und sexualisierte Gewalt berücksichtigt werden.

24 Diverse Gespräche der Autorin mit beteiligten Politikerinnen und Mitgliedern des RESPECT-Netzwerks.

ohne Differenzierung mit der Beschäftigung von Frauen in dem Sektor befasste, war der Rahmen vorgegeben: Erwerbsarbeit und Familie und nicht Frauenhandel und irreguläre Migration, wie beim Bericht des Europarats. Aufgrund dieser Rahmenbedingungen konnte das RESPECT-Netzwerk seine erwerbsarbeitsbezogene und rechtsbasierte Perspektive auch über das frauenpolitische *advocacy*-Netzwerk einbringen, ohne die Befassung mit dem Themenfeld des Frauenhandels. Die ursprüngliche Nicht-Berücksichtigung von Migrantinnen stellte somit ein paradoxes *window of opportunity* dar. Allerdings hat der Bericht des Europäischen Parlaments kaum politische Konsequenzen, die über das *agenda-setting* hinaus gehen. Die Vorschläge des Europarats sowie von Organisationen wie *Antislavery International* haben demgegenüber aufgrund der politischen Gelegenheitsstruktur deutlich bessere Karten der Umsetzung.

Fazit

Die Fallstudie zum RESPECT-Netzwerk verdeutlicht, dass es in der EU für MigrantInnen-Netzwerke sowohl neue Öffnungen als auch Schließungen gibt. Die EU ist kein homogener Block, der Zugang für NGOs gewährt und ihren Anliegen gegenüber offen ist. Im Fall des RESPECT-Netzwerks zeigen das Europäische Parlament und die Generaldirektion Arbeit und Soziales eine gewisse Offenheit, wohingegen der Europäische Rat, die Generaldirektion Justiz und Inneres und – auch wenn nicht zur EU gehörend – der Europarat als relativ geschlossen zu bezeichnen sind. Wie bereits am Beispiel des *European Migrants' Forum* an der Problematik der *top-down*-Gründung des Dachverbandes durch die Europäische Kommission ausgeführt, wird das Terrain für NGOs und Netzwerke durch die Institutionen und Verfahren der EU vorstrukturiert. Zur Erklärung dieser »strukturellen Selektivität« (Jessop 1990) ist es notwendig, die Analyse struktureller und thematisch-diskursiver Faktoren zu verschränken. Auf struktureller Ebene gelingt es dem Netzwerk über eine frauenpolitische Akteurskonstellation das Thema auf der politischen Agenda zu positionieren, Ressourcen zu mobilisieren und politische Entscheidungen mit auf den Weg zu bringen. Allerdings gerät das Netzwerk dort an eine Grenze, wo es auf einen Deutungsrahmen beharrt, der nicht dem hegemonialen Diskurs entspricht, eine entsprechende Ausweitung des Deutungsrahmens *(frame extension)* verhindert und daher nur auf begrenzte Resonanz stößt bzw. die auf struktureller Ebene in die Wege geleitete Bündniskonstellation verlässt. *Framing* und die gesellschaftlichen Kontextstrukturen sind miteinander vermittelt, das heißt die Grenzen eines aktiven *framing* sind an diesem Punkt erreicht.

Abbildung 10: Vergleich des Framing

Dimension	Frame	
	›Bekämpfung von *domestic slavery* und Frauenhandel‹	›Mehr Rechte für in Haushalten arbeitende MigrantInnen‹
Problem	*Domestic slavery* als moderne Sklaverei, Menschenhandel	Schlechte Lebens- und Arbeitsbedingungen
Rolle der Migrantinnen	Opfer	wichtige Akteursgruppe
Migrationstyp	Erzwungene Migration	Arbeitsmigration
Politische Akteure, Bündnispartner	Staaten, Polizei, Justiz, supra-nationale Organisationen, NGOs	Staaten, supranationale Organisationen, NGOs, Sozialpartner, Arbeitgeber, Migrantinnen
Empfohlene politische Maßnahmen	**Prävention, Repression:** striktere Grenzkontrollen, Polizeikooperation, Harmonisierung der Gesetzgebung, Ratifizierung der *UN-Convention against Transnational Organised Crime* und dem *Protocol on Trafficking*; Bestrafung der Ausbeuter; Bekämpfung von Armut in den Herkunftsregionen durch Entwicklungshilfe. **Information und Unterstützung für Opfer:** Zeitweise Aufenthaltserlaubnis für Opfer; freiwillige Rückkehrprogramme. **Regulierung des Sektors:** Anerkennung von Haushaltsarbeit als Arbeit; Einhaltung von Mindestbedingungen für bei Diplomaten Beschäftigte.	**Arbeitsrechte:** legale Arbeitsmigration, Unabhängigkeit vom Arbeitgeber, Regulierung des Sektors, Anerkennung als Erwerbsarbeit, Arbeitsverträge, Sozialversicherung, Mindestlohn, Organisierungsfreiheit; Anerkennung von Berufserfahrung, Abschlüssen und Qualifikationen aus dem Ausland, Fortbildungsmaßnahmen. **Frauenrechte:** Nichtdiskriminierung, keine physische, sexuelle oder psychologische Misshandlung, Zentren für misshandelte Frauen; Anerkennung von Haushaltsarbeit als Arbeit. **Menschenrechte:** Recht auf Familienleben, soziale Sicherheit, Gesundheit und Bildung unabhängig des Status (für Kinder); Recht auf freie Zeit; Bewegungs- und Reisefreiheit; Leben ohne Diskriminierung.
Dokumente	Council of Europe 2001	EP 2000b, RESPECT 1999: 7f.

Quelle: Eigene Zusammenstellung

Gewerkschaften als Bündnispartner für irreguläre MigrantInnen?

Im ersten Teil des Kapitels wurde herausgearbeitet, dass bei der britischen Kampagne für illegalisierte Haushaltsarbeiterinnen das Engagement der Gewerkschaft TGWU ein entscheidender Faktor war, der zum Einfluss der politischen Mobilisierung beitrug. Der vorangehende Teil des Kapitels zeigte, dass das RESPECT-Netzwerk aufgrund der mit dem Konzept des Frauenhandels verbundenen politisch-strategischen und inhaltlichen Schwierigkeiten die Thematisierungsstrategie der Einforderung von Arbeitsrechten und der Artikulation der Migrantinnen als Arbeiterinnen bevorzugt. In diesem Teil wird daher die Frage der Rolle von Gewerkschaften für die Ausweitung von Rechten irregulärer MigrantInnen systematischer aufgegriffen. Sind Gewerkschaften aus Sicht des RESPECT-Netzwerks Teil der Mobilisierungen, Bündnispartnerinnen, Adressatinnen für Forderungen, behindernde Kräfte oder alles zugleich? Meine These ist, dass sich die Situation von undokumentierten Haushaltsarbeiterinnen gegenüber Gewerkschaften von irregulärer Beschäftigung zum Beispiel im Bausektor strukturell unterscheidet. Der Unterschied liegt weniger in der Art der Tätigkeit, der Anzahl der Beschäftigten o.ä., als vielmehr in einer ambivalenten Position, in der sich die Migrantinnen befinden: Irregulär in Haushalten arbeitende Migrantinnen werden von der Mitgliederbasis der Gewerkschaften nicht als Gefahr wahrgenommen, da der Sektor bezahlter Haushaltsarbeit aus Gründen, auf die ich später genauer eingehe, erstens kaum gewerkschaftlich reguliert und organisiert ist, zweitens das Arbeitsmarktsegment für einheimische Arbeitskräfte nur eine geringe Bedeutung hat und drittens die Arbeit mit geringen Löhnen und einer hohen Flexibilität mehr oder weniger unausgesprochen gesellschaftlich erwünscht ist. Diese Position hat Vor- und Nachteile für die politische Mobilisierung. Aus dieser Konstellation heraus ergeben sich für *pro-migrant*-Organisationen und Migrantinnen in prekarisierten und feminisierten Erwerbsarbeitssektoren einerseits Anknüpfungspunkte, die Aufmerksamkeitslücke zu nutzen und trotz des in der Regel irregulären Status' Arbeitsrechte und die Vertretung durch die Gewerkschaften einzufordern. Andererseits kann auch die Selbstbezogenheit und das Trägheitsmoment großer Organisationen wie Gewerkschaften überwiegen, da die Anliegen als nicht relevant erachtet werden, die Organisierung einen Organisationswandel erfordern würde und die Regulierung des Sektors privater Haushaltsarbeit – anders als der in der Öffentlichkeit viel beachtete Bausektor – nicht oben auf der Tagesordnung steht. Die Analyse des *status quo* sowie in dieser

Situation vom RESPECT-Netzwerk und engagierten GewerkschafterInnen entwickelte Strategien stehen daher im Mittelpunkt des Kapitels. Zunächst werde ich einige aus gewerkschaftlicher Perspektive bestehenden Dilemmata des Verhältnisses von Gewerkschaften und Migration skizzieren. Im zweiten Teil zeige ich mögliche Organisierungsformen von (irregulären) MigrantInnen innerhalb und parallel zu Gewerkschaften auf. Dabei beziehe ich mich neben südeuropäischen vor allem auf US-amerikanische Erfahrungen, da diese deutlich ausgeprägter sind als in Europa. Im dritten Teil analysiere ich am empirischen Material zum RESPECT-Netzwerk, inwiefern das Bündnis mit Gewerkschaften gesucht wird, welche Erwartungen daran geknüpft sind und welche Erfahrungen gemacht werden.

Gewerkschaften und Migration

In der Forschung zu Arbeitsmigration und Gewerkschaften herrscht die Einschätzung eines ambivalenten Verhältnisses von Gewerkschaften zu Arbeitsmigration vor (vgl. Penninx/Roosblad 2000b, Watts 2000, Lüthje/Scherrer 2001). Gewerkschaftspolitiken bewegen sich zwischen Ablehnung und Organisierungsbemühungen, zwischen Ausgrenzung und Integration, Gleich- und Sonderbehandlung. Begründet werden die Positionen mit den Auswirkungen von Arbeitsmigration auf die Höhe des Lohns für einheimische ArbeiterInnen, auf das Angebot von Arbeitskräften auf dem Arbeitsmarkt und das Gewerkschaftsselbstverständnis.

Aus vor allem zwei Gründen können Gewerkschaften daran interessiert sein, MigrantInnen zu organisieren: Zum einen ist die Stärke einer Gewerkschaft unter anderem vom Organisierungsgrad der ArbeiterInnen abhängig, zum anderen versuchen Gewerkschaften individuelle und kollektive Interessen von ArbeiterInnen gegenüber Unternehmen und dem Staat zu schützen. Dazu zählt zum Beispiel die Verhinderung der Konkurrenz unter ArbeiterInnen durch die Zahlung untertariflicher Löhne. Aus ebenfalls einer Reihe von Gründen setzen sich Gewerkschaften jedoch nicht immer für die Interessen von ArbeitsmigrantInnen ein und treiben ihre gewerkschaftliche Organisierung voran. In einer vergleichenden Studie der Positionierung westeuropäischer Gewerkschaften zu Migrationsfragen identifizieren Rinus Penninx und Judith Roosblad drei gewerkschaftliche Dilemmata (Penninx/Roosblad 2000a). Sie sind Ausgangs- und Kontextbedingungen für die mögliche Offen- oder Geschlossenheit der Gewerkschaften für die Anliegen (undokumentierter) Migrantinnen.

Das erste Dilemma betrifft die Zugangsfrage. Sollen Gewerkschaften aktiv oder zumindest schweigend-zustimmend mit ArbeitgeberInnen und dem Staat bezüglich Arbeitsmigration kooperieren, das heißt das Arbeitskräfteangebot erweitern, oder sich dem entgegenstellen und so knapper halten (Penninx/Roosblad 2000a: 4ff.)? Auf der einen Seite befürchten Gewerkschaften, dass die Anwerbung ausländischer Arbeitskräfte zu Lasten inländischer ArbeiterInnen geht und zu niedrigeren Löhnen führt. Auf der anderen Seite mussten die Gewerkschaften in Westeuropa realisieren, dass es in einigen Sektoren tatsächlich (zeitweise) einen Arbeitskräftemangel gab bzw. einheimische ArbeiterInnen bestimmte Arbeiten nicht mehr übernehmen wollten, des Weiteren widerspricht der offene Widerstand gegen ausländische Arbeitskräfte der gewerkschaftlichen Tradition internationaler Solidarität.

Das zweite Dilemma ist innergewerkschaftlicher Art und ergibt sich aus der Präsenz von ArbeitsmigrantInnen. Sollen diese mit allen Rechten in die Gewerkschaften integriert werden oder als AusländerInnen und/oder zeitweise Beschäftigte (›GastarbeiterInnen‹) als spezifische Kategorie mit weniger Privilegien behandelt werden (Penninx/Roosblad 2000a: 8ff.)? Dieses Dilemma beinhaltet eine ideologische und strategische Komponente. Auf der einen Seite führt der Ausschluss von ArbeitsmigrantInnen aus den Gewerkschaften zu einer Schwächung ihrer Verhandlungsposition gegenüber ArbeitgeberInnen. Auf der anderen Seite kann seitens der inländischen Mitgliederbasis die Inklusion von ArbeitsmigrantInnen als Bedrohung der auf nationaler Zugehörigkeit beruhenden Gewerkschaft und des Arbeitsmarktes wahrgenommen werden. Im Fall der Gründung eigenständiger Organisationen von MigrantInnen besteht ein ähnliches Dilemma, inwieweit Gewerkschaften mit ihnen kooperieren oder sie als Gefahr der Einheit der ArbeiterInnen und des gewerkschaftlichen Monopols in Arbeitsauseinandersetzungen wahrnehmen sollen (ebd.: 9).

Das dritte Dilemma thematisiert die inhaltliche Ausgestaltung der Gewerkschaftsposition in Migrationsfragen. Sollen spezielle Maßnahmen der positiven Diskriminierung für MigrantInnen ergriffen werden oder wird die allgemeine Gleichbehandlung aller ArbeiterInnen betont *(equal versus special treatment)* (Penninx/Roosblad 2000a: 10ff.)? Zu möglichen speziellen Maßnahmen gehören beispielsweise mehrsprachige Veröffentlichungen, die Möglichkeit der Einrichtung spezieller Interessensvertretungen innerhalb der Gewerkschaften, betriebliche Vereinbarungen zur Einrichtung von Gebetsräumen am Arbeitsplatz oder längerer Sommerferien zum Heimaturlaub, innergewerkschaftliche Antirassismusarbeit, Sprachkurse, interkulturelle Aktivitäten auch für ›eingeborene‹ Gewerkschaftsmitglieder, Verträge mit Banken zur Einrichtung von Bankkonten für alle Mitglieder und günstigen Transfermöglichkeiten für Rücküberweisungen *(remittances)* in die Herkunftsländer

der MigrantInnen. Die Gleichbehandlung zielt auf die Integration von MigrantInnen in die Strukturen der Gewerkschaft.

Für welche Optionen sich Gewerkschaften entscheiden, hängt mit einer Reihe von Faktoren zusammen, beispielsweise der gesellschaftlichen Machtposition der Gewerkschaft, der internen Organisationsstruktur, den ökonomisch-politischen Bedingungen in der Gesellschaft, der Migrationsgeschichte eines Staates und der Herkunft sowie dem aufenthaltsrechtlichen und erwerbsarbeitsbezogenen Status der MigrantInnen und nicht zuletzt der Bereitschaft der MigrantInnen, sich gewerkschaftlich zu organisieren. In einer empirischen Untersuchung zum Verhältnis von Gewerkschaften und Migrationspolitiken kommt die Migrationsforscherin Julie R. Watts zu dem Ergebnis, dass sich seit den 1990er Jahren führende Gewerkschaftsmitglieder aus Spanien, Italien und Frankreich zunehmend in Richtung einer offeneren und liberaleren Einwanderungspolitik positionieren und diese aktiv vertreten. »These union activists stand the conventional wisdom on its head, placing labor leaders in an unconventional, tacit alliance with employers in favor of more open immigration policies« (Watts 2000: 3). Um die Schattenökonomie zu regulieren und irreguläre Arbeitsmigration zu verringern, fordern Gewerkschaften in Spanien und Italien beispielsweise Einwanderungsquoten, erleichterte Familienzusammenführung und die Regularisierung undokumentierter MigrantInnen. Watts argumentiert, dass die Entwicklung der Gewerkschaftsführungen von der Ablehnung zur moderaten Zustimmung zu Migration nur in einem geringen Maß auf ideologischen Grundlagen wie der internationalen Solidarität beruht – sonst ist der Wandel nicht zu erklären. Vielmehr ist eine Kombination aus global-ökonomischen Bedingungen, dem nationalen Arbeitsmarkt und organisationsinternem Wandel in den Gewerkschaften bestimmend: Erstens sind globale ökonomische Entwicklungen und die Einsicht der GewerkschaftsführerInnen, dass sich Migration nicht verhindern lasse, eine Ursache für die sich liberalisierende Positionierung (ebd.: 17, 36). Zweitens sehen sich Gewerkschaften aufgrund von sinkenden Mitgliederzahlen und sinkendem Organisationsgrad vor der Herausforderung, bislang unorganisierte ArbeiterInnen in oft prekären und informellen Arbeitsverhältnissen zu organisieren. Drittens bieten Gewerkschaften in einigen Ländern spezielle Beratungs- und Unterstützungsangebote für MigrantInnen an, so dass diese zu Ansprechpartnerinnen werden und die Gewerkschaften sich über dieses Basisengagement für die Belange von MigrantInnen öffnen. Viertens ist eine Zunahme von Beschäftigung im zweiten Arbeitsmarkt und der Schattenökonomie festzustellen, die aus gewerkschaftlicher Perspektive Normalarbeitsverhältnisse bedroht und einen Handlungsdruck erzeugt, diese zu regulieren (ebd.: 12f.).

Aus der von Watts skizzierten Situation könnte somit ein *window of opportunity* entstehen, das es auch undokumentierten MigrantInnen ermöglicht, leichter Zugang zu Gewerkschaften zu finden als zuvor. Die von Watts konstatierte wachsende Offenheit von Gewerkschaften in Italien, Spanien und Frankreich in Migrationsfragen kann sicherlich nicht verallgemeinert werden – insbesondere nicht auf das Sozialpartnerschaftsmodell in Deutschland und den nordeuropäischen Ländern –, eröffnet aber interessante Perspektiven für die Frage nach der Bündnisoption von MigrantInnenorganisationen und Gewerkschaften. Unterschiede zwischen Gewerkschaften in verschiedenen Ländern gehen nach Watts auf Länderspezifika wie das Ausmaß der Schattenökonomie und Migrationsgeschichte zurück (ebd.: 11f.). Sowohl in Spanien wie auch in Italien hat es eine Transition vom Aus- zum Einwanderungsland gegeben und es wird ein nicht unerheblicher Teil des Bruttoinlandsprodukts in der Schattenökonomie erwirtschaftet (Schneider/Enste 2000). Diese Faktoren begünstigen nach Watts eine liberalere Einstellung von Gewerkschaften zu Migration. Wie unter anderen Bedingungen und in einem anderen Gewerkschaftsmodell ein ähnlicher Wandel (partiell) vonstatten gehen kann, zeigt im Folgenden das US-amerikanische Beispiel.

Modelle gewerkschaftlicher Organisierung von (irregulären) MigrantInnen

Über die Mitgliedschaft in einer Gewerkschaft können MigrantInnen indirekt politischen Einfluss gewinnen (Penninx/Roosblad 2000a: 3) und auf kollektiver und individueller Ebene bessere Arbeitsbedingungen durchsetzen. Auch Gewerkschaften können ein Interesse an den neuen potenziellen Mitgliedern haben. Im Zuge der Reorganisationsbemühungen infolge sinkender Mitgliederzahlen und veränderter Arbeitsverhältnisse (Scheinselbständigkeit, Outsourcing, Beschäftigung in Subunternehmen etc.) bestehen gewerkschaftliche Ansätze darin, im Rahmen von Organisationswandel und Innovationsbemühungen die Organisierung in bislang wenig oder unorganisierten Gruppen von ArbeiterInnen zu intensivieren (vor allem MigrantInnen, Frauen, junge Leute und Erwerbslose), den Organisierungsgrad in schwachen Sektoren zu erhöhen und neue Formen der Organisierung und Kooperation zu entwickeln (vgl. bspw. Watts 2000: 20ff., Bronfenbrenner et al. 1998, Mort 1998, Sherman/Voss 2000, Ness 1998). Nach Gary Marks reflektieren Gewerkschaften die Strukturen des Arbeitsmarktes sowohl hinsichtlich der Mitgliedsbasis als auch der Verhandlungsposition zwischen Gewerkschaften, Unternehmen und gegebenenfalls dem Staat (Marks 1989). Das heißt die dauerhafte Präsenz von MigrantInnen auf dem Arbeitsmarkt und die Zunahme prekärer Beschäftigungsformen und undokumentierter ArbeiterInnen stellt eine gewerkschaftliche Herausforderung dar. Es gibt verschiedene Modelle und Strategien, MigrantInnen in die gewerkschaftliche Organisierung einzubeziehen, einige umfassen auch undokumentierte MigrantInnen bzw. Beschäftigte im informellen Sektor. Marks betont, dass es aufgrund der unterschiedlichen Arbeitsmärkte und Gesellschaften nicht adäquat ist, von einer Gewerkschaft auf andere zu schließen oder Strategien einfach zu übertragen (ebd.: 3-49). Dennoch kann ein vergleichender Ansatz helfen, die je spezifischen Strategien zu erkennen und im Hinblick auf das Verhältnis von Gewerkschaften zu undokumentierten MigrantInnen zu diskutieren.

Für Frankreich ist das Gleichheits- und Assimilationsmodell, das heißt die Integration von MigrantInnen in die Gewerkschaft und die Gesellschaft, charakteristisch (Watts 2000: 22ff.). Parallele Organisationen für ArbeitsmigrantInnen werden abgelehnt. Das Modell ist für irreguläre MigrantInnen relativ geschlossen. Damit entspricht das Modell gewerkschaftlicher Integration von MigrantInnen dem gesamtgesellschaftlichen Integrationsmodus Frankreichs.

Das spanische Modell setzt auf die Bereitstellung von Beratungs- und Dienstleistungen für MigrantInnen durch die Gewerkschaften *(social service model*, Watts 2000: 26). Die Wurzeln des Modells liegen in dem zwischen den 1940er und 1960er Jahren aufgebauten Unterstützungsangebot für spanische GastarbeiterInnen in den nord- und westeuropäischen Staaten (ebd.: 24ff.). In Spanien zählen die Gewerkschaften zu den wenigen nichtstaatlichen Organisationen, die im Migrationsbereich über Kompetenzen und Ressourcen verfügten, als Spanien vermehrt zum Zielland von Einwanderung wurde. Die moderat offene Positionierung der spanischen Gewerkschaften ist so u.a. durch den Service- und basisorientierten Ansatz und die spanische Erfahrung mit Aus- und Einwanderung zu erklären (ebd.: 27).

Das italienische Modell ist durch die parallele (gewerkschaftliche) Organisierung von ArbeitsmigrantInnen geprägt (ebd.: 27ff.). Ähnlich wie in Spanien gibt es in Italien die Erfahrung der Transformation von einem Auswanderungs- in ein Einwanderungsland, wenig staatliche Infrastruktur zur Beratungs- und Hilfeleistung für MigrantInnen und einen großen informellen Sektor. Die größten Gewerkschaften, *Confederazione Generale Italiana del Lavaro* (CGIL), *Confederazione Italiana Sindicati Lavoratori* (CISL) und *Unione Italiana del Lavaro* (UIL), haben ein Netzwerk lokaler Rechtsberatungs- und Unterstützungsstellen aufgebaut. Anders als in Spanien hat sich in Italien ein paralleles System von Organisationen neben den großen Gewerkschaften herausgebildet, die durch die Gewerkschaften finanziert werden und in denen auch undokumentierte MigrantInnen Mitglied werden können.[25] »One of the main goals [...] is to educate new immigrants about union democracy as a stepping stone toward membership in *Confederazione Italiana Sindicati Lavoratori* and *Unione Italiana del Lavaro*« (ebd.: 30). Die GewerkschaftsführerInnen halten das parallele System für geeigneter als die Aufnahme in die Gewerkschaft, da die Organisierung und Solidarität unter den MigrantInnen befördert werde und die MigrantInnen wenig Erfahrungen mit der gewerkschaftlichen Demokratie hätten (ebd.: 28). Erklären lässt sich das parallele Modell und die Betonung des demokratischen Defizits der MigrantInnen unter anderem aus der antikommunistischen Tradition beider italienischer Gewerkschaften heraus und der Einwanderung von ArbeitsmigrantInnen aus ehemals sozialistischen Ländern nach Italien.

Die italienischen und spanischen Ansätze der gewerkschaftlichen Organisierung von MigrantInnen sind auch für die Frage der politischen Mobilisierung von irregulären MigrantInnen interessant, da diese in die Organisierungsbemühungen eingeschlossen werden. Deutlich längere Erfahrungen gibt es in den USA[26] mit der Organisierung von (undokumentierten) MigrantInnen.[27] Daher ist es für die Frage der möglichen

---

25 Diese Organisationen sind die 1988 von der *Unione Italiana del Lavoro* gegründete *Unione Italiani degli Immigrati* und die 1989 von der *Confederazione Italiana Sindicati Lavoratori* gegründete *L'Associazione Nazionale oltre le Frontiere*. Die CGIL verzichtete auf eine eigenständige Parallelorganisation und richtete 1990 eine gesonderte Vertretungsstruktur innerhalb der CGIL ein, die *Coordinamento Immigrati* (Watts 2000: 28).

26 Lüthje und Scherrer halten das US-amerikanische *business unionism*-Modell für vergleichbarer mit korporatistischen Ländern wie Deutschland als mit südeuropäischen Ländern, da ArbeiterInnen und Arbeitgeber ein gemeinsames Interesse an stabilen Arbeitsbeziehungen und einer Regulierung durch die Arbeitsgesetzgebung haben (Lüthje/Scherrer 2001: 142). Es wird sich traditionell wenig um ArbeiterInnen außerhalb von Normalarbeitsverhältnissen bemüht, Gewerkschaftsführungen werden aus der Schicht privilegierter Arbeiter rekrutiert. Allerdings gibt es zwischen europäischen Ländern und den USA große politisch-gesellschaftliche Unterschiede in der Migrationspolitik (vgl. Stobbe 2004).

27 Aber auch in den USA waren Schwarze und nicht-weiße ArbeiterInnen bis in die 1930er Jahre mehr oder weniger explizit aus den Gewerkschaften ausgeschlossen. In der McCarthy-Ära verloren Gewerkschaften mit nicht-weißen ArbeiterInnen, die zum Modell für eine stärkere Beteiligung von Schwarzen und MigrantInnen hätten werden können, an Einfluss. Die Diskriminierung wurde so in den fordistischen Klassenkompromiss inkorporiert (Lüthje/Scherrer 2001: 147f.). Derzeit nimmt der Organisierungsgrad unter Latinos bei steigender Gesamtzahl an Latino-

Organisierung von in Privathaushalten arbeitenden Migrantinnen in der EU interessant, neben den südeuropäischen Beispielen am US-amerikanischen Fall zu analysieren, wie in einigen Sektoren eine gewerkschaftliche Organisierung von vor allem weiblichen, nicht-weißen ArbeiterInnen in prekären Sektoren erreicht werden konnte. Zwei der bekanntesten Ansätze zur Organisierung von prekär beschäftigten MigrantInnen sind die *workers center* und die Kampagne *Justice for Janitors*.

Die *workers center*-Strategie ist seit Mitte der 1980er Jahre ein »creative way of unions« (Ness 1998: 88) zur Organisierung von ArbeiterInnen vor allem in dem sich insbesondere durch Subunternehmertum verändernden Textilindustriesektor. Da die TextilarbeiterInnen, zu einem Großteil Frauen, ethnische Minderheiten und MigrantInnen, nicht mehr am Arbeitsplatz organisiert werden können, entstand die Idee, ein neues »class-conscious environment« (Ness 1998: 92) für ArbeiterInnen und Erwerbslose zu schaffen. Die *workers center*-Strategie umfasst drei Elemente (ebd.: 94): Erstens Bildung (Sprachkurse o.ä.) sowie Schulung über Grundrechte und Gesetze; zweitens die Durchführung gemeinsamer Aktivitäten und die Förderung von Solidarität; drittens sektorbezogene gewerkschaftliche Organisierung. Die Grundidee ist das *empowerment* der ArbeiterInnen, das eine gewerkschaftliche Organisierung langfristig zum Ziel, aber nicht als Bedingung der Unterstützung durch die Gewerkschaften hat.

Die Kampagne *Justice for Janitors* begann Ende der 1980er Jahre in verschiedenen US-amerikanischen Großstädten und hatte die Organisierung von Reinigungspersonal und Durchführung von Arbeitskämpfen zum Ziel. Die von der Gewerkschaft SEIU, *Service Employees International Union*, initiierte Kampagne, im Laufe derer einige Erfolge erzielt werden konnten und die international zum Vorbild wurde, beruhte auf drei Bestandteilen: Erstens der Kombination von Zentralisierung und Selbstorganisierung bzw. *community*-Verankerung, zweitens sektorspezifischen Strategien und Taktiken und drittens der Rolle von MigrantInnen (vgl. Waldinger et al. 1998). Der *top-down*-Ansatz ist in der Resistenz lokaler Gewerkschaftsführer begründet: »It is not difficult to imag-

---

Gewerkschaftsmitgliedern ab. D.h. die Organisationsbemühungen konnten mit dem Zuwachs an Arbeitskräften aus Mexiko und anderen lateinamerikanischen Ländern nicht Schritt halten, obgleich auch die Verdoppelung der Anzahl der Latino-Mitglieder bei insgesamt sinkender Mitgliederzahl des *American Federation of Labor – Congress of Industrial Organizations* bemerkenswert ist. Ende der 1990er Jahre gab es etwa zwei Millionen Latino-Gewerkschaftsmitglieder (13% der Gesamtzahl an Gewerkschaftsmitgliedern), 1987 noch eine Million (Figueroa 1998: 91).

ine that an incumbent leadership will opt for the status quo, especially in the light of the political ramnifications of a sudden infusion of new, possibly ethnically distinctive members« (ebd.: 113, vgl. auch Figueroa 1998: 88, 93). Daher stellte das Übergehen lokaler Gewerkschaftsstrukturen eine Erfolgsbedingung dar.[28] Ein weiterer Grund für die starke Rolle der nationalen Gewerkschaftsspitze lag in dem Risiko, trotz eines unsicheren Ausgangs, über einen relativ langen Zeitraum Ressourcen bereit zu stellen. Zudem wurden zur Erforschung des sich stetig wandelnden Reinigungssektors WissenschaftlerInnen und JuristInnen beschäftigt, deren unmittelbarer Nutzen für lokale Gewerkschaftsgliederungen nicht unbedingt ersichtlich war. Dieser Aspekt leitet über zur zweiten Erfolgsbedingung, der Entwicklung sektorspezifischer Strategien und Taktiken. Waldinger et al. analysieren vier Kernelemente, erstens »intelligence«, das heißt das Erforschen und Verstehen des Sektors, zweitens »guerrilla legal tactics«, das heißt das Einreichen unzähliger Beschwerden und Klagen gegen Verletzung von Arbeitsrechten, drittens das Eingehen von Koalitionen mit LokalpolitikerInnen, anderen Organisationen und Gewerkschaften in anderen Städten sowie viertens die Mitgliedermobilisierung, unter anderem durch eine erfolgreiche Medienarbeit (Waldinger et al. 1998: 114ff.). Die MigrantInnen verfügten nach Einschätzung von Waldinger et al. über ein hohes Klassenbewusstsein und ein positives Gewerkschaftsbild, wodurch sie einer gewerkschaftlichen Organisierung gegenüber offen waren (ebd.: 116).

An diesen beiden Beispielen werden bereits einige Spezifika der Organisierung von – oft illegalisierten – MigrantInnen im Unterschied zu ›einheimischen‹ ArbeiterInnen deutlich: Kampagnen von und für MigrantInnen »take a turn toward broader demands of dignity and social justice, racial and cultural tolerance, and community empowerment«

---

28 Aber auch die nationale Führung der Gewerkschaften war lange besetzt mit wenig innovationsfreudigen Personen aus der Zeit des Kalten Krieges, 1995 wechselte beim *American Federation of Labor – Congress of Industrial Organizations* (AFL-CIO) die Gewerkschaftsspitze. Die Organisierung bislang unorganisierter Sektoren wurde als strategisches Ziel erklärt und Ressourcen bereitgestellt. Im Jahr 2000 schließlich wurde auch ein inhaltlicher migrationspolitischer Richtungswechsel vollzogen, indem unter anderem die Regularisierung undokumentierter MigrantInnen und die Aufklärung von MigrantInnen über ihre Rechte gefordert wurden. Ferner wurde die Forderung nach Bestrafung von ArbeitgeberInnen, die undokumentierte MigrantInnen beschäftigen, aufgegeben, da sich diese als ineffektiv erwies. Die gewerkschaftliche Organisierung von (irregulären) MigrantInnen wird also gegenüber strikteren Arbeitsmarktkontrollen prioritär gewichtet (Lüthje/Scherrer 2001: 159ff.).

(Figueroa 1998: 89). Das heißt es findet eine Verbindung zwischen gewerkschaftlicher Organisierung und einem breiten Ansatz des Kampfes um Rechte und gegen Diskriminierung statt, welches der Strategie des RESPECT-Netzwerks entspricht. MigrantInnen organisieren sich zudem nicht unbedingt zuerst in Gewerkschaften, sondern in (ethnischen) *community*-Organisationen. Eine erfolgreiche Mobilisierung erfordert daher, dass Gewerkschaften die *community*-Organisationen nicht als potenzielle Konkurrenz wahrnehmen, sondern mit bereits existierenden Organisationen auf lokaler Ebene Kontakt aufnehmen. Figueroa sieht dazu – ähnlich wie im italienischen Fall – Verbindungsorganisationen am besten geeignet, die zwar unabhängig sind, aber von Gewerkschaften gefördert werden (in den USA z.B. *Labor Council for Latin American Advancement, Asian Pacific Labor Alliance*). Eine weitere Gemeinsamkeit von Gewerkschaften, die sich an den Kämpfen von MigrantInnen beteiligen, ist, dass sie dem Immigrationsstatus der ArbeiterInnen keine entscheidende Bedeutung beimessen (Lüthje/Scherrer 2001: 158). Das einigende Ziel ist das Erkämpfen besserer Arbeitsbedingungen, unabhängig davon, ob die ArbeiterInnen über eine gültige Arbeits- und Aufenthalterlaubnis verfügen. Des Weiteren erweitert sich in einer Gewerkschaft, die an der Organisierung von MigrantInnen und ethnischen Minderheiten interessiert ist, die innergewerkschaftliche Offenheit und Sensibilität. Daher kommt Figueroa zu dem Schluss, dass die zunehmende Beteiligung von MigrantInnen die Gewerkschaften selbst verändert: »[O]rganizing immigrant workers not only results in more union members, but also in more imaginative, worker-centered organizing strategies, and the transformation of local unions into more democratic, diverse, and powerful bodies« (Figueroa 1998: 98).[29]

In Teilen der US-amerikanischen Gewerkschaften konnte erreicht werden, dass die Arbeit und die Arbeitsbedingungen von MigrantInnen sichtbarer wurden und neue Organisationsformen, auch in bislang schwierig zu organisierenden Sektoren, entwickelt wurden. Boy Lüthje und Christoph Scherrer benennen drei Lehren, die europäische Gewerkschaften aus diesen US-amerikanischen Erfahrungen ziehen können (Lüthje/Scherrer 2001: 142, 164ff.): Erstens führte die Unfähigkeit, ethnische Minderheiten und MigrantInnen zu organisieren, zu einer Schwächung der Gewerkschaften sowohl hinsichtlich der Mitgliederbasis als auch der Verhandlungsstärke. Zweitens kann der Kampf gegen Diskri-

---

29 Ob die Organisierung von MigrantInnen zur viel diskutierten Transformation von Gewerkschaften traditionellen Typs zu sozialen Bewegungsgewerkschaften tatsächlich beitragen kann, ist meines Erachtens skeptisch einzuschätzen (vergleiche Lüthje/Scherrer 2001: 165).

minierung von ethnischen Minderheiten und MigrantInnen nicht innerhalb der engen Grenzen der traditionellen Gewerkschaftspolitik stattfinden. Drittens muss mit den Organisierungsbemühungen eine stärkere Repräsentation von Minderheiten innerhalb der Gewerkschaften verbunden sein. In der Bundesrepublik Deutschland ist die gewerkschaftliche Organisierung von ArbeitsmigrantInnen seit den 1970er Jahren ein Thema. Der Fokus liegt in den meisten Fällen auf der Integration in die bisherigen Gewerkschaftsstrukturen und der Bekämpfung von innergewerkschaftlichem Rassismus und weniger auf der Entwicklung innovativer Organisierungsansätze. Klassische gewerkschaftliche Ansätze zur Integration der Anliegen von MigrantInnen werden beibehalten (z.b. das »Ausländerförderprogramm der IG Metall«, IG Metall 2003), mittlerweile werden jedoch auch neue Ansätze erprobt, die die spezifischen Interessen von (temporären) ArbeitsmigrantInnen berücksichtigen sollen. So gab am 4. September 2004 die IG Bauen – Agrar – Umwelt (IG BAU) auf ihrem Gewerkschaftskongress die Gründung des von ihr unabhängigen, aber nahestehenden »Europäischen Verbands der Wanderarbeiter« *(European Migrant Workers Union)* bekannt.[30] Zusätzlich hat die IG BAU in Warschau ein Büro eröffnet, wo ein Gewerkschaftssekretär zukünftigen in Deutschland arbeitenden WanderarbeiterInnen Rechtsberatung gewährt und sie zu organisieren versucht.

Das RESPECT-Netzwerk und Gewerkschaften

Das RESPECT-Netzwerk strebt aufgrund der erwerbsarbeitsbezogenen Thematisierungsstrategie für die Probleme der in Haushalten arbeitenden Migrantinnen eine enge politische und praktische Kooperation auf verschiedenen Ebenen an. Gegenstand dieses Kapitels ist daher die Analyse des Verhältnisses von Gewerkschaften und undokumentierten Haushaltsarbeiterinnen aus dem Blickwinkel des Netzwerks. Das heißt der analysierte Quellenkorpus umfasst nur insofern gewerkschaftliche

---

30 Die migrationsbezogene Politik der IG BAU war lange von einem auf die Bekämpfung illegaler Migration gerichteten Ansatz bestimmt (Lüthje/Scherrer 2001: 163) und löste noch kurz vor der Gründung der Wanderarbeitergewerkschaft im Jahr 2004 Kontroversen über ihre Ausrichtung aus. Anlass war die Kampagne »Ohne Regeln geht es nicht«, die sich gegen illegale Beschäftigung im Bausektor richtet. Im Rahmen der Kampagne wurde eine Telefonhotline eingerichtet, bei der illegale Beschäftigung anonym gemeldet werden konnte. KritikerInnen warfen der IG BAU vor, zur Denunziation von undokumentierten MigrantInnen aufzurufen (zur Kontroverse: Harning/Maurer 2004).

Äußerungen, als dass diese in direktem Bezug zum RESPECT-Netzwerk beziehungsweise der Organisierung irregulärer Migrantinnen stehen. Die Bedeutung von Gewerkschaften für die Arbeit des RESPECT-Netzwerks wird auf drei Ebenen hervorgehoben, der individuellen, der gesamtgesellschaftlichen und der politischen bei der Unterstützung von Kampagnen. Dies veranschaulicht das folgende Zitat von Natasha Pearce, einer der Koordinatorinnen von *Kalayaan:*

»The trade union can be crucial in ensuring, firstly, that migrants know their rights, secondly in supporting migrants when those rights are abused and thirdly, in campaigning for those rights not yet given: For domestic work in the private household to be categorised as ›proper‹ work. For full and nondiscriminatory employment rights and social protection, including minimum wage, sickness and maternity leave pay, and pension rights« (Pearce 2000: 4f., vgl. auch Ariyadasa 1998a: 4).

Aufgrund der gesellschaftlich anerkannten Zuständigkeit von Gewerkschaften für Arbeitsfragen, wird eine Unterstützung als symbolisch wichtige Anerkennung der Probleme der Migrantinnen als arbeitsspezifische Probleme begriffen. Gewerkschaften seien zudem in der Lage, einen positiven Einfluss auf die öffentliche Meinung über ausländische Haushaltsarbeiterinnen, gerade unter ArbeiterInnen, auszuüben: »Particularly influential was the Union's firm stand against the notion that Overseas Domestic Workers the most basis of workers' rights could somehow threaten the job of the resident labour force« (Ariyadasa 1998a: 4). Auf individueller Ebene ermöglicht die Mitgliedschaft zudem – zumindest im britischen Fall – den Erhalt eines Identifikationsdokuments, das den undokumentierten MigrantInnen ein anderes Auftreten in der Öffentlichkeit ermöglicht:

»The workers would get a trade union card. Because up to then, they had no identification whatsoever, nothing to show, this is who I am. If they were stopped by the police and were asked for an identification or if they went to register somewhere, in a hospital or health care and were asked for a passport, they didn't have a passport. But at least they had a trade union card. Some form of security for them« (Interview Kalayaan-Mitbegründerin, 21.1.2002).

Die exemplarischen Äußerungen zeigen die Einschätzung des RESPECT-Netzwerks, die im britischen Fall durch konkrete Erfahrungen untermauert wird, dass Gewerkschaften ein ermöglichender Faktor und Bündnispartner im Kampf um mehr Rechte für undokumentierte Migrantinnen sind.

Gewerkschaftliche Organisierung undokumentierter Migrantinnen

Die Beschreibung der gewerkschaftlichen Organisierung von Migrantinnen, die in Haushalten arbeiten, kann aufgrund der nicht vorhandenen Datenbasis nur exemplarisch erfolgen. Es gibt keine annäherungsweise verlässlichen Daten über Mitgliederzahlen oder den rechtlichen Status. Gründe liegen dafür in der geringen Bedeutung, die diesem Sektor aus gewerkschaftlicher Perspektive beigemessen wird, der in den meisten Fällen irregulären Beschäftigung auf Grundlage der individuellen Absprache zwischen ArbeitgeberIn und ArbeitnehmerIn, dem geringen Organisierungsgrad der Beschäftigten sowie der Art der Datenerhebung in den Gewerkschaften. Aufgrund dieses Defizits versuche ich im Folgenden nicht, wenig valide Daten zur tatsächlichen Organisierung zu rekonstruieren, sondern habe mein vorhandenes Datenmaterial auf die Einschätzung der Akteure zum status quo hin ausgewertet.

Länderspezifische Unterschiede

Die gewerkschaftliche Organisierung von Haushaltsarbeiterinnen ist in allen Ländern, in denen das RESPECT-Netzwerk vertreten ist, gering. MigrantInnenselbstorganisierungen und die Interessenvertretung und Beratung über Nichtregierungsorganisationen aus dem frauenpolitischen, kirchlichen, antirassistischen etc. Spektrum bleiben die wichtigsten Akteure. Gekennzeichnet ist die Situation gewerkschaftlicher Organisierung und gewerkschaftlichen Engagements für irreguläre Migrantinnen weltweit[31] durch länderspezifische Unterschiede, die sich an der Einstellung zum informellen Sektor festmachen lassen:

»You have a clash in Europe, you have organisations like in Italy or Spain, trade unions which completely know of that informal sector because it's more visible or because […] they did not used to be a migration country […]. So there it's not a taboo, they speak all the time of the informal sector […]. And then you have Germany or the Netherlands, trade unions say […] what you're talking about, are you crazy…? In Spain, it's completely mainstream. That's a big, big clash« (Interview Solidar/RESPECT, 28.11.2001).

In der Bundesrepublik Deutschland »vollzieht sich der Widerstand [irregulärer Migrantinnen, hs] gegen miese Arbeitsbedingungen jenseits und unbemerkt von der gewerkschaftlichen Praxis« (RESPECT/Kanak

---

31 Die zuständige Referentin des internationalen Gewerkschaftsdachverbandes ICFTU fasst dies wie folgt: »I'm the first one to say that the unions does not have very much experience on that [organizing irregular migrants, hs], except our unions in North America. And in Europe they're just starting, especially on the domestic workers« (Interview mit einer ICFTU-Vertreterin, 5.9.2001).

Attak 2003). Dies zeigt sich nicht zuletzt an der Anzahl der Gewerkschaftsmitglieder im Sektor privater Haushaltsarbeit. In Deutschland sind nach Angaben der Gewerkschaft Nahrung-Genuss-Gaststätten (NGG) 37 000 Mitglieder registriert, die in Privathaushalten arbeiten bzw. über Dienstleistungszentren beschäftigt sind (Bothfeld 2000). Dabei handelt es sich um sozialversicherungspflichtig Beschäftigte, Tarifpartner ist der Deutsche Hausfrauenbund. Darüber gab es insbesondere vor und nach dem Bundeskongress von Ver.di im Herbst 2003, auf dem das RESPECT-Netzwerk einen Initiativantrag (Ver.di - Gesellschaft für Legalisierung 2003) einbrachte und einen Redebeitrag hielt, Eintritte von irregulären Migrantinnen. Die Eintritte erfolgten als politischer Akt, um auf die Probleme von illegalisierten Migrantinnen aufmerksam zu machen und von der Gewerkschaft ein größeres Engagement einzufordern. RESPECT und Kanak Attak kommen zu dem ernüchternden Schluss, dass »Gewerkschaften [...] keine Anlaufstellen für ArbeitnehmerInnen, deren fundamentale Arbeitsrechte verletzt werden« sind (RESPECT/Kanak Attak 2003).

Anders sieht es in Italien aus, die italienische Gewerkschaft CGIL vermittelt Jobs für Hausangestellte (Adora Olivier, CGIL, in: Kalayaan/SOLIDAR 1996: 9) und ist dadurch eine Anlaufstelle sowohl für ArbeitgeberInnen als auch für die Frauen. Dies hat den Vorteil, dass die Gewerkschaft sowohl mit den ArbeitgeberInnen über den Arbeitsvertrag sprechen kann als auch den Arbeiterinnen im Fall von Vertragsverletzungen bekannt ist. Darüber betreibt die Gewerkschaft den Aufbau von stabilen Kommunikationsstrukturen zwischen der Gewerkschaft und selbstorganisierten MigrantInnengruppen:

»In October 1997, the Union organized a Committee of leaders from a variety of ethnic communities. This Committee meets with the Union regularly to discuss updates of Immigration Law and, through the Committee, members are kept well informed on relevant issues and the Union learns about the problems that are being faced« (Adora Olivier, CGIL, in: Kalayaan 1998: 10).

Auch in Großbritannien gibt es einen engen Kontakt zwischen TGWU und Organisationen von und für illegalisierte Migrantinnen. Das Selbstverständnis der TGWU zeichnet sich dadurch aus, dass es die Verwirklichung von Gerechtigkeit an der Gerechtigkeit misst, die den Haushaltsarbeiterinnen zukommt:

»I bring the commitment of our Union, we pledge our continued support to your struggle and we say as Kennedy said, ›so long as you Overseas Domestic Workers are held in the bondage of degradation which you have experienced then none of our million members can claim to be free‹. And they are with you in spirit, [...] to fight with you side by side until your freedom is as good as their freedom« (Morris 1995: 5).

Die engagierte und glaubwürdige Unterstützung durch die Gewerkschaftsführung wurde von *Kalayaan* und dem RESPECT-Netzwerk auf symbolischer, politischer und praktischer Ebene als sehr wichtig eingeschätzt. Die Kooperation wurde dadurch vereinfacht, dass sich die TGWU als Kampagnenorganisation versteht (Maureen Byrne, TGWU, in: Kalayaan/SOLIDAR 1996: 9) und in Kooperation mit der NGO *Kalayaan* das Thema der ausländischen Haushaltsarbeiterinnen aufgegriffen und zum Gegenstand einer lang angelegten Kampagne gemacht hat. Im Zuge der gemeinsamen Kampagne wurden in der TGWU mehrere hundert undokumentierte MigrantInnen, die in Privathaushalten arbeiten, Mitglied. Zuerst wurden rund 5 000 Migrantinnen jedoch Mitglied von *Waling-Waling,* der Londoner Selbsthilfeorganisation – oder »underground trade union« (Interview RESPECT/Solidar, 28.11.2000). *Waling-Waling* bzw. *Kalayaan* fungierten insofern als Mittlerorganisation zwischen Migrantinnen und Gewerkschaft. Die Politik der TGWU umfasst sowohl *equal-* wie *special treatment-*Ansätze. TGWU-Mitglieder ohne legalen Aufenthaltsstatus genießen als Gewerkschaftsmitglieder die gleichen Rechte, das heißt Zugang zu Serviceleistungen, Bildung, Teilnahme an Aktivitäten, wie alle anderen (Maureen Byrne, in: Kalayaan/SOLIDAR 1996: 10). Die TGWU ermutigt durch eine spezielle Ansprache Hausangestellte, an gewerkschaftlichen Bildungsangeboten und sektorspezifischen Aktivitäten teilzunehmen. Ein Ziel ist dabei die Horizonterweiterung: »[O]nce a month members come to meet other T&G members, not to discuss their plight but listen to what else is going on« (Maureen Byrne, TGWU, ebd.: 9). Es werden aufgrund des irregulären Aufenthaltsstatus spezifische Vorsichtsmaßnahmen ergriffen: »We give them a feeling that they're safe when they're with other T&G members because they're terribly frightened of being exposed« (Maureen Byrne, TGWU, ebd.: 10). Die TGWU ist, bezüglich des Engagements für Migrantinnen, die in Haushalten arbeiten, neben Gewerkschaften aus Italien und Frankreich[32] eine Ausnahme unter den europäischen Gewerkschaften. Elsa Ramos von der *International Confederation of Free Trade Unions* (ICFTU) wünscht sich davon ausgehend einen Ausstrahlungseffekt: »We would like that all European trade unions followed the T & G. We hope that the T & G puts pressure on the *Trade Union Congress* and the *Trade Union Congress* puts pressure on the European Trading Con-

---

32 »Italy has been one of our prime examples for organising women in the domestic sector and France, too, had been quite active« (Elsa Ramos, ICFTU, in: Kalayaan/SOLIDAR 1996: 10, vergleiche auch Interview ICFTU, 5.9.2001).

federation to take a strong position« (Elsa Ramos, ICFTU, in: Kalayaan/SOLIDAR 1996: 10).

Positive Einstellung gegenüber Legalisierungen

Auf internationaler Gewerkschaftsebene gibt es eine klar formulierte Forderung nach nationalen Legalisierungsprogrammen und dem Schutz sowie der Organisierung illegalisierter MigrantInnen:

»Trade unions must: urge governments to legalize undocumented workers; lobby for legislation to protect those working in the underground economy; work with legal communities to provide support and legal assistance for undocumented workers; undertake special campaigns to organize migrant workers, including those who are undocumented« (ICFTU 2002: 18).

Von Seiten nationaler Gewerkschaften gibt es – insbesondere in Großbritannien, Italien, Spanien und Frankreich – eine Reihe von Aussagen und Positionsbestimmungen, die einer Legalisierung von irregulären MigrantInnen ebenfalls positiv gegenüber stehen und mehr oder weniger konkrete Verfahrensvorschläge machen. In Deutschland steht die Diskussion dazu noch weitestgehend aus, auch hat es anders als in Ländern wie Belgien, Spanien oder Frankreich noch keine Legalisierungsmaßnahmen gegeben (vgl. PDS 2001), zu denen sich die Gewerkschaften politisch verhalten mussten. Frank Bsirske, Vorsitzender von Ver.di, antwortete auf die Frage nach der Legalisierung von Menschen ohne Aufenthaltsstatus »Ich kann mir das vorstellen« (Kanak TV 2003) und verwies auf das Engagement französischer Gewerkschaften. Er signalisierte eine auf breiter gewerkschaftlicher Basis beruhende Diskussionsbereitschaft. Die IG Metall hat auf Leitungsebene eine entwickeltere Position in punkto der Legalisierung als Ver.di. Sie bezieht sich positiv auf eine Stellungnahme des Wirtschafts- und Sozialausschusses der EU zu einem Entwurf einer Mitteilung der Europäischen Kommission zu illegaler Einwanderung (EC 2003).

»Die IG Metall ist [...] der Meinung, dass die Legalisierung der Einwanderer, die bisher ohne Aufenthalts- und Arbeitsgenehmigung sind, wie in der EU auch in Deutschland Teil des neuen Migrationkonzepts sein muss. [...] Nach Meinung der IG Metall bedarf die Legalisierung keiner außerordentlichen Verfahren oder Amnestie, sondern kann schrittweise unter bestimmten Bedingungen wie Arbeitsbeziehungen, familiären Bedingungen, erfolgreicher sozialer Integration, humanitären Gründen u.a. vollzogen werden«[33] (Schallmeyer, zit. in: Buchholz 2002, vgl. auch IG Metall 2001).

---

33   Zitat aus einem Brief von Manfred Schallmeier (IG Metall-Vorstand) an Ludwig Stiegler (Vorsitzender der Querschnittsgruppe Integration und Zuwanderung, SPD-Bundestagsfraktion) vom 11.9.2001.

Im Jahr 2005 unterzeichneten aus den DGB-Gewerkschaften führende GewerkschafterInnen den insgesamt von 406 Personen, Organisationen und Institutionen des öffentlichen Lebens – Kirchen, Parlamenten, Justiz, Medien, Zivilgesellschaft, Wirtschaft, Wissenschaft etc. – unterstützten Aufruf »Manifest Illegale Zuwanderung – für eine differenzierte und lösungsorientierte Diskussion« (Katholisches Forum Leben in der Illegalität 2005). Gefordert wird u.a. sich an Lösungsstrategien anderer Länder zu orientieren, die die Menschenrechte illegalisierter MigrantInnen und ihrer Angehörigen achten.

Auf europäischer Ebene wird die Position vertreten, dass Legalisierungen eine Angelegenheit nationaler Gewerkschaften und Regierungen sind, in die sich der Europäische Gewerkschaftsbund nicht einmischt, die er aber wohlwollend betrachtet:

»We're in favour of course, we're in favour of it. But again – it's not up to us to organise actions. It's at a national level. And trade unions did it. There were initiatives in Spain, in Italy. But again it varies from member state to member state, there I have to be very concise« (Interview ETUC, 23.7.2001).[34]

Auf programmatischer Ebene zeigen sich Gewerkschaften auf globaler, europäischer und nationaler Ebene zunehmend für Legalisierungsmaßnahmen aufgeschlossen.

Ursachen für geringes gewerkschaftliches Engagement

Aus den Dokumenten kristallisieren sich vier Gründe für eine Zurückhaltung der Gewerkschaften heraus: erstens die Diskrepanz zwischen Positionen und Politiken, zweitens latente und manifeste nationalistische oder rassistische Grundpositionen, drittens die marginale Stellung informeller, feminisierter Erwerbsarbeit in den Gewerkschaften und viertens die Zuweisung der Zuständigkeit für Probleme von MigrantInnen an NGOs.

---

34 Diese Position wird auch in der Frage der Regelung des Zugangs von ausländischen Haushaltsarbeiterinnen vertreten: »Some trade unions, as the Spanish trade unions, they say, they should be allowed to come in with a visa but without a specific job. [...] But I don't think it is a question of ETUC, to pronounce. You also have sometimes to give room to member states. The main problem of the domestic workers first of all is, they're a lot of them on the labour market, already. So, what we say [...] is, the first problem is regularisation of the third country nationals who are illegally on the European territory before bringing others in« (Interview ETUC, 23.7.2001).

Kritisiert wird von RESPECT und Kanak Attak in Deutschland die Diskrepanz zwischen verbalen Absichtsbekundungen und der Gewerkschaftsrealität und einer daraus resultierenden Strategielosigkeit:

>»Als sich dieses Jahr schließlich die IG Metall als erste und bisher einzige Gewerkschaft einer Stellungnahme der Europäischen Kommission anschloss, die Regularisierung undokumentierter EinwanderInnen doch als ein Mittel der Regulierung des Arbeitsmarktes einzusetzen, blieb diese Forderung bisher wo sie ist – auf dem Papier« (RESPECT/Kanak Attak 2003).[35]

Die Zurückhaltung der Gewerkschaften hängt zweitens mit latentem Rassismus in Teilen der Gewerkschaftsbasis zusammen, der einen offensiveren Umgang mit dem Thema der Illegalisierung erschwert. Trotz gewerkschaftsinterner Anstrengungen durch Bildungsarbeit und den Ausschluss rechter Mitglieder, bleibt das Problem bestehen: »I'm the first one to say, ok we've got racism in the union, let's expell them. But they've been expelled in many of the unions already, right-wing members. But it's changing mentality, it's everybody saying he's not racist, but…« (Interview ICFTU, 5.9.2001). Elsa Ramos vom Gewerkschaftsdachverband ICFTU sieht in der fehlenden Auseinandersetzung mit dem Thema Rassismus eine Hauptursache, dass sich Gewerkschaften im Einsatz für ArbeitsmigrantInnen so schwer tun. »Solidarity stops at the shop floor« (Elsa Ramos, ICFTU, in: Kalayaan/SOLIDAR 1996: 10). Erklärt wird die gewerkschaftliche Realität mit den Mehrheitsverhältnissen in den Gewerkschaften, der Diskrepanz zwischen Teilen der Gewerkschaftsspitze, einigen engagierten GewerkschafterInnen und Teilen der Basis sowie dem Mandat der Gewerkschaft, sich zuerst für ihre Mitglieder einzusetzen:

>»Gewerkschaften bilden, wie andere Massenorganisationen auch, einen Querschnitt durch die Bevölkerung. [...] Gewerkschaften sind auf Grund ihrer Aufgaben und ihrer historischen Entwicklung keine revolutionären Organisationen. Die Aufgabe der Gewerkschaften ist zuallererst die Verbesserung der Arbeits- und Lebensbedingungen der arbeitenden Menschen. Die Erkenntnis, dass dazu auch die Migrationspolitik und erst recht die Situation der Illegalisierten gehört, ist nach meiner Auffassung bei den im DGB vertretenen Gewerkschaften unterschiedlich tief in der Mitgliedschaft verwurzelt« (Buchholz 2002).

Vom RESPECT-Netzwerk in Deutschland werden ähnliche strukturelle gewerkschaftsinterne Ursachen und mediale Kampagnen für die ablehnende bzw. abwartende gewerkschaftliche Position bezüglich irregulärer

---

35 Die gleiche Einschätzung hat Buchholz: »Wie in vielen Bereichen ist hier die Beschlusslage der IG Metall die eine Seite, die reale Bedeutung [...] in der Organisationswirklichkeit eine andere« (Buchholz 2002).

Migration gesehen: Die Diskrepanz zwischen der Realität und dem Anspruch der Gewerkschaften, alle ArbeitnehmerInneninteressen zu vertreten, erklärt sich »aus der ›Schwarzarbeitsdebatte‹. Die Vorstellung einer neuen Form der ›Schmutzkonkurrenz‹ undokumentierter ArbeiterInnen setzt von vornherein ein Denken in Gang, das einer Gruppe von Menschen ein Vorrecht auf einen Arbeitsplatz gegenüber einer anderen einräumt. Dieses Denken ist nationalistisch und rassistisch, weil es Menschen nach eben solchen Kategorien einteilt« (RESPECT/Kanak Attak 2003).

Eine dritte Ursache für das geringe gewerkschaftliche Engagement ist – zumindest in nord- und westeuropäischen Gewerkschaften – die randständige Position des informellen Sektors sowie ein enger Arbeitsbegriff, aus dem – auch bezahlte – Reproduktionsarbeit herausfällt. Das RESPECT-Netzwerk Berlin und Kanak Attak stellen diesbezüglich fest dass »feministische Positionen, die z.b. innerhalb der Gewerkschaften dafür streiten, den Arbeitsbegriff auszuweiten und frauenspezifische Tätigkeiten tariflich aufzuwerten, immer noch in den Gewerkschaften umkämpft sind« (RESPECT/Kanak Attak 2003). Die geringen Organisierungsanstrengungen im informellen Sektor sind jedoch nicht allein auf Ignoranz zurückzuführen, vielmehr beteiligen sich Gewerkschaften ungern an der Regulierung des informellen Sektors, da dies indirekt eine Anerkennung von prekären Arbeitsbedingungen bedeutet:

»I don't like this whole idea of migrant domestic workers. And not having child-care facilities, or not having care facilities. As an alternative I don't like it at all. I can understand you regularise, but […] I am not in favour in pushing or encouraging domestic workers. […] And then you have women in high paid jobs […] who will pay women in very low paid jobs. It's not the image of social justice you dream about« (Interview ETUC, 23.7.2001).[36]

Eine vierte Ursache des geringen gewerkschaftlichen Interesses liegt in der gesellschaftlichen Aushandlung der Zuständigkeit für Probleme, die irreguläre MigrantInnen betreffen: »Die […] prekären Arbeits- und Lebensbedingungen werden stillschweigend zur ›humanistischen Aufgabe‹ gemacht und den Wohlfahrtsverbänden, Kirchen, medizinischen Beratungsstellen, antirassistischen Gruppen und natürlich den migrantischen Communities zum ›Auffangen‹ überlassen« (RESPECT/Kanak Attak 2003). Kritisiert wird von RESPECT, dass es für bestimmte Probleme einen gesellschaftlichen Bearbeitungsmodus gibt, der dazu führt, dass

---

36 Gleichzeitig kann jedoch auch ein Konsens über die stillschweigende Funktionalität eines informell organisierten Kinderbetreuungs-, Pflege- und Haushaltssektors bestehen, an dem auch die Gewerkschaften nicht rühren wollen.

Probleme nicht den Ursachen entsprechend – z.b. Schaffung würdiger Arbeitsbedingungen – angegangen werden. Die Zuständigkeitszuweisung setzt sich auch in politischen Fragen auf europäischer Ebene fort. »Organisations that work on the European level, like the Jesuit Refugee Service or trade unions, expect from us that we take up the point of undocumented migrants« (Interview *picum*, 23.7.2001). Bei den Gewerkschaften führt das zu der Einschätzung, dass die NGOs aktiver – und kompetenter – sind als sie selbst. »We work together with the RESPECT-network, but the main job is done by RESPECT, not by ETUC. It's a bit a strange situation, but sometimes we have to recognise that we are not as active as NGOs on certain topics« (Interview ETUC, 23.7.2001).

Die Bedingungen für ein stärkeres Engagement scheinen nicht besonders gut zu sein: Oft weisen Gewerkschaften trotz der erwerbsarbeitsbezogenen Problematik die Zuständigkeit von sich und überlassen die politische und unterstützende Arbeit NGOs bzw. in den Gewerkschaften den für Frauenpolitik Zuständigen. Des Weiteren ist die Positionierung zum informellen Sektor und zu einem erweiterten Arbeitsbegriff umstritten. Es herrscht in Teilen der Gewerkschaft ein latenter Rassismus und die Gewerkschaftsspitzen geben zwar Absichtserklärungen zur Regularisierung von illegalisierten Migrantinnen ab, setzen diese aber nicht in konkrete Politik um.

Strategien für eine stärkere Beteiligung von Gewerkschaften

Trotz der schlechten Ausgangsbedingungen gibt es Anstrengungen von Seiten des RESPECT-Netzwerks und engagierten Gewerkschafterinnen, Wege der Öffnung der Gewerkschaften zu suchen. Gerade für undokumentierte Migrantinnen, die in Privathaushalten arbeiten, kann sich die Ausgangssituation zu einem Teil positiv auswirken. Elsa Ramos sieht in der Bedeutungslosigkeit feminisierter prekärer Arbeit eine politisch zu nutzende Lücke: »Now it's a little bit easier with women domestic workers because they are no threat to the general union membership« (Elsa Ramos, ICFTU, in: Kalayaan/SOLIDAR 1996: 10).

Die Auswertung der Konferenzdokumentationen, Veröffentlichungen und Interviews ergibt, dass es beim RESPECT-Netzwerk keine explizite Strategie bezüglich Gewerkschaften und der gewerkschaftlichen Organisierung von Haushaltsarbeiterinnen gibt. Die Ansatzpunkte haben sich eher zufällig aus der Praxis heraus ergeben bzw. reflektieren die strategischen Überlegungen von am Netzwerk beteiligten Gewerkschafterinnen. Die Praxis ähnelt der in den USA: eine Kombination aus *empowerment* und Organisierung, internen gewerkschaftlichen Reformen und einer *top-down*-Strategie. Insgesamt fällt auf, dass die Frage der gewerkschaftlichen Organisierung wenig thematisiert wird, da die Organisierung vor allem parallel, das heißt über MigrantInnenselbstorganisierungen bzw. NGOs läuft. Anders als in den USA bei der *Justice for Janitors*-Kampagne ging die Initiative nicht von einer Gewerkschaft aus, sondern von NGOs und Migrantinnen selber. Dennoch wird von einigen Gruppen des RESPECT-Netzwerks die offensive Ansprache von ArbeitnehmerInnen in irregulären Beschäftigungsverhältnissen und die Bereitstellung von Ressourcen für mehrsprachiges Personal und Organisierungskampagnen gefordert (RESPECT/Kanak Attak 2003). Die Gewerkschaften selbst sehen die gewerkschaftliche Organisierung nicht unbedingt als das wichtigste Ziel an:

»And generally what we do with RESPECT is the self-organizing. We don't necessarily recruit them in the unions if they don't want. I mean, that's their right, their basic right. We help them with legal services and our local unions, our national unions. That's what the unions in Italy have been doing for ages and the *Unión general de trabajadores* and the *Comisiones Obreras* in Spain. And in France also of course. For instance in America, you have a coalition of black workers which is very good. And in Britain they're starting it« (Interview ICFTU, 5.9.2001).

Die Bedingungen in den USA waren andere, wie die ICFTU-Vertreterin andeutet. Von einer anderen Gewerkschaftsvertreterin wird die Situation der Organisierung weiter fortgeschritten eingeschätzt und die Zusammenarbeit mit dem RESPECT-Netzwerk als Beispiel und mögliches Vorbild für die gewerkschaftliche Organisierung in ähnlichen Bereichen gesehen: »We would again like to work together with RESPECT. To show, to give an example of how you organise a very specific category of migrant workers« (Interview ETUC, 23.7.2001).

Sowohl von gewerkschaftlicher Seite als auch des RESPECT-Netzwerks wird in Bezug auf die Gewerkschaften – nicht die Organisation des Netzwerks – die *top-down*-Strategie als die effektivste erachtet. In der britischen TGWU hat der Generalsekretär Bill Morris gegenüber der Basis, der Kampagne und den undokumentierten Migrantinnen[37] immer wieder deutlich gemacht, dass das Thema »Chef-Sache« ist: »We want to recommit ourselves and dedicate the Union's resources and the name of the Union and all our members to the cause, and to the cause of justice« (Morris 1995: 4). Auch das Netzwerk folgt nach thematisch motivierten Versuchen der Einflussnahme auf Gewerkschaften diesem Ansatz: »We're approaching from the Women's Commission, then we

---

37 »Bill Morris, General Secretary of TGWU, said he will do all he can to mobilise support of the whole Labour movement and asked to be put on record to support every single demand of Kalayaan« (Kalayaan 1994: 1).

have Migrant's Commission. But what we found out, there is some limitation in working bottom-up, so we're now working a lot from the top-bottom« (Interview Solidar/RESPECT, 28.11.2000).

Als *window of opportunity* wird – ähnlich wie im US-amerikanischen Fall – der gewerkschaftliche Reform- und Organisationswandelprozess gesehen, in dessen Zuge sich die Gewerkschaften MigrantInnen öffnen könnten. Die ICFTU-Vertreterin vergleicht die möglichen langfristigen Veränderungen mit dem Wandel, den Gewerkschaften durch die Beteiligung von Frauen vollzogen haben. Als Ziel sieht sie eine demokratischere und multikulturelle Gewerkschaft, in der Minderheiteninteressen auch durch Minderheitenangehörige vertreten werden:

»The women have changed trade unions so much. We don't have anything else, so give me another structure to bargain. [...] So transform them. And only when we have representatives of ethnic minorities, of migrants, of black workers we will be able to really transform the union [...]. When I go to a union and see all that pot whaled white men, I want to see women, I want to see same colour as me. Because I can trust that they will protect my interests, not speaking on behalf of me« (Interview ICFTU, 5.9.2001).

Ähnlich wie in anderen Bereichen – z.b. Hochschulen, Behörden und Ministerien – wird die Implementierung von *Gender Mainstreaming* oder geschlechtssensiblen Ansätzen als Chance der Veränderung begriffen: »Now we have more and more trade unions who want to be gender sensitive« (Interview Solidar/RESPECT, 28.11.2001).

Als Bedingung für die Mitgliedschaft undokumentierter MigrantInnen fordert die RESPECT-Initiative Berlin die Veränderung der Aufnahmekriterien bzw. der Aufnahmepraxis bei der Dienstleistungsgewerkschaft Ver.di »dahingehend, dass ArbeitnehmerInnen auch ohne Bankkonto, mit sehr wenig bis gar keinem Einkommen [...] Mitglieder werden können. Bei Bedarf ist eine Anonymisierung möglich« (RESPECT/Kanak Attak 2003).[38] Oft werden undokumentierte MigrantInnen nur über informelle Absprachen von einigen wenigen Gewerkschaftssekretären aufgenommen.[39]

Einigkeit besteht bei Vertreterinnen der Gewerkschaften und des RESPECT-Netzwerks darin, dass eine Bedingung zukünftigen stärkeren gewerkschaftlichen Engagements für (undokumentierte) MigrantInnen die Ausweitung der Kooperationsbeziehungen mit anderen Organisationen auf drei Ebenen ist: erstens mit NGOs und Beratungsstellen,

---

38   Über die Barrieren für irreguläre MigrantInnen, Gewerkschaftsmitglieder zu werden, gibt es unterschiedliche Einschätzungen.
39   Feldforschungsnotiz RESPECT-Netzwerk, Koordination Deutschland, Berlin, 1.-3.2.2002.

zweitens mit den Betroffenen selbst und drittens mit Gewerkschaften und NGOs in den Herkunftsregionen. Aufgrund der Organisation des Sektors privater Hausarbeit gestaltet sich der Zugang zu den Frauen für die Gewerkschaften schwierig. »[T]hey are not very attractive for union organising, because you have to invest an awful lot to organise this sector« (Elsa Ramos, ICFTU, in: Kalayaan/SOLIDAR 1996: 10). Daraus folgern Gewerkschaftsvertreterinnen dass »Vernetzung mit anderen Organisationen, z.b. Ausländerberatungsstellen des DGB oder speziellen Migrantenorganisationen« (Bothfeld 2000), die einen Zugang zu den Frauen haben, essentiell ist (vgl. auch RESPECT/Kanak Attak 2003). Dabei sieht sich das RESPECT-Netzwerk selbst als kompetente Organisation, die verschiedene Gruppen an einen Tisch zu bringen: »We know that we're one of the best projects of Daphne[40] because we really bring together the trade unions, bring together the women's organisations, it's so well thought that network, because it was self organized groups of women in London, then in different countries, we really go straight to the point« (Interview Solidar/RESPECT, 28.11.2000).

Dieser Ansatz schließt an den zweiten Punkt an, der Strategieentwicklung unter Beteiligung der Betroffenen. Das Netzwerk betont die Notwendigkeit partizipativer Methoden, um im »Bereich der Haus-, Pflege- und Sexarbeit mit den ArbeitnehmerInnen neue Formen und Strategien der Interessensdurchsetzung« (RESPECT/Kanak Attak 2003) zu entwickeln. Karitative, advokatorische und paternalistische Ansätze werden abgelehnt.

Zur effektiven Organisierung von – regulären wie irregulären – MigrantInnen wird die Bedeutung der Kooperation zwischen Gewerkschaften in den Ziel- und den Herkunftsländern hervorgehoben. »[W]e also emphasise the importance of networking with the unions in the countries of origin« (Elsa Ramos, ICFTU, in: Kalayaan/SOLIDAR 1996: 11). Gewerkschaften setzen sich insbesondere in den Ländern aktiv für ›ihre‹ MigrantInnen ein, in denen der Arbeitskraftexport für die Volkswirtschaft eine große Bedeutung hat[41] und die Ausbeutung der MigrantIn-

---

40 Aktionsprogramm der EU zur Bekämpfung von Gewalt gegen Frauen, Kinder und Jugendliche.

41 Beispiele sind die *Union Nationale des Syndicats Autonomes du Sénégal*, die dominikanische *Confederación Nacional de Trabajadores Dominicanos*, welche eng mit dem US-amerikanischen *American Federation of Labor – Congress of Industrial Organizations* zusammenarbeitet, der *Ceylon Wokers' Congress* aus Sri Lanka, die Marokkanische *Union marocaine du travail*, pakistanische Gewerkschaften oder der ekuadorianische Ge-

nen, nicht zuletzt in Privathaushalten, besonders extrem ist. Ein Ansatz ist die präventive Aufklärung über Arbeitsbedingungen und -rechte in den Zielländern.

»Our unions in the sending countries, in countries like the Philippines, like Malaysia, work very close with other NGOs, with church based organisations. They prepare the migrants for going to other countries and making contacts in the receiving, in the host countries, so that they are not left to themselves to defend. They know, that there are such things as NGOs, as unions, who defend their rights« (Interview ICFTU, 5.9.2001).

Die Form der inter- und transnationalen Kooperationsbeziehungen sieht sehr unterschiedlich aus. Im Sektor privater Haushaltsarbeit steht bei den Gewerkschaften in den Hauptherkunftsländern die Sorge um die Rechte von in den Golfstaaten beschäftigten Frauen aus den Philippinen, Indonesien und Sri Lanka im Vordergrund der Bemühungen des *Trade Union Congress of the Philippines* und dem indonesischen Dachverband *Serikat Buruh Seluruh Indonesia*, welche mit der *International Confederation of Arab Trade Unions* kooperierten (David 2002: 74). In den Herkunftsländern werden unter anderem Informationsworkshops angeboten. Es kann sich auch um konkrete Organisierungsunterstützung handeln, wie im philippinisch-belgischen Fall, in dem die *Association of Filipino Workers* aus den Philppinen einen *organizer* entsandte »to help a group of Filipino taxi drivers in Belgium to form a union this year [...]. The association also manages to help overseas workers form a union by affiliating them with existing labor groups in their host country« (Sison 2002). Einige Gewerkschaften haben untereinander Kooperationsabkommen abgeschlossen. Der britische *Trade Union Congress* und der portugiesische Gewerkschaftszusammenschluss *Confederação Geral dos Trabalhadores Portugueses – Intersindical Nacional* (CGTP-IN) unterzeichneten 2001 ein Abkommen, das Maßnahmen zur Erhöhung der Mitgliedschaft portugiesischer ArbeitmigrantInnen beim *Trade Union Congress* zum Ziel hat. Ähnliche Abkommen gibt es zwischen CGTP-IN und Gewerkschaften in Luxemburg, Spanien und der Schweiz. Ein neuer Ansatz gewerkschaftlicher Organisierung wird im Sektor hochqualifizierter Migration mit IT-ArbeiterInnen aus Indien erprobt. Reagiert wird auf den häufigen Wechsel der Einsatzorte der ArbeiterInnen mit dem Ausstellen eines »UNI-Passes« des *Union Network International*, dem weltweiten sektoralen Zusammenschluss der Dienstleistungsgewerkschaften. Der Pass ermöglicht es den Gewerkschaftsmitgliedern, bei einem Umzug ohne bürokratischen Aufwand von einer Gewerkschaft

---

werkschaftsdachverband *Confederacion Ecuatoriana de Organizaciones Sindicales Libres* (David 2002).

zur nächsten zu wechseln (David 2002: 74). Reagiert wird damit auf den geringen Organisationsgrad von ArbeitsmigrantInnen und das Problem, dass auch Gewerkschaftsmitglieder durch den Umzug in ein anderes Land die gewerkschaftliche Anbindung verlieren. An den verschiedenen Ansatzpunkten wird deutlich, dass es Versuche gibt, auf unterschiedliche Anforderungen niedrig- und hochqualifizierter Arbeitsmigration zu reagieren. Durch den inter- und transnationalen Charakter von Migrationsbewegungen sehen sich Gewerkschaften zunehmend herausgefordert, international zu kooperieren und sich mit Problemen von Arbeitsbedingungen und -rechten zu befassen. Um die Rechte international anzugleichen, fordert das RESPECT-Netzwerk in Deutschland, dass sich die Gewerkschaften, insbesondere Ver.di, für eine Ratifizierung der UN-Konvention für die Rechte der WanderarbeiterInnen und ihrer Familien sowie ihrer Umsetzung in nationales Recht einsetzen (RESPECT/Kanak Attak 2003). Bislang wurde die Konvention fast ausschließlich von Herkunftsstaaten ratifiziert. Nicht nur die Regierungen, auch Gewerkschaften in den Zielländern zeigten sich bezüglich der Unterstützung der Konvention zögerlich, da diese explizit auch die Rechte undokumentierter MigrantInnen betont, obgleich der Weltverband der Freien Gewerkschaften ICFTU zur Ratifizierung auffordert (ICFTU 2002: 17).

Die vom RESPECT-Netzwerk geforderte inhaltliche Ausrichtung der Gewerkschaften sieht eine Kombination aus *equal-* und *special-treatment*-Ansätzen vor. Elemente einer *equal-treatment*-Strategie sind z.B. die »Schaffung von Tarifvertragsstrukturen« (Bothfeld 2000), die Verwirklichung von »Arbeitsrechten und sozialen Mindeststandards für alle ArbeitnehmerInnen« (RESPECT/Kanak Attak 2003). *Special-treatment*-Elemente sind die Entwicklung von »new ways of organising, which recognise the particularities of the private home« (Pearce 2000: 5) und die geforderte Anerkennung von MigrantInnen als Personengruppe[42] innerhalb von Ver.di (RESPECT/Kanak Attak 2003). Die Forderung, dass sich die Gewerkschaften für die Anerkennung von Berufs- und Universitätsabschlüssen von Nichtdeutschen und eine Abschaffung des Inländerprimats einsetzen (RESPECT/Kanak Attak 2003), verdeutlicht, dass Maßnahmen des *special-treatment* die Voraussetzungen für ein *equal treatment* bedeuten können.

---

42 Die Anerkennung als »Personengruppe« erfordert eine Zweidrittelmehrheit des Bundeskongresses von Ver.di. Im Gegensatz zu einem »Bundesarbeitskreis« stehen einer »Personengruppe« u.a. mehr Ressourcen zur Verfügung. Es gibt folgende Personengruppen bei Ver.di: Jugend, SeniorInnen, ArbeiterInnen, BeamtInnen, MeisterInnen u.a., freie MitarbeiterInnen u.a. und Erwerbslose (Ver.di 2003, § 60).

Zwischen Desinteresse, Abwehr und Öffnung

Nur eine sehr geringe Anzahl der Migrantinnen, die in Privathaushalten arbeitet, ist in Europa gewerkschaftlich organisiert. Neue Mitglieder gewannen die Gewerkschaften dort, wo sich im Rahmen von politischen Kampagnen, die durch NGOs und Selbstorganisierungen geführt wurden, Gewerkschaften beteiligten. In den Gewerkschaften liegt die Zuständigkeit in der Regel bei den Frauenreferentinnen. Gewerkschaften übernehmen entweder eine *social service*-Funktion (bspw. in Italien, Spanien), sind machtvolle politische Akteure, die in politischen Kampagnen wichtige Bündnispartner sind (bspw. Großbritannien, Frankreich) oder bislang keine Anlaufstellen, sondern eher Adressaten von Forderungen (bspw. Deutschland).

Eingangs wurde darauf verwiesen, dass sich Gewerkschaften unter anderem mit zwei umstrittenen Fragen konfrontiert sehen: erstens, inwieweit die Interessen aller ArbeiterInnen geschützt werden sollen oder nur die der Gewerkschaftsmitglieder; zweitens, ob neuen Einwanderungsregelungen zuzustimmen ist. Diese strittigen Punkte gelten auch, aber nur bedingt, für undokumentierte Migrantinnen, die in Haushalten arbeiten, da der gewerkschaftliche Organisierungsgrad – auch unter legal Beschäftigten Hauswirtschafterinnen – sehr gering ist und von daher das gewerkschaftliche Interesse an diesem Sektor nicht ausgeprägt ist. Von Seiten der NGOs und Selbstorganisationen von MigrantInnen gibt es wenig explizite Strategiereflexionen, wie Gewerkschaften für die Probleme der undokumentierten MigrantInnen in einem stärkeren Ausmaß zu sensibilisieren sind. Das Handeln gegenüber den Gewerkschaften ist oft pragmatischer Natur. Auf die US-amerikanischen Erfahrungen in der Organisierung prekär Beschäftigter und irregulärer MigrantInnen wird kaum verwiesen. Das verwundert, da der Verweis auf *best-practice*-Modelle gerade auf europäischer Ebene und unter Frauenorganisationen weit verbreitet ist, um mit dem Hinweis auf andere Erfahrungen Veränderungen vor Ort anzustoßen. Die politische Praxis des RESPECT-Netzwerks – nicht der verschiedenen *Sans-Papiers*-Bewegungen und Proteste in Europa – ist weniger kämpferisch angelegt als z.B. die gewerkschaftlichen Aktionen illegalisierter MigrantInnen in den USA. Ein Grund liegt neben der langen Arbeitszeiten und schlechten Erreichbarkeit in den Privathaushalten in der frauenpolitischen Herkunft der meisten Mitgliedsorganisationen des Netzwerks und der weitgehenden Transformation offensiver Frauenbewegungen in eine professionelle Projektszene, die von der Mobilisierung externer Gelder abhängt und politisch durch Lobbyarbeit interveniert. Die politische Kultur kämpferischer Gewerkschaftsrhetorik unterscheidet sich daher von an (emanzipatorischen) sozialarbeiterischen Konzepten angelehnten Herangehensweisen der Frauenorganisationen und -projekte. Die Migrantinnen-Selbstorganisationen könnten in dieser Hinsicht, wenn sie stärker wären, als Bindeglied zwischen Gewerkschaften und NGOs fungieren. Die eingangs formulierte Frage, inwieweit Gewerkschaften für die Verwirklichung der Anliegen von irregulären MigrantInnen ermöglichende oder behindernde Akteure sind, ist nicht eindeutig zu beantworten. Sind sie Teil von Kampagnen, so ermöglichen sie die Bereitstellung von Ressourcen, politischen Kontakten und individuellen Vorteilen für die MigrantInnen. Sind sie nicht an den politischen Kampagnen beteiligt und äußern sich nicht befürwortend zu Legalisierungen o.ä., so sind sie eher einer von mehreren Adressaten, an die von MigrantInnen Forderungen gerichtet werden. Es gibt sowohl Hinweise auf ein stärkeres Engagement, das einhergeht mit innergewerkschaftlichem Organisationswandel, der Zunahme der Bedeutung des informellen Sektors, die politische Aktualität von Migrationsfragen und die Wiederbelebung internationaler Gewerkschaftssolidarität in transnationalen Auseinandersetzungen. Es gibt aber auch starke Beharrungstendenzen in den gewerkschaftlichen Großorganisationen und zum Teil auch nationalistische und rassistische Ressentiments der Mitgliederbasis.

Fazit: *Empowerment* und frauenpolitische Thematisierungen als Strategie

Die Europäische Union wird vom RESPECT-Netzwerk aktiv als politische Arena gewählt, zum einen, um eine Alternative zu nationalen Politiken aufzubauen, und zum anderen, um über die europäische Kooperation von MigrantInnen- und *pro-migrant*-Organisationen eine stärkere Bewegung und Lobby für die Rechte von irregulären Haushaltsarbeiterinnen aufzubauen. Mit dem europäischen Engagement wird also eine bewegungsinterne und eine politisch-strategische Ausweitung von Möglichkeiten angestrebt. Das britische Fallbeispiel hat jedoch gezeigt, dass in punkto irregulärer Migration weiterhin die nationale Ebene die politisch bestimmende bleibt, insbesondere in Ländern wie Großbritannien und auch Deutschland, in denen die nationale migrationspolitische Zuständigkeit gegenüber der europäischen stark betont wird. Als institutionell-politisches Terrain haben sich die unterschiedlichen europäischen Akteure – Europaparlament, Europäische Kommission usw. – für das RESPECT-Netzwerk unterschiedlich offen erwiesen. Die anfangs verfolgte Thematisierungsstrategie der Bekämpfung des Frauenhandels hat zu deutlich mehr Anschlussstellen geführt als die nach der Abkehr vom *framing* des Frauenhandels stärker betonte Rahmung der Rechte, insbesondere der Arbeiterinnenrechte. Hervorzuheben ist die bewusste Entscheidung des Netzwerks, den Weg der stärkeren Resonanz aufzugeben, um langfristig nicht mit möglichen negativen Konsequenzen konfrontiert zu sein. Die lobbypolitische Dynamik der Kooptation und der Partizipation um jeden Preis wurde reflektiert und mit einer strategischen Neuausrichtung, der Kooperation mit Gewerkschaften, verbunden. Die Analyse des Verhältnisses zu Gewerkschaften hat jedoch gezeigt, dass sich in diesem Feld wiederum neue Beschränkungen ergeben und US-amerikanische Erfahrungen in der Organisierung von illegalisierten ArbeitsmigrantInnen nicht unbedingt übertragbar sind.

In bewegungstheoretischer Hinsicht hat die Fallstudie unterstrichen, wie wichtig zwei Unterscheidungen sind: Erstens ist die Resonanz, auf die eine Bewegung stößt, nicht gleichzusetzen mit politischem Erfolg und einer Verbesserung der Situation der Betroffenen. Zweitens ist bei der Analyse der gesellschaftlichen Kontextstruktur und der Offen- oder Geschlossenheit für Bewegungen zu berücksichtigen, ob es sich allein um Öffnungen auf struktureller Ebene handelt, die etwa bestimmten Anliegen ein *agenda-setting* ermöglichen, oder ob aus der diskursiven Resonanz auch politischer *impact* und Erfolg werden.

Im Vergleich zu anderen Gruppen irregulärer MigrantInnen unterliegt die politische Mobilisierung von und für Haushaltsarbeiterinnen besonderen Beschränkungen, aber auch Möglichkeiten. Zum einen ist die Organisierung aufgrund der Charakteristika des Arbeitsplatzes Privathaushalt nur schwer zu realisieren, da die Arbeitszeiten lang sind und die Haushalte verstreut liegen. Zum anderen hat die Fallstudie ergeben, dass es zwei bislang in der Geschlechterforschung wenig diskutierte *gender*-spezifische Thematisierungsoptionen gibt: Da informell verrichtete Arbeit von Frauen in den Gewerkschaften wenig Berücksichtigung findet, liegen weniger Vorbehalte gegen die Migrantinnen vor als in anderen Sektoren irregulärer Erwerbsarbeit (z.B. im Bausektor). Die Erfahrungen des RESPECT-Netzwerks mit dem Europaparlament hat gezeigt, dass die Thematisierung über ein geschlechtsspezifisches Thema verhindern kann, dass der irreguläre Aufenthaltsstatus der Frauen im Vordergrund steht, das heißt es wurde ein Weg der De-Thematisierung oder Entdramatisierung des Aufenthaltsstatus gefunden.

»Schwache Interessen« organisieren

An Grenzen und innerhalb nationalstaatlicher Grenzen werden nicht alle Personen gleich behandelt. Durch Migrationsregime entstehen »mobility ranges and classes of mobile subjects« (Tesfahuney 1998: 513): »First class mobile subjects« bewegen sich mit geringen Hindernissen über Grenzen hinweg, wohingegen die Mobilität von Subjekten zweiter Klasse beschränkt ist. Die Echtheit von Reisedokumenten wird bezweifelt und sie müssen sich oft diskriminierenden Befragungen unterziehen. Für nicht-weiße StaatsbürgerInnen westlicher Länder relativieren sich die ihnen qua Pass zustehenden Privilegien als mobile Subjekte erster Klasse. Für Menschen aus Ländern des globalen Südens ist ein ausgestelltes Visum längst noch keine Garantie für das Erreichen des Ziels, da Grenzbeamte das letzte Wort über die Einreise haben. Im Zweifel gegen die Einreise. Im Rote-Kreuz-Zentrum von Sangatte versammelten sich Mobilitätssubjekte dritter Klasse, die es aufgrund der Aussichtslosigkeit erst gar nicht versucht haben, Visa oder Asyl zu beantragen. Mittlerweile ziehen es auch originäre Flüchtlinge häufig vor, in der Illegalität zu leben, als sich wenig aussichtsreichen Asylverfahren zu unterziehen. Migrantinnen, die als Hausangestellte in der EU arbeiten, haben den Status von Mobilitätssubjekten zweiter und dritter Klasse, viele oszillieren zwischen legalem und illegalem Aufenthalt, zwischen Prekarität und Absicherung.

MigrantInnen- und *pro-migrant*-Organisationen thematisieren die institutionalisierte Ungleichbehandlung und Schließung der Europäischen Union für bestimmte Personengruppen, sie versuchen die Schließung zu delegitimieren und zu verändern. Sie artikulieren »claims for equal mobility rights [...] as spaces of resistance to dominant geopolitical practices and institutions that maintain differential mobility rights« (Tesfahuney 1998: 501). Diese Auseinandersetzungen finden sowohl in politischen Räumen wie auch in geografischen Grenzräumen statt. Diese Räume werden im Konfliktfall zu »terrains of resistance« (Routledge 1993), wie ich am Fall ›Sangatte‹ gezeigt habe. Die zu Beginn aufgestellte Arbeitshypothese, dass Grenzen und konfrontativ ausgerichtete politische Mobilisierungen in Grenzräumen für die Analyse der europäischen Migrationspolitik von Relevanz sind, wurde bekräftigt. Denn, erst durch diesen Fokus können zentrale Konfliktlinien und Akteure berücksichtigt werden, die beim Blick auf Brüssel und die etablierten NGOs aufgrund der konsensorientierten Strukturiertheit des Brüsseler Terrains unsichtbar geblieben wären.

Mobilisierungstypen: »Recht auf Rechte« – »Re-Regulierung« – »repressives Migrationsmanagement«

Ausgehend von den Ergebnissen der Fallstudien zu den Auseinandersetzungen um das Rote-Kreuz-Zentrum in Sangatte und den Aktivitäten des RESPECT-Netzwerks kristallisieren sich für das Konfliktfeld irreguläre Migration drei Typen von politischen Mobilisierungen heraus: Eine erste Position des »Rechts auf Rechte« für irreguläre MigrantInnen, eine zweite Position der »Re-Regulierung« und eine dritte des »repressiven Migrationsmanagements«. Diese drei Typen unterscheiden sich in vielerlei Hinsicht, beispielsweise in der Trägerschaft, der migrationspolitischen Positionierung, dem damit verbundenen Bild von irregulären MigrantInnen, politischen Strategien und dem Grad der Resonanz und den daraus resultierenden Handlungsspielräumen. Diese Typologie ist dazu geeignet, auch in anderen migrationsbezogenen Auseinandersetzungen zentrale Argumentations- und Mobilisierungsmuster zu unterscheiden. Politische Mobilisierungen von MigrantInnen werden in dieser Typenbildung nicht isoliert von politischen Mobilisierungen anderer Träger, staatlichen und nicht-staatlichen, betrachtet, sondern als integrierter und wichtiger Bestandteil der gegenwärtigen migrationspolitischen Auseinandersetzungen. Eine weitere Akzentverschiebung zu anderen Arbeiten aus dem Bereich der Migrations- und Ethnizitätsforschung (vgl. den Forschungsstand) besteht darin, die Mobilisierungen nicht auf Integrations- oder Desintegrationswirkungen im Rahmen des Aufenthaltes von MigrantInnen in einer Gesellschaft zu diskutieren und zu bemessen. Sondern aufzuzeigen, dass die Mobilisierungen der MigrantInnen auch die Zugangsfragen zum politischen Gegenstand machen, das heißt, dass das Politikfeld der Migrationspolitik immer aus Zugang und Aufenthalt besteht. Da die Auseinandersetzungen um Zugang sich oft in Grenzräumen und an Grenzverläufen abspielen, ist eine diesbezügliche Aufmerksamkeitsverlagerung wichtig. Die vorgeschlagene Typologie richtet daher ein besonderes Augenmerk auf die Aspekte des rechtlichen Status der MigrantInnen und auf den Grenzübertritt.

Erster Mobilisierungstyp: »Recht auf Rechte«

Die politische Maxime des ersten Mobilisierungstyp liegt in der erfolgreichen Realisierung und Gestaltung von individuellen Lebens- und Migrationsprojekten. Um diese zu erreichen, wird abstrakt das »Recht auf Rechte« gefordert. Dieser Mobilisierungstypus hat eine politische und eine alltagspraktische Dimension. Die TrägerInnen dieses Typus sind vor allem Zusammenschlüsse und soziale Netzwerke von MigrantInnen, in diesem Fall MigrantInnen ohne gültigen Aufenthaltsstatus und Einreisepapiere oder regularisierte MigrantInnen und anerkannte AsylbewerberInnen, die sich für ihre eigenen Rechte und die von illegalisierten MigrantInnen einsetzen. Darüber hinaus fallen auch einige *pro-migrant*-Organisationen und antirassistische Gruppierungen unter diesen Mobilisierungstypus.

Die Fallstudie zum Rote-Kreuz-Zentrum in Sangatte hat gezeigt, dass bei den meisten der MigrantInnen das zunächst einmal individuelle Interesse der Weiterreise nach Großbritannien das zu erreichende Ziel und die Motivation zum kollektiven Handeln darstellte. Diese Handlungsorientierung habe ich als relative Autonomie bzw. Eigensinnigkeit der Migration bezeichnet. Das gemeinsame Handeln und die politischen Artikulationen waren nicht auf Dauer und wenig strategisch angelegt. Die immer wieder gewaltsam aufbrechenden Konflikte und Konkurrenzen zwischen den MigrantInnen zeugen von der Fragilität der Kollektivität, die nicht auf Solidarität, sondern auf einem gemeinsamen Schicksal an einem spezifischen Ort, dem Grenzraum, beruhte. Die für den Verlauf des Konfliktes entscheidende Dynamik von Elitendissens und -konsens war nicht dem politischen Handeln der MigrantInnen geschuldet, sondern Teil der sich verändernden politischen Gelegenheitsstruktur, ein *window of opportunity*. Erst durch die Skandalisierung ›Sangattes‹ durch die britische Regierung, durch die die irregulären Massengrenzübertritte sichtbar wurden und in das öffentliche Bewusstsein rückten, wurden die MigrantInnen gezwungen, sich politisch zu verhalten, weil der unsichtbare Transit nicht mehr funktionierte.

Bei der zweiten Fallstudie ergibt sich ein etwas anderes Bild. Die politischen Mobilisierungen der in Haushalten arbeitenden MigrantInnen des RESPECT-Netzwerks befassen sich ebenfalls mit der Realisierung von individuellen Lebensprojekten, allerdings in gänzlich anderer Form als bei den MigrantInnen in Sangatte. Eine wesentliche Praxis der Mitgliedsorganisationen des Netzwerks besteht darin, die Grundlagen für individuelle und kollektive Handlungsfähigkeit zu schaffen, damit Arbeits- und Lebensbedingungen als veränderbar erfahren werden. Konkurrenzen zwischen verschiedenen (Gruppen von) Migrantinnen sollen im Idealfall dem gemeinsamen Engagement weichen. Insofern ist die Kollektivität und Solidarität unter den Migrantinnen auf Dauer angelegt und bestimmt die alltäglichen Lebenspraxen. In diesem Sinne ist der Name des Netzwerks Programm: Respekt. Selbstrespekt, Respekt vor der Tätigkeit und den Arbeiterinnen.

An beiden Fallstudien wird deutlich, dass die TrägerInnen dieses ersten Mobilisierungstyps (irreguläre) MigrantInnen als Handelnde verstehen, deren Migrationsbewegungen von Staaten nicht vollständig kontrolliert werden können. Insofern besteht die migrationspolitische Position darin, auf die soziale Tatsache irregulärer Migration zu verweisen und dadurch die MigrantInnen sichtbar zu machen, den rechtlichen Status zu enttabuisieren, vielleicht sogar in gewisser Weise zu ›normalisieren‹. Ein Beispiel für diese Position ist der Kampagnenslogan »Wir sind unter euch« der *Gesellschaft für Legalisierung* (2004), an der sich das RESPECT-Netzwerk aus Deutschland beteiligt. Die Normalisierung bedeutet aber nicht, die mit der Illegalität verbundene Rechtlosigkeit und Verletzungsoffenheit für Ausbeutung und Misshandlung hinzunehmen, sondern die entsprechenden Gesetze in Frage zu stellen. Die Strategie beruht auf einer Politisierung und Sichtbarmachung der Illegalität, dort wo sie strategisch angebracht ist. In anderen Situationen – bei der Erwerbsarbeit, im Alltag, beim Grenzübertritt und bei der informellen Selbsthilfe – ist es für die MigrantInnen und sie unterstützende Organisationen und Personen wichtig, möglichst unauffällig zu agieren. Die Sichtbarkeit und Unsichtbarkeit der MigrantInnen ist, wie in beiden Fallstudien gezeigt wurde, eine wichtige politische Frage und ein strategisches Instrument.

Der Begriff der Rechte ist bei diesem Mobilisierungstypus wichtig, dabei herrscht eine Gleichzeitigkeit verschiedener Rechtsauffassungen vor. In strategischer Hinsicht ermöglicht das Fordern von Rechten den MigrantInnen eine Thematisierungs- und Artikulationsweise, die in einer spezifischen Kontextstruktur verstanden wird und an die sich andere Akteure mit ähnlichen Forderungen anschließen können *(frame bridging, frame extension)*. Einige Akteure betonen die Widersprüchlichkeit von Recht und Rechten: zum einen wird Recht als zu unterlaufendes Recht der Herrschenden begriffen, zum anderen wird das ›Recht auf Rechte‹ eingefordert. *Kanak Attak*, die diesem Mobilisierungstypus zugerechnet werden können, verstehen Recht als die »Form, in der den

Herrschenden Kompromisse abgerungen werden« (Bojadžijev/Karakayali/Tsianos 2003: 206). Recht ist hier ein positiv gesetztes Recht, in dem sich Herrschaftsverhältnisse manifestieren. Gesetze sind Ausdruck von Kräfteverhältnissen, je nach günstiger oder ungünstiger Konjunktur gibt es durch politische Mobilisierungen Möglichkeiten, diese auszureizen. Es wird angenommen, dass Recht über einen längeren Zeitraum durch Praxen entsteht, daher wird versucht, durch die Wahrnehmung von Rechten, die eigentlich für bestimmte Personengruppen (noch) nicht existieren, die Kräfteverhältnisse langsam zu verschieben. Gleichzeitig schwingt in der Forderung der Anerkennung des Rechts auf Mobilität die rechtsphilosophische Vorstellung mit, dass es sich um ein Menschenrecht mit naturrechtlicher Begründung handelt (vgl. die Diskussion um das Recht auf Ein- und Ausreise bei Seyla Benhabib 1999). Beim RESPECT-Netzwerk wird eine Auffassung von Rechten deutlich, nach der Rechte gefordert werden, die den Lebensverhältnissen und den Prekarisierungsrisiken gerecht werden sollen. Demnach gilt es, entsprechende gesellschaftliche Normen zu erkämpfen, die im Recht nachvollzogen werden und deren Implementierung eingefordert und überwacht werden muss.

Trotz der unterschiedlichen Rechtsauffassungen ist die einende Position dieses Mobilisierungstyps, für MigrantInnen ohne legalen Aufenthaltsstatus eine deutliche Ausweitung und Materialisierung von (Menschen-)Rechten zu fordern und, solange diese nicht gewährt werden, über Selbsthilfe die Lebens- und Arbeitsbedingungen der MigrantInnen zu verbessern.

Zweiter Mobilisierungstyp: »Re-Regulierung«

Den zweiten Mobilisierungstyp bezeichne ich aufgrund des strategischen Ziels als »Re-Regulierung«. Getragen wird er vor allem von *pro-migrant-*Organisationen, zum Teil auch von selbstorganisierten MigrantInnen und einigen Akteuren aus der Europäischen Kommission, dem Europaparlament sowie Internationalen Organisationen. Die migrationspolitische Leitidee besteht in einer regulierten und gerecht(er) gestalteten Migration. Es wird demzufolge ein Interessensausgleich zwischen MigrantInnen und Nicht-MigrantInnen angestrebt, der international geteilten und auf naturrechtlichen Vorstellungen beruhenden Menschenrechtsnormen folgt. Der Bezug auf internationale Regulierungsebenen wird für den Schutz von Flüchtlingen und die Gewährung von Rechten für illegalisierte MigrantInnen als die adäquatere gegenüber der nationalstaatlichen betrachtet, deren Rechtssetzung StaatsbürgerInnen stärker bevorzugt. Illegalität selbst wird als Problem betrachtet, das sich auf alle Aspekte des Lebens der MigrantInnen auswirkt, daher zielt diese Position darauf ab, die mit der Illegalität verbundenen Problemlagen sichtbar zu machen und den Status der MigrantInnen zu regularisieren, sei es durch die Einführung geregelter Einwanderungsoptionen, nachträglich durch Legalisierungsprogramme oder durch die Gewährleistung von Mindestnormen durch die Einhaltung von Menschenrechten. Das Problem wird nicht durch abschottende Migrationspolitiken externalisiert, sondern als gesellschaftliches Problem begriffen, dessen Lösung in der Gesellschaft zu finden ist. Das ›illegal-Werden‹ durch den irregulären Grenzübertritt wird allerdings von den in dieser Arbeit untersuchten *pro-migrant*-Organisationen bewusst de-thematisiert, um die Probleme, die sich aus der Tatsache des irregulären Aufenthaltes ergeben, thematisierbar zu machen. Ein Konfliktbereich wird also ausgeklammert, um einen anderen verhandelbar zu machen. Dieses Ergebnis stützt die in der Einleitung entwickelte Arbeitshypothese, dass die De- bzw. Thematisierung von Zugangsfragen innerhalb von *pro-migrant*-Organisationen umstritten ist, weil der irreguläre Grenzübertritt zu den zentralen politischen Konfliktfeldern der gegenwärtigen europäischen Migrationspolitik zählt.

Der Handlungsansatz der »Re-Regulierung«, für den die staatliche Handlungsfähigkeit von zentraler Relevanz ist, betrachtet die MigrantInnen als Menschen, die unter ungerechten Migrations- und Asylpolitiken, Rassismus und Ausbeutung leiden (»Ungerechtigkeits-*masterframe«)*, das heißt weniger als handelnde Subjekte, wie es für den ersten Ansatz des »Rechts auf Rechte‹ charakteristisch ist.

Der »Re-Regulierungs«-Ansatz wurde in beiden Fallstudien deutlich herausgearbeitet: Bei den politischen Mobilisierungen um das Rote-Kreuz-Zentrum in Sangatte artikulierte sich der Typus im *frame* »Flüchtlingsschutz« der *pro-migrant*-Organisationen und der irakischen und afghanischen MigrantInnen. Bei den AkteurInnen der zweiten Fallstudie – dem Hausarbeiterinnen-Netzwerk RESPECT sowie dem frauenpolitischen *advocacy*-Netzwerk mit VertreterInnen der Gewerkschaften und dem Frauenrechteausschuss des Europäischen Parlaments – ist erstens der starke Bezug auf formal bestehende Rechte charakteristisch. Es wird die Einhaltung von Frauen-, Menschen- und ArbeiterInnenrechten auch für irreguläre MigrantInnen gefordert. Zweitens wird eine lebensnahe staatliche Regulierung des Sektors der Haushalts- und Pflegearbeit in Privathaushalten gefordert, sei es durch spezielle Arbeitserlaubnisse und Visa oder durch eine nachträgliche Legalisierung des Status der Migrantinnen.

Abbildung 11: Mobilisierungstypologie im Konfliktfeld irregulärer Migration

Typ der Mobilisierung	»Recht auf Rechte«	»Re-Regulierung«	»repressives Migrationsmanagement«
Vertreter	MigrantInnen, z.T. pro-migrant-Organisationen	pro-migrant-Organisationen, MigrantInnen, z.T. EP, EU-Kommission, Internationale Organisationen	Regierungen, EU, einige Internationale Organisationen, Gegenbewegungen
Migrationspolitische Position	Migration lässt sich nicht kanalisieren; Recht auf Rechte und Bleiben	Migration lässt sich regulieren und gerecht gestalten, Interessensausgleich	Bekämpfung irregulärer Migration ist Voraussetzung für legale Migration
Status MigrantInnen	Normalisierung	Regulierung	Skandalisierung oder Unsichtbarmachung
Sangatte	Realisierung individueller Lebensprojekte, taktische und temporäre Kollektivität *Frame:* »Autonomie der Migration«	Flüchtlingsschutz Internationale Normbefolgung *Frame:* »Flüchtlingsschutz«	Diskursverschränkung illegale Migration und Kriminalität, Sicherheit Technologisch-repressive Migrationskontrolle *Frame:* »Grenzmanagement«
RESPECT	Realisierung individueller Lebensprojekte, Solidarität und Kollektivität als Strategie im alltäglichen Leben Selbstverständnis: »Respect«	Staatliche Regulierung des Hausarbeitssektors (Legalisierung, Visa etc.), Rechte *Frame:* »Frauen-, Menschen- und Arbeitsrechte«	Diskursverschränkung illegale Migration und Kriminalität Bekämpfung von Frauenhandel, Menschenschmuggel und ›Schwarzarbeit‹ *Frame:* »Bekämpfung von Frauenhandel«

Quelle: Eigene Darstellung

Zu den beiden anderen Mobilisierungstypen, vor allem zu ersterem, gibt es Verbindungen und Überschneidungen. Mit dem ersten Mobilisierungstyp, dem »Recht auf Rechte«, stimmt die Re-Regulierungsposition in dem grundlegenden Ziel überein, dass sich Einwanderungsgesellschaften auf Migration einlassen und folglich MigrantInnen grundlegende Rechte zubilligen müssen. Irreguläre Migration wird von beiden Typen als soziale Realität begriffen. Der zentrale Unterschied zur ersten Position besteht in dem Ansatz der Re-Regulierung. Während die erste Position in Abgrenzung zur zweiten und dritten Position provokativ hervorhebt, dass sich Migration nicht kanalisieren lässt, so setzen die zweite und dritte Position an der Regulierung durch den Staat an. Der dritte Typus, den ich als »repressives Migrationsmanagement« bezeichne, gewichtet den Staat deutlich höher als die zweite Position, in der der einzelne Mensch an erster Stelle steht. VertreterInnen der Re-Regulierungsposition arbeiten zum Teil auch mit der dritten Position zusammen, sei es, weil es die einzige Möglichkeit darstellt, Zugeständnisse zu erreichen, oder weil es partielle Übereinstimmungen wie z.B. die Bekämpfung von Frauenhandel gibt.

Dritter Mobilisierungstyp: »Repressives Migrationsmanagement«

Der dritte Mobilisierungstypus, den ich als die »repressive Variante des Migrationsmanagements« bezeichne, unterscheidet sich in der Zielsetzung von den beiden vorherigen, da die Bekämpfung irregulärer Migration zu den migrationspolitischen Prioritäten zählt. Die wirksame Bekämpfung irregulärer Migration wird als Voraussetzung für die Gewährung legaler Zugangskanäle betrachtet. Im Unterschied zu den beiden ersten Mobilisierungstypen wird versucht, irreguläre Migration und die damit verbundenen Problemlagen aus dem Territorium auszulagern, zu externalisieren. Aufgrund dieser Zielorientierung und einem *top-down*-Verständnis lässt dieser Typ sich treffend als »repressives Migrationsmanagement« charakterisieren. Zu den wichtigsten TrägerInnen dieses Mobilisierungstypus gehören die meisten Regierungen der EU, der Ministerrat der Europäischen Union, Teile der Europäischen Kommission und des Europäischen Parlaments, die *International Organization for Migration* und rechte Bewegungen und Parteien.

Dieser dritte Typ unterscheidet sich vom klassischen Verständnis von Mobilisierungen in der sozialen Bewegungsforschung, in der staatliches und zivilgesellschaftliches Handeln einander gegenüber gestellt werden und Mobilisierungen eine Artikulationsform sozialer Bewegungen darstellen. In Anlehnung an Antonio Gramscis Staatsverständnis vom »erweiterten Staat« lässt sich jedoch argumentieren, dass es einen integralen Zusammenhang von Zivilgesellschaft und Staat gibt und in beiden Bereichen Mobilisierungen stattfinden. So hebt Gramsci hervor, »daß man unter Staat außer dem Regierungsapparat auch den ›privaten‹ Hegemonieapparat oder Zivilgesellschaft verstehen muss« (Gramsci 1992, H. 6, §137: 816). Direkte, staatliche Herrschaft lässt sich nur ausüben, wenn sie auf einem aktiven Konsens in der Zivilgesellschaft beruht, wird sie brüchig, tritt anstelle der Hegemonie der Zwang (ebd., H. 12, §1: 1502; H. 1, §48: 120; H. 3, §34: 354). So werden sowohl auf nationalstaatlicher wie auch auf europäischer Ebene nicht einfach Gesetze erlassen, die irreguläre Migration bekämpfen sollen, sondern die PolitikerInnen müssen sich auf das gesellschaftliche Terrain der Konsens- und Meinungsbildung begeben und für ihre Projekte und Sichtweisen werben. Dies stellt eine Form politischer Mobilisierung dar, deren Berücksichtigung wichtig ist, um partielle Überschneidungen zwischen NGOs und staatlichem Handeln aufzuzeigen. Daher halte ich es für sinnvoll, den Begriff der Mobilisierung über Bewegungsorganisationen hinaus auch auf staatliche Akteure anzuwenden.

Aufgrund der technologisch-repressiven Ausrichtung der Grenz- und Migrationskontrollen entspricht in den Auseinandersetzungen um ›Sangatte‹ das britische Regierungshandeln, nach den Wahlen 2002 auch das französische, diesem Mobilisierungstyp. Dabei werden Sicherheits- und Migrationspolitik miteinander verknüpft. Bei der zweiten Fallstudie ist der Mobilisierungstyp nicht so offensichtlich, wird aber verkörpert von AkteurInnen, die die Bekämpfung von Frauenhandel, Menschenschmuggel und illegaler Beschäftigung vorantreiben und sich dabei nicht oder nur vordergründig am Wohl der MigrantInnen orientieren, beispielsweise wenn Opfern von Frauenhandel und Zwangsprostitution nur eine für die Dauer des Strafverfolgungsverfahrens dauernde Aufenthaltserlaubnis erteilt wird. Auch hier habe ich in der Fallstudie die Verquickung von Migrations- und Kriminalitätsbekämpfungspolitik und die damit verbundenen Folgen für die MigrantInnen und die Politik aufgezeigt.

Irreguläre MigrantInnen werden von den TrägerInnen dieses Mobilisierungstyps als Opfer (im Fall von Menschen- und Frauenhandel) oder RechtsbrecherInnen (im Fall von irregulärer Einreise und Arbeitsaufnahme) betrachtet. Der legale Status der MigrantInnen wird skandalisiert und nur in Ausnahmefällen durch Regularisierung als ›heilbar‹ erachtet. Der Grenzübertritt wird, wie am Fall ›Sangatte‹ ersichtlich geworden, situativ sichtbar gemacht, also dann, wenn es den politischen Zielen und Strategien der über die Mittel verfügenden Akteure entspricht. Um Erfolge von repressiven migrationspolitischen Maßnahmen in der Öffentlichkeit nachzuweisen, kann es dazu kommen, dass die weiter stattfindenden irregulären Grenzübertritte wieder unsichtbar gemacht werden. Statistiken über Aufgriffszahlen und das Ausmaß irregulärer Migration können von AkteurInnen dieses Mobilisierungstyps in diesem Sinn strategisch eingesetzt werden.

In der Rechtsauffassung dieses Mobilisierungstyps wird die nationalstaatliche Souveränität hoch gewichtet, Individuen haben sich dem Staat zu unterwerfen und Rechte werden vor allem StaatsbürgerInnen gewährt.

Resonanz und Erfolg:
Empowerment, Sichtbarkeit und Legitimität

Die Kriterien für Resonanz und Erfolg unterscheiden sich für die drei Mobilisierungstypen. Wichtige Indikatoren für die ersten beiden Mobilisierungstypen sind *empowerment,* Sichtbarkeit und Legitimität. Ich halte diese Kriterien für eine abschließende Bewertung geeignet, um von der detaillierten und komplexen Einschätzung konkreter Auseinandersetzungen zu abstrahieren und bewegungsinterne und -externe Faktoren zu erfassen.

Die Handelnden des ersten Mobilisierungstyps »Recht auf Rechte« orientieren sich in der Bewertung ihrer Mobilisierungen und anderer politischer Maßnahmen an tatsächlichen Verbesserungen der Migrations-, Arbeits- und Lebensbedingungen. Dabei können die Veränderungen durch politische Mobilisierungen oder durch die Mobilisierung sozialer Netzwerke auf Basis von Selbsthilfe und Solidarität bzw. als Dienstleistung erreicht werden. Da diese Praxen in der Illegalität stattfinden, gibt es für die MigrantInnen kaum Wege, sich im Betrugsfall zu wehren. Die Fallstudie zur britischen Kampagne von in Haushalten arbeitenden Migrantinnen hat die Ambivalenz aufgezeigt, dass trotz erreichter politischer Veränderungen und Gesetze keine wesentlichen Verbesserungen für die Migrantinnen erzielt wurden. Das bedeutet, dass Resonanz auf Bewegungshandeln nicht vorschnell mit Erfolg gleichzusetzen ist bzw. die Situation definiert werden muss, bei der von Erfolg gesprochen werden kann. Insbesondere für den ersten Mobilisierungstypus besteht ein wichtiges Erfolgskriterium darin, ob MigrantInnen als politisch Handelnde mobilisiert werden konnten, um die Veränderung schlechter Lebensverhältnisse in die eigene Hand zu nehmen.

Ein anderes, die Wirkung politischer Mobilisierung auszeichnendes Kriterium der Mobilisierungstypen, die von den MigrantInnen- und *pro-migrant*-Organisationen praktiziert werden, ist die Herstellung von

Sichtbarkeit der MigrantInnen und Politisierung der Probleme, die aus der Illegalisierung heraus entstehen. In beiden Fallstudien wurde herausgearbeitet, dass die Herstellung von Un-/Sichtbarkeit ein Feld der politischen Auseinandersetzungen darstellte. Die Fallstudien haben auch gezeigt, dass die Sichtbarkeit von kurzer Dauer sein oder von Akteuren mit unterschiedlichen Interessen instrumentalisiert werden kann. Sichtbarkeit und die Form der Sichtbarkeit sind Teil symbolischer Politik und eine Vorbedingung für weitergehende Erfolge. Die VertreterInnen des ersten Mobilisierungstyps versuchen über die gesellschaftliche Sichtbarkeit und einer Normalisierung der Präsenz illegalisierter MigrantInnen die legitimatorische Grundlage für Rechte zu erlangen. Die Anwesenheit der MigrantInnen wird vor allem auf historische Faktoren und die ungleiche Reichtumsproduktion zurückgeführt. Ob sich aus dieser Argumentation heraus eine ausreichend große Legitimation ziehen lässt, ist fraglich. Die Legitimation nationalstaatlicher Souveränität ist breit anerkannt und beinhaltet, darüber zu entscheiden, wer legalen Zutritt auf staatliches Territorium bekommt.

Das zentrale Kriterium erfolgreicher Re-Regulierung besteht in der Realisierung prozeduraler Verfahren (z.B. Verhandlungen, Konsultationen, formale Anerkennung), substanzieller Politikergebnisse sowie deren nachhaltige Implementierung. Der Legitimationsbezug rechtsbasierter Forderungen besteht in der Umsetzung und Einhaltung international geteilter Normen auch für (irreguläre) MigrantInnen. Zwar bauen die Forderungen auf einem Normenkonsens auf, jedoch ist dessen Reichweite umstritten. Beispielsweise gibt es eine breite Zustimmung zur Gewährung von Asyl für politisch Verfolgte, aber durch restriktive Praxen und repressive Migrationskontrollpolitiken findet eine de facto Einschränkung statt. Die Analyse der Mobilisierungen des RESPECT-Netzwerks bestätigt die Arbeitshypothese, dass in der EU über frauenspezifische Netzwerke aufgrund der politisch-institutionellen Konstellation trotz des politischen Konsenses der Bekämpfung irregulärer Migration eine Thematisierung der Anliegen von irregulären Migrantinnen erfolgen kann. Frauenpolitische Legitimationsreferenzen und ein entsprechendes *framing* stellten einen erfolgreichen Weg der Thematisierung und der Öffnung der politischen Gelegenheitsstrukturen dar. Neben dem Verweis auf Menschenrechte und internationale Normen, könnte die Legitimation für Forderungen nach Re-Regulierungen im Konfliktfeld irregulärer Migration auch auf andere Weise hergestellt werden. Interessanterweise wird jedoch von den beiden ersten Mobilisierungstypen kaum auf den ökonomischen und gesellschaftlichen Nutzen verwiesen, den die Erwerbsarbeit irregulärer MigrantInnen für Teile der Mittelschicht (durch Haushaltsarbeit, Gartenpflege, Alten- und Krankenpflege), der Landwirtschaft, des Dienstleistungssektors und des Bausektors bedeutet. Vielmehr sind die zwei dominanten Legitimationsstränge die der basalen Rechte für MigrantInnen und der internationalen Normen. Für die dritte Position des »repressiven Migrationsmanagements« zeugt die Verabschiedung und Implementierung politischer Maßnahmen von einer erfolgreichen Politik. Wie in den Fallstudien deutlich wurde, wurden eine Reihe politischer Maßnahmen der Migrationskontrolle verabschiedet und implementiert. In Frage gestellt wird der migrationspolitische Erfolg jedoch durch relativ autonome Praxen von einem Teil der MigrantInnen (vgl. »*gap*-Hypothese«, Cornelius/Martin/Hollifield 1994a), wodurch die Glaubwürdigkeit der Politik in Gefahr gerät. Legitimiert werden die politischen Maßnahmen mit der staatlichen Souveränität.

Das unwegsame Terrain der Europäischen Union

Die Europäische Union ist über die Europäisierung bestimmter Aspekte der Asyl-, Grenzsicherungs- und Migrationspolitik für MigrantInnen- und *pro-migrant*-Organisationen zunehmend relevant geworden. Dies trifft auch auf irreguläre Migration zu, wenn auch ein Großteil der Politiken weiterhin auf nationaler Ebene entschieden und umgesetzt werden (z.b. Regularisierungsprogramme, soziale Rechte für irreguläre MigrantInnen). Für die drei identifizierten Mobilisierungstypen hat die Europäische Union eine unterschiedliche Bedeutung. Aus der Perspektive des »Rechts auf Rechte« stellt sie eine neue Ebene für mögliche Elitenkonflikte dar, aus denen sich beispielsweise im Fall von Koordinationsproblemen oder nicht erzieltem Konsens *windows of opportunity,* aber auch eine Schließung der politischen Gelegenheitsstrukturen etwa durch die Angleichung von Asylpraxen auf dem für Asylsuchende ungünstigsten Niveau ergeben können. Für die AkteurInnen des Typus »Re-Regulierung‹ stellt die EU vor allem eine neue politische Arena und Regulierungsebene dar. Es ergeben sich in der »composite polity« (Imig/Tarrow 2001c: 15) institutionelle Anknüpfungspunkte, zusätzliche Artikulationsmöglichkeiten, Möglichkeiten der Ressourcenmobilisierung für Projekte auf lokaler Ebene und für europäisches Lobbying. Aus Sicht der Position des »repressiven Migrationsmanagements« bietet die europäische Integration die Chance zur Vereinheitlichung der Asyl- und Migrationspolitik und zur Bündelung von Kräften, mithilfe derer das Problem der ungeregelten Migration besser in den Griff zu bekommen ist als auf einzelstaatlicher Ebene und über bilaterale Verträge.

Die repressive Variante des Migrationsmanagements kann sich in der Europäischen Union gegenüber liberaleren Varianten durchsetzen, da sie über wirkungsvolle Machtmittel – z.b. das Versagen der Zustimmung, den Tausch gegen andere Politikmaßnahmen und über die verpflichtende Zustimmung zum *acquis communautaire* als Bedingung der Aufnahme in die EU – verfügt und die Diskursverknüpfung von irregulärer Migration, Sicherheit und Kriminalität konsensual getragen wird. Diese Ausrichtung der Migrationspolitik der EU führt dazu, dass nicht alle zivilgesellschaftlichen Forderungen auf die gleiche Resonanz stoßen, sondern strategische Selektivitäten wirken. Es wurde an einer Reihe von Fällen nachgewiesen, dass – wie eingangs in einer Arbeitshypothese formuliert wurde – durch eine Diskursverschränkung von Sicherheit und illegaler Migration eine Schließung der politischen Gelegenheitsstruktur stattfindet und dass das »europäische Vokabular der Inklusion« (Eder/Hellmann/Trenz 1998: 331) für irreguläre MigrantInnen und *pro-migrant*-Organisationen wenig responsive Anknüpfungspunkte bietet. Die für das RESPECT-Netzwerk aufgezeigte partielle Offenheit der EU ist zum Teil der Dynamik geschuldet, dass die Europäische Kommission versucht, ihre Einflussbereiche gegenüber den Mitgliedsstaaten auszuweiten, und es begrüßt, wenn *pro-migrant*-Organisationen europäische Lösungen vorschlagen. Insofern wird, trotz der auf einer selektiven Öffnung und klaren Schließung für unerwünschte Migration beruhenden Grenz- und Migrationspolitiken der EU, die europäische Harmonisierung von *pro-migrant*-Gruppen als Schritt in die richtige Richtung betrachtet. Dies führte dazu, dass die EU-Kommission zu einem Hauptverbündeten der europäischen NGOs wurde. Die herausgearbeitete De-Thematisierung von Zugangsfragen zur EU durch *pro-migrant*-Organisationen ist ebenfalls in diesem Kontext zu sehen.

Diese Dynamiken lassen fragen, inwieweit nicht nur NGOs versuchen, die EU-Politik zu beeinflussen, sondern inwiefern die EU ihrerseits die Strukturen, Arbeitsweisen und Inhalte der Organisationen beeinflusst. Im Kapitel »Gibt es ein Advocacy-Netzwerk für illegalisierte MigrantInnen?« und im Kapitel »Repräsentationskonflikte« zum *European Union Migrants Forum* habe ich aufgezeigt, dass durch die Gründung von NGO-Dachverbänden und entsprechende Finanzierungspolitiken das Akteursfeld zu einem beträchtlichen Maße vor- und beständig mitstrukturiert wird. Es finden thematische, geschlechtliche und ethnische Schließungen statt, die nicht nur auf organisationsinterne Dynamiken zurückzuführen sind. Darüber hinaus werden politische Kräfte durch aufwendige bürokratische Verfahren zur Aufrechterhaltung der Organisationen kanalisiert und gebunden. Das politische Selbstverständnis und Handeln des RESPECT-Netzwerks hat jedoch auch gezeigt, dass ein reflektiertes Umgehen mit den Vorstrukturierungen, den netzwerkinternen Kompetenz- und Rollenaufteilungen und den Chancen, die sich aus der europäischen Ebene ergeben, möglich ist.

Die Vertretung und Organisierung »schwacher Interessen«

Die Mobilisierung derjenigen, die nicht einmal ein Aufenthaltsrecht haben, stellt einen Extremfall der Vertretung »schwacher Interessen« dar. Als typisch schwache Akteure gelten Wohnungslose, EmpfängerInnen staatlicher Transferleistungen oder PatientInnen. Zur Analyse »schwacher Interessen« gibt es in den Sozialwissenschaften verschiedene Vorschläge. In der vorliegenden Arbeit habe ich mit dem Instrumentarium der sozialen Bewegungsforschung gearbeitet. Dieses stellt meines Erachtens ein geeigneteres Instrumentarium dar als etwa neuere Ansätze aus der Demokratie- und Wohlfahrtsstaatenforschung, in denen traditionell Fragen der Interessenvertretung eine wichtige Rolle spielen und auch die Problematik der Vertretung schwacher Interessen zunehmend aufgegriffen wird (vgl. Willems/von Winter 2000). Die Trennung der Ansätze ist zwar immer noch vorherrschend, aber wichtige Aspekte der klassischen Ansätze von Mancur Olson (Logik kollektiven Handelns, Olson 1968), Claus Offe (Organisations- und Konfliktfähigkeit, Offe 1972) sowie Wolfgang Streeck (Einfluss- und Mitgliedschaftslogik, Streeck 1987) sind in die Bewegungsforschung eingegangen bzw. anhand von empirischen Fallstudien auch in Frage gestellt worden: So liefert Olson Erklärungen für die besonderen Probleme der Organisierung schwacher Interessen, kann aber gleichzeitig das Zustandekommen der Vielzahl von Zusammenschlüssen trotz der Organisationshindernisse nicht erklären; auch der Varianz der Organisations- und Konfliktfähigkeit innerhalb der heterogenen Gruppe schwacher Interessen wurde in den klassischen Ansätzen zu wenig Beachtung geschenkt (vgl. von Winter/Willems 2000: 13f.). Die meisten AutorInnen gehen darüber hinaus implizit von Staatsangehörigen als AkteurInnen aus, die über eine breitere Palette an Interessenvertretungs- und Artikulationsformen verfügen. Dies ist auch der Grund, warum Arbeiten zu anderen Gruppen schwacher Interessen wie Wohnungslose, Behinderte, Prostituierte, PatientInnen, Erwerbslose u.a. nur zum Teil auf irreguläre MigrantInnen übertragbar sind. Gemeinsamkeiten bestehen hingegen darin, dass alle diese Gruppen von Stigmata betroffen sind und um Anerkennung und um Sichtbarkeit kämpfen; zudem spielt das humanitäre und advokatorische Engagement von Kirchen und Menschenrechtsorganisationen eine wichtige Rolle. Aufgrund der Erfahrungen mit Entmündigung und Assistenzialismus muss dieses allerdings gerade im Hinblick auf die *Selbst*organisation kritisch betrachtet werden.

Beide Fallstudien in dieser Arbeit kommen zu dem Ergebnis, dass Engagement nicht die aus der Staatsbürgerschaft abgeleiteten Rechte ersetzen kann. Diese Position ist in der Migrationsforschung nicht unumstritten, so sieht Riva Kastoryano (1998) im *civic citizenship* für MigrantInnen einen Weg der Anerkennung. Auch ist es problematisch, von einem *spill-over*-Effekt in der EU auszugehen in dem Sinne, dass – wie Andrew Geddes (2000) argumentiert – die Norm der Freizügigkeit für UnionsbürgerInnen institutionelle Dynamiken freisetze, sie auf andere Gruppen auszudehnen. Die Auseinandersetzungen um irreguläre Migration machen deutlich, dass Thesen von Post- und De-Nationalisierung in diesem Extrem- oder kritischen Fall an ihre sprichwörtlichen Grenzen kommen.

Trotz der Einwände gegenüber Ansätzen und Ergebnissen der Forschung zu »schwachen Interessen« stellt sich die Frage, ob es eine spezifische Logik des kollektiven Handelns von irregulären MigrantInnen gibt. Die von Piven und Cloward (1986 [1977]) gegebene klassische und organisationskritische Antwort, dass die einzig wirksame und erfolgreiche Waffe sozio-ökonomisch marginalisierter Gruppen die der Revolte und des Chaospotenzials ist, hat immer noch nicht gänzlich an Gültigkeit verloren. Plausibel wird dies an den diversen Auseinandersetzungen in Sangatte. Diese Beobachtung spräche für eine Theorietradition, die das Aufbegehren und kollektive Handeln randständiger Gruppen als spontane Prozesse erklärt. Zugleich haben die Fallstudien dieser Arbeit veranschaulicht – etwa die zwanzig Jahre dauernde Kampagne von Hausarbeiterinnen in Großbritannien –, dass die Mobilisierungen irregulärer MigrantInnen auch als langfristige Organisierungs- und Aushandlungsprozesse zu denken sind. Aber auch bei Piven und Cloward wurde herausgearbeitet, dass die Revolten keineswegs nur spontan auftraten, sondern auch organisiert wurden und eines spezifischen Umfeldes bedurften. An dieser Stelle ist es hilfreich, die theoretische Perspektive von Piven und Cloward mit der Raumfrage zu verknüpfen. Denn für die Logik und den Verlauf des kollektiven Handelns ist von Relevanz, in welchem politisch-institutionellen und räumlich-physischen Terrain agiert wird. Und das unterscheidet sich deutlich zwischen dem Grenzraum in Sangatte, isolierten Privathaushalten und dem Brüsseler Terrain. Ein gemeinsames Charakteristikum besteht weiterhin darin, dass sich die irregulären MigrantInnen in beiden Fallstudien auch auf verallgemeinerbare Normen bezogen, etwa die Menschen- und Frauenrechte und der Flüchtlingsschutz. Aber, es wurden genau diese Normen auch zur Disposition gestellt. Die von den MigrantInnen gestellte Frage lautet nämlich, ob es der staatsbürgerschaftlichen Mitgliedschaft und Anwesenheitserlaubnis bedarf, um über Rechte und Pflichten zu verfügen. Neben der Frage, wie und warum sich randständige Gruppen organisieren, muss auch die nach der Logik der kollektiven Nicht-Organisierung gestellt werden. Am Beispiel von Sangatte wurde deutlich, dass die mangelnde Kontinuität in der Gruppenzugehörigkeit, die Individualisierung durch die klandestine Weiterreise nach Großbritannien, die Konkurrenzen zwischen den verschiedenen Nationalitäten sowie die fehlende gemeinsame Sprache zur geringen Gleichmäßigkeit und Professionalität der Proteste führten. Auch bei den Haushaltsarbeiterinnen spielt die Individualisierung der Arbeitsverhältnisse in den Haushalten eine Rolle für den geringen Organisierungsgrad. Umso interessanter ist es, die Modi der – zumindest zeitweise – erfolgreichen Überwindung der Hindernisse zu betrachten, wie etwa am Beispiel des RESPECT-Netzwerks. In seinem Ansatz einer Theorie schwacher Interessen schlussfolgert Thomas von Winter, dass soziale Prozesse wie die »Verstetigung von Armut und Arbeitslosigkeit [...] grundsätzlich einen das kollektive Handeln der Betroffenen begünstigenden Effekt« haben (von Winter 2000: 43). Allerdings werde dieser Effekt häufig durch psychosoziale Belastungen und soziale Diskriminierungserfahrungen konterkariert, die zu einer Distanzierung vom eigenen Sozialstatus führten (ebd.). Diese Reformulierung der in der Bewegungsforschung seit Jahrzehnten vielfach verworfenen, aber immer wieder aufscheinenden Deprivationsthese – kurz gefasst: je mehr Unterdrückung desto mehr Widerstandspotenzial – findet sich derzeit auch in der Diskussion um die zunehmende Prekarisierung von Arbeits- und Lebensverhältnissen und die mögliche Formierung eines »Prekariats« wieder, dem beispielsweise Kulturschaffende oder AkademikerInnen ebenso angehören können wie Reinigungskräfte und Haushaltsarbeiterinnen o.ä. (vgl. zur Diskussion: Das Argument 2004, Precarias a la Deriva 2004, republicart 2006). Gemeinsam ist den Gruppen die individualisierte Aushandlung und Diskontinuität von Arbeitsverhältnissen, fehlende oder beschnittene tarifliche Rechte und soziale Sicherung sowie die Skepsis gegenüber klassischen Formen gewerkschaftlicher Organisierung. Sie unterscheiden sich jedoch in vielerlei Hinsicht, von der Stellung im Produktionsprozess über die Entlohnung bis hin zu ihren Aufenthaltstiteln. Um die Interessensartikulation anzuregen und um über vereinzelte spontane Proteste hinaus die Langfristigkeit von Mobilisierungen zu erhöhen, ist es notwendig, Kommunikations- und Organisierungsprozesse unter den prekär Beschäftigten in Gang zu setzen. So findet auch in Deutschland seit Kurzem eine Debatte über die US-amerikanischen Erfahrungen im *organizing* von ArbeiterInnen in prekären und informellen Arbeitsverhältnissen, darunter auch irreguläre MigrantInnen, statt (vgl. Hauer/Wissmeier 2005). Bislang galten diese Gruppen als nicht organisierbar, da atomisiert und desinteressiert.

Bliebe die derzeitige Politikfeldkonstitution bestehen, dann könnte sich ein partieller Wandel im *framing* von irregulären MigrantInnen abzeichnen, etwa in Richtung des Nützlichkeitsparadigmas, das bislang nur eine untergeordnete Rolle spielte. Der Slogan »Ihr braucht uns« thematisiert die ökonomische Verwertung billiger Arbeitskraft (irregulärer) MigrantInnen und thematisiert die Doppelmoral, nach der irreguläre Migration abgelehnt wird und zugleich Privatleute und Firmen auf die billige Arbeitskraft zurückgreifen. Es wäre eine Thematisierungsoption, die irregulären MigrantInnen – bei aller Ambivalenz – Möglichkeiten eröffnen würde, die andere Gruppen schwacher Interessen nicht haben. Dieser *frame* würde ironischerweise zu den traditionell stärker legitimierten und durchsetzungsfähigen erwerbsbezogenen Formen der Interessenartikulation von Gewerkschaften und ArbeitgeberInnen gehören. Im Zuge der Illegalisierung von Migration und Prekarisierung und Flexibilisierung von Arbeitsverhältnissen könnte auch die Artikulation von irregulären ArbeitsmigrantInnen unter diese erwerbsbezogenen Interessen fallen. Allerdings ist der Bezug auf einen solchen *frame* auch nicht unproblematisch. So hält es Frank Nullmeier im Sinne einer längerfristigen Legitimationsbasis schwacher Interessen für notwendig, auch die neuen Formen von Produktion und Erwerbstätigkeit – den »exklusiven Produktivismus« – zu kritisieren, die einen partikularen Einschluss ermöglichen, aber auf lange Sicht (selbst-)zerstörerisch wirken (Nullmeier 2000). Und wie bereits in der Artikulation erwerbsbezogener Interessen in Zeiten des Normalarbeitsverhältnisses, können Fragen des Geschlechterverhältnisses in den Hintergrund treten – auch wenn paradoxerweise die neuen Verhältnisse gerade Frauen und (illegalisierte) Migrantinnen in besonderer Weise treffen. Daher gilt es, erwerbsarbeits- und subjektbezogene Ansätze zu verbinden und zugleich die Strukturen zu kritisieren, die zur Marginalisierung führen.

Dies führt zur Ausgangsfragestellung zurück. Obgleich irregulären MigrantInnen die physische Existenz abgesprochen wird, gelingt es ihnen unter spezifischen Bedingungen Handlungs- und Durchsetzungsfähigkeit zu gewinnen. Dazu finden sie diskursive und situative Anschlussstellen und Möglichkeitsfenster. Auch wenn selten alle Ziele erreicht werden, so kann aus den Mobilisierungen ein gesteigertes Selbstbewusstsein der MigrantInnen resultieren. Allerdings ist zu konstatieren, dass sich keine generellen Aussagen über die politischen Mobilisierungen von schwachen Interessen treffen lassen. Weder ist die Verfügbarkeit über Ressourcen oder einflussreiche Verbündete entscheidend noch die Wahl von Argumentationen mit der vermeintlich größten Resonanz. Auch der politische Umgang mit der sozialen Realität der millionenfachen Missachtung von nationalstaatlichen Grenzziehungen und Aufenthaltsbestimmungen ist seitens der MigrantInnen und ihrer FürsprecherInnen sehr unterschiedlich: vom bewussten Unterlaufen der Grenz- und Migrationsregime über das schlechte Arrangieren mit den sich aus der Rechtlosgkeit ergebenden Problemen bis hin zu offensiven Versuchen der Verhandlung und »Re-Regulierung«. Insofern lässt sich diese Frage nach der Logik des kollektiven Handelns irregulärer MigrantInnen nur konkret und mit Blick auf ermöglichende und behindernde Faktoren sowie die räumliche Verortung beantworten. Die vielfältigen Mobilisierungen der irregulären MigrantInnen haben aufgezeigt, dass es die »GrenzverletzerInnen« (Horn/Kaufmann/Bröckling 2002) selbst vermochten, durch ihre Präsenz und politischen Mobilisierungen zu provozieren, ihre Stimmen zu erheben und die »Demokratisierung der Grenzen« (Balibar 2003: 187) zu fordern. Mit Étienne Balibar ist allerdings gleichzeitig in Frage zu stellen, ob sich die »Institution der Grenze« (ebd.: 188) überhaupt demokratisieren lässt, ohne an der internationalen Rechts- und Gesellschaftsordnung und dem Demokratie- und Gerechtigkeitsverständnis zu rütteln.

Anhang

Geführte Interviews mit ExpertInnen

1. agisra e.V./Koordinationskreis gegen Frauenhandel I: Durban, 1.9.2001
2. agisra e.V./Koordinationskreis gegen Frauenhandel II: Johannesburg, 10.9.2001
3. Anti-Slavery International, Trafficking Programme Officer, London: London, 20.1.2002
4. Association for Human Rights and Democracy in Africa, Director, Wien: Durban, 7.9.2001
5. Barbed Wire Network Europe, Kent/GB: Straßburg, 26.7.2002
6. Bund gegen ethnische Diskriminierung, Berlin: Durban, 4.9.2001
7. Bundesausländerbeirat, Vorsitzender, Deutschland: Durban, 5.9.2001
8. Casa die Diritti Sociali, Rom: Durban, 4.9.2001
9. CCME – Churches' Commission for Migrants in Europe, Generalsekretärin, Brüssel: Brüssel, 16.7.2002
10. CFMW – Commission for Filipino Migrant Workers International, Women's Programme I, Amsterdam: London, 20.1.2002
11. CFMW – Commission for Filipino Migrant Workers International, Women's Programme II, Amsterdam: Amsterdam, 23.11.2001
12. CFMW – Commission for Migrant Filipino Workers International, Amsterdam: Durban, 5.9.2001
13. Columbian Human Rights Association, USA: Durban, 5.9.2001
14. CSVR – Centre for the Study of Violence and Reconciliation, Johannesburg: Durban, 2.9.2001
15. ENAR – European Network Against Racism, Direktorin, Brüssel: Durban, 6.9.2001
16. Ethnic Community Council, Australien: Durban, 7.9.2001
17. ETUC – European Trade Union Confederation: Brüssel, 23.7.2001
18. EUMF – European Union Migrants' Forum, geschäftsführendes Vorstandsmitglied, Brüssel: Bochum, 14.11.2000

19. Europäische Stelle zur Beobachtung von Rassismus und Fremdenfeindlichkeit, Wien: Wien, 12.4.2000 (Mitschrift)
20. European Commission, General Directive Justice and Home Affairs, Head of Unit, Brüssel: Brüssel, 24.7.2001
21. EWL I – European Women's Lobby, Frankreich: Durban, 4.9.2001
22. EWL II – European Women's Lobby, Brüssel: Durban, 5.9.2001
23. EWL III – European Women's Lobby, Brüssel: Brüssel, 1.12.2000
24. federazione delle chiese evangeliche in italia servizio rifugiati e migranti, Rom: Durban, 5.9.2001
25. Harnier, Otto, Büroleiter des ICMPD in Brüssel (seit 6/2002), zuvor Direktor der Abteilung Asyl, Immigration, Visa und Außengrenzen beim Rat der Europäischen Union, Brüssel: Brüssel, 31.7.2002
26. ICFTU – International Confederation of Free Trade Unions, Director Equality & Youth, Brüssel: Brüssel, 5.9.2001
27. ILO – International Labour Organization, Senior migration specialist, Genf: Durban, 7.9.2001
28. Iranischer Flüchtlingsaktivist, London: Straßburg, 26.7.2002
29. Kalayaan/United Workers' Association, London: London, 20.1.2002
30. Kalayaan-Mitbegründerin, jetzt: Kalayaan Dublin: London, 20.1.2002
31. Le Gisti – Groupe d'information et de soutien des immigrés, Paris, Gespräch: Antwerpen, 17.4.2004 (ohne Aufzeichnung)
32. Mexikanische Regierungsdelegation WCAR 2001: Durban, 7.9.2001
33. picum – Platform for International Cooperation on Undocumented Migrants, Geschäftsführerin, Brüssel: Brüssel, 23.7.2001
34. Refugee Women's Network, USA/Genf: Durban, 30.8.2001 (Mitschrift)
35. RESPECT-network/Solidar, Brüssel: Brüssel, 28.11.2000
36. Richter, Spanien: Bochum, 23.6.2001
37. Schröder, Ilka, MdEP (1999-2004), Berlin: Berlin, 16.8.2002
38. Solidar I, Projektmitarbeiterin, Brüssel: London, 20.1.2002
39. Solidar II, Geschäftsführer, Brüssel: London, 20.1.2002
40. SOS-Racism, Portugal: Durban, 4.9.2002
41. The Voice Africa Forum e.V., Thüringen: Straßburg, 26.7.2002
42. Universal Embassy, Brüssel: Brüssel, 31.7.2002

Teilnehmende Beobachtung

1. Exkursion der International Road Transport Union, Hafen von Calais, 30.11.2000
2. noborder-Grenzcamp, Frankfurt a.M., 3.-5.8.2001
3. United Nations NGO-Forum WCAR, Durban, 28.8.-1.9.2001
4. United Nations World Conference Against Racism, Xenophobia and Related Intolerance, Durban, 1.-7.9.2001
5. RESPECT-Netzwerk, Transnational Conference, London, 19.-21.1.2002
6. RESPECT-Netzwerk, Koordination Deutschland, Berlin, 1.-3.2.2002
7. Hearing Europäische Kommission, Grünbuch »Community Return Policy on Illegal Residents«, Brüssel, 16.7.2002

8. European noborder-Grenzcamp, Straßburg, 19.-27.7.2002
9. noborder-Grenzcamp, Köln, 1./2.8.2003
10. picum-Generalversammlung, Antwerpen, 16.-17.4.2004
11. International Labour Conference, 92nd Session, Working Group Migration, 29.5.-5.6.2004, Genf
12. ETUC-Konferenz »Out of the shadow: organising domestic workers. Towards a protective regulatory framework for domestic work«, Brüssel, 14.-15.4.2005

Abbildung 12: Migrations- und Asylgesetzreformen in Großbritannien

1948 **British Nationality Act (BNA):** Angehörige des *Commonwealth* aus der Karibik und dem indischen Subkontinent durften sich in Großbritannien ansiedeln und ihre Familien nachholen.

1962 **Commonwealth Immigrants Bill** *(Conservative*-Regierung): Einwanderungsrestriktionen für Angehörige des *Commonwealth*; drei Kategorien von *job vouchers* (A: weisen Arbeitsplatz vor, B: Hochqualifizierte, C: alle anderen), die die Einreise ermöglichen

1968 Zweiter **Commonwealth Immigrants Act** *(Labour*-Regierung): Alle InhaberInnen von UK-Pässen sind Immigrationskontrollen unterworfen, es sei denn ein (Groß-)Elternteil wurde im UK geboren/eingebürgert.

1973 **Immigration Act** *(Conservative*-Regierung): Ausweitung der Einwanderungskontrollen auf alle UK-Angehörigen; *job vouchers* der Kategorien A/B wurden durch temporäre Arbeitserlaubnisse ersetzt (ohne Familienzusammenführung, Residenzrecht); Kriminalisierung von sog. Visa-*overstayers*.

1973 Großbritannien tritt der EG bei.

1979 **Immigration Law:** Beendigung der Praxis, Hausangestellten Arbeitsvisa zu erteilen, 1980 Ausnahmeregelungen.

1981 **(New) British Nationality Act** *(Conservative*-Regierung): ersetzt den BNA, Vereinheitlichung der Rechte von *Commonwealth*-Angehörigen; Einführung des *ius sanguinii*.

1987 **Immigration (Carriers' Liability) Act**: 1 000 Pfund (ab 1991: 2 000 Pfund) pro Passagier ohne Einreisepapiere, Luft-/Schiffverkehr.

1988 **Immigration Act:** Beschränkung des Familiennachzugs, Vereinfachung von Abschiebungen.

1990 Unterzeichnung der **Dublin Convention** (tritt 1997 in Kraft).

1993 **Asylum and Immigration Appeals Act** *(Conservative*-Regierung): Fingerabdrücke und *fast-track*-Prozesse für Asylsuchende aus sicheren Drittstaaten, kein Widerspruchsrecht.

1995 Bilaterale Vereinbarung *(Gentleman's Agreement)* zwischen Großbritannien und Frankreich

1996 **Immigration and Asylum Act**

1998 **Carriers Liability Act** auch für Straße *(Labour*-Regierung) (Strafe 2 000 Pfund p.P.)

1999 **Immigration and Asylum Act** *(Labour*-Regierung): u.a. Einführung von Gutscheinen anstatt Bargeld für AsylbewerberInnen; Umverteilung von Asylsuchenden aus London in andere Regionen, keine Wohnsitzwahl; Kontrolle von Verdacht auf Scheinehen.

2002 *Nationality, Asylum and Immigration Act*: Das Recht auf Arbeit für Asylbewerber ist bis zum Entscheid abgeschafft; Kenntnis der englischen Sprache und Anwesenheit eines Familienangehörigen ist Voraussetzung, um nach GB zu kommen. Ausweitung legaler Routen für hochqualifizierte Arbeitsmigration; Bekämpfung von Scheinehen; Erhöhung des Strafmaßes für *trafficking* und *people smuggling*; Verschärfung der Asylverfahren; Unterbringung von Asylsuchenden in geschlossenen Zentren etc.

Quellen: *Thomson 2003, Layton-Henry 1994, Freeman 1994, Statham 2001, Zetter/Pearl 2000, Düvell, S. 151ff., Meyers 2004 (Kapitel zu GB), Hayter 2000, Kofman et al. 2000, SOLIDAR/Kalayaan 1996: 11*

Abbildung 13 : Migrations- und Asylgesetzreformen in Frankreich

1981 Einführung von Strafen für Arbeitgeber, um die Beschäftigung irregulärer MigrantInnen zu verhindern.

1986 Erstes *Loi Pasqua:* u.a. Grenzpolizei erhält Vollmacht, Personen ohne gültige Papiere sofort zu inhaftieren und abzuschieben, Präfekten können die Strafe der »Rückführung zur Grenze« *(reconduite à la frontière)* verhängen; Zufallskontrollen der Polizei zur Identitätsfeststellung von verdächtigen Personen; in Frankreich geborene Kinder ausländischer Eltern verlieren mit 18 automatisch das Recht auf die französische Staatsbürgerschaft (nach Protesten zurückgenommen).

1990- Implementierung von Maßnahmen, die auf die europäische Einigung
1992 zurückgehen, u.a. Einführung »offensichtlich unbegründeter« Asylgesuche von Personen aus ›sicheren‹ Staaten; Strafen für Transportunternehmen auch für Fluglinien eingeführt; Übernahmeabkommen.

1991 Abschaffung des automatischen Rechts für Asylsuchende, erwerbstätig sein zu dürfen; Einführung von Transitvisa für Länder, aus denen Asylsuchende kommen, v.a. Angola.

1993 Zweites *Loi Pasqua:* Ziel der Null-Einwanderung (viele Teile des Gesetzes wurden durch das *Conseil Constitutionnel* für unzulässig erklärt, aber dennoch eingeführt), u.a. Beschränkungen des Widerspruchsrechts für Asylsuchende, bei der Familienzusammenführung, für Studierende, Heiratsrestriktionen; größere Macht für die Polizei, Ausländer zu inhaftieren und abzuschieben, Erteilung eines einjährigen Einreiseverbots; Ausländern kann der Zugang zu Sozialleistungen verwehrt werden; in Frankreich geborene Kinder ausländischer Eltern müssen im Alter von 16- 21 Jahren ihre Naturalisierung beantragen.

1997 *Loi Debré:* Verschärfungen der *Ordonnance* vom 2.11.1945, u.a. Änderung des *certificat d'hébergement*. Privatpersonen müssen den lokalen Behörden mitteilen, wenn sie privat Nicht-UnionsbürgerInnen beherbergen (»Delikt der Gastfreundschaft«). Die *Ordonnance* wurde aufgrund von Protesten nicht im geplanten Maß umgesetzt; Zugeständnisse an *Sans-Papiers:* Personen, die nach dem *Pasqua*-Gesetz weder regularisiert noch ausgewiesen werden konnten, erhalten eine einjährige *carte de séjour temporaire* (Eltern französischer Kinder unter 16 Jahren, EhegatInnen von Franzosen, Personen, die sich seit mind. 15 Jahren in Frankreich aufhalten, z.T. Minderjährige).

1998 *Loi Cevènement:* im Asylgesetz Einführung der Kategorie des »territorialen Asyls«, d.h. für AusländerInnen, deren Leben/Freiheit bedroht ist oder die unmenschlicher Behandlung ausgesetzt waren, sowie des »konstitutionellen Asyls«, d.h. aufgrund ihrer Aktivitäten.

2002 Vorstellung *Loi d'Orientation et de Programmation pour la Sécurité Intérieure* (Gesetzespaket Innere Sicherheit) von Innenminister Sarkozy im Parlament. Themen: Schule schwänzen, ausländische Prostitution, Handy-/Autodiebstahl, Betteln von Minderjährigen, Sangatte, Straßensicherheit.

2003 *Loi Sarkozy:* u.a. Aufnahme der »sicheren Länder« in das Asylgesetz; Ablehnung von Antragstellenden bei inländischer Fluchtalternative.

Quellen: Abdallah 2002, Cissé 2002, Lavenex 2001, Lindemann 2001, Hollifield 1994, Silverman 1994, Thomson 2003, www.interieur.gouv.fr/ (10.11.2004)

Abbildung 14: Chronik der Auseinandersetzungen um Sangatte (1999-2003)

24.9.1999 Eröffnung des Rote-Kreuz-Zentrums in Sangatte als Reaktion auf die Räumung eines Lagerhauses im Juni 1999, in dem kosovarische Flüchtlinge provisorisch wohnten, hunderte Flüchtlinge wurden obdachlos.

19.6.2000 58 Chinesen erstickten in einem LKW in Dover.

24.9.2000 Gründung eines lokalen fremdenfeindlichen Komitees, Organisation des Referendumboykotts für die nächste Wahlperiode des französischen Präsidenten am 24.9.2000.

12.10.2000 Eine Menschenrechtsdelegation besucht Sangatte.

11.2.2001 Schlägerei aufgrund von Konkurrenzverhältnissen im Zentrum zwischen Afghanen und Kurden; der Bürgermeister von Sangatte, René Laportre (RPR), fordert die Schließung.

Februar 2001 An der Côte d'Azur strandet der Frachter East Sea mit 300 kurdischen Flüchtlingen, die britische Regierung fordert Maßnahmen, damit sie nicht nach Sangatte kämen.

6.6.2001 Das Zusatzprotokoll zum Protokoll von Sangatte der britischen und französischen Regierung sieht den gemeinsamen Kampf gegen illegale Einwanderung vor.

2.8.2001 Die BewohnerInnen des Zentrums fordern auf einer Demonstration die Vermittlung durch die Vereinten Nationen.

1.-7.9.2001 UN-Weltkonferenz gegen Rassismus in Durban, Südafrika.

3.9.2001 Arbeits- und Sozialministerin Guigou überlegt wegen der Über-

	belegung Sangattes ein weiteres Zentrum in Bailleul zu eröffnen; Innenminister Vaillant reagiert entsetzt. Am 13.9. dementieren der französische und britische Innenminister die Pläne.
September 2001	Von 40.000 Personen, die Sangatte durchliefen, haben nur 120 in Frankreich Asyl beantragt.
September 2001	GB fordert wiederholt die Schließung Sangattes. Frankreich kontert, die britische Asylgesetzgebung sei anziehend. Mitte September Treffen der Innenminister. Frankreich fordert die europaweite Asylharmonisierung mit britischer Beteiligung. GB arbeitet an einer Verschärfung seiner Ausländer-/Asylgesetzgebung und fordert von Frankreich eine liberalere Asylpraxis.
17.9.2001	Eine Petition zur Schließung des Rote-Kreuz-Zentrums in Sangatte wird von gut 1 100 Personen unterzeichnet.
20.9.2001	Die AfghanInnen in Sangatte verurteilen die terroristischen Anschläge am 11. September in den USA.
17.10.2001	Eine Resolution des *Comité Fédéral* der Sozialistischen Partei von Pas-de-Calais fordert die Schließung Sangattes, da die Zusammenballung von 1 600 Flüchtlingen die Anzahl der lokalen Bevölkerung übersteige und zu Sicherheitsproblemen führe.
20.11.2001	Massenschlägerei zwischen Kurden und Afghanen in Sangatte. Der Grund liegt in der Abhängigkeit der AfghanInnen von den Kurden beim klandestinen Weg nach Großbritannien.
15.12.2001	Wahlkampfrede von Bruno Megret in Sangatte, er weigert sich, das Innere des Zentrums zu besichtigen.
25.12.2001	Hunderte Personen dringen kollektiv in den Eurotunnel ein.
21.1.2001	Treffen der französischen Sozialministerin Guigou mit dem britischen Innenminister Blunkett in London. In einer informellen Erklärung wird sich gegen die sofortige Schließung Sangattes ausgesprochen, da die Flüchtlinge ansonsten obdachlos würden.
21.4.2002	Beim ersten Präsidentschaftswahlgang wurde die linke Hochburg Pas-de-Calais durch Le Pen angegriffen. PS und PCF verloren je 8 Prozent. Überraschend war das Ergebnis v.a. in Calais, der größten Stadt Frankreichs mit kommunistischer Regierung.
30.4.2002	Drei junge Männer aus der Region schießen in Calais und Sangatte je einen Flüchtling an. Der Rote-Kreuz-Direktor von Sangatte erklärt den Flüchtlingen die politische Lage in Frankreich, dass Teile der Bevölkerung bestimmte Probleme mit der Stimmabgabe für die extreme Rechte ausdrücke.
5.5.2002	Den zweiten Wahlgang der Präsidentschaftswahlen gewinnt Amtsinhaber Chirac mit 82 Prozent (Le Pen: 17,8 Prozent).
Mai 2002	Nach dem Rücktritt der Regierung Jospins am 6.5.2002 entfaltet der neue Innenminister Nicolas Sarkozy direkt nach Amtsübernahme Aktivitäten, die zur Schließung Sangattes führen sollen. Er kooperiert mit seinem britischen Kollegen David Blunkett.
17.5.2002	Massenschlägerei im Rote-Kreuz-Zentrum Sangatte.
19.5.2002	Die französischen Sozialisten fragen aus wahltaktischen Erwä-

	gungen Blair um Hilfe bei der Lösung des Problems in Sangatte an. Der Sozialist Jacque Lang (ehemaliger Bildungsminister) könnte seinen Sitz an den Front National-Kandidaten Carl Lang verlieren, da der FN Sangatte als Mobilisierungsthema nutzt.
22.5.2002	Hélène Flautre MdEP kritisiert die schlechten Bedingungen für Asylsuchende in Frankreich. Antirassistische Gruppen werben in Sangatte verstärkt für das Recht auf Asyl in Frankreich.
23.5.2002	Erste Stippvisite eines französischen Regierungsmitglieds in Sangatte. *Le Monde:* Sarkozys Besuch sei ein *coupe médiatique*.
25.5.2002	Die Flüchtlinge in Sangatte demonstrieren gegen die Lebensbedingungen vor Ort, ein Hungerstreik wird angekündigt.
Juni 2002	Der Soziologe Smaïn Laacher veröffentlicht die erste wissenschaftliche Studie zu Sangatte. Ein Ergebnis ist, dass die meisten Personen vor Krieg und Armut flohen und Europa, nicht aber Sangatte im Speziellen, als Ziel vor Augen hatten.
16.6.2002	Im zweiten Wahlgang der Parlamentswahlen gewinnt die UMP die absolute Mehrheit. Der FN ist nicht im Parlament vertreten. Viele linke Spitzenpolitiker verlieren Abgeordnetenmandate.
Juli 2002	Der UNHCR bietet die Feststellung des Flüchtlingsstatus der in Sangatte registrierten Personen an. Sarkozy nimmt das Angebot gerne an. *Les Verts,* Asyl- und Menschenrechtsorganisationen kritisieren das Vorgehen, da es zur Abschiebung von Personen in unsichere Länder wie Irak und Afghanistan führe.
12.7.2002	Der britische und französische Innenminister kündigen in Paris die Schließung Sangattes für Dezember 2002 an.
16.7.2002	Sarkozy stellt im Parlament das Gesetzespaket *Loi d'Orientation et de Programmation pour la Sécurité Intérieure* vor (u.a. Bekämpfung illegaler Migration und die Schließung Sangattes).
25.7.2002	Die britische Regierung begrüßt die neue Kooperation mit Frankreich und verschärft die Asylgesetzgebung.
12.-14.9.2002	Sarkozy kündigt auf einem informellen EU-Innenministertreffen einen verstärkten europäischen Kampf gegen illegale Migration an und bietet die europäische Koordination an.
26.9.2002	Treffen der britischen, belgischen und französischen Innenminister u.a. im Eurostar-Zug; Schließung eines Abkommens zur Verhinderung irregulärer Migration nach Großbritannien. Blunkett und Sarkozy besuchen Sangatte. Alle Personen sollen künftig registriert werden, keine Neuaufnahmen nach dem 15.11. Zeitgleiches Inkrafttreten restriktiverer Ausländer- und Asylgesetze in Großbritannien. Etwa 60.000 Personen passierten bis dato Sangatte auf dem Weg nach Großbritannien, einige Dutzend wurden verletzt, mindestens zwanzig getötet.
27.-28.9.2002	Der afghanische Flüchtlingsminister Enayatullah Nazari besucht Sangatte. Schließen des *Accord tripartite* zwischen Afghanistan, Frankreich und dem UNHCR über die dauerhafte freiwillige Rückkehr von sich in Frankreich aufhaltenden AfghanInnen.

19.10.2002	Dover, Calais, Sangatte, Paris, Belgien: Demonstrations- und Aktionswoche von Menschenrechtsorganisationen, antirassistischen Gruppen und *les Verts* gegen die Schließung Sangattes.
5.11.2002	Zehn Tage früher als von Sarkozy angekündigt werden in Sangatte Neuankömmlinge abgewiesen. PolitikerInnen von *Les Verts*, PS, PCF und CSUR protestieren gegen die »übereilte Schließung«. Flüchtlinge irren umher.
7.11.2002	Flüchtlinge und lokale Gruppen besetzen in Calais eine Sporthalle, die am 8.11. geräumt wird, eine weitere wird besetzt. Am 10.11. wird die Kirche Saint Pierre-Saint Paul von 200 Personen besetzt. Sarkozy kündigt die Räumung an. Die Präfektur versucht, die Flüchtlinge zur Asylantragstellung zu bewegen, ca. 100 lehnen kategorisch ab und drohen mit Hungerstreik/Selbstanzündung und fordern Zugang zu Sangatte bzw. Asyl in Großbritannien. Am 14.11.2002 wird die Kirche geräumt.
2.12.2002	Sarkozy und Blunkett beschließen die Schließung und den Abriss Sangattes zum 30.12.2002. Für alle regulär Erfassten wird eine Regelung gefunden: 1 000 irakische KurdInnen und 200 AfghanInnen mit Familienbindung erhalten einen befristeten Arbeits- und Aufenthaltsstatus (kein Asyl) in GB; Frankreich nimmt die rund 400 Verbleibenden. Blunkett: »Sangatte, c'est fini.« Jacques Lang (PS, Abgeordnete für Pas-de-Calais) gratuliert Sarkozy.
10.12.2002	Sarkozy besucht zum dritten Mal in seiner Amtszeit Sangatte und dankt dem UNHCR und dem Roten Kreuz für ihre Arbeit.
14.12.2002	Der letzte Flüchtling verlässt Sangatte.
15.12.2002	Demonstration eines Antirassismus- und Menschenrechtsbündnisses gegen die Schließung von Sangatte, u.a. Aufruf zum zivilen Ungehorsam und dazu, herumirrende Flüchtlinge nach der Schließung Sangattes zu beherbergen.
31.12.2002	Abriss des Rotez-Kreuz-Zentraums Sangatte. Karitative Organisationen versorgen Flüchtlinge mit Essen und Kleidung.
Seit 2003	MigrantInnen campieren in den Wäldern um Calais und werden regelmäßig von der Polizei vertrieben; die intensivierten Kontrollen erhöhen die Zahl der fehlgeschlagenen Versuche. In Paris fanden sich ehemalige/potenzielle Sangatte-Bewohner zusammen (Exiles 10) und campierten auf der Straße bzw. bei NGOs. In Zusammenarbeit mit ehemaligen Sangatte-MigrantInnen entstand das Theaterstück »La dernière Caravan Serrail«. Im Herbst 2005 wurden zwei Freiwillige von C'SUR, die 2003 bei einer Razzia gegen MigrantInnen in Calais gegen die Gewalt der Polizeit protestiert hatten, zu 8 000 € und Strafen auf Bewährung wegen Beamtenbeleidigung verurteilt.

Quellen: Ereignisdatenverlaufsanalyse, eigene Zusammenstellung

ANHANG

Abbildung 15: Ausgewertete Dokumente der Fallstudie Sangatte

Frankreich

Zeitraum	Le Monde	Libération, Le Figaro	La Voix du Nord, Lokalzeitungen	Parteien[1]	Regierung[2]	NGOs	Sonstige	Gesamt
bis 12/1999	2	0	0	0	1	0	0	3
1-12/2000	3	0	0	2	2	1	0	8
1-12/2001	47	1	22	7	5	17	4	103
1-12/2002	113	5	44	18	40	39	7	266
seit 1/03	2	8	6	12	13	17	3	61
Gesamt	166	14	72	39	61	74	14	440

Großbritannien

Zeitraum	Observer (32), Guardian (19), Daily Telegraph (3), BBC (11)	House of Commons[3]	Regierung	NGO-Sektor	Gesamt
bis 12/2000	0	1	1	0	2
1-12/2001	21	1	7	1	30
1-12/2002	41	15	15	9	80
ab 1/03	3	13	13	2	31
Gesamt	32	30	36	12	143

---

1 In der *Assemblée nationale* wurde Sangatte zusätzlich zu den parlamentarischen Anfragen in der 11. Legislaturperiode (1997–2002) substanziell in 41 Dokumenten thematisiert, in der 12. Legislaturperiode (2002–2004) in 46 Dokumenten (www.assemblee-nat.fr).

2 Presseerklärungen und Reden von Regierung/MinisterInnen, Antworten der Regierung/MinisterInnen auf parlamentarische Anfragen.

3 Parlamentarische Anfragen und Antworten der Regierung. Im Unterschied zu den parlamentarischen Anfragen der *Assemblée nationale* wird die Parteizugehörigkeit der Fragenden nicht erfasst, daher wurden sie dem Parlament zugeordnet. Zudem war Sangatte Gegenstand von 746 Parlamentsdokumenten (siehe www.parliament.the-stationery-office.co.uk), die in der Regel nicht Gegenstand der Analyse waren.

Zeitraum	Überregionale Medien	Sonstige Medien	Parteien	Regierung	NGO-Sektor	Sonstige	Gesamt
			Weitere Länder/EU				
bis 12/2001	2	1	0	0	0	0	3
1-12 2002	5	0	4	0	2	1	9
ab 1/2003	2	1	0	0	1	0	4
Gesamt	9	2	4	0	3	1	19
Gesamt							602

Zeitraum	Le Gisti	amnesty international	Rotes Kreuz	MigrantInnen aus Sangatte[5]	Humanistische Unterstützer, Antirass. Org.	Sans-Papiers	Bündnis	Sonstige	Gesamt
				Aufschlüsselung der Kategorie ›NGO‹ [4]					
bis 12/1999	0	0	0	0	0	0	0	0	0
1-12/2000	0	0	0	0	0	0	1	0	1
1-12/2001	3	0	2	1	3	0	5	0	14
1-12/2002	5	3	6	0	5	7	19	4	46
seit 1/2003	2	0	0	0	16	1	37	0	57
Gesamt	10	4	8	1	24	8	62	4	119[6]

4 Die in dieser Tabelle erfassten Zahlen beziehen sich auf die Dokumente, die von NGOs und sozialen Bewegungsorganisationen verfasst wurden, nicht auf Äußerungen ihrer VertreterInnen in anderen Medien, z.b. Zeitungsberichten oder Reportagen.

5 Die undokumentierten MigrantInnen sind zum Teil an Bündnisaktivitäten beteiligt gewesen. Um eine Doppelzählung zu vermeiden, sind diese unter ›Bündnis‹ gefasst.

6 Anmerkung zur Gesamtzahl der NGO-Dokumente: Mehrere Dokumente wurden sowohl von französischen als auch britischen NGOs unterzeichnet/verfasst, so dass diese als jeweils ein Dokument in der Zählung der NGOs auftauchen, und beiden Ländern zugeordnet wurden.

ANHANG

Abbildung 16: Mitgliedsstruktur European Union Migrants Forum

Mitgliedsgruppen in	Anzahl	Herkunftsregion der Mitgliedsgruppen	Anzahl
Frankreich	33	Türkei (21 türkisch, 12 kurdisch, 1 unklar)	34
Großbritannien	29		
Belgien	22	Afrika	32
Deutschland	21	Maghreb	25
Portugal	19	Asien	19
Niederlande	18	(Süd-)Europa	13
Schweden	9	Multinational	12
Dänemark	8	Lateinamerika/Karibik	4
Spanien	7	Naher Osten	4
Italien	6	Osteuropa	3
Österreich	4	Pazifik	2
Griechenland	4	andere (Religion, NGO, Verwaltung etc.)	19
Irland	4		
Finnland	4	nicht ermittelbar	22
Luxemburg	1		
n	189	n	189

Quellen: EUMF 2002a, Stand: 6/2002, eigene Berechnung

Abbildung 17: Mitgliedsstruktur European Council for Refugees and Exiles

Belgien	2	Luxemburg	1
Bulgarien	2	Niederlande	3
Deutschland	7	Norwegen	2
Dänemark	1	Österreich	1
EU/Internat. Organisationen	6	Portugal	1
Finnland	2	Rumänien	2
Frankreich	5	Schweden	4
Griechenland	1	Schweiz	2
Großbritannien	11	Spanien	3
Irland	1	Tschechische Republik	4
Italien	2	Andere nicht-EU-Länder	10
Gesamt		**73**	

Stand: 2001, eigene Berechnung und Darstellung

Abbildung 18: Mitgliedsstruktur European Network Against Racism

	Assoziierte Gruppen insgesamt	von n	Migrant-Innenorganisationen	Anteil Selbstorganisationen
Großbritannien	196	34,4 %	59	30,1 %
Deutschland	91	16 %	16	17,6 %
Belgien	47	8,2 %	2	4,3 %
Luxemburg	33	5,8 %	7	21,2 %
Österreich	33	5,8 %	11	33,3 %
Frankreich	31	5,5 %	8	25,8 %
Italien	31	5,5 %	2	6,5 %
Spanien	22	3,9 %	7	31,8 %
Portugal	20	3,5 %	6	30 %
Finnland	19	3,4 %	2	10,5 %
Dänemark	12	2,1 %	4	33,3 %
Griechenland	9	1,6 %	5	55,6 %
Irland	9	1,6 %	5	55,6 %
Niederlande	9	1,6 %	0	0 %
Schweden	6	1,1 %	1	16,7 %
n	**568**	**100 %**	**135**	**23,8 %**

Quelle: *www.enar-eu.org/de/info/2_1.shtml (27.6.2002), Stand: 19. Juni 2001, eigene Berechnungen und Zuordnung*

Abbildung 19: Mitgliedsstruktur UNITED for Intercultural Action

Land/Region	Gesamtzahl Mitgliedsorganisationen	% an Gesamt	Anzahl Migrant-Innenorganisationen	% Selbstorg. an Mitgliedsorganisationen des Landes
Mittel-, Süd-, Osteuropa	191	34,6	14	7,3
Deutschland	78	14,1	8	10,3
Niederlande	48	8,7	6	12,5
Belgien	32	5,8	4	12,5
Großbritannien	27	4,9	7	33,3
Frankreich	21	3,8	4	19,1
Österreich	21	3,8	1	4,8
Schweden	19	3,4	1	5,3
Schweiz	19	3,4	3	15,8
Italien	15	2,7	0	0
Portugal	14	2,5	3	21,4
Irland	12	2,1	5	41,7
Spanien	12	2,1	1	8,3
Dänemark	11	2,0	1	9,1
Griechenland	7	1,3	0	0
Finnland	5	0,9	1	20
Luxemburg	5	0,9	0	0
Türkei	2	0,4	0	0
Südafrika	1	0,2	0	0
Sonstige	12	2,1	1	8,3
Gesamt	**552**	**100**	**60**[7]	**10,9**

Stand: 7/2002, eigene Berechnung

---

[7] Afrikanisch 17, Roma 8, Jüdisch 6, ›MigrantInnen‹ 4, *Ethnic Minority* 3, Illegalisierte 3, Maghrebinisch 3, *Traveller* 3, Türkisch 3, *Black* 2, Flüchtlinge 2, Religiös 2, Arabisch 1, Binationale Partnerschaften 1, Lateinamerikanisch 1, Polnisch 1 (eigene Berechnung).

Abbildung 20: RESPECT-Netzwerk: Eine Rechtscharta für ausländische Hausangestellte in Europa

Die Arbeit in Privathaushalten ist für das Familienleben, die Volkswirtschaften und die Sozialsysteme in Europa von Bedeutung. Es ist eine anstrengende Arbeit, die eine Reihe von Fähigkeiten erfordert und oft von Frauen verrichtet wird, die nach Europa eingewandert sind. Viele haben bei dem Versuch, einen Ausweg aus der Armut zu finden, ihre Familien und Kinder zurücklassen müssen. Ausländische Hausangestellte sind Bestandteil der europäischen Gesellschaftsstruktur. Ihre Würde und ihre Rechte als Menschen und Arbeitnehmer müssen gewahrt werden. Wir fordern Gerechtigkeit und Gleichheit für alle ausländischen Hausangestellten, egal ob sie gemeldet sind oder nicht, bei der Gastfamilie leben oder außerhalb, ob sie zur ersten oder zweiten Generation gehören oder ob sie in Afrika, Asien, Südamerika oder Europa geboren sind. Die Mitgliedsstaaten der Europäischen Union müssen die der Hausarbeit eigene Würde und ihre entscheidende Bedeutung anerkennen und danach trachten, ihre Bürger entsprechend zu erziehen. Die betroffenen Organisationen in der EU haben die Pflicht, ausländischen Hausangestellten Informationen über und Mittel zur Wahrnehmung von folgenden Rechten zu sichern:

- DAS RECHT auf einen Einwanderungsstatus, durch den anerkannt wird, daß die Arbeit in Privathaushalten echte und ordentliche Arbeit ist.
- DAS RECHT auf einen vom Arbeitgeber unabhängigen Einwanderungsstatus.
- DAS RECHT auf Freizügigkeit sowohl innerhalb des Gastlandes als auch zwischen allen Mitgliedsstaaten der Europäischen Union.
- DAS RECHT auf umfassende und nicht diskriminierende Beachtung ihrer Rechte als ArbeitnehmerInnen, einschließlich Sozialversicherung, Mindestlohn, Kranken- und Mutterschaftsgeld sowie Rente.
- DAS RECHT auf Wechsel des Arbeitgebers.
- DAS RECHT auf einen einklagbaren Arbeitsvertrag, in dem Mindestlöhne, die maximal zulässige Arbeitszeit sowie die Aufgaben der Hausangestellten festgeschrieben sind.
- DAS RECHT, ohne Angst vor körperlichem, sexuellem oder psychischem Mißbrauch arbeiten zu können.
- DAS RECHT auf Beitritt zu einer Gewerkschaft.
- DAS RECHT, ohne Konfrontation mit Rassismus zu leben und zu arbeiten.
- DAS RECHT auf Familienleben einschließlich des Rechts auf Gesundheit und Bildung sowie sozialer Rechte für die Kinder von ausländischen Hausangestellten.
- DAS RECHT auf Anerkennung von Qualifikationen, Ausbildungsgängen und von Berufserfahrung aus dem Heimatland.
- DAS RECHT auf Zeit für die eigene Person und auf Freizeit.

Quelle: RESPECT (2000)

Literatur- und Quellenverzeichnis

Abdallah, Mognis H. (2000): Die Bewegung der Sans Papiers – ein Höhepunkt in Frankreichs Einwanderungsgeschichte. In: AutorInnenkollektiv (Hg.): Ohne Papiere in Europa. Illegalisierung der Migration – Selbstorganisation und Unterstützungsprojekte in Europa. Berlin, Hamburg: Schwarze Risse, Rote Straße, VLA, 17-67.
Abdallah, Mognis H. (2002): Kämpfe der Immigration in Frankreich: Übergänge in die Politik und soziale Transformation. In: 1999. Zeitschrift für Sozialgeschichte des 20. und 21. Jahrhunderts, 17, 1, 101-124.
Act Up, Paris (2002): Sangatte: chasse à l'homme et démantèlement de l'asile. www.actupparis.org/article823.html (14.1.2003).
ai, amnesty international (2002a): Amnesty international Section française. Le Centre de Sangatte. 30 janvier 2002. SF 02 R 03. www.gisti.org/doc/actions/2002/amnesty/note.html (17.12.2002).
ai, amnesty international (2002b): The EU Association of Amnesty International: A unique structure within the movement. www.eurplace.org/orga/amnesty (21.8.2002).
Al-Ali, Nadje (2002): Trans- or a-national? Bosnian refugees in the UK and the Netherlands. In: Al-Ali, Nadje; Koser, Khalid (Hg.): New Approaches to Migration? Transnational communities and the transformation of home. London, New York: Routledge, 96-117.
Al-Ali, Nadje; Koser, Khalid (Hg.) (2002): New Approaches to Migration? Transnational communities and the transformation of home. London, New York: Routledge.
Alt, Jörg (1999): Illegal in Deutschland: Forschungsprojekt zur Lebenssituation ›illegaler‹ Migranten in Leipzig. Karlsruhe: von Loeper.
Alt, Jörg (2003): Leben in der Schattenwelt. Problemkomplex ›illegale‹ Migration. Neue Erkenntnisse zur Lebenssituation ›illegaler‹ Migranten aus München und anderen Orten Deutschlands. Karlsruhe: von Loeper.
Alvarez, Robert R. (1995): The Mexican-US Border: The Making of an Anthropology of Borderlands. In: Annual Review of Anthropology, 24, 447-470.

Anderson, Bridget (1993): Britain's Secret Slaves: an Investigation into the Plight of Overseas Domestic Workers. London: Anti-Slavery International, Kalayaan.

Anderson, Bridget (2000): Doing the Dirty Work. The Global Politics of Domestic Labour. London, New York: Zed Books.

Anderson, Bridget (2004): The Devil is in the Detail: Lessons to be Drawn from the UK's recent Exercise in Regularising Undocumented Workers. In: Le Voy, Michele; u.a. (Hg.): Undocumented Migrant Workers in Europe. Brussels, Leuven: Picum, Katholieke Universiteit Leuven, 89-101.

Anderson, Bridget; Phizacklea, Annie (1997): Migrant Domestic Workers: A European Perspective. Report to DG V of the European Commission. Brussels: European Commission.

Anderson, James (2001): Theorizing State Borders: ›Politics/Economics‹ and Democracy in Capitalism. Centre for International Borders Research Queen's University Belfast, CIBR Working Papers in Borders Studies 2001/1. Belfast.

Anderson, James; O'Dowd, Liam (1999): Borders, Border Regions and Territoriality: Contradictory Meanings, Changing Significance. In: Regional Studies, 33, 7, 593-604.

ARAB, Antirassismusbüro Bremen (1999): Materialien zu Polizeipraxis und Rassismus. Teil 1: Drogenstraßenfahndung in Bremen – ein Überblick. Teil 2: ›Verdachtunabhängige Durchsuchungen‹ als rechtswidrige Praxis der Bremer Polizei. Bremen.

ARC, Asylum Rights Campaign (2002): Sangatte: Communiqué d'un regroupement d'associations britanniques [per Email, 1.10.2002].

Ariyadasa, Kumi (1998a): Kalayaan and the Trade Unions. Working together to protect workers' rights. In: Kalayaan! Justice for overseas domestic workers, 5, Spring, 4.

Ariyadasa, Kumi (1998b): Working with the Government. In: Kalayaan! Justice for overseas domestic workers, 5, Spring, 1-2.

Asiengruppe (2000): Die unsichtbaren ›Perlen‹ – Migrantinnen im informellen Arbeitsmarkt. Dokumentation zur Lebens- und Arbeitssituation philippinischer Frauen, die in Deutschland als Hausangestellte arbeiten. Frankfurt.

Assemblée européenne dei migrants, Forum Social Européen (2002): Document final. Le mouvement européen des migrants en construction. Florence, Fortezza da Basso, 8-9 novembre 2002. Florence: Unveröff.

Association Salam, Calais (2003): Contre la politique européenne envers les réfugiés. Un convoi pour Calais, lors de l'anniversaire de la fermeture de Sangatte. Mercredi 5 novembre. Newsgroup www.gmane.politics.activism.zpajol (27.10.2003).

ASW, Arbeitsgemeinschaft Solidarische Welt (2000): Traumwelten Migration und Arbeit. Berlin, 2. und überarbeitete Auflage.

ASW (2003): Das bisschen Haushalt... Bezahlte Hausarbeit in Brasilien und Deutschland. Berlin.

AutorInnenkollektiv (Hg.) (2000): Ohne Papiere in Europa. Illegalisierung der Migration – Selbstorganisation und Unterstützungsprojekte in Europa. Berlin, Hamburg: Verlag Schwarze Risse, Rote Straße, VLA.

Bach, Maurizio (2001): Beiträge der Soziologie zur Analyse der europäischen Integration. Eine Übersicht über theoretische Konzepte. In: Loth, Willfried; Wessels, Wolfgang (Hg.): Theorien europäischer Integration. Opladen: Leske + Budrich, 147-173.

BAFl, Bundesamt für die Anerkennung ausländischer Flüchtlinge (2001): Flughafenverfahren (§18a Asylverfahrensgesetz). www.bafl.de/bafl/temp late/statistiken/content_antragszahlen_02_teil1.htm (5.11.2001).

Balibar, Étienne (1998): The Borders of Europe. In: Chea, Peng; Robbins, Bruce (Hg.): Cosmopolitics. Thinking and Feeling beyond the Nation. Minneapolis: University of Minnesota Press, 216-229.

Balibar, Étienne (2003): Bürgerrecht oder Apartheid? In: Ders.: Sind wir Bürger Europas? Politische Integration, soziale Ausgrenzung und die Zukunft des Nationalen. Hamburg: Hamburger Edition, 73-100.

Balibar, Étienne; Chemillier-Gendreau, Monique; Costa-Lascoux, Jacqueline; Terray, Emmanuel (1999): Sans-papiers: l'archaïsme fatal. Paris: Éditions la Découverte.

Balibar, Étienne; Wallerstein, Immanuel (1988): Race, Nation, Classe: Les identité ambiguës. Paris: La Découverte.

Barranco, José; Wisler, Dominique (1999): Validity and systematicity of newspaper data in event analysis. In: European Sociological Review, 15, 3, 310-322.

Basch, Linda; Glick Schiller, Nina; Blanc, Szanton (1994): Nations Unbound. Transnational Projects, Postcolonial Predicaments, and Deterritorialized Nation-States. Amsterdam: Gordon and Breach Publishers.

Bauer, Rudolph (1999): Hilfekulturen und Organisationsansätze in Europa. In: Woge; Institut für Soziale Arbeit (Hg.): Handbuch der Sozialen Arbeit mit Kinderflüchtlingen. Münster: Votum, 498-507.

Becker-Schmidt, Regina (1985): Die doppelte Vergesellschaftung – die doppelte Unterdrückung: Besonderheiten der Frauenforschung in den Sozialwissenschaften. In: Unterkirchner, Lilo; Wagner, Ina (Hg.): Die andere Hälfte der Gesellschaft. Österreichischer Soziologentag 1985. Wien: ÖGB, 10-25.

Beer, Bettina (1996): Deutsch-Philippinische Ehen. Interethnische Heiraten und Migration von Frauen. Berlin: Dietrich Reimer Verlag.

Beer, Ursula (1990): Geschlecht, Struktur, Geschichte. Zur sozialen Konstitution von Geschlecht. Frankfurt a.M., New York: Campus.

Benford, Robert D.; Snow, David A. (2000): Framing Processes and Social Movements: An Overview and Assessment. In: Annual Review of Sociology, 26, 611-639.

Benhabib, Seyla (1999): Kulturelle Vielfalt und demokratische Gleichheit. Politische Partizipation im Zeitalter der Globalisierung. Horkheimer Vorlesungen. Frankfurt a.M.: Fischer.

Benz, Arthur (1998): Ansatzpunkte für ein europafähiges Demokratiekonzept. In: Kohler-Koch, Beate (Hg.): Regieren in entgrenzten Räumen. PVS-Sonderheft 29. Opladen: Westdeutscher Verlag, 345-368.

Benz, Martina; Schwenken, Helen (2005): Jenseits von Autonomie und Kontrolle: Migration als eigensinnige Praxis. In: PROKLA. Zeitschrift für kritische Sozialwissenschaft, 35, 3, 363-377.

Bibal, Emma (1999): Babaylan: Philippine Women's Network in Europe. In: Philippines International Review, 1, 4, www.philsol.nl/pir/Babaylan99a.htm (9.2.2005).

Bieling, Hans-Jürgen; Lerch, Marika (Hg.) (2005): Theorien europäischer Integration. Wiesbaden: UTB, VS.

BKA, Bundeskriminalamt (2000): Lagebild Menschenhandel 2000. Offene Version. Wiesbaden.

Blom, Amélie (1999): Is there such a think as ›global belonging‹? Transnational protest during the ›Rushdie Affair‹. In: Geddes, Andrew; Favell, Adrian (Hg.): The Politics of Belonging: Migrants and Minorities in Contemporary Europe. Aldershot, Brookfield: Ashgate, 192-208.

Blunkett, David (2001): Give me time to get asylum right. In: The Observer, 9.9.2001.

Blunkett, David; Vaillant, Daniel (2001): Joint Statement by the Home Secretary David Blunkett and the Interior Minister Daniel Vaillant. 13 September 2001. STAT 034/2001.

BMA, Bundesministerium für Arbeit und Sozialordnung (2001): Haushaltshilfen aus EU-Beitrittsländern für Familien mit Pflegebedürftigen. Pressemitteilung, 19.12.2001. Berlin.

Boal, Augusto (1979): Theater der Unterdrückten. Frankfurt a.M.: Suhrkamp.

Bogner, Alexander; Menz, Georg (2001): Deutungswissen und Interaktion. Zu Methodologie und Methodik des theoriegenerierenden Experteninterviews. In: Soziale Welt, 52, 4, 477-500.

Bojadžijev, Manuela (2002): Antirassistischer Widerstand von Migrantinnen und Migranten in der Bundesrepublik: Fragen der Geschichtsschreibung. In: 1999. Zeitschrift für Sozialgeschichte des 20. und 21. Jahrhunderts, 17, 1, 125-152.

Bojadžijev, Manuela; Karakayali, Serhat; Tsianos, Vassilis (2003): Papers and Roses. Die Autonomie der Migration und der Kampf um Rechte. In: Bundeskoordination Internationalismus (Hg.): Radikal Global. Berlin, Hamburg, Göttingen: Assoziation A, 196-208.

Bothfeld, Elisabeth (Gewerkschaft Nahrung-Genuss-Gaststätten) (2000): Arbeitsverhältnisse der Zukunft, Arbeitsverhältnisse und -formen der Gegenwart. Tagung ›Arbeitsverhältnisse der Zukunft. Gewerkschaften – Migration – Frauen‹. Rosa Luxemburg Stiftung. Berlin.

Bourdieu, Pierre (1983): Ökonomisches Kapital, kulturelles Kapital, soziales Kapital. In: Kreckel, Reinhard (Hg.): Soziale Ungleichheiten. Soziale Welt: Sonderband 2. Göttingen: Verlag Otto Schwartz & Co., 183-198.

Bourdieu, Pierre (1992): Das intellektuelle Feld: Eine Welt für sich. In: Ders.: Rede und Antwort. Frankfurt a.M.: Suhrkamp, 155-166.

Bratic, Ljubomir (2000): MigrantInnenorganisationen: Einblick und Ausblick. In: European Institute for Progressive Cultural Policies (Hg.): Cultura migrans. MigrantInnen, kulturalistische Konzepte und politische Effekte. Wien, Linz, www.eipcp.net/diskurs/d02/text/bratic01.html (20.01.2005).

Bretherton, Charlotte; Sperling, Liz (1996): Women's Networks and the European Union: Towards and Inclusive Approach? In: Journal of Common Market Studies, 34, 4, 487-508.

Brettell, Caroline B.; Hollifield, James F. (Hg.) (2000): Migration Theory. Talking Across Disciplines. New York, London: Routledge.

Bronfenbrenner, Kate; u.a. (Hg.) (1998): Organizing to Win. New Research on Union Strategies. Ithaka, London: ILR Press, Cornell University Press.

Bruinessen, Martin van (2000): Transnational Aspects of the Kurdish Question. EUI Working Paper RSC No. 2000/22. European University Institute, Florence. San Domenico.

Buchholz, Wolfgang (2002): Positionen der IG Metall und des DGB in Fragen der Zuwanderung. Arbeitspapier. Tagung »Kommen und bleiben. Migration und interkulturelles Leben in Deutschland«, Rosa-Luxemburg-Stiftung, 24./25.5.2002, Köln. www.rosaluxemburgstiftung.de/Einzel/konf 02_02/buchholz_ag.htm (17.10.2004).

Bundesgrenzschutzgesetz (1994): Bundesgrenzschutzgesetz vom 19. Oktober 1994. In: BGB, 1, I, 2978ff.

Bundestag (2004): Gesetz zur Steuerung und Begrenzung der Zuwanderung und zur Regelung des Aufenthalts und der Integration von Unionsbürgern und Ausländern (Zuwanderungsgesetz). Vom 30. Juli 2004. In: Bundesgesetzblatt, 2004, Teil I, 41, 5.8.2004, 1950-2011.

Burlet, Stacey; Reid, Helen (1998): A gendered uprising: political representation and minority ethnic communities. In: Ethnic and Racial Studies, 21, 2, 270-287.

Bystydzienski, Jill M. (1992): Introduction. In: Dies. (Hg.): Women Transforming Politics: Worldwide Strategies for Empowerment. Bloomington, Indiana: Indiana University Press, 1-8.

Castles, Stephen (1985 [1973]): Immigrant Workers and Class Structure in Western Europe. 2nd edition. Oxford: Oxford University Press.

Castles, Stephen (2004): Why migration policies fail. In: Ethnic and Racial Studies, 27, 2, 205-227.

Castles, Stephen; Miller, Mark J. (2003 [1993]): The Age of Migration. International Population Movements in the Modern World. Third Edition. Houndsmills, Basinkstoke, New York: Palgrave.

CCFD; Cimade; Gisti; Syndicat des Avocats de France; Syndicat de la Magistrature (2000a): Enquête sur les ›réfugiés‹ des Sangatte. 12./13.10.2000. www.gisti.org/doc/actions/2000/sangatte/index.html (17.12.2002).

CCFD; Cimade; Gisti; Syndicat des Avocats de France; Syndicat de la Magistrature (2000b): No Rights, Nowhere. www.gisti.org/doc/actions/2000/sangatte/synthese.en.html (17.12.2002).

CCFD; Cimade; Gisti; Syndicat des Avocats de France; Syndicat de la Magistrature (2000c): ›Inimaginable de renvoyer 80 à 85 % des étrangers en rai-

son de la situation dans leur pays d'origine‹. Entretien avec le préfet du Pas-de-Calais (13.10.2000). www.gisti.org/doc/actions/2000/sangatte/pre fet.html (17.12.2002).
CFMW, Commission for Filipino Migrant Workers (2000): Perspective on Migrant Empowerment. Filipino Migrant Community in Europe. 6th Regional conference on Migration in Asia, 28-30 March 2000, Chiang Mai, Thailand. Amsterdam.
CFMW; RESPECT (2000): Charter of Rights for Migrant Domestic Workers. A Case Study in Migrant Capacity-Building & Migrant Rights Advocacy. Regional Workshop on the Rights of Migrant Workers. Chiang Mai, Thailand, April 1-3, 2000. Amsterdam, Brussels, London.
Chang, Kimberly A.; Ling, L.H.M. (2000): Globalization and its intimate other: Filipina domestic workers in Hong Kong. In: Marchand, Marianne H.; Runyan, Anne Sisson (Hg.): Gender and Global Restructuring. Sightings, Sites and Resistances. London, New York: Routledge, 27-43.
Cimade; CSUR; Gisti; Ligue des droits de l'homme; Les Verts (2002): Actions collectives: La liquidation du droit d'asile a commencé à Sangatte. 7.11.2002. www.gisti.org/doc/actions/2002/sangatte/liquidation.html (16.12.2002).
Cissé, Madjiguène (2002): Papiere für alle. Die Bewegung der Sans Papiers in Frankreich. Berlin, Hamburg, Göttingen: Assoziation A.
CNSP, Coordination Nationale des Sans Papiers; u.a. (1999): Pour une Europe ouverte. For an open Europe. European demonstration in Paris on March 27th, 1999. www.bok.net/pajol/manif27-03/manifeurop27-03-99.html (26.10.2004).
CNSP; Comitato Immigranti Italia; Gesellschaft für Legalisierung; Coordination Nationale des Sans Papiers Suisse; u.a. (2003): Common Declaration. European Social Forum, Paris San Denis, 13.11.2003. Paris: www.rechtauf legalisierung.de/aktuell/esf.html (23.11.2003).
Cohen, Robin (1997): Global Diasporas. An Introduction. London, Seattle: University of Washington Press.
Coleman, James S. (1988): Social Capital and the Creation of Human Capital. In: American Journal of Sociology, 94, 95-121.
Coordination pour le droit d'asile, France (2001): Dix conditions minimales pour un réel droit d'asile en France. 23.10.2001. www.gisti.org/doc/ac tion/2001/cda/conditions.html (17.12.2002).
Coordination pour le droit d'asile, France (2002): Accord tripartite pour le retour volontaire des Afghans. Le HCR à Sangatte: inquiétudes et interrogations des associations. 24.10.2002. www.gisti.org/doc/actions/2002/cda/afg hans.html (17.12.2002).
Cornelius, Wayne A.; Martin, Philip L.; Hollifield, James F. (Hg.) (1994a): Controlling Immigration. A Global Perspective. Stanford: UP.
Cornelius, Wayne A.; Martin, Philip L.; Hollifield, James F. (1994b): Introduction: The Ambivalent Quest for Immigration Control. In: Dies. (Hg.): Controlling Immigration. A Global Perspective. Stanford: UP, 3-41.

Cornelius, Wayne A.; Tsuda, Takeyuki (2004): Controlling Immigration: The Limits of Government Intervention. In: Cornelius, Wayne A.; u.a. (Hg.): Controlling Immigration. A Global Perspective. Second Edition. Stanford: UP, 3-48.

Cornelius, Wayne A.; Tsuda, Takeyuki; Martin, Philip L.; Hollifield, James F. (Hg.) (2004): Controlling Immigration. A Global Perspective. Second Edition. Stanford: UP.

Council of Europe, Parliamentary Assembly (2001): Committee for Women and Men. Domestic slavery. Rapporteur: Mr Connor, Ireland, EPP/CD. Draft report. AS/Ega (2001) 3.1.2001. Strasbourg.

Crawley, Christine (MdEP, Birmingham East) (1995): A Call from Kalayaan. In: Kalayaan (Hg.): Documentation of the Conference ›Slavery Still Alive‹. London, 2-4.

CSP 59, Comité des Sans Papiers 59 (2001): Sangatte. Chirac/Jospin/Blair: Respectez le droit d'asile et regularizés! Lundi 5 novembre 2001. http://maison-des-sans.org/ (12.1.2002).

CSP 59, Comité des Sans Papiers 59; Gisti; u.a. (2003): Communiqué Collectif: NON M. Sarkozy, la solidarité n'est pas un délit! Mais un devoir! www.gisti.org/doc/actions/2003/sangatte/solidarite.html (27.12.2004).

CSP 69 Lyon; Mouvement Immigration Banlieue; u.a. (2002): Towards the convergence of refugies, migrants and sans papiers' struggles in Europe. www.noborder.org/strasbourg/ (26.10.2004).

CSUR, Collectif de soutien d'urgence aux réfugiés (2001): Réfugiés de Sangatte – Lutter avec eux. (per Email, 22.10.2001).

CSUR (2002): Le Collectif C-SUR tient à réagir aux décisions prises concernant le Centre de Sangatte. [per Email, 2.12.2002].

CSUR (2004): Communiqué de presse: 5 novembre 2002 – 5 novembre 2004. http://catholique-arras.cef.fr/ (10.12.2004).

Dahl, Robert A. (1994): A Democratic Dilemma: System Effectiveness versus Citizen Participation. In: Political Science Quarterly, 109, 1, 23-34.

Danese, Gaia (1998): Transnational collective action in Europe: the case of migrants in Italy and Spain. In: Journal of Ethnic and Migration Studies, 24, 4, 715-733.

DAPHNE-Programm (2002): Jahresarbeitsplan 2002, 293/2000/EG. Brüssel.

Das Argument (2004): Schwerpunkt: Sich arm arbeiten? Das große Roll-back, 256, Berlin/Hamburg.

David, Natacha (ICFTU) (2002): Migrants get unions back to basics. Solidarity with migrant workers is helping trade unions to get back to the basic principles of the labour movement. In: Labour Education, 129, 71-75.

Dietrich, Helmut; Glöde, Harald (2000): Kosovo. Der Krieg gegen die Flüchtlinge. Forschungsgesellschaft Flucht und Migration, Heft 7. Berlin, Hamburg, Göttingen: Schwarze Risse, Rote Straße.

Dinan, Desmond (Hg.) (1998): Encyclopedia of the European Union. Boulder: Lynne Rienner Publishers.

Dittgen, Herbert (1999): Grenzen im Zeitalter der Globalisierung. Überlegungen zur These vom Ende des Nationalstaates. In: Zeitschrift für Politikwissenschaft, 9, 1, 3-26.

Dons, Bob, Director Dons Transport AG (2000): Telefax, to: ASTAG Bern, Att. Mr. Hans-Peter Tanner. 2.11.2000, unveröff.

Düvell, Franck (2002a): Die Globalisierung des Migrationsregimes. Berlin, Hamburg, Göttingen: Assoziation A.

Düvell, Franck (2002b): Von der Einwanderung zum Aufstand: ›Schwarze‹ Revolten im Kontext von Diskriminierung und sozialer Bewegung in England, 1950 bis 1990. In: 1999. Zeitschrift für Sozialgeschichte des 20. und 21. Jahrhunderts, 17, 1, 51-79.

Eastwood-Krah, Mary; Burns, Sara (2001): Migrant Domestic Workers: Acting Together. RESPECT: Evaluation of UK workshops – summary. June 2001. Funded by the Daphne Programme 2000/2001 of the European Commission. London: RESPECT.

EC, Commission of the European Communities (2000a): Communication. Combating trafficking in human beings and combating the sexual exploitation of children and child pornography. Proposal for a Council Framework Decision. 21.12.2000, COM(2000) 854 final. Brussels.

EC (2000b): Communication from the Commission to the Council and the European Parliament on a Community Immigration Policy. Brussels, 22.11.2000, COM (2000) 757 final. Brussels.

EC (2000c): Development. The Cotonou Agreement. http://europa.eu.int/co mm/development/body/cotonou/agreement_en.htm (20.8.2004).

EC (2000d): Frauenhandel. Traum und böses Erwachen: von der Armut in die Sexsklaverei. Eine umfassende europäische Strategie. Brüssel. http://euro pa.eu.int/comm/employment_social/equ_opp/indes_de.htm (12.4.2001).

EC (2000e): Mitteilung der Kommission an den Rat, das Europäische Parlament, den Wirtschafts- und Sozialausschuss und den Ausschuss der Regionen für eine Rahmenstrategie der Gemeinschaft zur Förderung der Gleichstellung von Frauen und Männern (2001-2005). 7.6.2000 KOM(2000) 335 endgültig 2000/0143 (CNS). Brüssel.

EC (2001a): Information Event on Trafficking in Women: an overview of EU strategies and actions. DG JAI and DG EMPL. http://europa.eu.int/co mm/employment_social/equ_opp/news/traffick_en.htm (12.4.2001).

EC (2001b): Mitteilung der Kommission an den Rat und das Europäische Parlament über eine Gemeinsame Politik auf dem Gebiet der Illegalen Einwanderung. 15.11.2001, KOM(2001) 672 endgültig. Brüssel.

EC (2002): Grünbuch über eine Gemeinschaftspolitik zur Rückkehr Illegal Aufhältiger Personen. 10.4.2002. KOM(2002) 175 endgültig. Brüssel.

EC (2003): Communication from the Commission to the European Parliament and the Council in view of the European Council of Thessaloniki on the Development of a common policy on illegal immigration, smuggling and trafficking of human beings, external borders and the return of illegal residents. 3.6.2003. COM(2003) 323 final. Brussels.

ECRE, European Council on Refugees and Exiles (1999): Carriers' Liability. Country up-date on the application of carriers' liability in European States. ECRE Research paper, February 1999. Brussels, London.

ECRE (2000): ECRE's comments on the French Presidency proposals for a Council Directive defining, and Framework Decision on preventing, the facilitation of unauthorised entry, movement and residence. 7.11.2000. www.ecre.org/statements/ecreuae.shtml (3.12.2001).

Eder, Klaus (2000): Zur Transformation nationalstaatlicher Öffentlichkeit in Europa. Von der Sprachgemeinschaft zur issuespezifischen Kommunikationsgemeinschaft. In: Berliner Journal für Soziologie, 2, 167-184.

Eder, Klaus (2001): Chancenstrukturen für Bürgerbeteiligung und Protestmobilisierung in der EU. Überlegungen zu einigen Besonderheiten transnationaler Streitpolitik. In: Geiling, Heiko; Klein, Ansgar; Koopmans, Ruud (Hg.): Globalisierung – Partizipation – Protest. Opladen: Leske + Budrich, 45-75.

Eder, Klaus; Hellmann, Kai-Uwe; Trenz, Hans-Jörg (1998): Regieren in Europa jenseits öffentlicher Legitimation? Eine Untersuchung zur Rolle von politischer Öffentlichkeit in Europa. In: Kohler-Koch, Beate (Hg.): Regieren in entgrenzten Räumen. PVS-Sonderheft 29. Opladen, 321-343.

EG, Europäische Gemeinschaft (1990): Übereinkommen von Dublin vom 15.06.1990, am 1.9.1997 in Kraft getreten. In: Amtsblatt der EG, C 254, 19/08/1997, 1-12.

Eising, Rainer; Kohler-Koch, Beate (1994): Inflation und Zerfaserung: Trends der Interessenvermittlung in der Europäischen Gemeinschaft. In: Streeck, Wolfgang (Hg.): Staat und Verbände. PVS Sonderheft 25. Opladen: Westdeutscher Verlag, 175-206.

Eising, Rainer; Kohler-Koch, Beate (1999): Introduction. Network governance in the European Union. In: Kohler-Koch, Beate; Eising, Rainer (Hg.): The Transformation of Governance in the European Union. London, New York: Routledge, 3-13.

EP, European Parliament (2000a): Bekämpfung des Frauenhandels. Entschließung des Europäischen Parlaments zur Mitteilung der Kommission »Weitere Maßnahmen zur Bekämpfung des Frauenhandels« (KOM (1998) 726, C5?0123/1999, 1999/2125(COS)). A5-0127/2000, Berichterstatterin: Patsy Sörensen. Brüssel.

EP (2000b): Report on regulating domestic help in the informal sector (2000/2021(INI)). Committee on Women's Rights and Equal Opportunities. Rapporteur: Miet Smet. FINAL a5-0301/2000. EN. Brussels.

EP (2001a): Ausschuss für die Freiheiten und die Rechte der Bürger, Justiz und Innere Angelegenheiten: Report on the initiative of the French Republic for adoption of a Council directive concerning the harmonisation of penalties imposed on carriers transporting into the territory of the Member States third country nationals lacking the documents necessary for admission. Rapporteur: Timothy Kirkhope. 27.2.2001. Final A5-0069/2001. Brussels.

EP (2001b): Carriers' liability. A5-0069/2001. European Parliament legislative resolution on the Draft Council directive. Minutes of 13/03/2001. Brussels.

EP; Europäischer Rat (2000): Beschluss Nr. 293/2000/EG, 24.1.2000 zur Annahme eines Aktionsprogramms der Gemeinschaft (DAPHNE-Programm) (2000-2003) über vorbeugende Maßnahmen zur Bekämpfung von Gewalt gegen Kinder, Jugendliche und Frauen. In: Amtsblatt der EG, 9.2.2000, L34/I-34/V.

Eritt, Barbara; Prasad, Nivedita (1998): Zur Situation von Arbeitsmigrantinnen im irregulären Dienstleistungssektor. o. O., Manuskript.

EU-Council, Council of the European Union (2000): Initiative of the French Republic with a view to the adoption of a Council Directive concerning the harmonisation of financial penalties imposed on carriers transporting into the territory of the Member States third-country nationals lacking the documents necessary for admission. In: Official Journal of the European Communities, C 269/06, 20.9.2000, 2.

EUMF, European Union Migrants Forum (2002a): EU Migrants Forum. Our Members. www.socialplatform.org (27.6.2002).

EUMF (2002b): The European Union Migrants Forum. www.socialplatform.org (27.6.2002).

Europäische Union (1992): Vertrag über die Europäische Union. Unterzeichnet am 7. Februar 1992 in Maastricht, in Kraft getreten am 1. November 1993. http://europa.eu.int/abc/obj/treaties/de/detoc01.htm (23.1.2005).

Europäische Union (1997): Vertrag von Amsterdam zur Änderung des Vertrags über die Europäische Union, der Verträge zur Gründung der Europäischen Gemeinschaften sowie einiger damit zusammenhängender Rechtsakte. In: Amtsblatt, C 340, 10.11.1997.

Europäisches Bürgerforum (2002): Der bittere Geschmack von unserem Obst und Gemüse. Die Ausbeutung von MigrantInnen in der europäischen Landwirtschaft. www.forumcivique.org/linebreak/mod/netmedia_pdf/data/bitter_de.pdf (19.8.2004).

Europarat (2003): Bekämpfung von Menschenhandel zur sexuellen Ausbeutung. Dossier. Brussels.

European Network of Migrants, Refugees and Sans-Papiers (2003): Florence Meeting: The Next. Migrants, Sans Papiers and Refugees European Meeting, 7th November 2002, Florence: http://sanspapiers.eu.ouvaton.org/ (23.11.2003).

EWL, European Women's Lobby (1995): Confronting the Fortress. Black and Migrant Women in the European Union. External Study, European Parliament, Directorate General for Research, Working Papers, Women's Rights Series. Luxembourg, Brussels: European Parliament.

EWL (1999): Overcoming Discrimination. Selected strategies empowering black, ethnic minority and migrant women. Brussels.

Exiles10, Paris (2003a): Communiqué: Les trottoirs sont-ils les nouveaux centres d'accueil des demandeurs d'asile en France? 28 juillet 2003. http://pajol.eu.org/article245.html (19.4.2004).

Exiles10, Paris (2003b): Un appel à coucher dehors. http://pajol.eu.org/article 226.html (19.4.2004).

Exiles10, Paris (2004): Où ont-ils dormi? Accueil de nuit tournant pour les exilés. 15 avril 2004. http://pajol.eu.org/article326.html (19.4.2004).

Faist, Thomas (2000a): Grenzen überschreiten. Das Konzept Transstaatliche Räume und seine Anwendungen. In: Ders. (Hg.): Transstaatliche Räume. Politik, Wirtschaft und Kultur in und zwischen Deutschland und der Türkei. Bielefeld: transcript, 9-56.

Faist, Thomas (2000b): Jenseits von Nation und Postnation. Eine neue Perspektive für die Integrationsforschung. In: Ders. (Hg.): Transstaatliche Räume. Politik, Wirtschaft und Kultur in und zwischen Deutschland und der Türkei. Bielefeld: transcript, 339-392.

Faist, Thomas (2000c): The Volume and Dynamics of International Migration and Transnational Social Spaces. Oxford: Clarendon Press.

Falk, Richard (2000): The Decline of Citizenship in an Era of Globalization. In: Citizenship Studies, 4, 1, 5-17.

Favell, Adrian (1998): The Europeanisation of immigration politics. In: European Integration online Papers (EIoP). http://eiop.ac.at/eiop/texte/1998-010.htm, 2, 10.

Favell, Adrian; Geddes, Andrew (1999): European Integration, Immigration and the Nation State: Institutionalising Transnationel Political Action? EUI Working Papers, RSC No. 99, 32. San Domenico.

Fekete, Liz (2006): The ›Mediterranean Solution‹: rescinding the rights of boat people. In: IRR European Race Bulletin, No. 56, Summer 2006, 2-8.

Feldhendler, Daniel (1992): Psychodrama und Theater der Unterdrückten. Frankfurt a.M.: Wilfried Nold.

FeMigra, Feministische Migrantinnen (1994): Wir, die Seiltänzerinnen. Politische Strategien von Migrantinnen gegen Ethnisierung und Assimilation. In: Eichhorn, Cornelia; Grimm, Sabine (Hg.): GenderKiller. Texte zu Feminismus und Politik. Berlin, Amsterdam: Edition ID-Archiv, 49-63.

Fennema, Meindert; Tillie, Jean (2001): ›Civic community‹, politische Partizipation und politisches Vertrauen. Ethnische Minderheiten in den Niederlanden. In: Forschungsjournal Neue Soziale Bewegungen, 14, 1, 42-58.

FFM, Forschungsgesellschaft Flucht und Migration (1996): Rumänien. Vor den Toren der Festung Europa. Berlin, Göttingen: Schwarze Risse.

Figueroa, Hector (1998): Back to the Forefront: Union Organizing of Immigrant Workers in the Nineties. In: Mort, Jo-Ann (Hg.): Not Your Father's Union Movement. Inside the AFL-CIO. London: Verso, 87-98.

Filipino Migrants (1997): Filipino Migrant Agenda in Europe. A Declaration of the Europe-wide Conference of Filipino Migrants, 27-30.11.1997, Athens. www.philsol.nl/of/99/MigrantAgenda-nov97.htm (23.1.2005).

Flautre, Hélène et al. (2002): Courrier adressé par cinq parlementaires européens à Ruud Lubbers, Haut-Commissaire des Nations Unies pour les réfugiés, à propos de l'intervention du HCR à Sangatte. 11.10.2002.

Flautre MdEP, Hélène; Ferré, Nathalie (Présidente du GISTI); Desenclos, Véronique (Présidente ›Belle étoile‹, CSUR) (2002): Sangatte: On n'arrête pas la montée des eaux en vidant un bassin de rétention. 12 juillet 2002. http://infos.samizdat.net/article.php3?id_article=167 (12.1.2003).

Foucault, Michel (1985 [1977]): Der Wille zum Wissen. Sexualität und Wahrheit 1. Frankfurt a.M.: Suhrkamp.

Foucault, Michel (1994): Nachwort. Das Subjekt und die Macht. In: Dreyfus, Hubert L.; Rabinow, Paul (Hg.): Michel Foucault. Jenseits von Strukturalismus und Hermeneutik. Mit einem Nachwort von und einem Interview mit Michel Foucault. Weinheim: Beltz Athenäum, 241-261.

Foucault, Michel (1999): Die Maschen der Macht. In: Engelmann, Jan (Hg.): Foucault. Botschaften der Macht. Der Foucoult-Reader: Diskurs und Medien. Stuttgart: Deutsche Verlags-Anstalt, 172-186.

Foucault, Michel (1999 [1983]): Warum ich die Macht untersuche. Die Frage des Subjekts. In: Engelmann, Jan (Hg.): Michel Foucault: Botschaften der Macht. Der Foucault-Reader: Diskurs und Medien. Stuttgart: Deutsche Verlags Anstalt, 161-171.

France, Gouvernement de la République Française; Gouvernement de l'Etat de transition islamique d'Afghanistan; Haut Commissariat des Nations Unies pour les réfugiés (2002): Accord tripartite. 28 septembre 2002. www.gisti.org/doc/actions/2002/cda/accord-afghans.html (17.12.2002).

Freeman, Gary P. (1994): Britain, the Deviant Case. Commentary. In: Cornelius, Wayne A.; u.a. (Hg.): Controlling Immigration. A Global Perspective. Stanford, California: Standford University Press, 297-300.

Frerichs, Petra; Wiemert, Heike (2002): »Ich gebe, damit Du gibst«. Frauennetzwerke – strategisch, reziprok, exklusiv. Opladen: Leske + Budrich.

Fuchs, Gesine (2000): Feministische Partizipationsforschung. In: Braun, Kathrin; u.a. (Hg.): Feministische Perspektiven der Politikwissenschaft. München, Wien: Oldenbourg, 254-268.

Gamson, William A.; Meyer, David S. (1996): Framing political opportunity. In: McAdam, Doug; u.a. (Hg.): Comparative Perspectives on Social Movements. Political Opportunities, Mobilizing Structures, and Cultural Framings. Cambridge: Cambridge University Press, 275-290.

Geddes, Andrew (2000): Immigration and European integration. Towards fortress Europe? Manchester, New York: Manchester University Press.

Geissler, Birgit (2002): Die Dienstleistungslücke im Haushalt. Der neue Bedarf nach Dienstleistungen und die Handlungslogik der privaten Arbeit. In: Gather, Claudia; Geissler, Birgit; Rerrich, Maria S. (Hg.): Weltmarkt Privathaushalt. Bezahlte Haushaltsarbeit im globalen Wandel. Münster: Westfälisches Dampfboot, 30-49.

Gesellschaft für Legalisierung (2004): Die Gesellschaft für Legalisierung präsentiert: Wir sind Unter Euch! Für ein Recht auf Legalisierung. www.rechtauflegalisierung.de/aktuell/gfl.html (25.12.2004).

Giddens, Anthony (1992): Die Konstitution der Gesellschaft. Grundzüge einer Theorie der Strukturierung. Frankfurt, New York: Campus.

Gil-Bazo, Maria-Teresa (ai) (2001): Humanitarian Organisations' Session – Keynote. In: IRU; European Community Shipowners Association; International Air Transport Association; International Union of Railways

(Hg.): Minutes of the Meeting. Round Table on Carriers' Liability Related to Illegal Immigration. Brussels, 30.11.2001. Geneva, 60-62.

Gisti, Groupe d'information et de soutien des immigrés (2001a): Communiqué: Quelques leçons à tirer du camp de Sangatte. 10.9.2001. Paris. www.gisti.org/doc/actions/2001/sangatte/communique.html (17.12.2002).

Gisti (2001b): Compte-rendu de mission à Sangatte. 3.10.2001. www.gisti.org/doc/actions/2001/sangatte/compte-rendu.html (17.12.2002).

Gisti (2002): Communiqué. La solution de Sangatte, une exception qui devrait devenir la règle. Paris, 12.12.2002. www.gisti.org/doc/actions/2002/sangatte/solution.html (16.12.2002).

Gisti (2003): Forum Social Européen 2003 du 12 au 15 novembre. Les plénières et séminaires relativs à l'immigration. Paris. www.gisti.org/doc/actions/2003/fse/ (23.11.2003).

Gisti; et al. (1998): Communiqué. Derniers coups bas du gouvernement: Après le délit d'hospitalité (Debré) le délit de solidarité (Chevènement). www.gisti.org/doc/actions/1998/delit.html (11.12.2004).

Gisti; et al. (2003): Pétition. Manifeste des Délinquants de la Solidarité. Paris, le 27 mai 2003. http://petition.gisti.org/manifeste/ (11.12.2004).

Glick Schiller, Nina; Basch, Linda; Blanc-Szanton, Cristiana (1992): Transnationalism: A New Analytic Framework for Understanding Migration. In: Dies. (Hg.): Towards a Transnational Perspective on Migration: Race, Class, Ethnicity and Nationalism Reconsidered. Annals of the New York Academy of Sciences, 645. New York, 1-24.

Goffman, Erving (1993 [1974]): Rahmen-Analyse. Ein Versuch über die Organisation von Alltagserfahrungen. 3. Auflage. Frankfurt a.M.: Suhrkamp.

Goodman, James (1998): Die Europäische Union: Neue Demokratieformen jenseits des Nationalstaats. In: Beck, Ulrich (Hg.): Politik der Globalisierung. Frankfurt a.M.: Suhrkamp, 331-373.

Gramsci, Antonio (1992): Gefängnishefte. Kritische Gesamtausgabe. Hamburg, Berlin: Argument.

Groupe des Verts, Europäisches Parlament (2002): Demander l'Asile en France? 28.6.2002.

Guiraudon, Virginie (2001): Weak Weapons of the Weak? Transnational Mobilization around Migration in the European Union. In: Imig, Doug; Tarrow, Sidney (Hg.): Contentious Europeans. Protest and Politics in an Emerging Polity. Lanham, Boulder, New York, Oxford: Rowman & Littlefield, 163-183.

Guiraudon, Virginie (2004): Ethnic Migrant Minorities and Transnational Claims-Making in Europe: Opportunities and Constraints. In: Christiansen, Flemming; Hedetoft, Ulf (Hg.): The Politics of Multiple Belonging. Ethnicity and Nationalism in Europe and East Asia. Aldershot, Burlington: Ashgate, 61-75.

Gutiérrez Rodríguez, Encarnación (1999): Intellektuelle Migrantinnen. Subjektivitäten im Zeitalter von Globalisierung. Eine postkoloniale dekonstruktive Analyse von Biographien im Spannungsverhältnis von Ethnisierung und Vergeschlechtlichung. Opladen: Leske + Budrich.

Gutiérrez Rodríguez, Encarnación (2000): »My traditional clothes are sweatshirts and jeans«. Über die Schwierigkeit, nicht different zu sein oder Gegen-Kultur als Zurichtung. Für eine antirassistisch-feministisch-queere Internationale. In: European Institute for Progressive Cultural Policies (Hg.): Cultura Migrans. Wien, Linz, www.eipcp.net/diskurs/d02/text/gutierrez01.html (20.01.2005).

Haffert, Ingeborg (2004): Verräterischer Herzschlag – Treibjagd auf Flüchtlinge in Calais. Gesendet u.a. am 24.7.2004, 22 Uhr, 10.10.2004, 14.30 Uhr, WDR weltweit.

Hailbronner, Kay (1998): New Techniques for Rendering Asylum Manageable. In: Ders.; u.a. (Hg.): Immigration Controls. The Search for Workable Policies in Germany and the United States. Vol. 4. Providence, Oxford: Berghahn, 159-202.

Hardillo-Werning, Mary Lou U. (Hg.) (2000): TransEuroExpress. Filipinas in Europe. A Babaylan-Philippine Women's Network in Europe and Philippine Women's Forum Germany-Book. Frechen-Königsdorf: Horlemann.

Hardt, Michael; Negri, Antonio (2002): Empire. Die neue Weltordnung. Frankfurt a.M., New York: Campus.

Harning, Olaf; Maurer, Mathias (2004): Diskussionspapier »Unsere Regeln taugen nichts!« 10.7.2004. www.labournet.de/diskussion/arbeit/realpolitik/kombilohn/adblockwart1.pdf (6.10.2004).

Hauer, Dirk; Wissmeier, Georg (2005): Organizing is Mobilizing. Gewerkschaften auf dem Weg zu neuen Ufern. In: analyse + kritik. Zeitung für linke Debatte und Praxis, 495, 20.5.2005, www.akweb.de/ak_s/ak495/408.htm (4.5.2006).

Hayter, Teresa (2000): Open Borders. The Case Against Immigration Controls. London: Pluto Press.

Healy, Margaret (1996): 4th International World Conference on Women: KALAYAAN in Beijing, 28.8.-10.10.1995. In: Kalayaan Newsletter, 4, 3-4.

Hebenstreit, Sabine (1984): Rückständig, isoliert, hilfsbedürftig – das Bild ausländischer Frauen in der deutschen Literatur. In: Frauenforschung ifg, 2, 24-38.

Heinelt, Hubert (1998): Zivilgesellschaftliche Perspektiven einer demokratischen Transformation der Europäischen Union. In: Zeitschrift für Internationale Beziehungen, 5, 1, 79-107.

Heinrich, Brigitte (1987): On Discrimination Against Immigrant Women in Community Legislation and Regulations. European Parliament, A2-133/87, parts A and B, plus Annex. Brussels: EP.

Helfferich, Barbara; Kolb, Felix (2001): Multilevel Action Coordination in European Contentious Politics: The Case of the European Women's Lobby. In: Imig, Doug; Tarrow, Sidney (Hg.): Contentious Europeans. Protest and Politics in an Emerging Polity. Lanham, Boulder, New York, Oxford: Rowman & Littlefield, 143-161.

Hellmann, Kai-Uwe (1998): Paradigmen der Bewegungsforschung. Forschungs- und Erklärungsansätze – ein Überblick. In: Hellmann, Kai-Uwe; Koopmans, Ruud (Hg.): Paradigmen der Bewegungsforschung. Entstehung und Entwicklung von neuen sozialen Bewegungen und Rechtsextremismus. Opladen: Westdeutscher Verlag, 9-30.

Hess, Sabine (2005): Globalisierte Hausarbeit. Au-pair als Migrationsstrategie von Frauen aus Osteuropa. Wiesbaden: VS.

Hill Collins, Patricia (1990): Black Feminist Thought: Knowledge, Consciousness and the Politics of Empowerment. Boston: Unwin Hyman.

Hobsbawm, Eric (1999): Die neuen Nationalismen. In: Die Zeit, 19, 37-38.

Hochstadt, Steffen (2003): Die Bedeutung der neuen Arbeitsmigration für die Institutionen und die Arbeitskräftepolitik in der Bauwirtschaft. In: Hunger, Uwe; Santel, Bernhard (Hg.): Migration im Wettbewerbsstaat. Opladen: Leske + Budrich, 119-152.

Hoecker, Beate (Hg.) (1998): Handbuch Politische Partizipation von Frauen in Europa. Opladen.

Höhne, Roland (1998): Die Führungs- und Orientierungskrise der bürgerlichen Rechten. In: Lendemains, 91/92, 171-203.

Holland-Cunz, Barbara (1998): Feministische Demokratietheorie. Thesen zu einem Projekt. Opladen: Leske + Budrich.

Holland-Cunz, Barbara; Ruf, Anja; Sauer, Birgit (1994): Das unsichtbare Geschlecht der Europa. Einleitung. In: Biester, Elke; u.a. (Hg.): Das unsichtbare Geschlecht der Europa. Der europäische Einigungsprozeß aus feministischer Sicht. Frankfurt a.M., New York: Campus, 7-19.

Hollifield, James F. (1994): Immigration and Republicanism in France: The Hidden Consensus. In: Cornelius, Wayne A.; u.a. (Hg.): Controlling Immigration. A Global Perspective. Stanford, California: Stanford University Press, 143-175.

Hollifield, James F. (2003): Offene Weltwirtschaft und nationales Bürgerrecht: das liberale Paradox. In: Thränhardt, Dietrich; Hunger, Uwe (Hg.): Migration im Spannungsfeld von Globalisierung und Nationalstaat. Leviathan, Sonderheft 22. Opladen: Westdeutscher Verlag, 35-57.

Home Office, UK (1998): Fairer, Faster and Firmer: A Modern Approach to Immigration and Asylum. Presented to Parliament, Secretary of State, July 1998, Cm 4018. www.archive.official-documents.co.uk/document/cm40/4018/contents.htm (20.8.2004).

Home Office, UK (2001a): Measures announced to improve immigration control. 19.9.2001, Immigration & Nationality Directorate, 214/01. www.ind.homeoffice.gov.uk (27.5.2002).

Home Office, UK (2001b): UK welcomes tough EU wide penalty on people trafficking. 28.9.2001, Immigration & Nationality Directorate, 231/2001. www.ind.homeoffice.gov.uk (27.5.2001).

Home Office, UK (2002a): Blunkett announces new drive in fight against illegal immigration. Immigration & Nationality Directorate, 030/2002, 4.2.2002. www.ind.homeoffice.gov.uk (27.5.2002).

Home Office, UK (2002b): Closure Timetable set for Sangatte Centre. Press Release 196/2002, 12.7.2002. www.gnn.gov.uk/gnn/national.nsf (9.5.2004).

Home Office, UK (2002c): No new entrants to Sangatte from today - Blunkett welcomes major progress. 5.11.2002. www.ind.homeoffice.gov.uk (12.11.2002).

Home Office, UK (2002d): UK Borders ›Extended‹ - Sangatte to Close on 30 December. www.gnn.gov.uk/gnn/nationals.nsf (9.5.2004).

Home Office, UK (2002e): White Paper: Secure Borders, Safe Haven. Integration with Diversity in Modern Britain. Presented to Parliament by the Secretary of State for the Home Department by Command of Her Majesty. February 2002. CM 5387. London.

Home Office, UK (2003a): Driving Forward Asylum Reform: Further Measures to Cut Abuse. 036/2003. 6.2.2003. www.gnn.gov.uk/gnn/nationals.nsf (9.5.2004).

Home Office, UK (2003b): UK / French Co-operation Key to Combatting Terrorism and Illegal Immigration. 032/2003. 4.2.2003. www.gnn.gov.uk/gnn/nationals.nsf (9.5.2004).

Horn, Eva (1998): Partisan, Siedler, Asylant. Zur politischen Anthropologie des Grenzgängers. In: Ästhetik & Kommunikation, 29, 102, 39-46.

Horn, Eva; Kaufmann, Stefan; Bröckling, Ulrich (Hg.) (2002): Grenzverletzer. Von Schmugglern, Spionen und anderen subversiven Gestalten. Berlin: Kulturverlag Kadmos.

Hoskyns, Catherine (1996): Integrating Gender: Women, Law and Politics in the European Union. London, New York: Verso.

Hoskyns, Catherine (1999): Gender and Transnational Democracy: the Case of the European Union. In: Meyer, M. K.; Prügl, Elisabeth (Hg.): Gender Politics and Global Governance. Oxford: Rowman and Littlefield, 72-87.

House of Commons, Select Committee on European Union (2002a): Thirty-Seventh Report. Summary of Sangatte Research ›Foreigners in transit at the Sangatte Centre‹, 5.11.2002. London.

House of Commons, Select Committee on European Union (2002b): Thirty Seventh Report, 5.11.2002. App. 5. Visit to Calais and Sangatte, 25.6.2002. London.

HRW, Human Rights Watch (2002): About HRW. www.hrw.org (21.8.2002).

Hughes, Beverly (2002): Immigration. Answer of State Secretary Beverly Hughes, question by MP Roger Gale. In: Official Report, 5.12.2002, 974W.

Hughes, Beverly (2003): Antwort von Beverly Hughes auf die parlamentarische Anfrage von Andrew Turner im House of Commons, 20.1.2003. In: Official Report, 20.1.2003, Column 184W.

Hunger, Uwe (2003a): Die Entgrenzung des europäischen Bauarbeitsmarktes als Herausforderung an die europäische Arbeitsmarkt- und Sozialpolitik. In: Hunger, Uwe; Santel, Bernhard (Hg.): Migration im Wettbewerbsstaat. Opladen: Leske + Budrich, 75-90.

Hunger, Uwe (2003b): Vom Brain Drain zum Brain Gain. Die Auswirkungen der Migration von Hochqualifizierten auf Abgabe- und Aufnahmeländer. Bonn: Friedrich Ebert Stiftung.

Huth-Hildebrand, Christine (2002): Das Bild von der Migrantin. Auf den Spuren eines Konstrukts. Frankfurt a.M.: Brandes & Apsel.

ICFTU, International Confederation of Free Trade Unions (2002): No to racism and xenophobia! Plan of action for trade unions. In: Labour Education, 129, 16-20.

IG Metall (2001): IG Metall fordert Nachbesserungen im Zuwanderungsgesetz, Nr. 133/2001, 7.11.2001. www.igmetall.de/pressedienst/2001/133.html (17.10.2004).

IG Metall (2003): Ausländerförderprogramm. Vorschläge und Forderungen zur Förderung der gesellschaftlichen, betrieblichen und gewerkschaftlichen Integration ausländischer ArbeitnehmerInnen und Mitglieder. Beschluss des Vorstandes, 9.4.2003. www.igmetall.de/auslaendischearbeitneh mer/foerderprogramm.pdf (6.10.2004).

ILO, International Labour Organization (1990): International Standard Classification of Occupations. Sub-group 9131, ISCO-88. Geneva.

ILO (1996): C177 Home Work Convention. http://ilolex.ilo.ch:1567/cgi-les/ convde.pl?C177 (9.9.2002).

ILO (2004): Report VI. Towards a fair deal for Migrant Workers in the global economy. International Labour Conference. 92nd Session 2004. Geneva.

Imig, Doug (2001): Appendix. Building a Transnational Archive of Contentious Events. In: Imig, Doug; Tarrow, Sidney (Hg.): Contentious Europeans. Protest and Politics in an Emerging Polity. Lanham, Boulder, New York, Oxford: Rowman & Littlefield, 253-259.

Imig, Doug; Tarrow, Sidney (Hg.) (2001a): Contentious Europeans. Protest and Politics in an Emerging Polity. Lanham, Boulder, New York, Oxford: Rowman & Littlefield.

Imig, Doug; Tarrow, Sidney (2001b): Mapping the Europeanization of Contention: Evidence from a Quantitative Data Analysis. In: Dies. (Hg.): Contentious Europeans. Protest and Politics in an Emerging Polity. Lanham, Boulder, New York, Oxford: Rowman & Littlefield, 27-50.

Imig, Doug; Tarrow, Sidney (2001c): Studying Contention in an Emerging Polity. In: Dies. (Hg.): Contentious Europeans. Protest and Politics in an Emerging Polity. Lanham, Boulder, New York, Oxford: Rowman & Littlefield, 3-26.

Immigrés Afghans, Sangatte (2001): Les Afghans de Sangatte contre les terroristes et l'anéantissement de leur pays. Déclaration écrite parvenue à l'Agence France Press. 26.9.2001. http://hns.samizdat.net/article.php3?id_ article=369 (13.12.2004).

Inter-Parliamentary Union (2004): Women in Regional Parliamentary Assemblies. August 2004. www.ipu.org/wmn-e/regions.htm (8.11.2004).

IOM, International Organization for Migration (2001): Dignity or Exploitation, the choice is in your hands. Calais.

Irek, Malgorzata (1998): Der Schmugglerzug. Warschau – Berlin – Warschau. Materialien einer Feldforschung. Berlin: Das Arabische Buch.

Ireland, Patrick (2000): Die politische Partizipation der Einwanderer in Westeuropa: Die Macht der Institutionen. In: Deth, Jan W. van; König, Thomas (Hg.): Europäische Politikwissenschaft: Ein Blick in die Werkstatt. Frankfurt a.M., New York: Campus, 249-280.

IRU, International Road Transport Union (1998): IRU Resolution Calling for a Halt to Illegal Immigration which Constitutes a Menace for Road Transport Operators. 27 November 1998. Geneva.
IRU (1999): Decision of the IRU, 12 November 1999. Calling for a Halt to Illegal Immigration which constitutes a Menace for Road Transport Operators. 16 November 1999. CD/6348 – 83.694 PKR. Geneva.
IRU (2000a): Illegal Immigration. Introduction by Mr Martin Marmy, IRU Secretary General. Calais, 30 November 2000.
IRU (2000b): IRU Position on the Initiative of the French Republic with a view of adopting a Council Directive concerning the harmonisation of financial penalties imposed on carriers transporting into the territory of the Member States third country nationals lacking the documents necessary for admission. 27 October 2000. Brussels.
IRU; European Community Shipowners Association; International Air Transport Association; International Union of Railways (2001): Minutes. Round Table on Carriers' Liability Related to Illegal Immigration. Brussels, 30.11.2001. www.iru.org/events/Illegal/Illegal2001.pdf (21.12.2004).
Jacobs, Dirk (2000): Multinational and polyethnic politics entwined: minority representation in the region of Brussels-Capital. In: Journal of Ethnic and Migration Studies, 26, 2, 289-304.
Jäger, Siegfried (1997): Bemerkungen zur Durchführung von Diskursanalysen. Vortrag auf der Tagung »Das große Wuchern des Diskurses«, 3./4.7.1997, Paderborn. www.uni-duisburg.de/DISS/Internetbibliothek/Artikel/Durchfuehrung_Diskursanalyse.htm (21.12.2004).
James, Steve (2001): Sangatte camp exposes brutal French and Britisch asylum policy. 31.8.2001. www.wsws.org/articles (27.5.2002).
Jann, Werner; Wegrich, Kai (2003): Phasenmodelle und Politikprozesse: Der Policy Cycle. In: Schubert, Klaus; Bandelow, Nils C. (Hg.): Lehrbuch der Politikfeldanalyse. München, Wien: Oldenbourg, 71-104.
Jansen, Dorothea; Schubert, Klaus (Hg.) (1995): Netzwerke und Politikproduktion. Marburg.
Jessop, Bob (1990): State Theory. Putting the Capitalist State in its Place. Cambridge: Polity Press.
Jones-Correa, Michael (1998): Different Paths: Gender, Immigration and Political Participation. In: International Migration Review, 32, 2, 326-349.
Joo-Schauen, Jae-Soon; Najafi, Behshid (2002): Support, Lobbying and Networking in the Context of Trafficking in Women. In: Lenz, Ilse; u.a. (Hg.): Crossing Borders and Shifting Boundaries, Vol. 2: Gender, Networks and Identities. Opladen: Leske + Budrich, 223-235.
Jordan, Bill; Düvell, Franck (2002): Irregular Migration. The Dilemmas of Transnational Mobility. Cheltenham, Northampton, MA: Edward Elgar.
Jurado Guerrero, Teresa (Hg.) (2000): Easy Scapegoats: Sans Papiers Immigrants in Europe. State Strategies and Intervention Strategies for the Civil Society. Weinheim: Freudenberg Stiftung.
Kalayaan (1994): Union support for Kalayaan. In: Kalayaan Newsletter, 2, 1.

Kalayaan (1995): Justice for Overseas Domestic Workers. Slavery Still Alive. Conference Papers. London.

Kalayaan (1996): Briefing Notes on the plight of Overseas Domestic Workers. London.

Kalayaan (1998): Conference Papers ›Rights for Migrant Domestic Workers‹. http://ourworld.compuserve.com/homepages/kalayaan (21.4.2003).

Kalayaan; SOLIDAR (1996): Overseas Domestic Workers. Report after the Round Table in Brussels on 5th-6th June 1996. London, Brussels.

Kanak TV (2003): Bereitschaft zur Legalisierung. Kanak TV im Gespräch mit Frank Bsirske, dem Vorsitzenden von Ver.di. www.rechtauflegalisierung.de/text/bereit.html (12.10.2004).

Karamustafa, Gülsün (2001): Objects of Desire – A Suitcase Trade. In: Hess, Sabine; Lenz, Ramona (Hg.): Geschlecht und Globalisierung. Königstein, Taunus: Ulrike Helmer Verlag, 166-180.

Karawane, Caravan for the Rights of the Refugees and Migrants (2000a): Break Germany's ›pass laws‹ against asylum seekers! ›Residenzpflicht‹ law in Germany is a criminally racist law! www.humanrights.de/caravan/031000_en.html (9.9.2002).

Karawane (2000b): Karawanen-Kongress 2000 – United Against Deportations. http://no-racism.net/article/765/ (26.10.2004).

Karsten, Maria-Eleonora (1986): Partizipation ausländischer Frauen?! In: Zeitschrift für Frauenforschung, 4, 80-86.

Kastoryano, Riva (1998): Transnational Participation and Citizenship. Immigrants in the European Union. Working Paper WPTC-98-12, Oxford. www.ceri-sciences-po.org/cherlist/kastorya.htm (27.6.2001).

Kastoryano, Riva (2000): Settlement, transnational communities and citizenship. In: International Social Science Journal, 3, 3, 307-312.

Katholisches Forum Leben in der Illegalität (2005): Manifest Illegale Zuwanderung – für eine differenzierte und lösungsorientierte Diskussion. www.forum-illegalitaet.de (4.6.2006).

Kaufmann, Stefan; Bröckling, Ulrich; Horn, Eva (2002): Einleitung. In: Horn, Eva; Kaufmann, Stefan; Bröckling, Ulrich (Hg.): Grenzverletzer. Von Schmugglern, Spionen und anderen subversiven Gestalten. Berlin: Kadmos, 7-22.

Kaynar, Erdal; Suda, Kimiko (2002): Aspekte migrantischer Selbstorganisation in Deutschland. In: Bratic, Ljubomir (Hg.): Landschaften der Tat. Vermessung, Transformation und Ambivalenzen des Antirassismus in Europa. St. Pölten: SozAktiv, 167-185.

Kazantzis, Judith (1998): Editorial. In: Kalayaan! Justice for Overseas Domestic Workers, 5, Spring, 2.

Keck, Margaret E.; Sikkink, Kathryn (1998): Activists beyond borders: advocacy networks in international politics. Ithaka, NY: Cornell University.

kein mensch ist illegal Berlin und Hanau (2000): Illegalisierung der Migration in Deutschland: sozialer und politischer Widerstand. In: AutorInnenkollektiv (Hg.): Ohne Papiere in Europa. Illegalisierung der Migration.

Selbstorganisation und Unterstützungsprojekte in Europa. Berlin, Hamburg: Verlag Schwarze Risse – Rote Straße, VLA, 97-124.

Kennedy, Paul; Roudometof, Victor (Hg.) (2002): Communities across Borders. New immigrants and transnational cultures. London, New York: Routledge.

Kent Committee to Defend Asylum Seekers (2002): Protest against the Closure of the Sangatte Camp and the sealing off of Britain for refugees!! o.O.

Kimmel, Adolf (2003): Frankreich im »Superwahljahr«. In: Albertin, Lothar; u.a. (Hg.): Frankreich-Jahrbuch 2002. Politik, Wirtschaft, Gesellschaft, Geschichte, Kultur. Opladen: Leske + Budrich, 9-35.

Kitschelt, Herbert (1999): Politische Gelegenheitsstrukturen in Theorien sozialer Bewegungen heute. In: Klein, Ansgar; Legrand, Hans-Josef; Leif, Thomas (Hg.): Neue Soziale Bewegungen. Impulse, Bilanzen und Perspektiven. Opladen: Westdeutscher Verlag, 144-163.

Kivisto, Peter (2001): Theorizing transnational immigration: a critical review of current efforts. In: Ethnic and Racial Studies, 24, 4, 549-577.

Kleger, Heinz (2001): Bürgerschaft und Demokratie in Europa. In: Welt-Trends, 30, 133-150.

Klein, Ansgar; Koopmans, Ruud; u.a. (Hg.) (2003): Bürgerschaft, Öffentlichkeit und Demokratie in Europa. Opladen: Leske + Budrich.

Klein, Ansgar; Legrand, Hans-Josef; Leif, Thomas (Hg.) (1999): Neue Soziale Bewegungen. Impulse, Bilanzen und Perspektiven. Opladen: Westdeutscher Verlag.

Kofman, Eleonore (1999): Female ›Birds of Passage‹ a Decade Later: Gender and Immigration in the European Union. In: International Migration Review, 33, 2, 269-299.

Kofman, Eleonore; Phizacklea, Annie; Raghuram, Parvati; Sales, Rosemary (2000): Gender and International Migration in Europe. Employment, welfare and politics. London, New York: Routledge.

Kofman, Eleonore; Sales, Rosemary (2000): The Implications of European Union Policies for Non-EU Migrant Women. In: Rossilli, Mariagrazia (Hg.): Gender Policies in the European Union. New York: Peter Lang, 193-208.

Kohler-Koch, Beate (Hg.) (1998): Regieren in entgrenzten Räumen. PVS-Sonderheft 29/1998. Opladen: Westdeutscher Verlag.

Kolb, Holger; Lamontain, Jan Chr. (2000): Selbstorganisationen, soziale Netzwerke und soziales Kapital. Eine Auswahlbibliographie. In: Thränhardt, Dietrich; Hunger, Uwe (Hg.): Einwanderer-Netzwerke und ihre Integrationsqualität in Deutschland und Israel. Münster, Freiburg i. Br.: Lit Verlag, Lambertus Verlag, 265-292.

Kollektiv für das Recht auf Asyl, Brüssel (2002): Aufruf von Sangatte zur Verteidigung der Flüchtlinge. Brüssel (Email, 16.12.2002).

König, Thomas (2003): Elemente der frame analysis mit einer Notiz zur Nützlichkeit von CAQDAS in der framing-Forschung. CAQDAS-Konferenz, Marburg, Lahn, 9./10. Oktober 2003. www.caqd.de/caqd/downloads/vortrag-koenig.pdf (9.4.2004).

Koopmans, Ruud (1998): Konkurrierende Paradigmen oder friedlich ko-existierende Komplemente? Eine Bilanz der Theorien sozialer Bewegungen. In: Hellmann, Kai-Uwe; Koopmans, Ruud (Hg.): Paradigmen der Bewegungsforschung. Entstehung und Entwicklung von neuen sozialen Bewegungen und Rechtsextremismus. Opladen: Westdeutscher, 215-231.

Koopmans, Ruud; Rucht, Dieter (2002): Protest Event Analysis. In: Klandermans, Bert; Staggenborg, Suzanne (Hg.): Methods of Social Movement Research. Minneapolis, London: University of Minnesota Press, 231-259.

Koopmans, Ruud; Statham, Paul (1998): Challenging the Liberal Nation-State? Postnationalism, Multiculturalism, and the Collective Claims-Making of Migrants and Ethnic Minorities in Britain and Germany. FS III 98-105. Berlin: WZB.

Koser, Khalid (1998): Out of the Frying Pan and into the Fire: A Case Study of Illegality among Asylum Seekers. In: Koser, Khalid; Lutz, Helma (Hg.): The New Migration in Europe. Social Construction and Social Realities. London, New York, 185-198.

Koser, Khalid (2001): The Smuggling of Asylum Seekers into Western Europe: Contradictions, Conundrums, and Dilemmas. In: Kyle, David; Koslowski, Rey (Hg.): Global Human Smuggling. Comparative Perspectives. Baltimore, London: John Hopkins University Press, 58-73.

Koser, Khalid (2002): From refugees to transnational communities? In: Al-Ali, Nadje; Koser, Khalid (Hg.): New Approaches to Migration? Transnational communities and the transformation of home. London, New York: Routledge, 138-152.

Kriesi, Hanspeter (1995): The Political Opportunity Structure of New Social Movements: Its Impact on Their Mobilization. In: Jenkins, Craig J.; Klandermans, Bert (Hg.): The Politics of Social Protest. Comparative Perspectives on States and Social Movements. Minneapolis: UP, 167-198.

Kriesi, Hanspeter; Koopmans, Ruud; Dyvendak, Jan Willem; Guigni, Marco G. (1995): New Social Movements in Western Europe. A Comparative Analysis. Minneapolis: University of Minnesota.

Kusser, Astrid; Panagiotidis, Efthimia; Tsianos, Vassilis (2002): Die Autonomie der Migration. Ohne offensiven Antirassismus ist keine andere Welt möglich. In: blätter des iz3w, 265, 62-64.

Kymlicka, Will (1995): Multicultural Citizenship. A Liberal Theory of Minority Rights. Oxford: Oxford University Press.

La Belle Étoile, Calais (2001): Pétition, 14.5.2001. [Email, 14.5.2001].

Laacher, Smaïn (2002): Après Sangatte... nouvelles immigrations, nouveaux enjeux. Paris: La Dispute.

Lahav, Gallya (1998): Immigration and the state: the devolution and privatisation of immigration control in the EU. In: Journal of Ethnic and Migration Studies, 24, 4, 675-694.

Lahusen, Christian; Jauß, Claudia (2001): Lobbying als Beruf. Interessengruppen in der Europäischen Union. Baden-Baden: Nomos.

Lamnek, Siegfried (1995): Qualitative Sozialforschung. Band 2, Methoden und Techniken. 3. Auflage. Weihnheim: Beltz Psychologie Verlags Union.

Laubenthal, Barbara (2006): ›Papiere für alle‹. Proteste illegaler Einwanderer in Murcia (Spanien). In: IMIS-Beiträge, 27, 109-129.
Lavenex, Sandra (2001): The Europeanisation of Refugee Policies. Between human rights and internal security. Aldershot: Ashgate.
Layton-Henry, Zig (1994): Britain: The Would-be Zero-Immigration Country. In: Cornelius, Wayne A.; u.a. (Hg.): Controlling Immigration. A Global Perspective. Stanford, California: Stanford University Press, 273-195.
Le Voy, Michele; Verbruggen, Nele; Wets, Johan (Hg.) (2004): Undocumented Migrant Workers in Europe. Brussels, Leuven: Picum, Katholieke Universiteit Leuven.
Leal, David L. (2002): Political Participation by Latino Non-Citizens in the United States. In: British Journal for Political Science, 32, 353-370.
Lederer, Harald W. (1999): Typologie und Statistik illegaler Zuwanderung nach Deutschland. In: Eichenhofer, Eberhard (Hg.): Migration und Illegalität. Osnabrück: Universitätsverlag Rasch, 53-70.
Lefebvre, Henri (1991 [1974]): The Production of Space. Oxford, Cambridge: Blackwell.
Lenz, Ilse (1995): Geschlecht, Herrschaft und internationale Ungleichheit. In: Becker-Schmidt, Regina; Knapp, Gudrun-Axeli (Hg.): Das Geschlechterverhältnis als Gegenstand der Sozialwissenschaften. Frankfurt a.M., New York: Campus, 19-46.
Lenz, Ilse (1999): Globalization, Networks and Organizations: New Issues for Gender Equality. In: Goldmann, Monika (Hg.): Rationalisation, Organisation, Gender. Sozialforschungsstelle Dortmund, Band 111. www.sfs-dortmund.de/docs/Arbeit111/lenz.PDF (4.11.2004), 64-71.
Les Alternatifs, Pas-de-Calais (2002): Réfugiés: Les Alternatifs à la Manif du 15 Décembre. [Email, 9.12.2002].
Les Verts (2002a): Les Verts appellent à la manifestation du dimanche 15 décembre 2002, Calais. www.lesverts.org (12.1.2001).
Les Verts, Roubaix et environs (2002b): Lettre du collectif C'SUR à Mr Henin, maire de Calais. De nos amis du Collectif à Calais. 24 décembre 2002. www.vertsderoubaix.org (13.1.2003).
Les Verts Calais, Roubaix et environs (2002c): Sangatte, une fermeture inacceptable. Communiqué de presse, 5. 11.2002. www.vertsderoubaix.org (13.1.2003).
Lindemann, Ute (2001): Sans-Papiers-Proteste und Einwanderungspolitik in Frankreich. Opladen: Leske + Budrich.
Lloyd, Cathie (2000): Anti-racist Responses to European Integration. In: Koopmans, Ruud; Statham, Paul (Hg.): Challenging Immigration and Ethnic Relations Politics. Comparative European Perspectives. Oxford: Oxford University Press, 389-406.
Locher, Birgit (2002): Internationale Normen und regionaler Policy-Wandel: Frauenhandel in der Europäischen Union. In: WeltTrends, 36, 59-79.
Locher, Birgit (2003): Wissenschaft, Politik und NROs: Strategische Allianzen für frauenpolitische Belange am Beispiel neuester EU-Politiken gegen Frauenhandel. In: femina politica, 2, 51-60.

Loth, Wilfried; Wessels, Wolfgang (Hg.) (2001): Theorien europäischer Integration. Opladen: Leske + Budrich.

Lüthje, Boy; Scherrer, Christoph (2001): Race, Multiculturalism, and Labour Organizing in the United States: Lessons for Europe. In: Capital & Class, 73, 141-171.

Lutz, Helma (1997): The Limits of Europeanness: Immigrant women in Fortress Europe. In: Feminist Review, 57, 93-111.

Lwanga, Gotlinde Magiriba (1994): Das Konzept von Staatsangehörigkeit und Bürgerinnenrechten im Blick auf Europa. In: Biester, Elke u.a. (Hg.): Das unsichtbare Geschlecht der Europa. Der europäische Einigungsprozeß aus feministischer Sicht. Frankfurt a.M., New York: Campus, 141-158.

Lyon, Alynna; Uçarer, Emek M. (2001): Mobilizing ethnic conflict: Kurdish separatism in Germany and the PKK. In: Ethnic and Racial Studies, 24, 6, 925-948.

Mandaville, Peter (2001): Transnational Muslim Politics. Reimagining the umma. London, New York: Routledge.

Manfrass, Klaus (1997): Migration aus den Maghrebländern nach Frankreich. In: Deutsch-Französisches Institut; Albertin, Lothar; u.a. (Hg.): Frankreich-Jahrbuch 1997. Politik, Wirtschaft, Gesellschaft, Geschichte, Kultur. Opladen: Leske + Budrich, 135-158.

Marks, Gary (1989): Unions in Politics. Britain, Germany, and the United States in the nineteenth and early twentieth centuries. Princeton, N.J.: Princeton University Press.

Marks, Gary; McAdam, Doug (1996): Social Movements and the Changing of Political Opportunities in the European Union. In: Marks, Gary; Scharpf, Fritz W.; Schmitter, Philippe C.; Streeck, Wolfgang (Hg.): Governance in the European Union. London, Thousand Oaks, New Delhi: Sage, 95-120.

Marquez, Benjamin (2001): Choosing issues, choosing sides: constructing identities in Mexican-American social movement organizations. In: Ethnic and Racial Studies, 24, 2, 218-235.

Marshall, Thomas H. (1992): Staatsbürgerrechte und soziale Klassen. In: Marshall, Thomas H. (Hg.): Bürgerrechte und soziale Klassen. Zur Soziologie des Wohlfahrtsstaates. Frankfurt a.M., New York: Campus, 33-94.

Martiniello, Marco; Statham, Paul (1999): Introduction. In: Journal of Ethnic and Migration Studies, 25, 4, 565-573.

Marx Ferree, Myra (1992): The Political Context of Rationality. Rational Choice Theory and Resource Mobilization. In: Morris, Aldon D.; McClurg Mueller, Carol (Hg.): Frontiers in Social Movement Theory. New Haven, London: Yale University Press, 29-52.

Marx Ferree, Myra (2003): Resonance and Radicalism: Feminist Framing in the Abortion Debates of the United States and Germany. In: American Journal of Sociology, 109, 2, 304-344.

Marx Ferree, Myra; Gamson, William A.; Gerhards, Jürgen; Rucht, Dieter (2002): Shaping Abortion Discourse. Democracy and the Public Sphere in Germany and the United States. Cambridge: University Press.

Mayring, Philipp (1997): Qualitative Inhaltsanalyse. Grundlagen und Techniken. 6. Auflage. Weinheim: Deutscher Studien Verlag.

McAdam, Doug (1994): Taktiken von Protestbewegungen. Das Framing der amerikanischen Bürgerrechtsbewegung. In: Neidhardt, Friedhelm (Hg.): Öffentlichkeit, öffentliche Meinung, soziale Bewegungen. Sonderheft der Kölner Zeitschrift für Soziologie und Sozialpsychologie. Opladen: Westdeutscher Verlag, 393-412.

McAdam, Doug; McCarthy, John D.; Zald, Mayer N. (Hg.) (1996): Comparative Perspectives on Social Movements. Political Opportunities, Mobilizing Structures, and Cultural Framings. Cambridge: University Press.

McCarthy, John D.; Zald, Mayer N. (1973): The Trend of Social Movements in America: Professionalization and Resource Mobilization. Morristown N.J.: General Learning Press.

McCarthy, John D.; Zald, Mayer N. (1977): Resource Mobilization and Social Movements: A Partial Theory. In: AJS, 82, 6, 1212-1241.

Megret, Bruno (2001): Discours de Sangatte. 15.12.2001. www.bruno-megret.com (2.5.2002).

Mertens, Ilja (2000): Von einer ›Inneren Angelegenheit‹, die auszog, Europa das Fürchten zu lehren. Transstaatliche politische Mobilisierung und das ›Kurdenproblem‹. In: Faist, Thomas (Hg.): Transstaatliche Räume: Politik, Wirtschaft und Kultur in und zwischen Deutschland und der Türkei. Bielefeld: transcript, 159-199.

Meuser, Michael (2003): Inhaltsanalyse. In: Bohnsack, Ralf; Marotzki, Winfried; Meuser, Michael (Hg.): Hauptbegriffe Qualitativer Sozialforschung. Opladen: Leske + Budrich, UTB, 89-91.

Meuser, Michael; Nagel, Ulrike (1991): ExpertInneninterviews – vielfach erprobt, wenig bedacht. Ein Beitrag zur qualitativen Methodendiskussion. In: Garz, Detlef; Kraimer, Klaus (Hg.): Qualitativ-empirische Sozialforschung: Konzepte, Methoden, Analysen. Opladen: Westdeutscher Verlag, 441-471.

Meuser, Michael; Nagel, Ulrike (1994): Expertenwissen und Experteninterview. In: Hitzler, Ronald; Honer, Anne; Maeder, Christoph (Hg.): Expertenwissen. Die institutionalisierte Kompetenz zur Konstruktion von Wirklichkeit. Opladen: Westdeutscher Verlag, 180-192.

Meyers, Eytan (2004): International Immigration Policy: A Theoretical and Comparative Analysis. New York, Houndsmill, Basingstoke: Macmillan.

Miles, Robert (1982): Racism and Migrant Labour. London: Routledge.

Miller, Mark J. (1981): Foreign Workers in Western Europe: An Emerging Political Force? New York: Praeger.

Ministère de l'Intérieur (2002a): Communiqué de presse, 19.9.2002. www.interieur.gouv.fr (1.4.2003).

Ministère de l'Intérieur (2002b): David Blunkett et Nicolas Sarkozy se sont retrouvés à Londres le 2 décembre, 2.12.2002. www.interieur.gouv.fr (1.4.2003).

Ministère de l'Intérieur (2002c): Immigration: réunion trilatérale à Zeebrugge, 27.9.2002. www.interieur.gouv.fr (1.4.2003).

Ministère de l'Intérieur (2002d): Nicolas Sarkozy veut renforcer la lutte commune des Européens contre l'immigration illégale, 18.9.2002. www.inter ieur.gouv.fr (1.4.2003).

Ministère de l'Intérieur (2002e): Projet de Loi d'Orientation et de Programmation pour la Sécurité Intérieure. Intervention de Nicolas Sarkozy. Assemblée Nationale, Séance publique. 16.7.2002. www.interieur.gouv.fr (1.4.2003).

Ministère de l'Intérieur (2002f): Sangatte devrait être fermé avant avril 2003, 27.9.2002. www.interieur.gouv.fr (1.4.2003).

Morice, Alain (1997): Migrants: libre circulation et lutte contre la précarité. In: Reflex; L'agence IM'média (Hg.): Sans Papiers – Chroniques d'un Mouvement. Paris

Morokvasic-Müller, Mirjana (2003): Gender-Dimensionen der postkommunistischen Migrationen in Europa. In: Apitzsch, Ursula; Jansen, Mechthild M. (Hg.): Migration, Biographie und Geschlechterverhältnisse. Mitarbeit: Christine Löw. Münster: Westfälisches Dampfboot, 143-171.

Morokvasic, Mirjana (1988): Minority and Immigrant Women in Self-Employment and Business. CEC, V/1871/88. Brussels: CEC.

Morokvasic, Mirjana (1994): Pendeln statt Auswandern. Das Beispiel der Polen. In: Morokvasic, Mirjana; Rudolph, Hedwig (Hg.): Wanderungsraum Europa. Menschen und Grenzen in Bewegung. Berlin: sigma, 166-187.

Morris, Bill (General Secretary, TGUW) (1995): Statement. In: Kalayaan (Hg.): Documentation of the Conference »Slavery Still Alive«, London, 4-5.

Morrison, John; Crosland, Beth (2001): The trafficking and smuggling of refugees - the end game in European asylum policy? Working Paper No. 39, New Issues in Refugee Research. www.jha.ac/articles/u039.pdf (20.8.2004).

Mort, Jo-Ann (Hg.) (1998): Not Your Father's Union Movement. Inside the AFL-CIO. London: Verso.

Moulier Boutang, Yann (1993): Interview mit Yann Moulier-Boutang, Paris. In: Materialien für einen neuen Antiimperialismus, 5, Thesen zur Rassismusdebatte. Berlin: Schwarze Risse Verlag, 29-55.

Moulier Boutang, Yann (2002): Nicht länger Reservearmee. Thesen zur Autonomie der Migration und zum notwendigen Ende des Regimes der Arbeitsmigration. In: Subtropen, 12, 1-3.

Movimiento delle tute bianche, Italien; Gli invisibili, Italien (1999): Un train en libre circulation! www.bok.net/pajol/manif27-03/invisibili.html (26.10.2004).

MPG, Migration Policy Group (2002): About Us. www.migpolgroup.com (3.7.2002).

Nentwich, Michael (1996): Opportunity Structures for Citizens' Participation: the Case of the European Union. In: European Integration online Papers (EIoP), 0, 1, http://eiop.or.at/eiop/texte/1996-1001.htm.

Ness, Immanuel (1998): Organizing Immigrant Communities: UNITE's Workers Center Strategy. In: Bronfenbrenner, Kate; u.a. (Hg.): Organizing to Win. New Research on Union Strategies. Ithaka, London: ILR Press, Cornell University Press, 87-101.

Niesner, Elvira (2001): Frauenhandel zwischen Tabuisierung, Dramatisierung und Instrumentalisierung. In: Hornung, Ursula; Gümen, Sedef; Wielandt, Sabine (Hg.): Zwischen Emanzipationsvision und Gesellschaftskritik. (Re)Konstruktionen der Geschlechterforschung. Münster: Westfälisches Dampfboot, 239-266.

Niesner, Elvira; Anonuevo, Estrella; Aparicio, Marta; Sonsienghchai-Fenzl, Petchara (1997): Ein Traum vom besseren Leben. Migrantinnenerfahrungen, soziale Unterstützung und neue Strategien gegen Frauenhandel. Opladen: Leske + Budrich.

noborder (1999): More control, more exclusion, more deportations. www.con trast.org/borders/tampere/content2.html (23.1.2005).

noborder (2002a): Actions against migration management in FR, UK & B, 20.10.2002. www.noborder.org (23.11.2002).

noborder (2002b): The IOM, Spies and Migrant Hunters. Campaign to Combat Global Migration Management. www.noborder.org/iom/index.php# campaign (9.9.2002).

noborder (2004): Migration-related events during the European Social Forum 2004. http://noborder.org/esf04/calendar.php (26.10.2004).

Nullmeier, Frank (2000): Argumentationsmacht und Rechtfertigungsfähigkeit schwacher Interessen. In: Willems, Ulrich; von Winter, Thomas (Hg.): Politische Repräsentation schwacher Interessen. Opladen: Leske + Budrich, 93-109.

O'Dowd, Liam (1998): Negotiating State Borders: A New Sociology for a New Europe? Inaugural Lecture, 10 March 1998 at Queen's University, Belfast. www.qub.ac.uk/ss/ssp/cibr/odowd.html (13.8.2001).

Offe, Claus (1972): Politische Herrschaft und Klassenstrukturen. Zur Analyse spätkapitalistischer Gesellschaftssysteme. In: Offe, Claus (Hg.): Herausforderungen der Demokratie. Zur Integrations- und Leistungsfähigkeit politischer Institutionen. Frankfurt a. M., New York: Campus, 11-41.

Olson, Mancur (1968): Die Logik des kollektiven Handelns. Tübingen.

Østergaard-Nielsen, Eva K. (2002): Working for a solution through Europe: Kurdish political lobbying in Germany. In: Al-Ali, Nadje; Koser, Khalid (Hg.): New Approaches to Migration? Transnational communities and the transformation of home. London, New York: Routledge, 186-201.

Pappi, Franz Urban (1993): Policy-Netze: Erscheinungsformen moderner Politiksteuerung oder methodischer Ansatz? In: Héritier, Adrienne (Hg.): Policy-Analyse. PVS-Sonderheft, 24. Opladen: Leske + Budrich, 84-94.

Parreñas, Rhacel Salazar (2001): The Global Servants: Migrant Filipina Domestic Workers in Rome and Los Angeles. Palo Alto: Stanford UP.

PDS, Fraktion im Deutschen Bundestag (Hg.) (2001): Sans Papiers in Deutschland. Vorschläge für ihre Legalisierung. Berlin.

Pearce, Natasha (Kalayaan) (2000): How can migrants organise themselves? Vortrag, Tagung Arbeitsverhältnisse der Zukunft. Gewerkschaften – Migration – Frauen. Rosa Luxemburg Stiftung. Berlin.

Penninx, Rinus; Roosblad, Judith (2000a): Introduction. In: Penninx, Rinus; Roosblad, Judith (Hg.): Trade Unions, Immigration and Immigrants in Europe 1960-1993. New York, Oxford: Berghahn, 1-19.
Penninx, Rinus; Roosblad, Judith (Hg.) (2000b): Trade Unions, Immigration and Immigrants in Europe 1960-1993. New York, Oxford: Berghahn.
PESC-KSP, Philippine European Solidarity Centre (2004a): Materials on Overseas Voting. www.philsol.nl/L-OFVote.htm (27.2.2004).
PESC-KSP (2004b): Welcome to the website of the Philippine European Solidarity Centre. www.philsol.nl/ (27.10.2004).
Peschke, Doris (CCME) (2001): The Case against Carriers' Liabilities. Humanitarian Organisations' Session – Keynote. In: IRU; u.a. (Hg.): Minutes of the Meeting. Round Table on Carriers' Liability Related to Illegal Immigration. Brussels, 30.11.2001. Geneva, 55-59.
Peters, Berhard (1994): Der Sinn von Öffentlichkeit. In: Neidhardt, Friedhelm (Hg.): Öffentlichkeit, öffentliche Meinung, soziale Bewegungen. Kölner Zeitschrift für Soziologie und Sozialpsychologie, Sonderheft 34. Opladen: Westdeutscher Verlag, 42-76.
Pettman, Jan Jindy (1999): Globalization and the Gendered Politics of Citizenship. In: Yuval-Davis, Nira; Werbner, Pnina (Hg.): Women, Citizenship and Difference. London, New York, 207-220.
picum, Platform for International Cooperation on Undocumented Migrants (2001): Health Care for Undocumented Migrants. Germany, Belgium, the Netherlands, United Kingdom. Brussels: picum.
picum (2002): Book of Solidarity. Providing Assistance to Undocumented Migrations in Belgium, Germany, the Netherlands and the UK. Vol. 1. Brussels: picum.
picum (2003a): Book of Solidarity. Providing Assistance to Undocumented Migrants in France, Spain and Italy. Vol. 2. Brussels: picum.
picum (2003b): Book of Solidarity. Providing Assistance to undocumented Migrants in Sweden, Denmark and Austria. Vol. 3. Brussels: picum.
Pinkerton, Charles; McLaughlan, Gail; Salt, John (2004): Sizing the illegally resident population in the UK. 2nd Edition. Home Office Online Report 58/04. www.homeoffice.gov.uk (21.12.2004).
Piven, F. Frances; Cloward, Richard A. (1986 [1977]): Aufstand der Armen. Frankfurt a.M.: Suhrkamp.
Portes, Alejandro (2001): Introduction: The Debates and Significance of Immigrant Transnationalism. In: Global Networks, 1, 181-194.
Precarias a la Deriva (2004): A la deriva por los circuitos de la precariedad femenina. Madrid: Traficantes de Sueños.
Pries, Ludger (Hg.) (1997): Transnationale Migration. Soziale Welt, Sonderband 12. Baden-Baden: Nomos.
Pries, Ludger (1998): Transnationale Soziale Räume. Theoretisch-empirische Skizze am Beispiel der Arbeitswanderungen Mexiko – USA. In: Beck, Ulrich (Hg.): Perspektiven der Weltgesellschaft. Frankfurt a.M.: Suhrkamp, 55-86.
Pries, Ludger (2001): Internationale Migration. Bielefeld: transcript.

Pro Asyl, BRD (2003): Frankreich. In: Pro Asyl Infoservice, Mai 2003, 78.
Pugh, Michael (2004): Drowning not Waving: Boat People and Humanitarianism at Sea. In: Journal of Refugee Studies, 17, 1, 50-69.
Putnam, Robert D. (1995): Bowling Alone: America's Declining Social Capital. In: Journal of Democracy, 6, 1, 65-78.
Raschke, Joachim (1985): Soziale Bewegungen. Ein historisch-systematischer Grundriß. Frankfurt, New York: Campus.
Rat, Europäischer Rat (1999): Schlussfolgerungen des Vorsitzes, 15. und 16. Oktober 1999, Tampere. http://europa.eu.int/council/ (24.6.2002).
Rat, Europäischer Rat (2002): Schlussfolgerungen des Vorsitzes. Sevilla, 21. und 22. Juni 2002. SN 200/02. Brüssel.
Räthzel, Nora (2002): Development in Theories of Racism. In: The Evens Foundation (Hg.): Europe's New Racism? Causes, Manifestations, and Solutions. New York, Oxford: Berghan Books, 3-26.
Réfugiés Afghans, Sangatte (2001): Manifestation, 31 octobre 2001, Calais. www.gisti.org/dossiers/sangatte/actions.html (26.11.2001).
Réfugiés Afghans, Sangatte; Herin, Christophe (2001): Calais: manifestation de ›réfugiés‹ afghans du camp de Sangatte le mercredi 31 octobre 2001. http://maison-des-sans.org/ (12.1.2003).
Reinalda, Bob (1997): Dea ex Machina or the interplay between national and international policymaking. A critical analysis of women in the European Union. In: Gardiner, Frances (Hg.): Sex Equality Policy in Western Europe. London, New York: Routledge, 197-215.
republicart (2006): Precariat. Schwerpunktausgabe des Webjournals, http://republicart.net/disc/precariat/index.htm (4.5.2006).
Rerrich, Maria S. (2002): Von der Utopie partnerschaftlicher Gleichverteilung zur Realität der Globalisierung von Hausarbeit. In: Gather, Claudia et al. (Hg.): Weltmarkt Privathaushalt. Bezahlte Haushaltsarbeit im globalen Wandel. Münster: Westfälisches Dampfboot, 16-29.
RESPECT, European Network of Migrant Domestic Workers (1999): RESPECT. Migrantinnen, die als Haushaltshilfen in Europa arbeiten teilen ihre Ratschläge und ihre Erfahrungen mit. Bearbeitung: Lucy Rix, Bridget Anderson. London, Brüssel.
RESPECT (2000): Charter of Rights for Migrant Domestic Workers. London, Brüssel (vgl. Abbildung 22 im Anhang).
RESPECT (2001a): ›Ana's Story‹: Script from UK play devised by MDWs. In: RESPECT (Hg.): Migrant Domestic Workers: Acting Together. RESPECT: Transferable Model for using the forum theatre. London, 10-17.
RESPECT (2001b): Migrant Domestic Workers: Acting Together. RESPECT: Reports from the EU Workshops 2001. London.
RESPECT (2002): RESPECT Transnational Conference. Migrant Domestic Workers: Acting Together. 20.-21.1.2002. London.
RESPECT (o.J.): RESPECT's 10 point handbook for an effective lobby. www.solidar.org (5.7.2004).
RESPECT-Initiative Berlin; Kanak Attak Berlin (2003): Organising by ver.di? Wie die Vereinigte Dienstleistungsgewerkschaft auf Prozesse der Illegali-

sierung reagiert. Oktober 2003. www.rechtauflegalisierung.de/text/verdi 2.html (25.10.2003).

Rex, John (1998): Transnational Migrant Communities and the Modern Nation-State. In: Axtmann, Roland (Hg.): Globalization and Europe. Theoretical and Empirical Investigations. London, Washington: Pinter, 59-75.

Rodríguez, Robyn M. (2002): Migrant Heroes: Nationalism, Citizenship and the Politics of Filipino Migrant Labor. In: Citizenship Studies, 6, 3, 341-356.

Rosamond, Ben (2000): Theories of European Integration. Houndmills, Basingstoke, New York: Palgrave.

Rosner, Judith (agisra e.v.) (2001): Arbeitsmigrantinnen in deutschen Haushalten. Unveröffentlichtes Manuskript.

Rossilli, Mariagrazia (Hg.) (2000): Gender Policies in the European Union. New York: Peter Lang.

Roth, Claudia; Hanf, Petra (1998): Restriktiv – effektiv – undemokratisch: Freizügigkeit, Asyl und Einwanderung im neuen EU-Vertrag. In: Fischer, Martina (Hg.): Fluchtpunkt Europa. Migration und Multikultur. Frankfurt a.M.: Suhrkamp, 201-210.

Routledge, Paul (1993): Terrains of Resistance. Nonviolent Social Movements and the Contestation of Place in India. Westport, Conneticut, London: Praeger.

Routledge, Paul (1996): Critical geopolitics and terrains of resistance. In: Political Geography, 15, 6/7, 509-531.

Routledge, Paul (1997): A Spatiality of Resistances. Theory and Practice in Nepal's Revolution of 1990. In: Pile, Steve; Keith, Michael (Hg.): Geographies of Resistance. London: Routledge, 68-86.

Rucht, Dieter (1994): Modernisierung und neue soziale Bewegungen. Deutschland, Frankreich und USA im Vergleich. Frankfurt a.M., New York: Campus.

Rucht, Dieter (2001): Transnationaler politischer Protest im historischen Längsschnitt. In: Geiling, Heiko; u.a. (Hg.): Globalisierung – Partizipation – Protest. Opladen: Leske + Budrich, 77-96.

Rupp, Leila (1997): Worlds of Women. International Women's Organizations 1888-1945. Princeton: Princeton University Press.

Sabatier, Paul A. (1993): Advocacy-Koalitionen, Policy-Wandel und Policy-Lernen: Eine Alternative zur Phasenheuristik. In: Héritier, Adrienne (Hg.): Policy-Analyse. Kritik und Neuorientierung. PVS-Sonderheft 24. Opladen: Westdeutscher Verlag, 116-148.

Sauer, Birgit (1994): Was heißt und zu welchem Zwecke partizipieren wir? Kritische Anmerkungen zur Partizipationsforschung. In: Biester, Elke u.a. (Hg.): Demokratie oder Androkratie? Theorie und Praxis demokratischer Herrschaft in der feministischen Diskussion. Frankfurt a.M., New York: Campus, 99-130.

Sauer, Birgit (2001): Vom Nationalstaat zum Europäischen Reich? Staat und Geschlecht in der Europäischen Union. In: Feministische Studien, 1, 8-20.

Schäfer, Reinhild (2001): Demokratisierung der Geschlechterverhältnisse. Die politischen Strategien der Neuen Frauenbewegung gegen Gewalt. Bielefeld: Kleine Verlag.

Schmidt, Verena (2000): Zum Wechselverhältnis zwischen europäischer Frauenpolitik und europäischen Frauenorganisationen. In: Lenz, Ilse; Mae, Michiko; Klose, Karin (Hg.): Frauenbewegungen weltweit. Aufbrüche, Kontinuitäten, Veränderungen. Opladen: Leske + Budrich, 199-231.

Schneider, Friedrich; Enste, Dominik H. (2000): Shadow Economies: Size, Causes, and Consequences. In: Journal of Economic Literature, 38, March 2000, 77-114.

Schubert, Klaus (1991): Politikfeldanalyse. Opladen: Leske + Budrich.

Schultz, Susanne (2001): Domestic Slavery oder Green Card? Feministische Strategien zu bezahlter Hausarbeit. In: blätter des iz3w, 257, 23-26.

Schupp, Jürgen (2002): Quantitative Verbreitung von Erwerbstätigkeit in privaten Haushalten Deutschlands. In: Gather, Claudia; Geissler, Birgit; Rerrich, Maria S. (Hg.): Weltmarkt Privathaushalt. Bezahlte Haushaltsarbeit im globalen Wandel. Münster: Westfälisches Dampfboot, 50-70.

Schwenken, Helen (2000): Frauen-Bewegungen in der Migration. Zur Selbstorganisierung von Migrantinnen in der Bundesrepublik Deutschland. In: Lenz, Ilse; u.a. (Hg.): Frauenbewegungen weltweit. Aufbrüche, Kontinuitäten, Veränderungen. Opladen: Leske + Budrich, 133-166.

Schwenken, Helen (2003): Weltwirtschaft im trauten Heim. Arbeitsmigrantinnen in deutschen Haushalten und der Kampf um Arbeits- und Aufenthaltsrechte. In: Beiträge zur feministischen Theorie und Praxis, 63/64, 139-151.

SDÜ, Schengener Durchführungsabkommen (1990): Übereinkommen zur Durchführung des Übereinkommens von Schengen vom 14. Juni 1985 betreffend den schrittweisen Abbau der Kontrollen an den gemeinsamen Grenzen. 19. Juni 1990. In: Bundesgesetzblatt, 1993, II, 1010ff.

Sherman, Rachel; Voss, Kim (2000): ›Organize or Die‹: Labor's New Tactics and Immigrant Workers. In: Milkman, Ruth (Hg.): Organizing Immigrants. The Challenge for Unions in Comtemporary California. Ithaka, London: ILR Press, Cornell University Press, 81-108.

Shinozaki, Kyoko (2003): Geschlechterverhältnisse in der transnationalen Elternschaft. Das Beispiel philippinischer HausarbeiterInnen in Deutschland. In: Beiträge zur feministischen Theorie und Praxis, 62, 67-85.

Shinozaki, Kyoko (2005, im Druck): Making Sense of Contradictions: Examining Negotiation Strategies of ›Contradictory Class Mobility‹ in Filipina/Filipino Domestic Workers in Germany. In: Geisen, Thomas (Hg.): Arbeitsmigration. WanderarbeiterInnen auf dem Weltmarkt für Arbeitskräfte. Frankfurt a.M., London: IKO.

Silverman, Maxim (1994): Rassismus und Nation. Einwanderung und Krise des Nationalstaats in Frankreich. Hamburg, Berlin: Argument.

Simmel, Georg (1968 [1908]): Neuntes Kapitel. Der Raum und die räumlichen Ordnungen der Gesellschaft. In: Simmel, Georg: Soziologie. Untersu-

chungen über die Formen der Vergesellschaftung. 5. Auflage. Gesammelte Werke. Zweiter Band. Berlin: Duncker & Humblot, 460-526.
Sison, Marites (2002): Labor unions absent in migrant sector. www.cyberdya ryo.com/features/f2002_1220_04.htm (15.10.2004).
Smith, Anthony D. (1979): Nationalism in the 20th Century. London: New York University Press.
Smith, Jackie (2000): Globalization and Political Contention: Brokering Roles of Transnational Social Movement Organizations. DVPW-Kongress, Halle.
Smith, Robert C. (2001): Migrant Membership as an Instituted Process: Comparative Insights from the Mexican and Italian Cases. WPTC-01-23. www.transcomm.ox.ac.uk/working%20papers/WPTC-01-23%20Smith. pdf (25.1.2004).
Snow, David A.; Rochford, E. Burke Jr.; Worden, Steven K.; Benford, Robert D. (1986): Frame Alignment Processes, Micromobilization, and Movement Participation. In: American Sociological Review, 51, 464-481.
Snow, David A.; Trom, Danny (2002): The Case Study and the Study of Social Movements. In: Klandermans, Bert; Staggenborg, Suzanne (Hg.): Methods of Social Movement Research. Social Movements, Protest, and Contention. Minneapolis, London: UP, 146-172.
SOLIDAR; Kalayaan (1996): Overseas Domestic Workers. Report after the Round Table in Brussels on 5th-6th June 1996. Brussel, London.
Soysal, Yasemin Nuhoğlu (1994): Limits of Citizenship. Migrants and Postnational Membership in Europe. Chicago, London: The University of Chicago Press.
Stalker, Peter (2000): Workers without Frontiers. The Impact of Globalization on International Migration. Boulder, Geneva: Lynne Rienner.
Statham, Paul (1998): The Political Construction of Immigration in Italy: opportunities, mobilisation and outcomes. FS III 98-102. Berlin: WZB.
Statham, Paul (2001): Zwischen öffentlicher Sicherheit und politischem Einfluss. Mobilisierung gegen Rassismus und für Migranten in Großbritannien. In: Forschungsjournal Neue Soziale Bewegungen, 14, 1, 71-86.
Stobbe, Holk (2004): Undokumentierte Migration in Deutschland und den Vereinigten Staaten. Interne Migrationskontrollen und die Handlungsspielräume von Sans Papiers. Göttingen: Universitätsverlag Göttingen.
Stolcke, Verena (1999): New rhetorics of exclusion in Europe. In: International Social Science Journal, 159, 25-35.
Streeck, Wolfgang (1987): Vielfalt und Interdependenz. Überlegungen zur Rolle von intermediären Organisationen in sich ändernden Umwelten. In: Kölner Zeitschrift für Soziologie und Sozialpsychologie, 39, 471-493.
Streeck, Wolfgang (Hg.) (1994): Staat und Verbände. PVS-Sonderheft 25. Opladen: Westdeutscher Verlag.
Sudbury, Julia (2001): (Re)constructing multiracial blackness: women's activism, difference and collective identity in Britain. In: Ethnic and Racial Studies, 24, 1, 29-49.

Susa, Gemma (1998): Presentation of Waling-Waling. In: Kalayaan (Hg.): Conference Papers »Rights for Migrant Domestic Workers«, London, 12f.

Tarrow, Sidney (1991): Kollektives Handeln und politische Gelegenheitsstruktur in Mobilisierungswellen: Theoretische Perspektiven. In: Kölner Zeitschrift für Soziologie und Sozialpsychologie, 43, 4, 647-670.

Tarrow, Sidney (1994): Power in movement. Social movements, collective action and politics. Cambridge: Cambridge University Press.

Tarrow, Sidney (2001a): Contentious Politics in a Composite Polity. In: Imig, Doug; Tarrow, Sidney (Hg.): Contentious Europeans. Protest and Politics in an Emerging Polity. Lanham, Boulder, New York, Oxford: Rowman & Littlefield, 233-251.

Tarrow, Sidney (2001b): Transnational Politics: Contentions and Institutions in International Politics. In: Annual Review of Political Science, 4, 1-20.

Tavolo dei migranti for the frassanito-network, Italy (2004): Opening speech of the ESF preparation meeting in London that brought together groups working on migration. 20.9.2004. http://noborder.org/esf04 (26.10.2004).

Terkessidis, Mark (2000): Vertretung, Darstellung, Vorstellung. Der Kampf der MigrantInnen um Repräsentation. In: European Institute for Progressive Cultural Policies (Hg.): Cultura migrans. MigrantInnen, kulturalistische Konzepte und politische Effekte. Wien, Linz, www.eipcp.net/dis kurs/d02/text/terkessidis01.html (20.01.2005).

Tesfahuney, Mekonnen (1998): Mobility, racism and geopolitics. In: Political Geography, 17, 5, 499-515.

The Voice, BRD (2001): Niemand kann die Welt teilen. Auszug aus einem Positionspapier der Flüchtlingsorganisation The VOICE. In: iz3w, Sonderheft Soziale Bewegungen, 52-54.

Thomson, Mark (2003): Images of Sangatte: Political representations of asylum seeking in France and the UK. University of Sussex Migration Working Papers No. 18. www.sussex.ac.uk/migration/publications/ (10.4.2004).

Thränhardt, Dietrich; Hunger, Uwe (Hg.) (2000): Einwanderer-Netzwerke und ihre Integrationsqualität in Deutschland und Israel. Münster, Freiburg i. Br.: Lit Verlag, Lambertus Verlag.

Trautner, Bernhard (2000): Türkische Muslime, islamische Organisationen und religiöse Institutionen als soziale Träger des transstaatlichen Raumes Deutschland – Türkei. In: Faist, Thomas (Hg.): Transstaatliche Räume: Politik, Wirtschaft und Kultur in und zwischen Deutschland und der Türkei. Bielefeld: transcript, 57-86.

Trenz, Hans-Jörg (2001a): ›Lokal Denken – Global Handeln‹. Zur Mobilisierungslogik von Migranteninteressen in Europa. In: Klein, Ansgar; u.a. (Hg.): Globalisierung – Partizipation – Protest. Opladen: Leske + Budrich, 177-203.

Trenz, Hans-Jörg (2001b): Protestmobilisierung in Netzwerken. Revitalisierung oder Selbstblockade zivilgesellschaftlicher Protestformen in der EU? In: Forschungsjournal Neue Soziale Bewegungen, 14, 1, 87-98.

UN, United Nations (2000): Protocol to Prevent, Suppress and Punish Trafficking in Persons, especially Women and Children, Supplementing the

United Nations Convention against Transnational Organized Crime. Geneva.

UNHCR, United Nations High Commissioner for Refugees (2000): UNHCR comments on the French Presidency proposals for a Council Directive and Council Framework Decision on preventing the facilitation of unauthorised entry and residence. Geneva 22 September 2000. Geneva.

UNITED for Intercultural Action (2004): The Deadly Consequences of ›Fortress Europe‹ – More than 4 500 Deaths. Information Leaflet No. 24. www.united.non-profit.nl/pages/info24.htm (20.8.2004).

UNITED for Intercultural Action (2005): About UNITED. www.united.nonprofit.nl/ (23.1.2005).

ver.di, Vereinte Dienstleistungsgewerkschaft (2003): Satzung ver.di, Vereinte Dienstleistungsgewerkschaft. Beschluss: 19.-25.10.2003, Änderungen: 26./27.11.2003, www.verdi.de/org/satzung.pdf (12.10.2004).

Ver.di – Gesellschaft für Legalisierung (2003): Empfehlung für den Bundeskongress. Berlin 19.-25.10.2003. www.rechtauflegalisierung.de/text/verdi.html (23.11.2003).

Vereinte Nationen, UN (1995): Dokumentation der Erklärung und Aktionsplattform der 4. Weltfrauenkonferenz 1995. Gleichberechtigung, Entwicklung, Frieden. Beijing, 4.-15. September 1995. A/CONF.177/20 vom 17. Oktober 1995. Bonn: BMFSFJ.

Vertovec, Steven (2002): Transnational Networks and Skilled Labour Migration. www.transcomm.ox.ac.uk/working%papers/WPTC-02-02%20Vertovec.pdf (21.2.2002).

Vertovec, Steven (2003): Migration and Other Modes of Transnationalism: Towards Conceptual Cross-Fertilization. In: International Migration Review, 37, 3, 641-665.

Vitorino, António (2000): Communication on a Community Immigration Policy. Communication from Mr. Vitorino in agreement with Mrs Diamantopoulou. 22 October 2000. Brussels.

Vluchtelingen Aktie Komitee, VAK (2003): Belgique: chasse aux clandestins à Zeebrugge. www.gmane.politics.activism.zpajol (7.11.2003).

von Winter, Thomas; Willems, Ulrich (2000): Die politische Repräsentation schwacher Interessen: Anmerkungen zum Stand und zu den Perspektiven der Forschung. In: Willems, Ulrich; von Winter, Thomas (Hg.): Politische Repräsentation schwacher Interessen. Opladen: Leske + Budrich, 9-36.

von Winter, Thomas (2000): Soziale Marginalität und kollektives Handeln. Bausteine einer Theorie schwacher Interessen. In: Willems, Ulrich; von Winter, Thomas (Hg.): Politische Repräsentation schwacher Interessen. Opladen: Leske + Budrich, 39-59.

Walby, Silvia (2003): Policy Developments for Workplace Gender Equity in a Global Era: The Importance of the EU in the UK. In: Review of Policy Research, 20, 1, 45-64.

Waldinger, Roger; Erickson, Chris; Milkman, Ruth; u.a. (1998): Helots No More: A Case Study of the Justice for Janitors Campaign in Los Angeles.

In: Bronfenbrenner, Kate; u.a. (Hg.): Organizing to Win. New Research on Union Strategies. Ithaka, London: ILR Press, Cornell UP, 102-119.

Watts, Julie R. (2000): An Unconventional Brotherhood. Union support for Liberalized Immigration in Europe. San Diego: CCIS.

Wellinghoff-Salavert, Joline (1999): Referat für Freizügigkeit von Arbeitnehmern und Antirassismus, Generaldirektion Beschäftigung und Soziales. In: ENAR (Hg.): Haushaltslinien der Europäischen Kommission zur Unterstützung der Rassismusbekämpfung. Brüssel, 14-22.

Wijers, Marjan (2000): European Union Policies on Trafficking in Women. In: Rossilli, Mariagrazia (Hg.): Gender Policies in the European Union. New York: Peter Lang, 209-229.

Willems, Ulrich; von Winter, Thomas (Hg.) (2000): Politische Repräsentation schwacher Interessen. Opladen: Leske + Budrich.

Williams, Fiona (2003): Contesting ›race‹ and gender in the European Union: a multilayered recognition struggle for voice and visibility. In: Hobson, Barbara (Hg.): Recognition Struggles and Social Movements. Contested Identities, Agency and Power. Cambridge: Cambridge UP, 121-144.

Wilson, Thomas M.; Donnan, Hastings (1998): Nation, state and identity at international borders. In: Dies. (Hg.): Border, Identities, Nation and State at international frontiers. Cambridge: Cambridge University Press, 1-30.

Wimmer, Andreas; Glick Schiller, Nina (2002): Methodological Nationalism and Beyond: Nation-state Building, Migration and the Social Sciences. In: Global Networks, 2, 4, 301-334.

Woodward, Alison (2001): Die McDonaldisierung der internationalen Frauenbewegung: Negative Aspekte guter Praktiken. In: Zeitschrift für Frauenforschung und Geschlechterstudien, 19, 1/2, 29-44.

Yurtsever-Kneer, Selcuk (1998): Strategien feministischer Migrantinnenpolitik. www.femigra.de/dateien/cfd-art.pdf (25.1.2005).

Yuval-Davis, Nira (1994): Women, Ethnicity and Empowerment. In: Feminism & Psychology, 4, 1, 179-197.

Yuval-Davis, Nira (1997): Gender and Nation. London: Sage.

Zeiler, Stephanie (2006): Das Gefängnis der Freiheit. In Ceuta zeigt sich das Elend der EU-Flüchtlingspolitik. In: blätter des iz3w, 290, 6-7.

Zetter, Roger; Pearl, Martyn (2000): The minority within the minority: refugee community-based organisationes in the UK and the impact of restrictionism on asylum seekers. In: Journal of Ethnic and Migration Studies, 26, 4, 675-697.

Neuerscheinungen zur Globalisierung

Gabriele Dietze
Weiße Frauen in Bewegung
Genealogien und Konkurrenzen von Race- und Genderpolitiken
Dezember 2006, 450 Seiten, kart., ca. 31,80 €,
ISBN: 3-89942-517-0

TRANSIT MIGRATION Forschungsgruppe (Hg.)
Turbulente Ränder
Neue Perspektiven auf Migration an den Grenzen Europas
November 2006, ca. 250 Seiten, kart., ca. 24,80 €,
ISBN: 3-89942-480-8

María do Mar Castro Varela
Unzeitgemäße Utopien
Migrantinnen zwischen Selbsterfindung und gelehrter Hoffnung
November 2006, ca. 280 Seiten, kart., ca. 28,80 €,
ISBN: 3-89942-496-4

Florian Feuser
Der hybride Raum
Chinesisch-deutsche Zusammenarbeit in der VR China
Oktober 2006, ca. 320 Seiten, kart., ca. 29,80 €,
ISBN: 3-89942-581-2

Jochen Dreher, Peter Stegmaier (Hg.)
Zur Unüberwindbarkeit kultureller Differenz
Grundlagentheoretische Reflexionen
Oktober 2006, ca. 260 Seiten, kart., ca. 25,80 €,
ISBN: 3-89942-477-8

Daniel Münster
Postkoloniale Traditionen
Eine Ethnografie über Dorf, Kaste und Ritual in Südindien
Oktober 2006, ca. 264 Seiten, kart., ca. 27,80 €,
ISBN: 3-89942-538-3

Lutz Leisering, Petra Buhr, Ute Traiser-Diop
Soziale Grundsicherung in der Weltgesellschaft
Monetäre Mindestsicherungssysteme in den Ländern des Südens und des Nordens. Weltweiter Survey und theoretische Verortung
September 2006, ca. 200 Seiten, kart., ca. 18,80 €,
ISBN: 3-89942-460-3

Helen Schwenken
Rechtlos, aber nicht ohne Stimme
Politische Mobilisierungen um irreguläre Migration in die Europäische Union
September 2006, 374 Seiten, kart., 29,80 €,
ISBN: 3-89942-516-2

Leseproben und weitere Informationen finden Sie unter:
www.transcript-verlag.de

Neuerscheinungen zur Globalisierung

Christoph Wulf
Anthropologie kultureller Vielfalt
Interkulturelle Bildung in Zeiten der Globalisierung
September 2006, 164 Seiten,
kart., 17,80 €,
ISBN: 3-89942-574-X

Heiner Depner
Transnationale Direktinvestitionen und kulturelle Unterschiede
Lieferanten und Joint Ventures deutscher Automobilzulieferer in China
September 2006, 240 Seiten,
kart., 25,80 €,
ISBN: 3-89942-567-7

Christian Berndt, Johannes Glückler (Hg.)
Denkanstöße zu einer anderen Geographie der Ökonomie
August 2006, 172 Seiten,
kart., 17,80 €,
ISBN: 3-89942-454-9

Michael C. Frank
Kulturelle Einflussangst
Inszenierungen der Grenze in der Reiseliteratur des 19. Jahrhunderts
August 2006, 232 Seiten,
kart., 25,80 €,
ISBN: 3-89942-535-9

Annette Hornbacher (Hg.)
Ethik, Ethos, Ethnos
Aspekte und Probleme interkultureller Ethik
August 2006, 432 Seiten,
kart., 31,80 €,
ISBN: 3-89942-490-5

Ivo Mossig
Netzwerke der Kulturökonomie
Lokale Knoten und globale Verflechtungen der Film- und Fernsehindustrie in Deutschland und den USA
Juli 2006, 228 Seiten,
kart., 26,80 €,
ISBN: 3-89942-523-5

Regina Göckede, Alexandra Karentzos (Hg.)
Der Orient, die Fremde
Positionen zeitgenössischer Kunst und Literatur
Juli 2006, 214 Seiten,
kart., zahlr. z.T. farb. Abb., 24,80 €,
ISBN: 3-89942-487-5

Christian Kellermann
Die Organisation des Washington Consensus
Der Internationale Währungsfonds und seine Rolle in der internationalen Finanzarchitektur
Juli 2006, 326 Seiten,
kart., 28,80 €,
ISBN: 3-89942-553-7

Ulrich Heinze
Hautkontakt der Schriftsysteme
Japan im Zeichen der Globalisierung: Geldflüsse und Werbetexte
Juli 2006, 208 Seiten,
kart., 25,80 €,
ISBN: 3-89942-513-8

Leseproben und weitere Informationen finden Sie unter:
www.transcript-verlag.de